BUR

Claretta Petacci

MUSSOLINI SEGRETO

DIARI 1932-1938

a cura di Mauro Suttora

BUR saggi
rizzoli

Proprietà letteraria riservata
© 2009 RCS Libri S.p.A., Milano

ISBN 978-88-17-04392-2

Prima edizione Rizzoli 2009
Prima edizione BUR Saggi settembre 2010

Questo diario

Claretta Petacci è l'amante più famosa nella storia d'Italia. Figlia del medico del Vaticano Francesco Saverio, ha vent'anni quando conosce Benito Mussolini nel 1932. Abita in famiglia a Roma proprio accanto a villa Torlonia, sulla via Nomentana, dove il dittatore vive con la possessiva moglie Rachele e i figli.

Dei primi cinque anni di relazione rimangono solo biglietti, lettere e le trascrizioni di qualche telefonata o colloquio. Il diario vero e proprio comincia nell'ottobre 1937, un anno dopo l'inizio dei loro rapporti intimi. Ed è sterminato. La Petacci, infatti, è una grafomane: le pagine del solo 1938 sono 1810.

Abbiamo quindi operato una selezione, eliminando quasi la metà dei fogli: quelli contenenti fantasie amorose ripetitive o episodi insignificanti. Quel che rimane, tuttavia, è di estremo interesse. Se Renzo De Felice, massimo storico del fascismo, avesse potuto leggere questi diari accanto a quelli di Ciano, Bottai e De Bono, il resoconto seppur ebbro d'amore della Petacci gli avrebbe permesso di precisare meglio quello che lui stesso definisce «cambio d'umore» del duce dopo la proclamazione dell'impero nel 1936: «Mussolini si rinchiuse in se stesso. Non aveva amici, non frequentava nessuno fuori dai rapporti d'ufficio, diffidava di tutto e si sentiva circondato da collaboratori fragili e insicuri», scrive De Felice.[1] E questo, paradossalmente, all'apogeo del fascismo.

[1] *Mussolini il duce, 1936-1940*, Einaudi, Torino 1981, pp. 274-275.

Il problema è che, dal 1937 in poi, il dittatore deve telefonare almeno una dozzina di volte al giorno alla gelosissima Claretta. La quale lo sospetta – e a ragione – di incontrare altre amanti a palazzo Venezia, e perfino a villa Torlonia. Lì infatti, in una dépendance, alloggia una favorita del duce: Romilda Ruspi Mingardi. Cosicché anche di sera, tornato a casa, a Mussolini tocca chiamare ogni mezz'ora la Petacci per tranquillizzarla. Lei annota maniacalmente l'orario e il contenuto di ogni telefonata, e fornisce un resoconto quasi stenografico, parola per parola, dei pomeriggi d'amore a palazzo Venezia o sulla spiaggia reale di Castelporziano.

Insomma, abbiamo per la prima volta una cronaca intima, minuto per minuto, della vita quotidiana del fondatore del fascismo. Con momenti esilaranti, che ricordano il film *Il grande dittatore* di Charlie Chaplin. Come quando il duce, rientrando dal balcone di palazzo Venezia dopo uno dei suoi roboanti discorsi, si lamenta di quanto gli facciano male «gli stivaloni». Oppure quando l'uomo più potente d'Italia – e fra i più importanti del mondo – s'inginocchia di fronte a Claretta, (sper)giurandole fedeltà eterna fino al successivo tradimento. O quando le sussurra parole d'amore di nascosto da casa, terrorizzato che la moglie Rachele possa sorprenderlo. Come in un vaudeville.

Proprio in quelle settimane maturano gravissimi eventi: l'Asse con i nazisti, le leggi razziali, l'annessione dell'Austria alla Germania. Hitler e Mussolini preparano la tragedia più grande della storia umana. Il dittatore comanda, controlla e opprime 44 milioni di italiani. Ma una volta all'ora, dalle nove del mattino alle dieci di sera, fine settimana inclusi, il suo cervello è da un'altra parte: deve telefonare all'amante. E negare o scusarsi per le scappatelle da traditore seriale.

Poiché all'epoca non esistevano registratori, non si possono considerare fedeli al cento per cento i resoconti di questi diari. Ma non c'è neppure motivo di dubitare che quelle parole il Benito innamorato le abbia pronunciate.

Claretta è un'amante ossessiva, ossessionata e ossessionante. Usa la scrittura del diario anche come terapia, non avendo null'altro da fare nelle sue giornate se non vivere per Mussolini. Non ha mai lavorato, ha lasciato la scuola dopo il ginnasio. Ma non ha ragioni per mentire, o per distorcere la realtà. Almeno quella percepita dal suo cuore, appassionato fino allo spasimo, tanto da farsi uccidere col suo Benito nel 1945.

Ecco quindi, dopo settant'anni, il duce privato. Furbo e ingenuo assieme, falso e sincero, brillante e vergognoso. Spesso puerile fino all'imbarazzo. Così tipicamente italiano, vanaglorioso, maschilista. Ma vero.

Questi diari hanno una storia complicata e affascinante. Il 18 aprile 1945, prima di seguire per l'ennesima volta il suo duce nell'ultima fuga, Claretta li affida alla contessa Rina Cervis, che li seppellisce nel giardino della propria villa a Gardone (Brescia). Nel 1950 i carabinieri li trovano e li confiscano. Da allora tutti i governi italiani hanno imposto il segreto di Stato sul loro contenuto, anche se è probabile che siano passati al vaglio dei servizi segreti statunitense e inglese.

Essi fanno parte, infatti, delle tragiche e ancora in parte misteriose vicende dipanatesi negli ultimi giorni della guerra: la cattura di Claretta e Mussolini a Dongo (Como), la loro prima (e ultima) notte assieme, la fucilazione il giorno dopo, i corpi appesi in piazzale Loreto a Milano. E le domande, tuttora senza una risposta definitiva, sull'oro di Dongo (il tesoro della Repubblica sociale sequestrato ai gerarchi in fuga), sui documenti che Mussolini portava con sé illudendosi che gli salvassero la vita, su un possibile carteggio con Winston Churchill per una pace separata. E il premier inglese che, di tutti i posti al mondo, sceglie proprio il lago di Como per le sue vacanze nell'estate 1945, forse alla ricerca di qualcosa.

Il segreto imposto sui diari di Claretta in questi sette decenni ha provocato una marea di supposizioni, centinaia di articoli e decine di libri. La sorella Myriam si è battuta fino alla sua morte, nel 1991, per averli indietro dallo Stato. La sua battaglia è stata continuata da Ferdinando Petacci, nipote di Claretta, ultimo e unico erede della famiglia e quindi titolare dei diritti di pubblicazione dei diari.

Nel 2003 ho conosciuto e intervistato Ferdinando a Phoenix in Arizona (Usa), dove vive. All'età di tre anni era nell'auto con la zia a Dongo quando fu arrestata dai partigiani, e suo padre Marcello venne fucilato. Egli è convinto, come alcuni storici, che Claretta e Marcello siano stati spie inglesi o almeno tramiti fra Mussolini e i servizi segreti britannici, e che proprio per questo siano stati eliminati. Ferdinando Petacci espone questa tesi nella prefazione. Forse i prossimi diari di Claretta scioglieranno qualche mistero, quando lo Stato li desecreterà allo scadere dei settant'anni dalla loro compilazione.

Ma il contenuto di questi diari è già abbastanza esplosivo (per le frasi pronunciate da Mussolini su Hitler e contro gli ebrei, il papa, la moglie, la principessa Maria José di Savoia, i francesi, gli inglesi, gli spagnoli) anche senza sapere se Claretta fosse un'informatrice, oltre che una venticinquenne follemente innamorata del suo potente amante.

Scriveva infatti il 15 ottobre 1950 Emilio Re, ispettore generale degli Archivi di Stato, nella sua relazione su questi diari per il ministero degli Interni: «Si cercano i diari di Mussolini. I più veri e importanti diari di Mussolini sono proprio questi della Petacci, dove il dittatore ridiventa uomo, si rivela senza trucchi e senza artifici. Nei diari e nelle lettere c'è non solo la vita sentimentale del dittatore, ma anche quella politica e quindi, nei momenti cruciali, la vita dell'intero Paese. La Petacci era tutt'altro che priva d'ingegno e qualche volta – quando non le faceva velo la gelosia – dotata anche di notevole penetrazione. Non era soltanto l'amica del dittatore. Ne era anche, per così dire, la "fiduciaria", qualche volta l'incitatrice, se non la consigliera. Di qui l'interesse pubblico, l'importanza straordinaria e fuori dal comune che rivestono».

Mauro Suttora
Milano, novembre 2009

Nota tecnica. I titoli dei paragrafi sono una scelta del curatore. All'interno dei brani riportati, sono stati operati tagli volti a eliminare ripetizioni o ridondanze eccessive. Tutte le parole in corsivo sono state aggiunte per una maggiore comprensione del testo. La punteggiatura è stata a volte modificata per migliorare la scorrevolezza della lettura. Le iniziali C. (Claretta) e M. (Mussolini) nelle prime telefonate sono opera di Claretta. Abbiamo quasi sempre arrotondato gli orari delle telefonate per semplificare.

Claretta Petacci (foto Luxardo).

Clara Petacci spia o tramite fra Churchill e Mussolini?

Il 27 aprile 1945 avevo tre anni e mezzo. Ero in auto con mio padre Marcello Petacci, mia madre Zita Ritossa, mia zia Clara Petacci e mio fratello Benghi, di sei anni, nella colonna dei gerarchi che con Mussolini cercava di raggiungere la Valtellina. A Dongo (Como) mi ritrovai in mezzo a una tragedia che non potevo capire, molto più grande di me. Mio padre e mia zia furono uccisi. Mio fratello subì uno shock terribile: costretto ad assistere all'uccisione del padre e all'abuso della madre, smarrì la capacità di svilupparsi mentalmente (a trent'anni scriveva come un bambino di sei).

Io mi salvai solo perché ero troppo piccolo per rendermi conto di ciò che stava accadendo, ma quel dramma mi fece perdere persone care e anche, a periodi, la serenità. Questo per l'ostinazione malvagia di chi ha voluto e vuole nascondere la verità. E non bada a distruggere l'immagine anche di chi, come me, fu vittima e non protagonista della tragedia di Dongo.

Come ex allievo salesiano e cattolico sono un amante della verità e ritengo che essa vada ricercata e detta senza manipolazioni. Esistono storici fasulli che adattano la storia alle necessità di parte, distruggendo la verità. Ma anche storici veri che con serenità e tenace lavoro di ricerca cercano di ricostruirla, per il bene di tutti gli italiani. A questi ultimi solamente chiedo collaborazione e aiuto.

Per dare una chiave di lettura ai diari, è fondamentale stabilire chi era Claretta. Soltanto un'amante? Una spia al servizio degli inglesi? Un canale segreto di comunicazione fra Mussolini e Churchill? Il suo incontro con Mussolini a Ostia nel 1932 fu casuale o programmato ad arte?

Forse una risposta arriverà nei prossimi anni, quando lo Stato italiano toglierà anche sui diari degli anni successivi (dal 1939 al 1945) il segreto imposto per un settantennio. Come gli storici sanno la storia s'incomincia a scrivere a cent'anni dagli eventi; ma credo che sia già tempo di raccontare la storia vera, senza manipolazioni e preconcetti di parte. E io, che vedo avvicinarsi la fine dei miei anni, sento l'esigenza di trasmettere quel poco che so, prima che vada perso.

È importantissima, innanzitutto, la frase pronunciata nel 1956 dal pubblico ministero, difensore dello Stato, nella causa intentata dai Petacci (i miei nonni e mia zia Myriam, sorella di Clara) contro lo Stato per il recupero (mai avvenuto) da parte della famiglia delle lettere e dei diari di Clara. Nei verbali del processo e nei resoconti dei giornali si legge la seguente dichiarazione del pubblico ministero: «I documenti sono tanto importanti che la loro divulgazione potrebbe nuocere ai buoni rapporti diplomatici con altre nazioni».

Se Clara fosse stata solo un'amante, questa affermazione non avrebbe alcun senso. All'epoca del processo le nazioni che contavano erano le vincitrici della Seconda guerra mondiale. I «buoni rapporti diplomatici» da salvaguardare erano quelli con Stati Uniti, Francia, Gran Bretagna e Unione Sovietica. Se Clara fosse stata fascista, come potevano i suoi diari nuocere ai rapporti con le nazioni che avevano vinto?

Ma la situazione cambia completamente se mia zia fosse stata una spia al servizio degli inglesi, o un canale segreto di comunicazione fra Churchill e Mussolini. Dai diari e dalle lettere si sarebbe potuto scoprire questo suo ruolo, all'origine del probabile accordo avvenuto vicino a Dongo fra agenti inglesi fedeli a Churchill e il comunista colonnello Valerio (da molti identificato con Luigi Longo, poi segretario del Pci) per recuperare il carteggio Mussolini-Churchill e uccidere chi ne sapeva troppo: Clara e Marcello Petacci.

In cambio i comunisti potevano appropriarsi del tesoro della repubblica di Salò arrivato a Dongo con i gerarchi. Che i comunisti di Valerio si siano appropriati del cosiddetto «oro di Dongo», il tesoro della repubblica di Salò appartenente a tutti gli italiani, lo rivela, tra gli altri, Massimo Caprara, già segretario di Togliatti, nel suo saggio-postfazione al bel libro *La pista inglese* (ed. Ares, 2002) di Luciano Garibaldi. La notizia di tale accordo segreto, se rivelata e resa di pubblico dominio, avrebbe certamente messo a repentaglio i buoni rapporti diplomatici del nostro Paese con l'Inghilterra e l'Unione Sovietica, sostenitrice dei comunisti italiani.

La frase del pubblico ministero, quindi, fa capire che Clara non fu solo l'amante di Mussolini e induce a ipotizzare che il pm abbia letto nei documenti di Clara qualcosa di tanto rivelatore e grave da portarlo a formulare quel commento così esplicito e drammatico. Nelle carte rilasciate sinora in visione non si è tuttavia trovato nulla del genere. Il che vuol dire che quanto il pm lesse si trova nel materiale non ancora accessibile o fra i documenti spariti.

Vari resoconti su Dongo riportano il fatto che mio padre Marcello chiese di confessarsi. Gli fu concesso, e lui rivelò al prete di essere un collaboratore degli inglesi: il suo nome segreto era «Fosco». Pregò il confessore di comunicare la notizia ai partigiani perché la verificassero, e questi lo fece. Tutto ciò mi è stato confermato direttamente, in una delle nostre conversazioni, dal partigiano Urbano Lazzaro, colui che intercettò e riconobbe Mussolini in fuga. Lazzaro mi confermò anche che l'informazione fu riportata al colonnello Valerio di ritorno da Giulino di Mezzegra dove era andato a cercare Mussolini per ammazzarlo (e dove era arrivato tardi: qualcuno l'aveva preceduto).

Valerio scelse di non verificare l'informazione; al contrario, nonostante nella lista dei condannati, da lui stesso redatta, non comparisse il nome di Marcello Petacci, il colonnello lo fece uccidere sostenendo che mio padre fosse Vittorio Mussolini. Ma mio padre non assomigliava per niente al figlio del duce. Questa accusa intenzionale di Valerio gli fornì la scusa per uccidere Marcello e rispettare così l'accordo appena concluso con l'agente o gli agenti inglesi di Churchill. Se non fosse così, perché cambiò parere? Perché non verificò l'appartenenza di mio padre ai servizi inglesi? Come Clara, anche mio padre doveva morire, perché sapeva troppo sul carteggio Mussolini-Churchill. Non importava che entrambi fossero collaboratori dei britannici. A che sarebbe servito recuperare il carteggio se due testimoni che ne conoscevano il contenuto fossero rimasti in vita?

A confermare questa ipotesi c'è la testimonianza di Bruno Lonati, partigiano e poi dirigente Fiat, il quale rivelò di essere arrivato da Milano con un agente inglese, «John» (alias Robert Maccarrone), per eliminare Mussolini e Clara. Lui si rifiutò di sparare a Clara, ma l'agente inglese lo fece. Gli inglesi furono quasi certamente informati dal comunista capitano Neri (comandante della brigata partigiana che fermò il convoglio) della presenza di Mussolini e Clara a Giulino di Mezzegra, dove lui stesso li aveva portati. Perché tanto accanimento contro Clara e Marcello se una era solo un'amante e l'altro, mio padre, solo un medico chirurgo? Evidentemente erano un tandem di collaboratori scomodi: quello che sapevano poteva compromettere seriamente l'immagine di un certo leader britannico.

E ancora. Stando a quanto riportato in numerose ricostruzioni di quei momenti terribili (tra cui quella del libro di Silvio Bertoldi, *Salò*, Rizzoli 1976), quando mio padre fu portato fuori dal municipio di Dongo per essere ammazzato con i gerarchi, questi reagirono urlando: «Petacci non lo vogliamo con noi, è un traditore!». Ciò dimostra che era noto ai gerarchi che mio padre collaborasse con gli inglesi. Veniva tollerato solo perché Mussolini lo stava usando come intermediario nel negoziato per una pace separata.

Mia madre mi raccontò che mentre mio padre Marcello era in Svizzera ebbe vari contatti con l'ambasciatore britannico Clifford John Norton. Decise di rientrare in Italia sentendosi protetto dal fatto che stava collaborando con Mussolini e con gli inglesi allo stesso tempo. Non pensò che qualcuno lo stimava un testimone tanto scomodo da dover essere eliminato.

Chi fra mia zia Clara e mio padre Marcello era il collaboratore più importante? Mia madre, senza entrare in dettagli (da sorvegliata speciale che fu sino alla sua morte), mi disse più di una volta che la nostra vita sarebbe stata diversa dopo la guerra se Clara fosse stata viva. Diceva questo di Clara e non di mio padre, pur essendo Marcello un brillante chirurgo. Il che fa pensare che Clara fosse, fra i due, il collaboratore più importante. L'affermazione di mia madre lascia intuire anche che Clara non era fascista: se lo fosse stata, di che utilità sarebbe stata per noi dopo la guerra?

Sandro Pertini, parecchi anni prima di diventare presidente della Repubblica, disse una volta a un giornalista: «Clara non doveva morire». Il giornalista pensò che si riferisse al fatto che Clara era solamente un'amante. Ma sono certo che Pertini rispose così perché sapeva che mia zia collaborava con gli inglesi. Tutti quelli che sapevano tacquero: non solo comunisti e socialisti, ma anche democristiani come De Gasperi, il quale si guardò bene dal rivelare, per motivi di stabilità politica, la verità su Clara e Marcello, e sull'oro di Dongo.

Altre conferme indirette circa il ruolo di Clara vengono dal comportamento delle istituzioni italiane. Come gli astronomi hanno scoperto l'esistenza di pianeti mai visti solo osservando il comportamento di altri pianeti e satelliti, così dal comportamento delle nostre istituzioni, e non solo di esse, si deduce che l'importanza dei documenti di mia zia supera di gran lunga il contenuto frivolo relativo ai rapporti amorosi fra lei e Mussolini. Altrimenti come mai tanto accanimento nel negare alla famiglia la restituzione dei documenti stessi? Come si spiegherebbe la sparizione di circa trecento lettere fra un primo e un secondo inventario, cui si è aggiunta, qualche anno fa, la sparizione di una parte delle lettere del 1937? Si trattava forse di documenti compromettenti, che mettevano in una posizione scomoda importanti personalità italiane e straniere, fra cui Churchill? O di carte che rivelavano il vero ruolo di Clara?

Lo Stato italiano, che dopo il sequestro nel 1950 avrebbe dovuto garantire la conservazione di lettere e diari, ne ha favorito invece la decimazione. Non posso non pensare che quanto è rimasto dei documenti sia la parte più innocua. È successo anche in Inghilterra, dove gli storici ufficiali negano l'esistenza del carteggio Mussolini-Churchill, ma si guardano bene dal parlare delle sparizioni avvenute nei loro archivi, e del fatto che Churchill con il suo potere e i suoi contatti poteva depurare facilmente gli archivi inglesi di ciò che gli era scomodo.

Il canale televisivo statunitense A&E, specializzato in storia, ha realizzato nel 1996 un documentario sul carteggio Mussolini-Churchill. La conclusione cui giungono i realizzatori del documentario afferma come molto probabile l'esistenza del carteggio: a sostegno di questa ipotesi concorrono il comportamento di Churchill a guerra finita (si precipitò immediatamente a Como), diverse testimonianze, oltre a documenti che si riferiscono o menzionano altri scritti, di diversa provenienza, scomparsi dagli archivi inglesi.

La decisione dello Stato di non restituire i documenti di Clara confiscati ingiustamente l'ha portato ad agire in modo quantomeno discutibile e, per me, inaccettabile. La Corte di Cassazione, riunita a sezioni congiunte, prevaricava le leggi vigenti al tempo del sequestro dando un valore retroattivo alla propria sentenza. In un Paese civile e democratico in giurisprudenza non dovrebbe esistere la retroattività. Non dovrebbe essere concesso di regolamentare oggi qualcosa che è successo ieri. Al momento della confisca dei documenti di Clara, avvenuta contro la volontà della famiglia, le leggi dettavano che una confisca era valida solo in presenza di un interesse pubblico che la giustificasse e che un congruo risarcimento doveva essere dato in cambio del bene confiscato. Non c'era l'interesse pubblico e non ci fu alcun risarcimento. E una sentenza posteriore non dovrebbe poter retroattivamente cambiare le disposizioni vigenti al tempo della confisca.

Sarebbe come se oggi la multa per passare con il rosso fosse di 100 euro e da domani diventasse di 200 euro; tu sei passato con il rosso l'altro ieri e ti vogliono applicare retroattivamente la nuova multa di 200 euro.

E anche, nel 1995, trascorsi i cinquant'anni richiesti dalla legge affinché diventassero restituibili i documenti sequestrati, le autorità stabilirono che il segreto sulle carte di Clara venisse prolungato di altri vent'anni dalla data di redazione. Poi con un parere del Consiglio di Stato le autorità italiane si riservarono il diritto di rendere pubblico solo ciò che ritenevano opportuno. E ancor oggi, dopo la legge del 2007 che ha limitato la durata del segreto di Stato oltre i trent'anni, rifiutano a tutti l'accesso completo ai documenti e la consegna degli scritti al legittimo erede. Disconoscendo la legge del 2007!

Come spiego questa insistenza nel mantenere il segreto? Penso che si voglia evitare lo scandalo che deriverebbe dalla rivelazione dell'assassinio di due collaboratori degli inglesi da parte degli inglesi stessi e per mano dei partigiani. D'altronde gli omicidi in questa vicenda non si contano: non solo inglesi che eliminano loro collaboratori direttamente (Clara) o servendosi dei partigiani (Marcello), ma anche comunisti che eliminano altri comunisti come il capitano Neri e la sua fidanzata Gianna. Ciò forse perché il Neri si opponeva all'appropriazione da parte del Pci di Valerio del tesoro di Dongo. Ma anche perché, essendo stato pure lui collaboratore, probabilmente era a conoscenza del rapporto di mio padre e Claretta con gli inglesi, e i suoi compagni volevano evitare che lo rivelasse. Per non parlare della sparizione o uccisione, dopo i fatti di Dongo, di chi investigava su ciò che era successo.

Dopo la guerra la mia famiglia è stata costantemente denigrata: contro di essa sono state scagliate accuse volte a giustificare l'uccisione di Clara e Marcello. Una delle calunnie più gravi riguarda l'asserito filonazismo dei Petacci: come prova a sostegno di questa imputazione si citava il fatto che a villa Petacci a Roma si recava frequentemente il ministro di Mussolini Buffarini Guidi, il quale era filonazista e parlava bene il tedesco. Tuttavia, se Clara era un agente degli inglesi, quella relazione era più che giustificata, perché le permetteva di raccogliere informazioni sulla Germania nazista.

Un'ulteriore smentita delle tesi che vorrebbero Clara filonazista viene poi dalle svariate lettere che numerosi ebrei inviarono a mia madre dopo la guerra, ringraziandola per l'aiuto ricevuto da mio padre nell'espatriare. Se mio padre con l'aiuto di Clara si era dedicato a salvare dalla deportazione e a far espatriare in Paesi alleati o neutrali parecchie famiglie ebree, come era possibile accusare i Petacci di filonazismo? Qualcuno si scocciò molto quando queste lettere furono pubblicate su un settimanale, perché distruggevano la tesi del filonazismo dei Petacci.

Tra le altre fantasiose accuse mosse alla mia famiglia ci fu anche quella secondo la quale mio nonno Francesco, medico personale di papa Pio XI, avrebbe addirittura ucciso il pontefice per evitare che il papa pronunciasse un discorso contro il nazismo. Invito il lettore a visitare il mio blog http://ferdinandopetacci.blogspot.com, dove confuto questa ridicola accusa.

Si sa come venne ucciso mio padre a Dongo. Ma chi materialmente uccise Claretta? Le versioni sono tante, e quale sia quella vera è difficile da stabilire. Certamente non fu uccisa con Mussolini davanti al cancello di villa Belmonte, come la versione ufficiale voleva far credere: tesi falsa e smontata da un folto numero di giornalisti e ricercatori.

Un'altra cosa è certa: non fu uccisa da una raffica di mitra, perché, da quanto si legge in un verbale redatto al cimitero di Milano in occasione della riesumazione del cadavere di Clara, nel suo corpo furono ritrovate tre pallottole di calibro diverso. E non esistono, evidentemente, mitra che sparano pallottole di diverso calibro. Questo verbale, di cui mia zia Myriam (sorella di Clara) custodiva una copia originale, sparì dalla sua cassetta di sicurezza a Roma negli anni Novanta, poco prima della sua morte. Così come sparirono dalla sua casa all'Eur molti documenti, oltre ai gioielli di famiglia.

Nel 1993 è stato pubblicato il libro *L'ora di Dongo* (ed. Rusconi) di Alessandro Zanella, nel quale, per quanto mi consta, si riportano false testimonianze e versioni imprecise. Quando andai da lui a Mantova gli mostrai il lasciapassare partigiano che permetteva a mia madre, a mio fratello e a me di allontanarci da Dongo. L'avvocato Zanella balzò letteralmente sulla sedia esclamando: «Ma questo lasciapassare è di cinque giorni dopo i fatti! Lo pubblicherò e ne parlerò nel mio libro». Poi però non lo fece. Non solo: nel libro sostiene che mio fratello e io saremmo stati consegnati a delle suore. Cosa falsa, perché a Dongo non fummo mai separati da mia madre. Fu lui,

Zanella, a cambiare opinione sulla pubblicazione del lasciapassare, o gliela fecero cambiare?

Il verbale sparito e il libro di Zanella sono solo due esempi di furti e distorsioni recenti legate alla morte di Clara e Marcello. Ne esistono altre e più gravi: dopo tanti anni, c'è ancora chi cerca di manipolare o nascondere la verità.

Nei diari di Clara qui pubblicati trovo interessante il fatto che lei trascrivesse per filo e per segno le parole di Mussolini. Non è un atteggiamento da amante; un'attenzione così puntigliosa fa piuttosto pensare a un interesse «professionale» per le parole e gli atti del duce: i diari di Clara potrebbero essere i diari di una spia. Fa riflettere il fatto che Clara stessa chieda a Mussolini di fare la spia per lui, ricevendo in risposta un rifiuto. Se Clara era già un'informatrice (per Churchill) e voleva verificare se Mussolini avesse qualche sospetto su di lei, il proporsi come spia per lui le dava, in base alla reazione del duce, la possibilità di giudicare se lui sospettasse che lei lo fosse già.

In questi diari si legge inoltre che all'inizio della relazione Mussolini si chiede perché una ragazza giovane come Clara s'interessi a una persona più anziana come lui. Lo domanda varie volte anche a Clara stessa che, però, sa sempre dargli una spiegazione che lo accontenta. E poi evidentemente Mussolini smise di porsi quella domanda.

Alla fine, nel 1944-1945, Clara e Marcello Petacci collaborarono con Mussolini per arrivare a una pace separata con l'Inghilterra. La merce di scambio era il carteggio Mussolini-Churchill, molto compromettente per il premier britannico. Mussolini ricattava Churchill: o mi aiuti a fare una pace separata o pubblico il carteggio.

Ma ricattare un personaggio come Churchill, persona con un enorme ego, che coltivava fortemente il culto della propria immagine e che in quel momento aveva un grande potere, era molto pericoloso. Perciò Clara e Marcello, seppure collaboratori degli inglesi e semplici intermediari, pagarono con la vita. Non per l'intermediazione in sé, ma per quel che vennero a sapere attraverso di essa.

L'ipotesi che Clara sia stata un tramite di collegamento fra Churchill e Mussolini non è peregrina. Churchill nel suo viaggio in Italia del 1927 incontrò il duce e dimostrò molta ammirazione per lui, tanto da essere accusato di filofascismo dalla stampa inglese. È possibile quindi che fin d'allora si fosse stabilito fra i due un rapporto di collaborazione, che si prolungò anche dopo l'entrata in guerra in campi opposti.

Churchill era un forte oppositore del comunismo e dell'Unione Sovietica. Per la sua mentalità spregiudicata, mantenere un canale segreto con Mussolini aveva senso, perché gli permetteva di considerare nuove strategie contro la Russia.

Concludendo: Claretta fu una spia o soltanto un'intermediaria fra Churchill e Mussolini? Forse entrambe le cose: originariamente reclutata come spia dagli inglesi, poi, dopo aver rivelato a Mussolini il proprio ruolo, intermediaria fra il duce e Churchill. O forse un'intermediaria sin dall'inizio. Che altro c'è in queste pagine che può avvalorare la tesi che Clara fosse una spia o un canale segreto di comunicazione fra Churchill e Mussolini? Lascio la ricerca al lettore, e lo invito a scrivermi con le proprie osservazioni al seguente indirizzo: Ferdinando Petacci - P.O. Box 7306 - Tempe, AZ 85281-0011 - Usa.

Ferdinando Petacci
Tempe (Arizona), Usa

Ferdinando Petacci è il figlio di Marcello Petacci e nipote di Clara Petacci. Nato nel 1941 a Milano è ora pensionato e vive negli USA.

MUSSOLINI SEGRETO

1932

Claretta Petacci incontra Mussolini il 24 aprile 1932. Per caso, sulla nuova via del Mare che da pochi anni collega Roma a Ostia. L'auto della famiglia Petacci guidata dallo chauffeur, con a bordo Claretta, la sorella Myriam (1923-1991) e la madre Giuseppina,[1] viene sorpassata dall'Alfa Romeo guidata dal duce in persona. Claretta, cresciuta con il mito di Mussolini, lo riconosce e urla all'autista: «Accelera, inseguilo!».

Il dittatore quarantanovenne, incuriosito da tanto entusiasmo, a Ostia accosta e scende dalla macchina. Claretta gli si fa incontro e si presenta.

Così, nel diario, ricorda l'incontro allo scoccare del primo anniversario.

Ostia 24 aprile: in una giornata di libeccio, mentre fugacemente a tratti rideva il sole, Ella mi ha parlato per la prima volta. Tremavo, ma non faceva freddo. Sublime meraviglioso istante, indimenticabile perla mia. Un sorriso di sole, in una raffica impetuosa...

24.4.33

L'intraprendente Claretta chiede subito un appuntamento a Mussolini. Il quale glielo accorda, e pochi giorni dopo la riceve a palazzo Venezia. Intrigato dall'ardore della giovane ammiratrice si informa su di lei, sulla sua famiglia.

---

[1] Giuseppina Persichetti (1888-1962), proveniente da una famiglia di possidenti romani.

La prima udienza non fa che aumentare la passione di Claretta, la voglia di frequentare il suo eroe. Gli chiede nuovi incontri, lo tempesta di lettere e biglietti. Ecco il primo.

Eccellenza

Sono molto noiosa, è vero, ma dovendo fra qualche giorno andar fuori di Roma, desidererei prima venire a trovare di nuovo l'E.V. [*Eccellenza Vostra*]. Posso sperare tanta bontà?

Ringraziamenti e devoti ossequi.

Claretta Petacci

Roma 18.7.32 XI [*Claretta nelle date aggiunge sempre l'anno dell'era fascista*]

La Petacci non si limita a conservare copia dei biglietti che manda a Mussolini. Trascrive minuziosamente anche le telefonate che cominciano ad arrivarle a casa dal duce in persona.

10 novembre 1932

Ore 19 e 1/2.

Mussolini: «C'è la signorina Clara?»

Claretta: «Sono io.»

M.: «Ebbene? Dite...»

C.: «Oh! Come sono felice che mi avete telefonato! Tanto.»

M.: «Non vi emozionate.»

C.: «Se sapeste quanto tempo è che attendo questa telefonata!»

M.: «Dite.»

C.: «Ditemi, posso venire adesso? Posso?»

M.: «È tardi, sono le sette e mezzo.»

C.: «Per me non è tardi.»

M.: «Ma per me sì.»

C.: (pausa-interdetta) «È tanto che attendo.»

M.: «Vi telefonerò nella prossima settimana.»

C.: «Oh, Vi prego di telefonarmi davvero. Ormai sono passati due mesi [*dall'ultima udienza*].»

M.: «Sì, Vi telefonerò. Se mi dimenticassi potete scrivere un altro biglietto per ricordarmi. A proposito, come portate i biglietti? A chi li date?»

C.: «A Navarra [*Quinto Navarra, cameriere del duce*].»

M.: «Ah, va bene. Ma li portate sempre voi, oppure li consegna qualcun altro?»

C.: «Quasi sempre li porto io, qualche volta mio fratello.»

M.: «È occupato?»

C.: «Sì, anzi Vi volevo parlare anche di questo.»

M.: «Bene.»

C.: «E poi c'è qualcosa di nuovo per me che Vi volevo dire...»

M.: «Allora vi vedrò.»

C.: «Ma presto, Vi prego.»

M.: «Sì, nella prossima settimana vi telefono, addio. Dite, avete inteso qualcosa di diverso questa sera nel trillo?»

C.: «Sì, sapete, quando ha suonato ho inteso di tremare e ho sentito che eravate Voi.»

M.: «Bene, e siete contenta ora...»

C.: «Oh adesso sì, tanto, sono tanto contenta, ma vorrei esserlo di più.»

M.: «Non bisogna pretendere troppo. Speravate questa sera nella telefonata?»

C.: «Oh sì, speravo, attendevo con ansia, ma avevo paura di sperare troppo.»

M.: «Attendevate, allora.»

C.: «Oh sì, sapete, per due mesi sono stata sempre vicino al telefono, sempre con una grande speranza, e invece...»

12 novembre 1932: «*Il mio bigliettino sperduto in questa raffica di trionfo*»

Eccellenza

Il mio bigliettino azzurro si sarà forse sperduto in questa gloria di luce, in questa raffica di trionfo?...

Non ho coraggio quasi di formulare di nuovo una domanda, mi trema il cuore di emozione, di un'emozione grande, Eccellenza, e se non fosse il desiderio immenso, la gioia di poterLa rivedere e il ricordo della Sua tanto cara bontà, non oserei... Io sono tanto piccola cosa...

Ella, Eccellenza ancora più grande di sempre, potrà trovare un piccolo tempo per me? V.E. mi renderà ancora infinitamente felice.

Con animo tremante di speranza e profondamente grato, Le invio, Eccellenza, il mio affettuoso, ansioso saluto, dove c'è tutta la mia attesa. Mi perdoni se mi permetto: 9-10-17-18.

Claretta Petacci

14 dicembre 1932: *aspetta ogni giorno dalle 17 alle 18 che Mussolini la chiami a casa*

Claretta abita con il padre,[2] *la madre, il fratello maggiore Marcello*[3] *e la sorellina Myriam detta Mimi, che allora ha nove anni, in una casa medioborghese di via Lazzaro Spallanzani 22. Attaccata c'è villa Torlonia, dove Mussolini torna ogni giorno per pranzo. Claretta può osservare dalla finestra il suo idolo entrare e uscire, e anche passeggiare nel parco.*

Telefonata, ore 17:18.

M.: «C'è la signorina Claretta?»

C.: «Sono io. Buonasera.»

[2] Francesco Saverio Petacci (1883-1970), coetaneo di Mussolini, medico personale di papa Pio XI.
[3] Marcello Petacci (1910-1945), ucciso a Dongo dai partigiani.

M.: «Ah! Siete voi. Bene. Vi ho telefonato per vedere se veramente eravate ad attendere sempre dalle 17 alle 18 come dite, oppure se eravate uscita.»

C.: «Vede che ci sono? Ci sono sempre stata dalle 9 alle 10 e dalle 5 alle 6. Perché, non ci credeva?»

M.: «Non bisogna mai credere, non si deve credere. Non si sa mai.»

C.: «Cattivo.»

M.: «Ah!... Dunque, credo che possiamo vederci nella settimana.»

C.: «Davvero? Sul serio?»

M.: «Sì, questa è una settimana molto triste[4] poi vengono le feste. Sì, va bene questa settimana. Ma voi lo desiderate? Proprio?»

C.: «Altro che se lo desidero, eccome.»

M.: «E perché? Così per una curiosità!»

C.: «Se fosse semplice curiosità, a quest'ora...!»

M.: «Dato che è tanto tempo che non mi vedi.»

C.: «Ma, che vuol dire?»

M.: «Bene. Ma quanti secoli sono che non ci vediamo?»

C.: «Molti, sono troppi. Dal 12 ottobre.»

M.: «12 ottobre, 12 novembre, 12 dicembre, 14... sono due mesi e due giorni. È un orrore.»

C.: «Sì, è proprio un orrore.»

M.: «Allora ti telefono domani.»

C.: «Davvero? Sicuro?»

M.: «Se lo desideri.»

C.: «Sì, tanto.»

M.: «Allora a domani. Addio cara.»

C.: «Arrivederci, grazie!»

---

[4] Un anno prima è morto suo fratello Arnaldo (1886-1931), direttore del *Popolo d'Italia*, organo del Partito fascista.

15 dicembre 1932: *«Niente raccomandazioni, e non puoi fare la spia: sei una bambina»*

Claretta verbalizza nel proprio diario l'udienza a palazzo Venezia. Lei gli chiede raccomandazioni per il padre e il fidanzato, Mussolini risponde di no. Poi lei si propone come spia («informatrice»), ma lui la dissuade.

Stava al telefono. Grazioso cenno di saluto. Mi ha fatto cenno di avvicinarmi.

M.: «Come stai?»

C.: «Non c'è male. Lei?»

M.: «Benissimo. Come va la causa di tuo papà? A che punto è?»

C.: «Di questo, appunto, è necessario parlare. Bisogna che lei se ne interessi. Ecco, ho qui dei nomi. Li ha scritti su di una ricetta come auto-cura. Ci capisce? Si vede che ha scritto un dottore.»

M.: «Già, vedo. Ma io non posso far nulla direttamente, non posso interessarmene. In dieci anni non mi sono mai incaricato di giustizia, per un sentimento mio di coscienza.»

C.: «Già, ma la giustizia...»

M.: «Farà il suo giusto corso... Ora parlami di te. Adesso ti ho domandato di tuo padre, ora dimmi delle tue cose, le tue faccende. Il tuo fidanzamento, come va?[5] Cos'hai fatto in questi giorni?»

C.: «Nulla.»

M.: «E il resto? Il fidanzamento?»

C.: «Il mio fidanzamento, le mie cose dipendono da Vostra Eccellenza.»[6]

M.: «Da me? No, tu già sai che non è possibile, perché c'è la legge che lo vieta. Te l'ho detto.»

C.: «Appunto perché esiste una legge che lo vieta, ho

---

[5] Claretta è fidanzata con Riccardo Federici (1904-1972), tenente dell'Aeronautica.
[6] Vuole un trasferimento, che avvicini il suo Riccardo a Roma.

domandato il suo consenso. Altrimenti era inutile disturbarlo.»

M.: «Già, ma non è possibile far nulla, e lui pure deve saperlo.»

C.: «Precisamente, il tenente non voleva fare la domanda per via gerarchica perché sapeva di non poterla fare, e perciò la diresse a lei. Era inutile andare per una strada che già si conosceva impossibile.»

M.: «Ma io di fronte ad una legge che vige non posso far nulla. Non posso essere io, il capo, a trasgredirla.»

C.: «Ma lei è il padrone, comanda tutto e può tutto.»

M.: «Sì, padrone, ma... Magari fossi padrone del tutto. Appunto perché comando, è impossibile.»

C.: «Ma lei poteva benissimo fare una clausola e può farla se vuole, non so, per esempio sarebbe stato sufficiente che lei avesse messo un sì, oppure avesse avvertito al ministero.»

M.: «Impossibile.»

C.: «Tanto più che ha rischiato di fare 15 giorni di arresto.»

M.: «Ed io ho evitato i suoi sicuri 15 giorni di rigore dicendo "Lasciate stare, non è una domanda causata dal giovane", appunto perché sapevo. Ma quanti anni ha lui?»

C.: «Circa 28.»

M.: «E allora aspettate... Lui se non ha trent'anni è inutile. E cosa sono due anni?»

C.: «Appunto, come ripeto perché sapevo dei 30 anni, altrimenti... Ma due anni sono impossibili. Lei non sa cosa voglia dire essere fidanzati!»

M.: «Cosa fai, tu?»

C.: «Ecco, vorrei poter fare qualcosa, vorrei poter agire.»

M.: «Agire? E far cosa? Cosa vorresti fare, dimmi.»

C.: «Non so, vivere, agire, mettere in azione le mie possibilità, fare come ripeto qualcosa che riempie la vita.»

M.: «Ma che cosa intendi dire? Parla, parla pure liberamente. A me puoi dire anche le cose più intime, resteranno chiuse in me. Parla, ti ascolto volentieri. Perché esiti?»

C.: «Ecco, vede, ho timore di dire delle sciocchezze. Lei che è un uomo superlativamente intelligente, ho paura, dato che io sono bambina, che possa prendermi in giro.»

M.: «No no, assolutamente. Mi dispiace se non hai fiducia. Anche se è grave devi sempre parlare.»

C.: «Non so, per esempio al tempo di Napoleone egli aveva delle persone di fiducia...»

M.: «Ho capito. Guardare per vedere senza essere notati, parlare poco, ascoltare molto, al momento giusto tacere, poi riferire esattamente, e non essere mai scoperti né capiti. Vita pericolosa e di sacrificio. Tu potresti farla benissimo, hai tutto per questo. Ma io non ti consiglio.»

C.: «Perché?»

M.: «Perché significa cambiare completamente genere di vita. Tu sei abituata in tutt'altro modo. Sei una bambina, insomma dovresti essere decisa completamente a mutare vita.»

C.: «Come sarebbe cambiare vita?»

M.: «È completamente diversa da come sei abituata, è un modo di vivere movimentato, che ha del drammatico a volte, e una volta entrati in questa idea bisogna seguirla, avere la conoscenza di non poterne più uscire. Ti senti? Che tu sei una bambina. Non lo sei forse? Sì, e hai il cervellino pieno di idee, di tante cose che girano, si formano, sfuggono e non si posano su nulla. Vuoi, vuoi, e non conosci nemmeno tu quello che vuoi. Quando avrai un'idea netta, precisa, vieni da me, mi dici "Voglio far questo", io te lo faccio fare.»

C.: «Ma queste informatrici possono avere marito?»

M.: «Certamente, perché no, anzi è di aiuto...»

C.: «Ma possono essere fedeli, oppure devono per necessità...»

M.: «Ah no! Questo poi no Clara, se avessi dovuto proporti una cosa così infamante, un mercato così basso e volgare, non t'avrei permesso di parlare, non ti avrei fatto continuare. Ti stimo troppo per proporti una vergogna. Ah no! A te andare a dormire con gli uomini, questo mai, Clara. Ricordatelo bene, io non avrei mai detto nulla a te se fosse stato così. È tutta un'altra cosa. Andare a letto con un uomo potrebbe accadere in caso del tutto eccezionale, in caso di guerra, quando per avere delle preziosissime, importanti comunicazioni il governo lo imponesse. Ma è rarissimo, e allora si chiudono gli occhi e si fa per la patria. Ma non accade quasi mai. Devi riflettere se ti senti di cambiare vita, e poi dimmelo. Ora è tardi, ho bisogno che tu vada via altrimenti a casa tua ti sgrideranno.»

C.: «Così presto?»

M.: «Sì, è meglio.»

C.: «Senta, ho dimenticato di domandarle che impressione le ha fatto mio papà.»

M.: «Ottima, una magnifica impressione.»

21 dicembre 1932

Lettera:

Eccellenza

In questi giorni di rinnovato e più intenso dolore,[7] il mio cuore è ancora più vicino all'E.V.

Vorrei portarLe un sorriso nella dolce e poetica ricorrenza del Santo Natale, timidamente sperando di poterLe donare un attimo di conforto. Con devoti affettuosi ossequi

Claretta Petacci

---

[7] Il primo anniversario della morte di Arnaldo, fratello di Mussolini.

23 dicembre 1932

Venerdì, ore 19, udienza:
    C.: «Buonasera come state?»
    M.: «Benissimo, e voi?»
    C.: «Male, sono stata male e oggi ho ancora la febbre.»
    M.: «Se lo sapevo non ti permettevo di uscire...»
    C.: «Per questo non ve l'ho detto. Ma ora sono tanto contenta che guarisco subito.»
    M.: «Come mi trovi?»
    C.: «Benissimo, sempre eguale.»
    M.: «Cosa siete venuta a fare? Non è ridicolo questo?»

28 dicembre 1932

Ultima lettera dell'anno. Ancora una richiesta di aiuto per il padre, annegata in un mare di sdolcinatezze.
    Eccellenza
    Le accludo la lettera di papà, che l'E.V. con tanto generoso interessamento ha richiesto.
    Non trovo parola sufficientemente adatta ad esprimere a V.E. tutta la mia gratitudine, e sono mortificata di essere costretta a disturbare di nuovo l'E.V., tanto che nel timore di dispiacerLe mi trema il cuore. Ma la speranza che la Sua cara ed affettuosa bontà vorrà perdonare anche questa mia nuova indiscrezione, mi rasserena e tranquillizza.
    Avrei necessità di sottoporre a V.E. un nuovo fatto occorso che mi potrebbe essere causa di conseguenze spiacevoli, e che ritengo opportuno venga a conoscenza dell'E.V.
    Comprendo che l'E.V. non avrebbe il tempo di considerare questa mia piccola cosa, ma mi autorizza a tanto la paziente e benevola attenzione che Ella si è degnata concedermi. Potrei procurarmi così la gioia di augurarLe a voce ogni bene per il nuovo anno, e più di ogni altra cosa la felicità sempre nuova e sempre più

grande di poter trascorrere per la degnazione dell'E.V. degli attimi indimenticabili nella Sua tanto cara, preziosa compagnia.

Sempre con la stessa infinita gratitudine i miei più affettuosi e sentiti ossequi.

1933

Fra Claretta e Mussolini si è instaurata una consuetudine di biglietti (di lei), telefonate (di lui) e incontri a palazzo Venezia: casti, brevi (un quarto d'ora), ma intensi. Lui si interessa paterno ai problemi della ragazza, lei non si fa scrupolo nell'investirlo di mille richieste: per il fidanzato, il fratello, il padre.

23 gennaio 1933: *«Non mi dispiace niente di te»*

Telefonata:
   M.: «Quando va la causa di vostro padre?»
   C.: «Il 31 gennaio.»
   M.: «Va bene. E le vostre cose, che c'è di nuovo?»
   C.: «Di mio ci sarebbe qualcosa che dovrei dire...»
   M.: «Siete contenta che vi ho telefonato?»
   C.: «Infinitamente. Ho sempre atteso tutti i giorni dalle 9 alle 10 e dalle 5 alle 6, ma credevo che non mi telefonasse più, credevo fosse inquieto con me. Ma poi speravo ancora, perché mi pareva di non aver fatto nulla che le potesse essere dispiaciuto.»
   M.: «Ma no cara, non hai fatto nulla che mi sia dispiaciuto. Non mi dispiace niente di te.»
   C.: «Grazie. E mi dica ora, quando mi può ricevere di nuovo? Quando posso rivederla?»
   M.: «Quanto tempo è passato dall'ultima volta?»
   C.: «Dal 23 dicembre.»

M.: «Dal 23 dicembre! Ooh! Un mese e più, è veramente troppo. Allora hai ragione...»

30 gennaio 1933: «*Vanno avanti quelli che procurano ai superiori il modo di divertirsi...*»

Ore 19, udienza:
    M.: «Come stai?»
    C.: «Non c'è male grazie. Lei?»
    M.: «Benissimo. Ho spento la luce di dentro perché mi fa male agli occhi sbattendo sulla carta bianca qui davanti.»
    C.: «È più carino, anzi.»
    M.: «Mi sembra sempre un secolo che non ti vedo.
    (Si alza, siede sul bracciolo della poltrona ponendo i piedi sulla pelle.)
    Ma senti, ne combina delle belle il tuo fidanzato, è un gran bel vassallo. Mi va a volare su Roma a bassa quota sfiorando le case, a rischio di fracassarsi contro le case. Ma è pazzo! Ho telefonato per sapere come mai questo ufficiale prima [ad] Orbetello, poi [a] Brindisi, poi alla Spezia, che cosa era diventato, e mi rispondono: "Ha commesso una gravissima mancanza di volo, ed è perciò che viene trasferito. Ha commesso una sciocchezza. Volato basso, sfiorando case, e questo per farsi vedere dalla fidanzata".»
    C.: «Già, e io invece non l'ho veduto per niente.»
    M.: «Vedi?»
    C.: «A lei non potevano dire altro che questo, ma non è vero affatto che lo trasferiscono per la mancanza, perché tutti gli ufficiali che mancano vengono puniti con 8/10/15 giorni a seconda dell'errore e poi tutto finisce lì; non possono trasferirli per questo. Ma lì c'è tutto un pasticcio, se lei sapesse...»
    M.: «Racconta, racconta, mi interessa.»

C.: «Nel luglio del '31 ho conosciuto un capitano, con moglie e figli piccoli, che mi ha fatto una corte vergognosa, alla quale io naturalmente ho risposto come meritava. Da allora sono cominciati tutti i guai. Nell'anno delle manovre su Genova ero in villeggiatura a Viareggio e ci fu una festa in onore degli ufficiali alla fine delle manovre. Ci andammo pure noi con la mamma e il papà, e incontrammo [...] che anni fa mi fece la corte. Vedendo che ero quasi fidanzata rimase malissimo, difatti al ritorno ad Orbetello il tenente doveva avere dieci giorni di licenza che avrebbe passato a Viareggio, e invece lo misero agli arresti con una debole scusa. Da allora hanno cominciato a fargliene di tutti i colori, fino a eliminarlo da Orbetello perché fidanzato. Lui non era nella eliminazione, e siccome vi è tutta una cricca vanno avanti soltanto gli avieri. Poi questa volta dovevano essere tutti terrestri, e invece sono ritornati tutti gli avieri.»

«Sa che vanno avanti quelli che fanno... Io la parola non la posso dire, è un po' grossa per una signorina»

«Sa che vanno avanti quelli che fanno... Io la parola non la posso dire, che è un po' grossa per una signorina, insomma quelli che procurano ai superiori il modo di divertirsi con [...] ed altro. Ritengo che il tenente non abbia mai preso parte a queste ignobili cose e che abbia sempre agito rettamente. Per conseguenza lo chiamavano il superbo, l'orgoglioso, il fidanzato. Perché è un delitto essere fidanzati, secondo loro.

Quindi il nome del tenente non c'era, allora un capitano vedendo scritti i nomi di due che l'aiutavano in altre cose ha detto che assolutamente non voleva li si mandassero via. Al che gli altri hanno risposto: "Chi ci mettiamo al posto di questi?". Il tenente Federici, quel superbo... il fidanzato. E così, di fronte al generale hanno messo una scusa e via...

Poi è andato a Brindisi per le manovre. Dopo un mese e mezzo che era lì l'ho raggiunto e sono stata una quindicina di giorni, poi sono andata a [...], anzi credevo che lei pure ci andasse, invece...»

M.: «No, poi non ci sono più andato.»

2 febbraio 1933

Telefonata:

M.: «Come mai non ti ho veduta questa mattina? Dove eravate? Non sono riuscito a vedervi, vi ho cercata tanto.»

C.: «Oh, se sapesse anch'io quanto ho cercato di farmi vedere, non ci sono riuscita, ho sofferto tanto.» [...]

16 febbraio 1933

Eccellenza

Sono tornata, i 15 giorni sono passati. Sono felice di poterla finalmente rivedere. Mi riceverà subito subito? Un passerotto mi ha sussurrato che lei pure mi attende... È vero?

Domani sentirò la sua voce e di questa gioia la ringrazio, con cuore sempre più grato e pieno di devozione.

Per le successive lettere fino al 1937, tutte più o meno simili, rimandiamo all'appendice. Qui pubblichiamo soltanto le trascrizioni dei colloqui, le pagine di diario e i fatti salienti della relazione.

31 agosto 1933: *«Finalmente siete tornato»*

Mussolini telefona a Claretta.

M.: «Quante stelle avete contato?»

C.: «Tante stelle, troppe.»

M.: «Quanto tempo siete stata fuori?»

C.: «Non tanto, è molto che sono a Roma ad attendervi.»

M.: «Ma io non sapevo che voi foste a Roma...»

C.: «Sapevo che eravate fuori e aspettavo tornaste.»

M.: «Ditemi... E vostro fratello poi ha preso il posto?»

C.: «Non è stato ancora nominato.»

M.: «Ma tutto è stato sistemato, però?»

C.: «Sì, so che si è presentato ed è combinato.»

M.: «Insomma, si è concluso bene.»

C.: «Sì, grazie.»

M.: «Bene.»

C.: «Allora posso venire?»

M.: «A fare?»

C.: «A vedervi, salutarvi.»

M.: «Vi telefonerò alle cinque.»

C.: «Veramente?»

M.: «Sì.»

C.: «Se poi non telefonate?»

M.: «Ho detto di sì.»

C.: «Sapete, è dall'8 luglio che non Vi vedo più.»

M.: «Allora Vi telefonerò senz'altro. Alle cinque. Avete inteso?»

C.: «Sì ho inteso, grazie tanto.»

1934

Marzo 1934: *«Se tu fossi sposata sarebbe diverso»*

Udienza. Claretta bamboleggia bovarista e chiede favori. Mussolini resiste.

Stava telefonando fino a che sono giunta vicino a lui, si è alzato venendomi incontro.

M.: «Ebbene, tuo fratello? Lavora?»

C.: «Sì, è occupato, ma come straordinario [*precario*].»

M.: «Bene, andrà avanti.»

C.: «Sì ma per ora prende 500 lire.»

M.: «Nulla.»

C.: «È quello che dicevo anch'io.»

M.: «Perché sei venuta, è assurdo, è ridicolo, senza senso.»

C.: «Voi mi avevate promesso, nella settimana... invece nulla. Perché? È una tortura, sapete.»

M.: «Ma cosa venite a fare, io sono vecchio, tu una bambina.»

C.: «Se fossi sposata?»

M.: «Allora sarebbe diverso. Sei signora, giovane ma signora.»

C.: «Allora fatemi sposare.»

M.: «Io?»

C.: «Sì, voi.»

M.: «E come?»

C.: «Lui è tornato.»

M.: «Ah sì? E come, quando, racconta.»

C.: «Ha scritto molto, io non ho risposto. Ha telefonato, io niente. Poi è venuto a Roma a trovarmi, dicendo che mi ama, che ha capito, se lo perdono, ecc. Ed io voglio sapere che devo fare.»

M.: «Sposa.»

C.: «Già, ma subito.»

M.: «C'è una legge.»

C.: «La legge si può cambiare.»

M.: «Quando è fatta non si cambia.»

C.: «Ma adesso lei è ministro.»

M.: «Appunto per questo, un ministro deve rispettare le cose già fatte.»

C.: «Insomma, lei non può fare mai niente.»

M.: «Queste cose no.»

C.: «Potrebbe far valere il millesimo. Lui ha 30 anni a dicembre, per millesimo. Ma li compie quest'altro anno.»

M.: «M'informerò se ci sono stati dei casi.»

C.: «E se anche non ci sono stati, sarà questo uno.»

M.: «Vedremo.»

C.: «E poi c'è che lei bisognerebbe che migliorasse la condizione finanziaria, la posizione, che da tenente è un po' così.»

M.: «Una promozione... quando dev'essere promosso?»

C.: «Se dà gli esami a scelta, ottobre di quest'altro anno.»

M.: «Bene, allora si può aiutare.»

C.: «Già, sono 400 lire in più.»

«Stipendio da 2400 lire al mese per il tuo fidanzato. Non male»

M.: «Quanto prende adesso?»

C.: «Duemila.»

M.: «2400. Di questi tempi non c'è male.»

C.: «Prima diceva che non erano sufficienti.»

M.: «Già, ma adesso il valore della lira è superiore, è diverso.»

C.: «Perché non lo fa suo aiutante di volo?»

M.: «Perché conosco te.»

C.: «Ebbene che c'entra? Anzi, ragione di più.»

M.: «No, perché direbbero: "L'ha fatto aiutante di volo perché è l'amico della moglie".»

C.: «E allora di tutti questi che vanno avanti, che ne sappiamo se la moglie... non lo dicono, questo.»

M.: «Lo dicono, lo dicono.»

C.: «E che importa?»

M.: «Importa sì, perché io poi gli dovrò dare degli ordini, lo dovrò avere a mio contatto, e devo pensare che di fronte alla mia coscienza faccio la figura del traditore. No, questo no.»

C.: «Quanti scrupoli di coscienza.»

M.: «È questo il mio forte, se non avessi così profondamente coscienza non riuscirei a vincere gli altri.»

C.: «Ma pure Napoleone prendeva a benvolere delle ragazze e le favoriva.»

M.: «Già, e questa era una sua debolezza.»

C.: «Insomma, non mi vuole aiutare. Un aiutante dovrà pure prenderlo, è un bel ragazzo, di bella presenza, intelligente.»

M.: «Lo credo, lo credo, ho la massima stima di lui come pilota e come ufficiale, ma conosco te e basta. D'altronde forse me lo avranno già dato. E poi non volerò che a primavera con il sole, quindi c'è tempo.»

C.: «Ma via, mi dia questa soddisfazione.»

M.: «Non insistere, tanto non mi convinci. Ciò che posso fare è domandare del millesimo, delle promozioni e di Roma. Basta.»

C.: «Ma è possibile che io devo vivere così meschinamente?»

M.: «Quando si è giovani tutto va bene, tutto è bello, io vivevo in una stamberga, con 120 lire al mese e le pulci. Ti assicuro che era divertentissimo, eravamo felici e ci volevamo bene. E quando si ama si mangia leggero, specialmente la sera è meglio. Dai retta a me, che ho vissuto molto.»

C.: «Sì, va bene, ma io desidero raggiungere qualcosa, a me non piace fare una vita gretta, meschina, insignificante.»

M.: «Cosa intendi tu per vita inutile?»

C.: «Una vita senza potersi prendere una soddisfazione, senza poter fare una gita, un viaggio, dover penare magari per farsi un vestito. Ecco, non mi va, non mi va assolutamente.»

M.: «Avrà delle promozioni.»

C.: «Sì, capitano... poi maggiore... Bello, e poi?»

M.: «È già qualcosa.»

C.: «Sì, ma poco.»

M.: «Vedremo un po' quello che si può fare.»

Ho pianto.

M.: «Adesso piange, e perché piange? Chissà. Ma sai che sei curiosa... Perché piangi? Cos'hai, mi vuoi bene? Cosa trovi in me? Dimmi cosa ci trovi in me, io non lo so, tu sei pazza, sei stupida, ecco.»

Claretta: «Le voglio bene»
Mussolini: «Pensa a voler bene al tuo fidanzato»

Esitazione, tormento, su e giù di passi, poi teneramente sorride: «Sei stupida... non piangere. Dimmi cos'hai».

C.: «Le voglio bene io e...»

M.: «Mi vuoi bene... a me. Oh, è bella questa, ma io sono vecchio. Pensa a voler bene al tuo [*fidanzato*] Riccardo, vivi tranquilla.»

C.: «Ma sì, che non mi vuole aiutare.»

M.: «In ciò che posso.»

C.: «Tutto può, quando vuole.»

M.: «Questo non è vero.»

C.: «La prego.»

M.: «Perché mi vuoi bene? Se io fossi un giovanotto, uno qualunque che passa per strada, libero...»

C.: «Se fosse uno qualunque non le vorrei bene.»

M.: «Invece sono uno schiavo, ecco cosa sono.»

C.: «Capisco, non mi aiutate perché non mi volete più bene.»

M.: «Non posso.»

C.: «Fate conto che io sia vostra figlia.»

M.: «Già, ma non lo sei. Io i miei parenti li pesto più che posso, non li aiuto mai, ho questa abitudine.»

C.: «Aiuti me.»

M.: «Te l'ho detto, se ti posso far sposare, per il millesimo e per altro, lo faccio volentieri. Adesso vai a mangiare. Hai mangiato? Hai fatto colazione?»

C.: «No.»

M.: «Neanche io. Vedi, ho saltato il pasto, guarda le visite che ho oggi, che lista; comincio adesso. Che diranno i tuoi che arrivi così tardi?»

C.: «Dirò che sono stata dalla sarta.»

M.: «Ore dalla sarta, signorina? Ora vai che è tardi, ti accompagno fino alla porta e vai via tranquilla.»

C.: «Siete cattivo, ecco. Almeno lo fate venire a Roma?»

M.: «Questo sì.»

C.: «Subito?»

M.: «Sì, è possibile.»

(si cammina)

C.: «Dite, sapete che faccio io?»

M.: «Di', che fai?»

C.: «Faccio l'artista.»

M.: «Bene! Artista di che?»

C.: «Cinematografica. Rialzo le sorti della cinematografia italiana.»

M.: «Questa è una buona idea. Non sei mica stupida, e poi hai tutto per farlo: sei bella, hai una figura snella, elegante, la dizione chiara senza difetti... Sì, è una buona idea.»

C.: «Anche per questo mi deve consigliare, lui ha detto che anche se faccio l'artista non mi lascia, e allora è costretto ad abbandonare l'Aeronautica. E io che faccio? Da una parte c'è questa passione latente, dall'altra lui. Mi consigli un po'.»

M.: «Cosa vuoi che ti dica? Tu mi domandi sempre dei consigli su cose ingarbugliate e complicate. Fallo, se ti va. Oppure aspetta di vedere come si mettono le cose, e caso mai sposa il tuo Riccardo e sta' tranquilla.»

C.: «Bene, io devo rispondere a quella gente.»

M.: «Che aspettino. Hanno fretta? Nella settimana ti farò sapere qualche cosa e deciderai.»

C.: «Nella settimana?»

M.: «Sì.»

C.: «Ma sì o no?»

M.: «No, forse. È meglio non lasciare la strada vecchia per la nuova... poi vedrai. Addio.»

27 giugno 1934: *Claretta si sposa*

Claretta sposa il tenente Riccardo Federici nella basilica di San Marco di Roma, proprio sotto palazzo Venezia. Non per intercessione di Mussolini, ma perché lì era stata battezzata sua madre Giuseppina. Celebra il matrimonio il cardinale Gasparri, che cinque anni prima aveva firmato il Concordato assieme al dittatore.

Gli sposini si trasferiscono a Orbetello (Grosseto), presso la base aerea dov'è di stanza il tenente Federici. Claretta sprofonda nella malinconia e nella solitudine (cfr. le lettere disperate nell'appendice).

1935

Settembre 1935

Telefonata:
M.: «Ho ricevuto la vostra lettera e Vi ringrazio, ma in questo momento sono più occupato del solito.»
C.: «Lo so, e per questo non avevo il coraggio di scrivervi.»
M.: «Avete scritto una lettera molto carina e l'ho gradita tanto, ma bisogna attendere.»
C.: «Questa settimana? Quest'altra?»
M.: «Fate conto che io sia in viaggio di mare. Quando sarò in porto vi chiamerò. Ed effettivamente è come se fossi in alto mare, in piena burrasca.»
C.: «Ma Voi siete sicuro di giungere in porto?»
M.: «Oh sì! Per questo sono sicurissimo, ma c'è tempesta, quindi devo attendere.»
C.: «Ma poi il 15 come faccio...»

M.: «Meglio così, vi...»

C.: «Mi telefonate?»

M.: «Lo volete? Quando posso telefonarvi?»

C.: «Presto, presto... dall'una alle dieci.»

M.: «Martedì volete?»

C.: «Sì, grazie, grazie.»

M.: «Va bene. Addio cara, a martedì.»

1936

Il 1936 è un anno fondamentale per la relazione Claretta-Benito, ma anche per il fascismo. Il regime è al massimo del consenso. Il 6 maggio, conquistata l'Etiopia, Mussolini proclama l'impero. E in quelle stesse settimane consuma il primo rapporto completo con la sua amante.

La Petacci è ancora sposata con il tenente Federici, ma il matrimonio è agli sgoccioli. Dopo aver fatto l'amore con il dittatore, il 31 maggio gli scrive: «Vi amo ogni giorno di più, sono nella vostra divina atmosfera d'amore, non posso più essere toccata da lui». E il 19 giugno aggiunge: «[Mio marito è] un essere che non so se più detesto o più disprezzo, che mi impedisce con la sua presenza di correre da Voi» (cfr. le lettere nell'appendice).

In luglio Federici acconsente alla separazione. Claretta si può dedicare totalmente al suo Benito.

5 settembre 1936: «Ero con lui mentre parlava dal balcone di piazza Venezia»

Diario:

Assistito alla manifestazione dalla sua finestra, accanto a lui. La piazza gremita di folla e bimbi deliranti. Egli tranquillo, grande. Si è affacciato quattro volte, e la terza ha pronunciato brevi parole. Hanno risuonato nella sala con un timbro sovrumano. La folla ha continuato dopo, per oltre un quarto d'ora, poi si è decisa a sfollare...

Lui si dispiaceva di non essere stato avvertito, altrimenti non avrebbe parlato a piazza di Siena, ma sul balcone. Lo ha ripetuto diverse volte, chiamandosi «banale». Ha telefonato due volte nervosamente ad Alfieri,[8] non c'era. Ha quindi parlato con Ciano,[9] al quale ha rimproverato vivamente questa sorpresa e di non essere stato avvertito, ma si vedeva che in fondo era contento di questa meravigliosa manifestazione.

Fra un'affacciata e l'altra veniva nella finestra dove io ero nascosta dietro i vetri, apriva la tendina e guardava giù a lungo parlando con me. Aveva le mani fredde. Ogni tanto si aggirava fra la finestra e il tavolino pensando ed ascoltando. Rifletteva sull'affacciarsi ancora o non so. Non posso e non so giudicare il suo animo in quel momento, tutto in lui è troppo grande.

«*I bimbi devono fare pipì alle adunate*»

Parlando dei bimbi mi diceva: «I bambini e le mamme non sono contenti, li tengono troppo a lungo in piedi. Si credono angeli, poi è dalle tre di oggi che sono lì... Avranno pure necessità di qualcosa, figurati. Una volta c'erano centinaia di bimbi fermi da ore e ore, e un tale lì continuava a parlare, non finiva più. Allora io, che vedevo i bimbi ballare sulle gambette, l'ho interrotto e gli ho detto: "Mi direte dopo ciò che volete dirmi, ora rompete le file e mandate i bimbi a fare pipì...".

Questi poverini non capivano nulla, come quella di non farli mangiare. Ma dategli delle pagnottelle mentre aspettano. Ora poi ho dato ordine che portino tutti nel sacco pane e prosciutto, e che mangino. Sono stanchi», e guardava preoccupandosi.

---

[8] Dino Alfieri (1886-1966), capo del Minculpop (ministero della Cultura popolare).
[9] Galeazzo Ciano (1903-1944), genero di Mussolini, ministro degli Esteri.

Gli ho detto che dall'entusiasmo certo non si vedeva che erano stanchi. «Sì, certi sono entusiasti e non se ne accorgono affatto, lo so, ma...»

1937

Nel 1937 la relazione fra Claretta e Mussolini si consolida. Quella che all'inizio dell'anno è solo una delle numerose conquiste occasionali del dittatore, in autunno ha ormai sbaragliato la concorrenza. La Petacci è «la» favorita del duce, e comincia a pretendere fedeltà (invano). La consuetudine è quotidiana. Alle visite a palazzo Venezia e alle gite al mare di Castelporziano si aggiungono moltissime telefonate, fino ad arrivare in autunno a una media di una dozzina di chiamate al giorno. Le pagine di diario però, fino al 15 ottobre, sono ancora poche e schematiche. Per le lettere, rimandiamo all'appendice.

Il regime abolisce il «lei», le strette di mano e perfino il Capodanno, cercando di sostituirli con il «voi», il saluto fascista e l'anniversario della marcia su Roma (28 ottobre). Si può immaginare lo scetticismo e gli sfottò con cui queste misure vengono accolte. Tuttavia, nessuna opposizione minaccia di rovesciare la dittatura. Gli antifascisti operano dalla Francia con i giornali clandestini, che Mussolini legge attentamente. Il 27 aprile muore Antonio Gramsci, dopo undici anni di carcere. Il 9 giugno vengono assassinati da sicari fascisti a Parigi i fratelli Rosselli. Se catturati, gli oppositori finiscono al confino. Mussolini a marzo viaggia trionfalmente in Libia, e a settembre in Germania. Gino Bartali vince il Giro d'Italia, il Bologna il campionato di calcio.

Gennaio: «*Abbiamo sciato al Terminillo*»

Queste, amore, sono le date indimenticabili, le ore del nostro amore, segnate nel mio cuore.

3 gennaio: sono venuta da te a palazzo.

16: da te a palazzo. Ancora.

18: ti ho veduto uscire dall'albergo al Terminillo, non mi riconoscevi, poi mi hai sorriso due volte e hai proseguito. Eri con Romano.[10] Volevo rimanere fuori ma sono caduta male, sono andata a Roma e poi ancora un po' malandata sono tornata fuori il 20.

20: alle tre sei passato, ti sei fermato e mi hai voluto con te... Siamo stati insieme fino alle sei.

21: abbiamo sciato insieme mattina e pomeriggio.

22: soltanto la mattina. Alle due sei partito per Roma.

23 sera: ti ho veduto all'opera. Eri bello, amore. Guardavi sempre in alto per ricordare le ore luminose.

24: sono venuta da te. [Abbiamo fatto l']amore...[11]

Dal 26 al 31 sei andato al Terminillo e non mi hai voluto, nella maniera più assoluta. Io molto triste.

Febbraio 1937: «*Emozionato come un ragazzo*»

17 febbraio: sei partito per Terminillo.

18: ti ho seguito, ti ho veduto un attimo, poche parole, eri nervosissimo.

19: ti ho veduto da lontano.

20: da te. [Fatto l']amore...

23: ti ho veduto all'opera. Eri meraviglioso, bello amore, più di sempre.

25: al teatro Argentina.

27: [facciamo l'amore] per la prima volta a casa mia.

---

[10] Romano Mussolini (1927-2006), figlio di Benito, cognato di Sophia Loren, padre di Alessandra.
[11] Claretta indica i giorni in cui fanno l'amore sottolineando la data. Dall'autunno 1937 scrive in codice si.

Non dimenticherò mai la tua emozione, mi dicesti che ti sentivi «emozionato come un ragazzo».

Marzo 1937: *Mussolini visita la Libia*

4 marzo: al teatro Argentina. C'era lei![12]
    Il 9 sei partito per Tripoli.
    24 marzo: con te amore a palazzo... Hai passato dei giorni un po' strano, non ti capivo.

Aprile 1937: *Claretta gelosa dell'altra amante, Romilda Ruspi*

3 aprile: ti ho veduto all'opera. Bello, elegante.
    5: da te, amore. Ho pianto tanto, volevi lasciare, eri strano, nervoso. Mi hai detto cattive parole, poi pace. Sono rimasta sconvolta, pensavo... e soffrivo tanto.
    10: all'opera. Non mi volevi. C'era lei [*la Ruspi*]. Ho creduto di morire di pena, avevo i morsi nel cuore. Sei stato sempre strano, difficile, non capivo.
    21: Da te di mattina a palazzo. Non volevi [che] lei mi vedesse. Quando mi telefonavi ti dicevo di lasciarla. Tu: «No».
    Dal 22 al 25 sei andato fuori.
    30: ti ho veduto al concorso ippico. Mi guardavi. C'era anche lei.

Maggio 1937: *«Eri meraviglioso, un quadro imperiale»*

1° maggio: da te amore... giorni senza telefonare.
    9: Rivista Imperiale da lontano (due giorni senza telefonare dopo).

---

[12] Romilda Ruspi Mingardi, nata nel 1900, amante di Mussolini. Avrebbe avuto un figlio da lui nel 1928.

9 sera: alle Forze Armate. Bello, imperatore. Mi hai sorriso e guardato. Eri meraviglioso, un quadro imperiale.

13: venuto tu da me. Amore.

24 maggio: ti ho veduto al Foro. Poi da te subito. Amore.

Dal 25 al 1° giugno: sei stato fuori. Tanto sola e tanto triste. Mi avevi parlato di lei. Soffrivo da morire.

Giugno 1937: «*Amore rapido e nervoso*»

12 giugno: da te. Amore. Rapido e nervoso.

13: sei partito senza telefonarmi per Rimini, fino al 21.

21: ho provato a venire da te, non potevi.

26: tu da me, amore. Che gioia, tanta gioia.

27: sei partito senza telefonare. Sei tornato il 2 luglio. Giorni di tristezza infinita, di ansia e di tormento. Eri tanto diverso, lontano, e il mio cuore si rompeva. Non dormivo più, non vivevo più.

Luglio 1937: «*Ti amo Claretta, vorrei vivere sempre con te*»

8 luglio: al mare con te. La prima volta, dopo ho tanto sognato. Radiosa giornata, indimenticabili attimi di luce.

13: terribile. Il mondo crolla su di me. Io muoio.
Mussolini la accusa di averlo tradito.

14 luglio 1937: «*Giuro che non ti ho tradito*»

Lettera:
L'unica persona che ho incontrato qualche volta è un vecchio amico di Marcello, che mi ha salvato dalle violenze di mio marito molte volte per incarico di mio fratello stesso, e che in questi ultimi tempi avevo pregato di

assumere ancora delle informazioni per cercare di ottenere da mio marito la firma all'annullamento. Ma quest'uomo è completamente fuori da ogni sospetto, sia mo-
ralmente che fisicamente. Questo volevo lo sapessi, e non
da altri che hanno tutto l'interesse di mentire per toglier-
ti a me. Te lo dico perché tu sappia tutto, ma non lo ritengo degno d'importanza e nulla ho mai fatto di male,
neanche con il pensiero.

Ti voglio veramente bene, non vivo che per Te e di Te.
Fin da bambina ti ho adorato, ed oggi come sempre sei la
mia ragione di vita. Tu mi devi credere, questa tortura del
dubbio non deve, non ha motivo d'esistere. Contavo le
ore per rivederti, per essere di nuovo con te al mare, per
correre verso l'infinito, verso il sogno, ed ora mi sento
schiantare, sono nella disperazione più atroce, ho il cuore che si rompe. Perché mi accusi? Di che?

Ti supplico in ginocchio, per tutta la bontà che sempre
hai avuto per me: non abbandonarmi, non credere a chi
vuole togliermi a te. Domandami, parlami, chiedimi. Io
muoio senza di te. Cosa posso dirti per giungerti al cuore, perché tu senta che è vero?

15 luglio 1937: *«Mi fai chiamare per ritirare i quadri.
Piango»*

16: da te con mamma. Dopo pena immensa, pace.

17 mattina: da te con mamma. Tanto pianto, poi pace.
La sera sono uscita in auto con te per la prima volta. Un
sogno.

18 mattina: mi hai insultato. Mi volevi scacciare. Dio
mio. Poi pace. Il pomeriggio sei venuto a casa. Avevo ricordi? Eri più tranquillo.

19: sei venuto tu da me, poi siamo usciti in automobile.

20: da te con mamma. Pianto tanto. Pace. Poi in auto.

21: da te un attimo al mattino, poi al mare con te. Più

calmo. Senti che sono sincera. Mi hai detto: «Ti amo, vorrei vivere sempre con te». La sera ti ho veduto magnifico e possente per via Nazionale, eri bello sai, bello! Veramente l'imperatore, il tuo passo era possente.

22: sei stato al mare con lei. Perché? Che male al mare. La sera siamo andati in auto, ero triste da piangere.

23: io al mare con te. Tanto amore. Forse si cancella l'ombra di lei da questa stanzetta.

24: alla sera ti ho veduto alla Basilica [*di Massenzio*]. Più ti guardo più mi piaci, più ti trovo bello. Oggi sono stata gelosa.

25: sei stato al mare con lei. Mio Dio, quando non la vedrai più... Il pomeriggio da te a palazzo tante ore, e la sera sono uscita con te. Amore, mi ami dunque!

26: sei andato a Riccione.

29 luglio 1937: *manda telegramma con pseudonimo*

Sua Eccellenza Benito Mussolini
Riccione
L'augurio si irradi nello spazio di luce pura di sole e giunga come un inno di gioia e di bene alla vostra meravigliosa trionfante giovinezza.
Con profonda devozione.
Giorgio Monti [*nome fittizio*]
Roma

30 luglio: sei tornato. Al mare con te. Appena arrivato al mattino tanti insulti, poi pace. La sera colloqui con quell'individuo [*il marito*]. Io dietro la porta a morire d'angoscia, di ribellione. Ore che mi dilaniano l'anima. Mi scacci. Sono svenuta, non gliela faccio più. La sera sei venuto a prendermi, mi credi, sei più calmo, mi ami.

31: al mare con te. Giornata burrascosa. Poi amore. La sera sei venuto da me... Quello non è venuto a casa mia.

Agosto 1937: *«Tua, solo tua, dal mio sorgere nel mondo»*

1° agosto: sei venuto alle tre del pomeriggio. Quel tale non si è fatto vivo, l'hai atteso fino alle nove. Amore.

2: al mare con te. Tanto amore. Telefonata tremenda, insulti, terribili parole, non mi vuoi più. Io muoio. Cado svenuta, non so più nulla. Tu sei venuto da me a salvarmi, il tuo amore e il tuo sorriso mi ridanno la vita.

3: ancora male. Sei stato da me al mattino, poi alla sera due volte, amore mio grande.

4: sei venuto dall'una alle quattro. Io ancora male, ma già meglio. Sei tornato alla sera.

5: al mare con te. È tornato il sole. Sei venuto poi la sera da me, allegro come un ragazzo.

6: al mare con te. Il sole è sempre più luminoso. La sera siamo usciti. Amore, mi ami.

7: al mattino al mare di nuovo. La sera siamo andati sulla via Flaminia. Sei triste perché parto, tanti giorni lontano.

Claretta va due settimane a Napoli e Capri in vacanza.

Ottobre 1937

Qui inizia il diario vero e proprio, a volte con decine di fogli per un giorno solo.

In questo mese il regime fascista celebra il quindicennale della marcia su Roma, e Mussolini inaugura Guidonia (Roma), «città dell'aria». Arriva nella capitale una delegazione di gerarchi nazisti per negoziare il patto Italia-Germania-Giappone. I rapporti Claretta-Benito sono idilliaci. Lei si illude di aver sbaragliato la concorrenza dell'amante Romilda Ruspi, e passa molti pomeriggi al mare con Mussolini. Il duce si apre con lei e le rivela che la moglie Rachele lo ha tradito.

15 ottobre 1937: «*Che bravo mio figlio Vittorio in America*»

Mi domanda se ho piacere di andare al mare.[13] Naturalmente! Parto. Arriva prima della mezza, è felice di trovare il sole. Poi entra nello stanzino e si sveste. Dice: «Adesso due o tre ore di sole e di libertà».

Mi dice subito di Marcello, che stia tranquilla, che non
gli facciano nulla, e che prima di esprimersi con tanta leg-
gerezza su un ufficiale ci pensino e stiano attenti a quello
che fanno. Dice che Sebastiani ha detto che Marcello è un
po' esuberante ma simpaticissimo. Molto contento di averlo potuto aiutare.

Dice di Vittorio:[14] «È stato molto bravo, ha fatto osservazioni intelligenti. Dice che dopo il discorso di Roosevelt gli americani erano andati chi ad assistere, chi a
sentire [*alla radio*] un incontro di boxe fra due italo-
americani. Ad ogni punto usciva un'edizione straordinaria per il resoconto dello svolgersi dell'incontro. Questo
per dirti quanto si preoccupino della politica, di Hitler e
di me. Dice che di me hanno molto timore, però in fondo simpatia.

Dicono: "Ma sì, è un simpaticone quel Mussolini, peccato che voglia far sempre la guerra". Chi non possono
proprio vedere, lo detestano, è Hitler. Sono contento di
Vittorio, non si è lasciato montare la testa né da stelle né
da stelline [*a Hollywood*]. Dice che sono quasi tutte brutte, e che il merito lo hanno i truccatori: sia uomini che
donne sono di un'abilità incredibile. Rifanno completamente le facce, aggiungono un pezzo di naso, mettono
una guancia o un pezzo di fronte. Formano la faccia a seconda della scena che l'artista deve girare.

Gli americani sono rimasti molto meravigliati di que-

---

[13] A Ostia, nella spiaggia riservata ai reali e al presidente del Consiglio.
[14] Vittorio Mussolini (1916-1997), il figlio cinefilo appena tornato da un viaggio negli Stati Uniti.

sto giovanottone biondo, alto, semplice. Loro credono che tutti gli italiani siano bassi, piccoli come il re, con i capelli neri crespi e gli occhi grandi. Hanno un'idea molto vaga ed imprecisa degli italiani. Vittorio ha dimostrato coraggio, ha girato a piedi per le vie di New York con un solo policeman a distanza, serio e cortese con tutti, sia milionari che operai. Roosevelt è stato molto gentile con lui. Lo ha trattenuto 45 minuti domandandogli molte cose.

Quando qualcuno gli domandava: "In Italia ci sarà una guerra?", lui rispondeva: "Domandatelo a mio padre".

All'andata ha dormito [a New York] al 14° piano, al ritorno al 17°. Però a tutto questo traffico, agli enormi grattacieli, è rimasto indifferente, come se ci fosse già stato. Una cosa gli ha fatto impressione: quando è sceso dall'aeroplano, tre operai italiani lo hanno avvicinato commossi. Erano da 33 anni in America, ed era emozionante lo sforzo che facevano per parlare italiano. Ma dopo 33 anni parlano tutto sbagliato. Per esempio, dicono: "Posso farti una camera?" [per dire] una fotografia. E: "Noi stiamo all'undicesimo blocco" [invece di "isolato"].

Vittorio è serio, posato, non si è montato la testa né per i festeggiamenti né con le snellissime. Ed è stato naturalmente molto corteggiato, gli si sono tutte strofinate queste donne-immagine. Un bel ragazzo, Mussolini, perciò... Non ha avuto paura di nulla, eppure aveva avuto degli articoli ben poco simpatici.

Gli studi [cinematografici] sono interessantissimi, quel che c'è di più perfetto lo sanno fare. Ma hanno anche qualcosa come venti miliardi per il cinema, pensa, solo per il cinema. Cosa sono i nostri pochi milioni? Però la temono la produzione italiana, perché sanno che il nostro popolo è intelligente. Perciò si preoccupano dei nostri passi».

«*Povera Anna,*[15] *cade spesso*»

Parla dell'Anna: «Questa mattina ha fatto un gran pianto. Si è tanto inquietata, povera piccola, perché non voleva andare a scuola con la sottanina corta fin qui. E anche il grembiulino le si è fatto corto, perché è cresciuta. È venuta nella mia stanza, era talmente inquieta che non ha aperto bocca. Poi mi ha detto, e infatti aveva ragione.

È di una tale sensibilità che non bisogna addolorarla. È affidata ad una donna di una bracciante, non so neanche cosa faceva prima... No, ancora non sta bene, corre perché si dimentica e poi tac, la gambina le cede e va in terra. Cade spesso. Ieri davanti a me è caduta così, le va sotto la gamba, quasi non avesse più forza. Si rialza da sé, sai, non parla, non dice nulla, ma si avvilisce. Fa una faccina, povera cara. Si vede che ancora qualche rotellina non funziona bene, chissà. Lei vede correre Romano, e quando era fuori la figlia di Edda...».[16]

«*I miei nipotini hanno una terribile istitutrice tedesca che li tortura. E magari è una spia*»

«I bambini di Edda hanno l'istitutrice tedesca, cosa che io disapprovo. Pensa che una sera questa signorina non si sentiva bene e li ha lasciati liberi. La bambina è diventata una piccola folle, sembrava impazzita, non si fermava più, si è scatenata come un uragano. Ha rovesciato carte, oggetti, è saltata sul tavolino, sulle sedie, addosso a mia moglie, si è rotolata in terra. Capirai, questa signorina li tiene sotto il torchio, li frena fino a soffocarli. Alle otto, sonno o non sonno, a letto; la mattina al-

[15] Anna Maria Mussolini (1929-1968), ultima dei cinque figli avuti con la moglie Rachele, colpita da poliomielite a sette anni.
[16] Edda Mussolini (1910-1995), primogenita del duce, sposata dal 1930 a Galeazzo Ciano.

le sette, stanchi o no, sveglia; a quell'ora pasto anche se non hanno fame, e via di seguito. Non così, non questo, non quello. È terribile. Parlano perfettamente il tedesco, è vero, specialmente il maschio, ma questa è una tortura. Disapprovo assolutamente, anche perché poi queste straniere in casa sono sempre delle spie. Mia moglie le detesta. Raccontava la principessa[17] che aveva avuto per ventidue anni un'istitutrice tedesca, e allo scoppiare della guerra questa è partita per il suo Paese. Alla stazione la signora piangeva nel vederla partire perché si era affezionata, e questa tedesca disse: "Non piange, non piange signora, io torna presto, tornerò qui con i miei prussiani!".

Hai capito? Ed erano ventidue anni, pensa. Se questa donna per esempio scrivesse su due o tre anni in casa della figlia del duce, immagina cosa accadrebbe. Il libro andrebbe a ruba e non si potrebbe nemmeno impedire. Se fosse italiana si potrebbe minacciare, spaventare, ma una tedesca, una straniera, nulla da fare. Pensa che guaio.»

«Se mia figlia Edda non cambia, rompo i ponti»

«Sono inquieto con mia figlia, e adesso quando avrà fatto il bambino le dirò che o cambia o rompiamo i ponti. Non va, non si occupa affatto dei bambini, non fa nulla. Potrebbe essermi tanto utile, fare più che una politicante, che anzi così mi danneggerebbe, ma potrebbe fare tanto per me, con la sua intelligenza. Perché debbo affidare l'incarico della carta, del ritiro dei pegni, macchine da cucire ecc. alla governatrice, darle delle commissioni, quando potrebbe farlo mia figlia portando un po' di sorriso e di festa in tante case piene di miseria e di pena. Potrebbe entrare, vedere, sentire, soccorrere, e questo naturalmente la farebbe amare dalla popolazione, e porterebb-

---

[17] Maria José di Savoia (1906-2001), moglie del futuro re Umberto II.

be a me un vantaggio grande. Perché ciò che faccio si saprebbe attraverso lei, che è una Mussolini. No, nulla, devono farlo estranei. Lei niente: legge, legge, e frequenta compagnie di signore che, oltre ad essere tanto chiacchierate, hanno finito per chiacchierare anche lei. Ad un certo momento se ne sono dette di cose contro di lei. Ma lei continua e non si occupa affatto dei bambini, tanto meno si interessa di me. Penso che alle volte il marito [*Galeazzo Ciano*] debba dire: "Era meglio che non sposavo la figlia del duce".»

Claretta [velenosa]: «Già, ma non sarebbe ciò che è».

«Questo è vero, ma comunque era un ragazzo d'ingegno che avrebbe potuto fare qualcosa egualmente.»

Claretta: «Meno che diventare ministro degli Esteri».

«È vero, ma...»

Claretta: «Vive della tua luce come tutti».

Pensa e tace. [Poi]: «Parlerò molto chiaramente con mia figlia. È una donna veramente difficile, strana, ma io la domino. Bruno[18] e Vittorio invece sono bravi, calmi e seri, di giudizio. Non fanno grandi cose, ma sono bravi».

«Amore solo una volta a settimana, come i villici?»

Andiamo a mangiare, e l'appetito non è indifferente. Ogni tanto mi carezza, mi bacia. Poi si alza e grida: «Io amo Clara». Più forte: «Io amo Clara! Sentimi amore, ti amo».

Parliamo dei terreni [*per la nuova casa dei Petacci*] e dice che sono degli speculatori. Anche chi si incaricherà di aiutarmi nella ricerca, non vuole troppo lontano. [...]

Dice: «Non vorrai fare l'amore settimanale come i buoni villici, tanto più che io ti ho abituato o mi sono abituato ad un amore frequente, e spero che tu non voglia mutare il ritmo alle cose».

[18] Bruno Mussolini (1918-1941) terzogenito di Mussolini, morirà in un incidente aereo.

Parliamo ancora un poco, poi carezze, tenerezze, ecc., si finisce per <u>si</u> [*in codice: fare l'amore*] con amore folle. Andiamo a fare una passeggiatina prima che vada via, e alle 4 e 20 parte dopo che l'ho aiutato come sempre a vestirsi.

Telefona alle 6. Ero già preoccupata. Dice che ha avuto un cinese che l'ha molto trattenuto.

Alle 8 richiama, c'era stata la sorella. Poi dice che sono sul freddo, che posso anche amarlo di più. Sono un po' triste che non mi aveva telefonato. Lo attendo in finestra, entra alle 8, mi vede. Telefona alle 9 e mezzo, va a sentire la radio.

Alle 10 mi dice che ha sonno e va a letto: «Oggi è stato bello, divino. Ti amo».

23 ottobre 1937: «*Delirio in piazza Venezia*»

«Amore, ho desiderio di vederti. Alle sei e mezzo cambio la guardia al portone e potrai venire. Passa da via degli Astalli, telefona a Navarra che ti venga ad aprire. La folla è ancora qui, vanno e vengono altri nuovi.»

Arrivo alle sei e tre quarti causa la gente, entro da dietro. Ci sono ancora i moschettieri nel cortile, però non mi vedono.

Mi fa vedere le foto che gli ha fatto un americano. Sono bellissime: «Guarda questa, che mento forte, volitivo. Capisco come una donna possa innamorarsi d'un uomo così. Come possa dormire con una fotografia sotto il cuscino, come fai tu. Non è vanità se dico che questo è veramente bello: guarda il naso, il mento, la bocca. Dimmi, una donna può innamorarsi di un uomo così?».

Claretta: «Io ti amo».

«No, dimmi, una donna.»

«Io ti amo e credo che potrebbero amarti.»

Osserva che ho un po' di broncio. Fa un leggero sorriso. La folla grida sempre.

«Ora mettiti nell'angolo. Mi affaccio.»

Chiama Navarra che apre la vetrata. Il grido diventa frenetico, l'urlo sale come uno scoppio, con un fragore fino al delirio, non si raggiunge la fine del suono umano nel cielo. Cappelli in aria, fazzoletti, volti luminosi ridenti, come un torrente che spezza gli argini dal Corso, da via Nazionale, dagli autobus. Le auto si fermano, il traffico è travolto, negli autobus si pigiano gridando contro i finestrini, così nelle auto. Sembrano folli, è un delirio, è qualcosa d'indescrivibile, è un sentimento di gioia, d'amore, inspiegabile, è un tormento d'anima che straripa nell'urlo di giubilo.

Basta il primo accenno alla sua presenza che, anche se piovesse fuoco, per vederlo un attimo solo tutto sfiderebbero, tutto supererebbero, la stessa morte...

Quando rientra è calmo, io tremo. Gli vado vicino, gli dico che è bello.

Mi dice: «Macché bello».

Si avvicina ancora alla finestra e osserva: «Niente, non si calmano, non se ne vanno, chissà se affacciandomi ancora si decideranno a lasciarmi tranquillo».

Mussolini consiglia a Claretta il primo film con Alberto Sordi

«Vedi cosa dovresti fare stasera? Andare a vedere *Scipione l'Africano*.[19] È bello sai, molto.»

Claretta: «Andrò a vederlo quando andrai a Forlì».

La mia voce trema, egli si volta a guardarmi e si avvede che ho le lagrime agli occhi. Allora scansa il giornale, si alza di scatto: «Amore, no, non voglio che tu abbia il

---

[19] Film nel quale debutta come comparsa il diciassettenne Alberto Sordi: è un soldato romano.

pianto negli occhi. Io ti amo, vieni, vieni sul mio petto forte, stringiti al tuo gigante, mio piccolo grande amore. Sono stato un po' cattivo ma ti amo, è un malinteso sai. Vieni con me questa notte, devi dormire con me, nel mio grande letto. Io verrei dalla tua parte però, occuperei il tuo posto per essere più vicino a te. Io sono la tua aquila che ti copre con la sua grande ala, ti protegge».

Mi tiene stretta a lui. È di una tenerezza che mi fa venire da piangere di gioia. [...]

Prende dei berretti da ufficiale, me li prova in testa e ride.

«Come sei carina, se vedessi come stai bene. Guardati nello specchio...»

Uno è tedesco, uno italiano e uno all'alpina. Ride e cerca di farmi sorridere.

Non parlo, lo guardo triste, mi sento il cuore gonfio. Siede sulla poltrona inquietissimo. Apre gli occhi grandi, sporge la mascella, io sono vicino, non parlo, non respiro quasi. Ad un tratto tende la mano e mi dice: «Allora addio, adesso vai via, è tardi. La strada è lunga e ci vuole tempo, con tanta gente. C'è traffico oggi, e ho a cena Vittorio».

La sua voce è estranea, quasi ironica. Forse era gelosia causata dal mio ritardo, dato che anche prima mi ha detto: «Hai trovato molta gente vero? C'è ingorgo nella strada?». Evidentemente ha sospettato che io prima sia passata altrove.

Io naturalmente non mi muovo, lo guardo e non rispondo. Pensa un poco, poi dice: «Adesso mettiti seduta che chiamo per i giornali».

Entra Navarra portandoli. Si mette a leggerli. Mi viene da piangere, ma non dico nulla. Sente il mio silenzio, alza gli occhi, mi guarda, mi sorride, allunga le braccia verso di me e dice: «Amore vieni qui. Non voglio chiudere l'anno [fascista] inquieto con te, amore, scusami».

Mi avvicino.

«*Io sono doppio, e il numero due è cattivo*»

«Sono stato cattivo, ti ho trattato male, scusami, è il numero due che qualche volta esce fuori. Sai, io sono due e il numero due qualche volta è cattivo, l'ho fatto senza volere. Ho fatto male. È vero che mi perdoni?»

Si mette a leggere, indica la fotografia del *Giornale d'Italia* con la folla dello stadio o foro: «Vedi, quasi sembra la folla di Berlino. Erano tanti, quasi 40 mila persone».

Mi guarda: «Tremi? Non vedi come sono calmo?».

Non un muscolo del suo viso è alterato, il suo sguardo è sereno, non è turbato. Vive la sua storia con la naturalezza e la disinvoltura dei conquistatori del destino, dei dominatori. Tutto ciò è semplice, è così perché non potrebbe essere diversamente. È la sua strada, egli l'ha tracciata, solcata, la percorre. L'umanità la segue e vive del suo pensiero, che rinnova spiriti e cuori, tempra e vivifica. È storia. [...]

Siamo ancora nel vano della finestra. La folla si avvia lentamente, comprende per istinto che il suo Duce ha il suo lavoro, che basta ora, per oggi non deve disturbarlo oltre. Vedendo le tribune gli dico: «Che peccato che non mi hai trovato i biglietti. Ne ho qualcuno che hanno mandato a papà».

Questo glielo dico perché egli nega che ci siano biglietti. Continua a guardare fuori, non vedo i suoi occhi.

«I moschettieri vanno via. Li vedi? Sono belli...» Tace, poi piano: «Se hanno dato i biglietti a tuo padre ci verrai».

Claretta: «Sì, ma forse non potrò vederti».

Si altera: «Verrai egualmente, vedrai la cerimonia».

Non rispondo. Scende dalla finestra va al tavolo, è nervoso: «Verrai?».

Claretta: «Chissà che tortura sarà, forse non vedrò nulla».

Basta questa semplice frase per lanciare la scintilla. Ha uno scatto tremendo, come mai in cinque anni.

«Non vorrai stare accanto a me, cos'è questa storia? Non devi metterti fra i miei piedi, sarai dove sarai, anche lontano, mi vedi o non mi vedi, vedrai la cerimonia che sarà interessantissima e suggestiva. È sempre uno spettacolo vedere delle masse d'uomini, di armati. È la premiazione di eroi, che io ti veda non conta.»

La sua voce è aspra, cattiva, il suo gesto duro. Non c'è l'estremo per una scena così forte, non capisco. Sono molto avvilita.

24 ottobre 1937: *«Non mettere i campanelli sulla coda del cane»*

Chiama alle 11. Ha finito, va a casa, non vuole che mi metta in finestra, dice: «Non bisogna mettere i campanelli sulla coda del cane». Ma capisco che è inquieto con me.

Alle 3 mi dice di andare. Dopo mezz'ora arrivo. Lo trovo scuro. C'è una questione riguardante Marcello, una vigliaccheria che vogliono fargli, un'infamia. Io scatto, mi dispiaccio, mi viene da piangere, difendo Marcello per la verità e per la giustizia. Lui si convince, mi calma. Dice che farà di tutto perché nulla di male avvenga, capisce che qualcuno ad arte ha esagerato per fargli del male. È addolorato perché io non so come fare. «Farò il tuo amante e il suo ministro. La mia situazione è falsa, non voglio che si dica che me ne occupo perché è tuo fratello, perché questo non è, d'altronde se l'hanno mandato a me, vuol dire che avevano uno scopo.»

Dopo la mia sfuriata capisce la sincerità e la situazione, però è strano. Tutto questo turba l'atmosfera. Poi mi dice: «Adesso potete andare, la giornata è sciupata. Vedi che non è possibile. È come quando si ama un grande uomo e dopo si ha la delusione dell'individuo. Così tu ami l'uomo, ti trovi di fronte al ministro e mi detesti».

Si alza, va verso la finestra dove piove. Questa pioggia mi cade l'acqua nelle vene, sul cuore, è fredda e non smette. Il suo viso muta in buio, poi si schernisce: «Sono il vecchio canuto signore che non ha nessuno, che non è amato da alcuna, che non può essere amato. Il solo orgoglio per l'uomo, o forse perché sono sapiente... un amatore formidabile e bravo, ma tu potresti dire che ce ne sono tanti che potrebbero essere bravi come me, e poi non di 54 anni ma di meno, sì, tu conosci bene i ragazzacci di meno età della mia».

Mi fa soffrire molto tutto ciò, ma taccio.

Mi guarda fisso negli occhi, poi si gira ancora a guardare fuori la pioggia: «Poveri [vigili] metropolitani, ne muoiono parecchi d'inverno, di questi regolatori del traffico».

Si gira ancora e mi dice: «Scusate signora, ma io ho bisogno di fare questo: è il tempo, o anzi la noia, di tutto». Scende il gradino con fare stanco, poi: «Io vado di là, se non volete venire fate pure come credete, se volete venire allora seguitemi». Mi guarda e si avvia con aria distratta e svagata. Indicando in giro dice: «Ecco la mia prigione». Poi: «Però è una bella prigione, con mura larghe, grandi finestre...».

25 ottobre 1937: «*Mia moglie mi ha tradito per quattro anni. La odio ancora*»

Pomeriggio al mare. Andiamo a passeggio. Arriviamo ad una duna, sediamo. Lui pensa al discorso:[20] «Mi è venuta una bella idea». [...]

---

[20] Per il 28, anniversario della marcia su Roma.

«Se tu mi dessi noia o fastidio come tante altre, ti avrei già allontanato. Invece tu comprendi, non sei come mia moglie che non si è mai resa conto della mia grandezza. Con lei non c'è stato quasi mai amore, solo una cosa fisica. Perché era effettivamente una bella ragazza, prosperosa, ben fatta, quello che si dice un bel pezzo di figliuola. Solo sensi, soltanto. E infatti non c'è stata mai comprensione né comunicativa. L'ho perduta dopo notti e giorni tragici, in cui lei non faceva che piangere, negare. L'Edda sbottò in un gran pianto dicendo: "Non credo, non posso credere che mia madre abbia fatto questo...". Ma con le lagrime rivelava ciò che aveva sofferto di ciò. L'Edda sa tutto, ha visto tutto, l'odiava a morte quell'uomo, Dio come l'odiava. Certo ha negato... è la madre. L'ho perdonata, per i figli, per non fare scandalo. Ho voluto credere, ma da allora l'ho odiata, così come la odio in questo momento. Gli anni dal '23 al '27 mia moglie non può davvero guardarli senza arrossire, e provare una profonda vergogna di sé. Devi impedirmi di parlare di ciò, ti prego fermami.»

Si ferma e si tocca l'ulcera.

«Vedi, ahi! Mi fa male l'ulcera ora. Credi, ho delle fitte qui, mi fa male proprio dove sono stato male, e del resto mi sono ammalato proprio la sera che la Ceccato[21] mi fece la rivelazione dicendomi: "Fai tante scenate di gelosia, ma potresti guardare tua moglie invece che me!". Erano scene per modo di dire, non ero geloso, no là per quel Di Castro...»

Claretta: «Non riparare, ormai l'hai detto».

«Non sono mai stato geloso. Oltre che di te sono stato e sono geloso di mia moglie, ma è soltanto dignità e orgoglio. Te, sarebbe stata una delusione veramente grave,

---

[21] Bianca Ceccato, amante di Mussolini quand'era segretaria del *Popolo d'Italia*.

dolorosa. [Mia moglie] non mi ha mai considerato un grand'uomo, né ha mai preso parte alla mia vita. Si è disinteressata completamente di me in tutto.

Ma sì, mi ha tradito, è inutile mentire. Tutti lo dicevano, era una voce generale. Non si fa dormire un uomo in casa se non c'è il motivo. Faceva l'amministratore, l'aiuto dei bimbi, questa era la scusa. Ed era sempre con mia moglie. Tanti elementi confermano il sospetto, lei ha sempre negato, naturalmente, ma perché era con lei e dormiva lì? Perché la notte si tratteneva a villa Carpena quando non c'erano che tre chilometri e la macchina per portarlo? Pioveva, disse lei, pioveva. Ma non erano trenta chilometri, erano tre. E la madre, perché la mise a dormire in una dipendenza? Non voleva che vedesse le cose poco pulite che faceva. Poveretta, è morta di crepacuore.»

È eccitato. Parla a scatti. Il ricordo lo avvelena.

«[Ti dico] uno degli episodi. Un Natale si era seduti a tavola, eravamo una bella tavolata, c'era anche mia sorella Edvige. Non so come, ad un tratto uno dei ragazzi fa il nome di questo signore: Corrado Valori [*in realtà Varoli*]. Non è un mistero, lo sanno tutti. Anche a Parigi, dove stampavano in prima pagina, e i giornali ce li ho ancora: "Chi è lo stallone di casa Mussolini? Corrado Valori". Villa Carpena era la villa Valori, capisci.

Così un bambino fece il nome di costui, e mia moglie diventò rossa, ma rossa in modo tale che imbarazzò tutti. Io già sapevo qualcosa, ma non credevo ancora. Poi, entrando per caso nel suo boudoir, trovai profumi, cosmetici, tinture: tutta una raffinatezza che non si era mai sognata, perché era una contadina sempliciona e rozza.»

Verdi, Pizzetti, Respighi e le vedove

Sono stanca. Rientriamo, vuole l'acqua sul viso. Mimì va a prenderla, poi sistemo il posto sul vano al sole. Lui parla della vedova Respighi.[22] Al discorso veniamo parlando dell'opera. Dice: «Verdi è stato davvero un genio fecondo, quante opere, e tutte belle. Poi adesso si tirano fuori quelle non date e si scopre che sono bellissime. È vero, siamo in decadenza. Io ho fatto tanto, spingo i maestri, per esempio volevo che musicassero Manfredi, il primo a volere l'indipendenza italiana e che poi non riuscendo depone la spada sull'altare. Anche il finale offriva un bello spunto.

Gliel'ho dato io il nome d'*Orseolo*, sì, perché lui[23] voleva chiamarlo in modo balzano, e io ho detto *Orseolo*. Ma non vale proprio nulla, gli manca la vena, l'ispirazione, è un recitativo e basta, la melodia è finita. Speriamo che sorga un altro genio. Respighi aveva qualcosa di buono. Hai sentito la *Fiamma*? È buona. Ma le cose migliori sono le *Fontane* e i *Pini di Roma*.

Che ne dici della signora Respighi? Queste vedove sono strane, non è vero? Mentre lo spettacolo delle madri che hanno perduto un figlio è sempre impressionante e doloroso, la vedova lascia un po' perplessi. Hanno un che di strano, quasi un leggerissimo senso di indifferenza. Parlano del marito morto, magari solo da pochi giorni o due-tre mesi, con una naturalezza e indifferenza straordinaria. Vengono profumate. La Respighi l'ho veduta due volte, una per la fondazione Respighi, poi quando è morto lui, e non mi ha fatto una buona impressione. Mi ha narrato della sua fine atroce, pensa, aveva un cancro nel cervello. La mattina quando lei l'ha chiamato non so per cosa e gli voleva portare un bicchiere d'acqua, lui le ha detto: "Non portarmi più nulla, è inutile, tanto questa sera non ci sarò più". Infatti al tramonto è morto».

[22] Ottorino Respighi (1879-1936), compositore.
[23] Il compositore Ildebrando Pizzetti.

Umberto Maddalena e la moglie in manicomio

«Un'altra vedova terribile, brutta e p.....a, era la Maddalena. Che schifo quella donna. Pensa che in casa passeggiava nuda davanti al figlio di dieci-dodici anni, completamente nuda come Dio l'aveva fatta... i seni, il sesso, tutto. Puoi immaginare cosa poteva provare quel bambino: non vedeva più la madre, ma la donna nuda. E il maschio, che ha le prime sensazioni della femmina, rimane turbato. È veramente mostruoso. Pensa che quando il povero Maddalena[24] andò al polo per salvare Nobile e i compagni, ricordi, lei che era in villeggiatura, credo a Venezia, gli chiedeva dei soldi. Pretendeva dei denari. Lui le scriveva: "Ma come faccio a mandarti dei soldi dal polo...". E lei lo tempestava di lettere e d'insolenze.

Lo tradiva in un modo vergognoso, era pazza. Infatti è in manicomio, e il bambino a Gorizia dove sono gli orfani dell'aviatore.

Quando venne la prima volta si presentò con un lungo velo, faceva un po' di scena. Alzò lentamente il velo, aveva una faccia da faina. Ai suoi tempi non doveva essere stata brutta, ma aveva gli occhi folli.

Fece un lungo discorso, ma notai che non diceva mai "Umberto mio marito", no, diceva "Maddalena". Voleva soddisfazione, minacciava. Le assegnai la pensione, la confortai. Diceva che non era possibile che un apparecchio scoppiasse in aria, che Maddalena era troppo bravo, era un perfetto pilota. Questo era vero, lo ricordo io che ho volato con lui. Quando Balbo[25] lasciò i comandi perché non gliela faceva più, ci portò in salvo Maddalena. Altrimenti con Balbo certamente non saremmo tornati. Era proprio intelligente, un pilota in gamba. [La sua morte] è stata un mistero. Uno dei tan-

---

[24] Umberto Maddalena (1894-1931), eroe dell'Aviazione.
[25] Italo Balbo (1896-1940), quadrumviro della marcia su Roma, ministro dell'Aviazione, governatore di Libia.

ti misteri insoluti delle disgrazie aviatorie. Destino forse, chissà.

Dicevo dunque, questa donna quando tornò la seconda volta era aggressiva, violenta, fuori di sé. Diceva di non poter vivere con così poco, che non le bastava la pensione. Voleva di più, dato che era Maddalena e non una qualunque, che aveva il bambino, ecc. Non aveva nessun senso critico né di altro. Pensa che lei prendeva, invece della stanza al Grand Hotel, un appartamento. Poi dava scandalo, il suo contegno era scandaloso. All'albergo tutti ne parlavano, la pazza...

Pensa poi quella di stare nuda davanti al figlio! E diceva: "Tanto ne vedrà tante di donne nude, è meglio che si abitui, ne vedrà di peggiori!".

La terza volta venne all'improvviso e fece dire che era giù. Mi irritai, perché non amo le visite non annunciate. Comunque la feci salire, era con il bambino. Il quale bambino, grazioso, guardava con grandi occhi questa madre agitarsi, nervosa e fuori di sé, che non si calmava. La placai, la rassicurai, ma non si teneva. Non la vidi più. Domandai a Valle[26] un giorno che fine aveva fatto, e mi disse: "La fine che doveva fare poveretta, in un manicomio". Certo che quando nella vita di un uomo capita una donna di quel genere è una bufera, un uragano, sconvolge l'esistenza di un individuo.»

«*Povera mamma, non ho mai saputo obbedire*»

«Povera mamma cara, come la facevo disperare. Mi diceva: "Benito, tu sei un ragazzo d'ingegno, ma non hai giudizio, mi fai disperare". Ed io le dicevo: "Non lo faccio apposta mamma, che ne posso io se non riesco a star fermo?". Quanto l'ho fatta piangere, ne combinavo sempre qualcuna. Anche in collegio, mi cacciavano regolarmen-

---

[26] Giuseppe Valle (1886-1975), sottosegretario all'Aeronautica.

te. Non ho mai saputo obbedire, volevo fare ciò che mi piaceva.»

Si compiace spesso di parlare della sua infanzia: «Era Arnaldo, poverino, che mi calmava sempre, mi teneva per la giacca e mi diceva: "Benito vai piano con i sassi, non tirarli così forte. Un giorno o l'altro ti accopperanno". Mi frenava, caro Arnaldo. Ero tremendo. Ed ero un sentimentale, sai. A diciott'anni ho scritto una poesia che cominciava "Bimba perché mi guardi"... Si chiamava Ernestina, ma non la ricordo affatto, chissà dove sarà. E figurati che questa poesia, due strofe, l'hanno musicata. Sì, il maestro della banda di Predappio. Immagina che cos'è uscito fuori, che boiata! Anche stampata, forse ci sarà ancora qualcuno che la ritiene poesia. In tutto ciò che facevo c'era già il respiro dell'ingegnaccio. Ero un sentimentale, ma io ti amo. Ora devi mangiare. Mimi brava, insisti, fai la prepotente: Clara deve mangiare».

Mi fissa a lungo e dice: «Ti amo». Poi va a leggere i giornali nello stanzino e noi finiamo di mangiare. Legge e il buon umore pian piano passa, si rabbuia, non è più lui.

26 ottobre 1937: *«Paola Borboni mi fa schifo»*

Decidono di passare il pomeriggio al mare.
Alle 12 e tre quarti arriva. Di Marcello dice: «Volevano dargli niente di meno che la fortezza [*il carcere*] per una scemenza di così poco valore. Allora ho detto di andarci piano, di non calcare la mano, che non è il caso. Comunque se la caverà con una decina di giorni di arresti semplici o di rigore, non so, che poi non farà perché lavorerà lo stesso».

Poi mi fa vedere un foglio di Saverio [*probabilmente una spiata*], il mio autista, che mi fa andare su tutte le furie. Egli, grande come sempre, perdona l'atto indiscreto e scorretto, e mi esorta a perdonare e contentarmi di un cicchetto. Io sono molto inquieta. Mi sorride, anche se capisco che è molto urtato da questo. Dice: «Ha 70 anni, il più lo ha fatto, lasciagli fare in pace il meno. Certo ha mancato ma perdonagli, non massacrarlo. È un napoletano e un autista, quindi non capisce».

Va a leggere i giornali. È un po' strano oggi, è due, come dico io. Pensa al discorso e a molte altre cose. Quando vede la critica della commedia *La Mia Libertà* s'inquieta moltissimo: «Sono pentito di aver dato 30 mila lire a quella p.....a della Borboni,[27] antipatica e odiosa. Per poi fare di queste belle produzioni. Il teatro francese è porco, però lei che è una v...a sceglie naturalmente le peggiori. E noi paghiamo per due di queste belle commedie. Mi viene l'anemia cerebrale. Credi, la prima e unica volta che ho visto la Borboni mi ha fatto l'effetto della scabbia, sì, proprio un senso di schifo. Venne da me con un lungo velo nero, il viso semicoperto, funereo. Sai come io detesti tutto ciò che è macabro e triste. Sono pentito d'averla aiutata, non corrisponde in nulla».

Claretta e Mussolini giocano a palla, fanno l'amore.

27 ottobre 1937: «*Con questo papa ci sarà la legge sul divorzio*»

Al mare. C'è anche Mimi. Parla del discorso [*di domani*], che sarà forte e sarcastico.

Poi la conversazione cade sul marito di Claretta: «Tuo marito è un pelandrone, i dolori reumatici sono una buffonata: aveva paura, ecco, altro che dolori. Voglio che ti liberi di lui, perché domani io non ci fossi più ti farebbe soffrire, ti farebbe delle miserie. Adesso ha paura, ma dopo? Fai l'annullamento, poi il divorzio. Con questo papa ora è possibile avere la legge. Comincia l'annullamento, voglio che

[27] Paola Borboni (1900-1995), attrice.

ti liberi. [*Contrariamente a tuo marito*], i miei figli nella guerra [*d'Etiopia*] si sono comportati benissimo. Hanno rischiato tutto, senza che alcuno li obbligasse. Bruno non ha ancora ventun anni ed è andato in Africa che ne aveva 17. È andato volontario, ha quasi 200 ore di volo e l'apparecchio forato più volte. L'altro ha 220 ore di volo e buchi all'apparecchio. Non hanno mai voluto né agevolazioni né attenzioni speciali. Nessuno si sarebbe accorto che erano i figli del duce, per la semplicità con cui facevano il loro dovere. Anche Ciano nessuno l'obbligava a partire, tanto più che era ministro. Bruno ora è partito volontario per la Spagna, e c'è da rischiare».

«L'Italia non è mai con Francia e Inghilterra»

Parlando del[l'ambasciatore] cinese che ha ricevuto dice: «Poveretti, sono patriottici, soffrono di questo. Capirai, un popolo che ha una civiltà di quattromila anni sulle spalle. Ha dato ciò che può dare. Mi domandava perché l'Italia non aiuta la Cina. Per il semplice motivo che l'Italia non è mai dove sono la Francia e l'Inghilterra. Se la Francia e l'Inghilterra fossero state con il Giappone, l'Italia sarebbe stata con la Cina.

Mi ha detto che sono molto dispiaciuti di non avere amica e protettrice l'Italia. Già, ma i giapponesi mettono un governatore cinese in ogni luogo che occupano in Cina: sotto la giurisdizione del Giappone e soggetti al Giappone, però cinese.

Può un gregge resistere ad un branco di lupi? No. Così i cinesi. Poveretti, si difendono, si fanno ammazzare, ma non è facendosi ammazzare che si fa la guerra e si vince. Il cinese è intelligente, ma il giapponese è tremendo, pensa che crescono un milione l'anno. L'ambasciatore qui ha sette figli. Sono prolifici. Sono come le scimmie, imitano tutto. Sono bravi e apprendono con rapidità. Certo che io ho un c..o formidabile. Ho puntato sulla Spagna e vince, ho puntato sul Giappone, i giapponesi vincono, e fin trop-po». Ride.

«I cinesi mi fanno pena. Sono così fini, così delicati. L'ambasciatore parlava un pessimo inglese, quindi c'era il traduttore, e anche Ciano. Un circuito di quattro voci, immagina la rapidità. Era tutto affannato, ansante, agita-to. Il vinto ha sempre un'espressione di tristezza. Mi di-ceva che sono finiti, non gliela fanno più. D'altronde, quando non si è forti...»

«I tedeschi sono un bel popolo di fanatici»

«Quanti sono i tedeschi in tutto il mondo? Cento milio-ni? È un popolo difficile da tenere amico, ma temibile ne-mico. Sono leali, e poi hanno sentito la forza del regime [fascista], comprendono che se cade l'uno cade l'altro. Sono troppo uniti, e si sono anche resi conto che l'Italia non scherza. È un bel popolo, sanno fare le cose in gran-de. Tuttora, figurati, parlano ancora di me, fanatici. Gli ufficiali [tedeschi] sono rimasti ammirati dalla mia forza calma, serena, del mio dominio tranquillo. Gli studenti, che sono dodici milioni, sono rimasti stupiti del mio di-scorso, entusiasti di ciò che ho detto e di come ho parla-to e so parlare alle masse. Il popolo è fanatico, conquista-to completamente. Loro mi conoscevano dalle fotografie, sì, come imperatore, ma credevano fossi duro, severo, im-pettito. Invece mi hanno veduto sorridente, affabile con tutti. Il popolo tedesco è conquistato. Ha sentito la mia forza. Che dice il pubblico dello spettacolo? Rimaneva impressionato? Pensa che in Germania ancora si dà il film del mio discorso, e si darà in tutte le scuole perché tutti lo vedano.»

Parliamo del nostro addio tremendo.[28] Dice: «Sì, è sta-to terribile. Intanto avevano preparato due attentati nel

[28] Prima del viaggio in Germania alla fine del settembre 1937.

tragitto: uno a Berlino, un altro sulla ferrovia da Roma a Berlino, con la dinamite. Sono arrivati al tempo necessario. Ero una preda troppo ghiotta perché non tentassero, gli anarchici, i comunisti, i rossi... Io lo sapevo, portavo i tuoi amuleti. Certo, guardavo la tua fotografia. Ogni volta che aprivo la busta, e così l'anello che era con gli occhiali». Pensa assorto. «Ti amavo e ti pensavo sempre, cara. Io morirò presto, sì o no? Pensa, siamo già al principio del sedicesimo [*anno di governo fascista*]. Sembra ieri che vedevo Ricci[29] con le mitragliatrici a Civitavecchia: quante cose, quanti avvenimenti.»

«Io e Hitler, come due dèi sulle nubi»

Parlando di tedeschi, si torna al suo viaggio di Berlino: «Amore, pensa, sei stata l'unica donna, anzi l'unica persona che abbia avuto una mia telefonata dalla casa a Berlino, l'unica in tutto il mondo. Al discorso c'era una folla che non se ne vedeva la fine. Una simile accoglienza non l'hanno mai fatta neanche ai re, agli imperatori, a nessuno. Sì, li ho conquistati, hanno sentito la forza. Anche il discorso di Goebbels[30] si sentiva? Sì, ha una bella voce.

Quei vessilli rossi dietro, quei raggi luminosi, le fiaccole... Passavamo come due dèi sulle nubi: uno spettacolo superbo, indimenticabile.

Nella bocca di un italiano perfino la lingua tedesca è diventata sopportabile e comprensibile. Ci voleva Mussolini per rendere simpatica la lingua tedesca. Gli austriaci fanno sempre delle ironie, sai, la Germania per loro è lo spauracchio. Capirai, sono tre milioni contro settanta... immagina. Tanto che loro dicono che non si ribelleranno [*a un'invasione*], non hanno neanche l'esercito. Dicono: "Potremmo mettere insieme un centomila

---

[29] Renato Ricci (1896-1956), capo squadrista.
[30] Joseph Goebbels (1897-1945), ministro della Propaganda nazista.

uomini. E cosa facciamo? Li mandiamo al massacro?". Sono sempre in ansia, la Germania mira e attende lo spunto, la giustificazione. Così come io ho fatto per l'Abissinia, che gli italiani nemmeno sapevano cosa fosse».

29 ottobre 1937: «*Non posso ballare, neanche a Predappio?*»

Manifestazione d'Aprilia. Lui come un imperatore. Alle 20 e 3/4: «Scendi». Mi viene a prendere.[31] Andiamo al nostro solito giro: Salaria, Flaminia, Sant'Agnese.

«Ti voglio dire tutto ciò che è accaduto oggi. Anzitutto delle scene spiacevoli. Una è questa: ad un certo punto una signora mi si precipita in ginocchio davanti, e mi consegna a forza una mediglietta e un biglietto. Dopo apro la busta e indovina? Pensa, era quella donna che nel '26 era con Zaniboni e l'aiutò per l'attentato. Mi è seccato moltissimo. Mi ha detto che erano sedici anni che attendeva il momento di consegnarmi la medaglia.

Poi ho ballato. E mentre ero lì un uomo si è precipitato come un pazzo contro di me, con una violenza tale... L'ho afferrato per la giacca, l'ho scosso e gli ho detto: "Che hai? Che vuoi? Parla. Calmati".

E lui grida: "Ho tre figli, sono disoccupato, ho fame, sono disperato".

Immagina come sono rimasti i poliziotti. Mi sono difeso da me. Tanto che lo stesso Hess[32] è rimasto sorpreso, dicendo: "Non capisco come vi possano avvicinare così. Il nostro Hitler ha cento uomini intorno, e prima di potergli andare vicino...! Voi siete proprio come tutti, qui in mezzo". È rimasto molto meravigliato. Abbiamo ripreso a ballare. Anche Hess ballava. Cara, hai già il broncio, che mu-

[31] A casa. Rachele è a Predappio.
[32] Rudolf Hess (1894-1987), delfino di Hitler, morto ergastolano nel carcere berlinese di Spandau.

setto! Ma erano contadine, sai. Ti confesso che non avevano neanche un buon profumo. E poi ho fatto tre balli, tre
soli. Amore, se ti dispiace troppo non lo farò più. Proprio
non vuoi? Neanche a Predappio?»

31 ottobre 1937: *«Voglio fare senatore tuo padre»*

Si danno appuntamento e s'incontrano al mare.

Parla di papà, che bisogna faccia un po' di grancassa intorno a sé, che esca dall'ombra perché vuole farlo senatore: «Nel '38 darò io il programma a tuo padre perché muo-
va un poco la folla intorno a lui. Tutti fanno così, gli umili
restano nell'ombra ed io ho piacere di aiutarlo. Poi gli farò
fare delle conferenze sempre nel suo campo. Bisogna che
si svegli. Ci penserò io, gli consiglierò delle cose».

Alle 7 mi dice che va a casa. Accade che a casa non entra fino alle 8. Io sto in finestra. Divento una belva. Quando alle 8:10 chiama e mi dice che aveva trovato Vittorio ecc.
gli dico che non credo a nulla, che so che è tornato tardi.

Alle 9 mi chiama ancora, mi calma, giura di non aver fatto nulla e racconta che si è trattenuto un po' a parlare con
quelli della milizia Forestale: «Ho fatto loro l'onore di
montare le guardie a palazzo. Così li ho passati non dico in
rivista, ma quasi. Poi Mario ha preso per via Nazionale, dato che avevo detto che mi era inibito passare per un'altra
strada. All'altezza della Banca [d'Italia] ci siamo incontrati con la Forestale che partiva o che so io, e siamo rimasti
bloccati. Allora Mario, intelligente, ha preso su per quella
strada a sinistra dove c'è anche una trattoria, via Parma, e
ha ripreso via XX Settembre. Sono arrivato a casa alle otto, questa è la pura verità. Non ho voglia di stare ad inven-
tare bugie. A casa ho trovato Vittorio e l'Ola[33] e mi sono
messo a parlare con loro. Poi ti ho chiamato».

[33] Orsola Buvoli (1914-2009), prima moglie di Vittorio Mussolini, madre di
Guido e Adria.

Novembre 1937

Il 6 Mussolini firma a Roma il patto anticomintern Italia-Germania-Giappone. Ma di questo giorno storico Claretta annota le confidenze di Benito sulle avance sessuali che avrebbe ricevuto dalla principessa Maria José di Savoia. Poi il duce si ammala e resta a casa diversi giorni.

1° novembre 1937: *«Re di Svezia, servo dell'Inghilterra»*

Parlando del re di Svezia che deve vedere oggi dice: «Credi, proprio mi secca, ma tanto sai. Non so cosa venga a fare, è un servo dell'Inghilterra, un traditore. Fa una politica brutta contro l'Italia».

2 novembre 1937: *«Tutti gli uomini tradiscono la moglie»*

Vanno al mare.

S'imbroncia e dice: «Mia moglie torna il 10. Le ho fatto telefonare da Romano. Sembra che abbia interesse a non venire. Poi le ho detto: "Se vuoi vengo il 4 a trovarti, se il tempo è bello verrò". E lei: "Ma no, vedrai che sarà brutto, e poi che vieni a fare, tanto io sarò presto a Roma". Non me ne importa un bel nulla, però un'altra moglie avrebbe detto: "Vieni, mi fa piacere, ti attendo...". Nulla. L'hai capito anche tu che non mi ama, finalmente te ne sei resa conto. Si vede che troverà molto interessante il soggiorno alla Rocca.

No, [non sono] affatto geloso. È una questione di dignità. [Rachele] può essere indifferente quanto vuoi, ma non farmi becco. Sì, è indifferente anche quando la prendo, sai quelle sette-otto volte l'anno. Credo che lei non provi più nulla con me, o quasi. Ogni desiderio sessuale è spento, a meno che non sia cessato in lei del tutto, almeno con me.

Mi fa pensare a quella coppia che quando lui la prendeva, lei leggeva il *Vogue*. Si metteva seduta su una poltrona, e mentre lui in ginocchio ecc., lei leggeva una rivista. Una cosa nauseante. Mia moglie non legge, non sa leggere.

Certo io ho molto mancato verso di lei, molto. Ho avuto figli fuori letto, amanti, mi condanno severamente e mi giudico molto male. Ma poi mi do delle attenuanti. In fondo un uomo come me, con le occasioni, la vita che ha sempre condotto... Come seguire una linea diritta?

Tutti gli uomini tradiscono la moglie, anche i garzoni di barbiere. Tutti e senza un perché, senza giustificazione. Io la giustificazione ce l'ho.

No, [mia moglie] non sa leggere e nemmeno scrivere. Accenna un poco la sua firma, ma quando lo fa scarabocchia in maniera indecifrabile. Legge un pochino perché ha imparato nei film [muti] quando c'erano le scritte. Ma scrivere nulla, tanto che non mi ha mai scritto. Una sola volta che mi mandò una lettera erano tutte lettere attaccate, e io non ci capii un bel nulla».

4 novembre 1937: *«Voglio un mio monumento con una spada lunga due metri»*

Sono al mare. Scenata di gelosia di Mussolini. Che dice: «È meglio che ci lasciamo».

Claretta reagisce: «Vuoi un alibi? È la Ruspi che torna, fa questo effetto?».

«No, è che non mi ami, sei giovane.»

Vado vicino a lui, mi rannicchio accanto. Mi domanda con ansia: «Dimmi che mi ami, che sei stata sempre mia, amami prima che ti chiuda in convento. Il tuo amore non è come una volta, non sei più vibrante».

Gli dimostro subito che s'inganna. E si mette fra le mie braccia come un bimbo, mi stringe forte felice, socchiude gli occhi contento come un gattone. Mi dice che non può fare a meno di me, della mia carne, che mi ama sempre di più. Infine fa l'amore come un folle, come belva ferita, è divino.

Si mettono al sole, mangiano frutta, giocano a pallone, camminano, prendono il sole. Poi lui si addormenta appoggiato a lei.

Sale su uno scalino e dice: «Voglio un monumento di me in piedi, con una spada dritta e lo sguardo lontano. In testa l'elmetto che ricordi l'impero, e fra le mani la spada. Lo voglio dritto come una cosa colossale sai, la spada dovrà essere almeno due metri. Voglio che i bambini dicano: "Questo era Mussolini?"».

Poi scende e assistiamo con emozione al calar del sole in uno sfolgorio d'oro e di rosso. Frange di luce sulle nubi, mentre a sinistra è come una scena biblica: sul fondo grigio piombo tutte sfilacciature di nubi rosa ciclamino nelle forme più tempestose, più strane. Il mare in quel punto ha riflessi d'acciaio, a destra invece è azzurro. Il sole scende, meraviglioso disco d'oro. Ogni tanto mi dà un bacino, mi abbraccia.

Il sole è sceso del tutto, siamo emozionati, ambedue quasi tremiamo. «Mai con nessuna donna ho fatto questo, baciarsi dinanzi al sole che scende. Ti amo.»

5 novembre 1937: *«Mia suocera: "Rachele è troppo ignorante per te, non sposarla"»*

Mare. Arriva alle 12, gli vado incontro. Domando di lei [*la Ruspi*], capisco che è rimasta nella villa [*Torlonia (dove abita Mussolini), in una dépendance*]. Naturalmente mi addoloro. E lui: «Amore, ti giuro che ho fatto tutto il possibile [*per mandarla via*], non parliamone più. Perché la metti sempre sul piatto? Io ti amo, non m'importa più nulla di nessuna. Mia moglie viene lunedì, mi ha detto di andarla a prendere. Eh sì, torna, si è decisa a tornare. Dobbiamo dire addio al nostro mare. Quindi figurati se quella può stare là dentro. Parte sabato o domenica al più tardi, e ti giuro che non la vedrò perché è finita, non me ne importa nulla».

Si rabbuia: «Penso a mia moglie, per questo mi sono rabbuiato. Quando tornai da soldato, andai a casa di mio padre che viveva con la madre di mia moglie. Erano ormai quattro anni che era morta la povera mamma, si sono fatte molte chiacchiere e storie su queste cose familiari, ma è tutto molto semplice. Questa ragazza era in casa, la figlia: era fiorente, prosperosa, un petto magnifico, bella. Contadina ma bella. Io le stavo dietro, la corteggiavo, mi piaceva. E un giorno la gettai su una poltrona e la sverginai... con la mia solita violenza. La cosa continuò così per un bel pezzo, finché un giorno mi disse: "Benito, sono incinta".

"Va bene, ci sposeremo."

La madre fece un mucchio di storie, non voleva. Io le dicevo: "Ma è incinta".

"Se è incinta lo farà, tu non puoi sposarla, è una contadina ignorante, non sa né leggere né scrivere. Tu già sei qualcuno, sei un uomo diverso, non puoi legarti a lei..."

Sai come succede in queste cose, più ti contrastano e più s'insiste. Così una sera andai da lei. La trovai che piangeva, aveva sentito che volevo andare in America: "Ora tu mi abbandoni, mi lasci con un bambino, cosa farò io?" e piangeva. Allora io, impulsivo: "No, non ti lascerò. Da questa sera viviamo insieme, a costo di tutto, e poi ci sposeremo". Così ci accordammo, facemmo i conti di quel che avevamo – niente – e decidemmo.

"Intanto" dissi io "questa sera andremo a dormire in albergo."

"Ma i soldi?"

"Andiamo, e il primo amico che vedo gli chiederò un prestito."

Così lei in vestaglia, senza cappello, e io con un soprabito corto e chiaro, andiamo verso Forlì. Arriviamo non ti dico in che stato, avevamo fatto chilometri a piedi, immagina, sporchi, sudici fino ai capelli. In piazza incontrai l'amico Aldo Foschi, gli dissi: "Foschi, prestami cinque lire, devo andare in albergo con questa donna".

"Ma cinque lire non ti basteranno, te ne occorrono almeno 25."

"Allora dammene di più." E me li prestò».

«Mussolini il rivoluzionario? Stanza gratis»

«Se non incontravo Foschi, chissà come sarebbe andato il mondo. Ci presentammo all'albergo. L'albergatore ci guardò diffidente:

"Che volete?".

"Una stanza, sono Mussolini."

"Mussolini chi? Il rivoluzionario, quello che è stato espulso dall'Austria giorni fa? Ma sì, certo, quante stanze volete..."

Sai che tutti in Romagna avevano spirito rivoluzionario, e così ci dette uno stanzone enorme.

Quella fu la prima notte che dormimmo insieme, dormimmo per modo di dire. Ad un certo punto, erano le tre forse, mia moglie dice: "Benito senti, non ti pare che in questo letto ci sia qualcosa di strano?".

"Accendi la luce" faccio io.

Guardiamo, e c'erano certe cimici lunghe così. Lei smaniava per le cimici, io non le avevo dalla mia parte ma non potevo dormire per le smanie di lei. E così passò il resto della notte. Al mattino pagammo. Dopo la colazione, che dovevamo pur fare, ci rimanevano dodici lire.

"Fai una cosa, vai da tua madre e dille che la smetta: ormai abbiamo deciso di stare insieme."

Quando tornò mi disse: "Se non scappavo mi dava una legnata in testa. Mi ha gridato che non devo sposarti, che ti rovino, che non sono per te, che sono una contadina, che farei meglio a morire piuttosto... Anche tuo padre non approva. Poi mi ha detto: 'Non voglio che vi sposiate perché non siete fatti per vivere insieme tutta la vita, c'è troppa differenza. Comunque, se avete deciso di stare assieme, mi sembra che le vostre finanze siano deboli. Tenete queste cento lire per sistemarvi alla meglio, e non fatevi più vedere'".

Con quelle cento lire prendemmo in affitto una stanza e cucina. Le pulci di quella casa... Lì nacque l'Edda nella miseria e nello squallore.

Nel '15 la sposai civilmente nell'ospedaletto da campo a Treviglio, poi nel '27 a Roma religiosamente. Intanto avevo fatto dei figli. Pensa che se non mi avessero contrastato non l'avrei sposata mai.»

«Un dottore tedesco mi ha detto: "Una sola amante"»

«Ti amo e mi basti tu. Perché devo andare a cercare altro? Ora ti riferirò un discorso fatto con un medico tedesco.

Mi domandò: "Bevete, fumate?".

"No."

"Bene. E i vostri rapporti con le donne?"

Risposi che non ero affatto casto, anzi che quando ne capitava una la prendevo senza pensarci. Mi disse che questo consuma troppe energie. "Voi siete forte e potete farlo, però un consiglio ve lo do: prendete sempre la stessa donna, non cambiate, sempre la stessa. Perché richiede meno sforzo nervoso, meno tensione. A lungo i due corpi si trovano, si conoscono, vibrano insieme, e questo non reca più sforzo, è una cosa naturale, spontanea, che non nuoce né ai nervi né all'organismo."

Capito? Ecco, vedi, dunque questo è il ragionamento egoistico, ma naturalmente perché [con te] c'è l'amore. Diversamente, sarebbe uguale a prima.

Io ti ho sempre amato, ma non me ne ero accorto. È stato quasi un bene quel dramma di luglio-agosto, perché mi ha dato modo di capire che ti amavo. Quanto ho sofferto in Sicilia quando stavi male, amore.»

6 novembre 1937: «*La principessa Maria José mi voleva*»

Al mare.

Giochiamo a pallone. Poi mi stanco, andiamo al sole come sempre, si sdraia. Parla della principessa: «Certo che a pensarci è stato tutto molto strano. [Maria José] si sdraiava qui vicino a me, le gambe quasi si toccavano ed era seminuda. Io ero così come sto con te... Forse hai ragione tu, aveva uno scopo. Venne Bastiano e mi disse: "C'è Maria di Savoia che chiede se può venire giù da lei".

"Ma sì venga pure."

Io che stavo seminudo, pensa quanto sono fesso, mi affrettai a coprirmi e m'infilai quei calzoni lì, quelli di spugna che hai messo anche tu. Lei arriva, mi dice: "Disturbo forse?".

"Ma no altezza, fate pure..."

Lei con un gesto fa cadere il vestito e... Era quasi nuda, un paio di mutandine cortissime e due piccoli strati sul seno. Io rimasi meravigliato. Naturalmente non lo davo a vedere, pensai: "Mah, è un po' nuda".

Logicamente mi tolsi anch'io i pantaloni. Era venuta accompagnata dal gentiluomo e dalla sua donna. Quando avevo visto quei due pensai: "Ora devo sorbirmi anche il gentiluomo". Invece, quando fecero per venirle dietro lei si voltò e [con] un cenno, uno sguardo, fece capir loro di allontanarsi.

Così ci siamo sdraiati sulla sabbia, era l'11 agosto e c'era un sole tremendo. Lei disse: "Facciamo il bagno, io so nuotare sapete, sono una nuotatrice dei mari del nord". Andammo.

Nuotava bene, era resistente. Ogni tanto urtava le mie gambe, non so se lo facesse apposta. Certo io non facevo nulla per andarle contro.

Siamo tornati, e lei si sdraiò qui vicino a me con gran disinvoltura. Ogni tanto mi dava delle lunghe guardate. Parlammo di tante cose, libri, vita di corte. Non è eccessivamente intelligente: [la sua] è un'intelligenza misurata, non vivace. Prima di capire, di rispondere, riflette.

Se devo dirti, in me non si mosse nulla, non ho avuto il minimo impulso fisico. Eppure sono tutt'altro che freddo. Qualsiasi donna fosse venuta qui e si fosse messa in quelle condizioni di nudità, l'avrei presa. Lei no, non mi smuoveva niente, non so. Come lo spieghi? Eppure non è brutta, ha un bel corpo fatto bene, sottile. È bruttina di viso, e certe fette: che piedi, vedessi. Poi quei capelli biondi crespi, sono un po' antipatici.

Comunque, fosse stata anche più brutta di lei, che non è brutta, io l'avrei presa. Lei no. Come sarà? È legnosa, non attrae, ma cos'altro c'era?».

Claretta: «Era la moglie del principe».

Mi guarda, sorride: «Sì forse questo. Non ho avuto il più piccolo impulso fisico. Stava in tale modo che a volte si vedeva anche il pelo. Alla sera finì che presi l'iniziativa di andarmene, perché lei non accennava a farlo. Dissi: "Devo andare al lavoro".

E lei: "Chissà che cose noiose dovrete fare".

"Né noiose né divertenti: necessarie."

E lei: "Permettete che rimanga ancora qui a leggere?".

"Fate pure, quanto volete."

Lo disse con un tono quasi a dire: "Io rimango qui nella tua casa, ancora".

Poi: "Posso tornare domani? Non vi disturbo?".

Che dovevo rispondere?

L'indomani era ancora qui nuda, più succinta. Aveva un fazzoletto verde in testa e gli occhiali neri, il seno quasi libero. Entrò, si sdraiò subito lunga qui e disse:

"Ah, oggi sono contenta e più tranquilla, non ho [portato] quei noiosi dei cortigiani. Sono venuta con una domestica, una donna semplice, fidatissima, l'ho lasciata alla capanna..."».

Claretta: «Strano discorso e chiaro, voleva dire: ora puoi fare ciò che vuoi, se ieri avevi pudore per i cortigiani, oggi sono sola».

Mi guarda: «Tu dici? Certo, ora a pensarci direi anch'io. Perché poi si metteva in tutte le posizioni, così a ventre sotto, il c... per aria e si muoveva, mi sfiorava le gambe e mi guardava. Io allora non facevo tutte le considerazioni che facciamo adesso, agivo per istinto. Ma si fosse mosso nulla in me, ero perfino meravigliato. Avrà pensato: "Mussolini è impotente, oppure un fesso".»

Claretta: «E avresti fatto un bel guaio, se non fossi stato tu come sempre. Lei aveva probabilmente fidato sull'impulso dei sensi, qui lo frego e poi al resto penso io. O curiosità o capriccio o calcolo, sono certa».

Un episodio sorprendente, questo delle asserite avances di Maria José a Mussolini, data la fama di antifascista della principessa.

«Cosa dite degli uomini con altre tendenze?»

Mussolini: «Certo è stato strano tutto. Il terzo giorno, poi, [Maria José] fece scivolare il discorso sul sesso. Mi disse: "Ho letto in questi giorni un libro che mi ha molto turbato: *La ... del sesso*. Sono rimasta pensierosa. Voi cosa ne dite degli uomini che hanno delle altre tendenze oltre le giuste?".

Questo me lo domandò dopo aver girato un bel po' intorno al sesso, alle donne, ecc. Io naturalmente capii dove voleva andare a parare. La domanda era insidiosa: "Come li giudicate?". Risposi: "Li divido in due categorie, i malati e i viziosi. I malati li compatisco, i viziosi li condanno e li detesto".

Rimase un po' scossa, come colpita. Si fece un po' pallida e si mise seduta, ma era perplessa».

Claretta: «Naturalmente la tua risposta politica la lasciava in dubbio in quali delle due categorie mettevi il marito».[34]

Mussolini: «Già, la domanda mirava forse a sapere che opinione avevo di quella gente, e naturalmente credeva io cadessi. Pensò un poco, poi disse: "Credo che avete ragione".

Continuò ancora a parlare di sesso, di forza virile, ecc. Io indifferente, non attaccò neanche così. E ti dico che era talmente succinta che nessun uomo che meriti di chiamarsi così sarebbe stato fermo. Invece nulla: io ero il capo del governo, e lei la principessa.

Venne ancora il giorno dopo, quattro o cinque volte venne, e parlò di corporazioni, che cosa intendevo io per corporativismo, parlò di differenze di leggi... Io la guardavo e pensavo: "Ma a te cosa importa di queste cose?"».

Claretta: «Voleva interessarti».

«Sì, aveva trovato l'argomento adatto. Mi faceva pensare alla Cesira[35] che sentiva parlare di corporativismo, e un giorno mentre stavo a tavola mi disse: "Ma insomma, che cos'è questa corporazione?".

E io: "Secondo te cos'è?".

"Penso che sia una persona molto grossa."»

«Il principe avrà vinto questa cosa, sarà guarito»

«Poi feci capire [*alla principessa*] che era inutile, e lo capì. Tornò da me prima di partire per l'Africa per congedarsi, e poi venne in luglio dopo tornata, altre due volte. Mi disse: "Sono molto contenta, sono incinta". Ma era anco-

---

[34] Girava voce che il principe Umberto fosse omosessuale.
[35] Cesira Carocci (1884-1963), ex governante di Mussolini.

ra più nuda di prima, anzi pensai che era un po' strano, erano due mesi diceva lei.

Quando giunse il battesimo rimasero veramente addolorati che non ci sia andato. Ero zoppo, con questa gamba che mi faceva male, e non potevo zoppicare in una cerimonia. Glielo dissi, ma rimasero avviliti.

Tu dunque sei convinta di ciò? E perché non sei gelosa di lei? Cos'è questa sensazione che ti avverte che una è stata la mia amante e un'altra no? Lo senti, ma come fai? E indovini, il bello è che c'indovini sempre. Certo, mi ami, l'amore ha il sesto senso. E come fai inoltre a sentire quando prendo una donna, l'ora, il minuto, e a vedere? Anche qui, ci hai sempre indovinato. Potresti anche sbagliarti, invece no! Per esempio tu sei sicurissima che io la principessa non l'ho toccata, e infatti.»

Pensa un po', poi dice: «Ma adesso questa cosa del principe è molto messa a tacere, forse vedrai che si è modificato, avrà vinto questa cosa. Sarà guarito. Forse è stato un capriccio di gioventù».

Claretta: «All'anima del capriccio».

Mussolini: «Già, è vero, ma credo che ora si sia corretto, e forse lo sarà di meno. Certo è peccato, e lei lo deve giudicare severamente».

Passa alle tenerezze. Poi facciamo l'amore due volte. [...]

Rimango triste, domani forse parte. Per quest'anno è l'ultimo giorno di mare, di sogno, di libertà. Viene la moglie.

7 novembre 1937

Lettera del marito di Claretta a Mussolini: chiede un passaporto per l'estero perché Claretta è la sua amante, e lui non può fare serenamente il proprio dovere di ufficiale.

8 novembre 1937: «*Qualcuno deve dirmi di fare la pipì*»

Claretta va a palazzo Venezia. Mussolini le dice di sedersi, deve farle un discorso serio.

«Mi trovo in una condizione molto antipatica, sono [contemporaneamente] il ministro e l'amante. Tuo marito parlerà naturalmente con gli altri ufficiali, a mensa o altrove, e dirà: "Mussolini, che predica tanto la famiglia, l'unione, i figli, ha distrutto la mia famiglia, mi ha preso la moglie...".

La mia posizione è insostenibile, per questo ho deciso di lasciarti. Ti lascerò piano piano, ti allontanerò lentamente, senza che tu quasi te ne accorga. Finché un giorno dirai: "Nel 1937 ho amato quell'uomo, ero sua, abbiamo passato ore indimenticabili al mare, anche lui mi amava. Ci siamo amati"...».

Tace un poco: «Ora non ti amo, sono nella fase della fine. Ne ho già trovata un'altra, ha 22 anni e ha marito. La prenderò per distrarmi da te, ci riuscirò».

Capisco che scherza, ma il cuore mi fa male. Gli domando: «Dunque non mi ami?».

«No, non ti amo più.» Poi starnuta due volte mentre parla e dice: «Vedi, ho preso il raffreddore, sono vecchio e tu non puoi amarmi se starnuto. Tuo marito è tornato alla carica, qualcuno lo ha messo in moto, non si è fatto vivo per un anno e ora si muove [...]

Penso ai tuoi capelli, che sono così neri in confronto ai miei tanto bianchi. Non devo amarti. Sì, mi sento male. C'è forse qualcuno che si cura di me, che mi dice quando devo mettermi il cappotto, se devo coprirmi, se devo accendere i termofori, se devo prendere qualcosa? All'infuori della politica io devo essere guidato in tutto e per tutto. Una che mi dicesse: "Adesso mangia, adesso copriti, ora bevi questo, ora vai a fare pipì", perché a volte io mi tengo la pipì anche due o tre ore, non me ne ricordo. Ad un certo punto mi sento male, sto a disagio, ma che ho, che c'è... È semplice, è la pipì, allora corro. Se avessi qualcuno che me lo ricordasse non soffrirei».

Claretta piange. Lui cambia discorso: dice che l'ama e che c'è solo lei: «Non ti lascerò mai, non credere a ciò che ho detto scherzando».

9 novembre 1937: «*La Ruspi è più lontana dell'Alaska. Dov'è l'Alaska?*»

Mi telefona alle 10. È nervoso: «Ho deciso di far chiamare quel signore [*il marito di Claretta*] per dirgli che io non entro affatto in questa faccenda. La questione non è fra me e lui, ma fra lui e te. Che dunque se la spicci con te. Se riesce a convincerti del suo amore, della sua fedeltà, e se tu vuoi tornarci, non ho nulla in contrario. Non sono certo io che m'intrometterò, né che lo impedirò. Naturalmente so che tu piuttosto che tornare con lui preferiresti romperti il collo.

Non c'era altro da fare, e che poi la smetta e stia tranquillo, che nessuno lo tocca nella carriera. Perché questo dev'essere il suo timore. Ma lo farò rassicurare che non nuocerò mai alla sua carriera, andrà avanti come tutti. [...]

Quella signora [*la Ruspi*] è partita ieri sera con il bambino. Non voglio più sentirne parlare. Non metterla più sul piatto, non la nominare mai più. È finita, è più lontana dell'Alaska. Dov'è l'Alaska?».

10 novembre 1937: «*Ho sognato che ero morto*»

Mussolini è malato.

«Oggi sono stato lì sul letto, e pensavo che anche quando sarò morto mi metteranno con le scarpe sul letto. Facevo le prove come mettere le mani, se in croce sul petto o tese lungo i fianchi, in posizione di attenti. È vero che mi ami, dimmi? Sono tanto solo, nessuno si cura di me, nessuno mi domanda nulla. Sto male.»

Gli consiglio l'aspirina, il [vino] cotto, e sudare un poco. Mi fa ripetere molte volte ciò che deve fare, si sente solo, abbandonato, ha paura che io non lo ami.

«Ho tante ombre. Hai mai telefonato da questo telefono? Dicevi che era per me. E la tua stanza? Nessuno è entrato, vero? Io solo? E ora a chi telefoni? Che fai? Esci, dimmi, che farai?»

Lo rassicuro, piano piano si placa.

Lettera di Claretta a Mussolini:

Vorrei raccogliere nello spazio le musiche divine per crearti un canto di forma e di dolcezza. Vorrei avere voce e parole, e non ho che amore, amore, amore. Ti adoro, la piccola fiamma della mia vita arde per te. Un tuo soffio può spegnerla. Sono chiusa in un cerchio luminoso: te. Se guardo, te. Se penso, te. Se dormo, te. Te, sempre te. Ovunque, in ogni tuo gesto, atto, parola.

12 novembre 1937: *pappine per il dittatore*

Alle 10 mi chiama la cameriera: «Sta meglio, ora gli ho fatto le pappine, il mal di testa è passato. Non ha la febbre, solo un po' di tosse. Sì, stia tranquilla che ho tutte le premure per lui. Buonanotte signorina».

13 novembre 1937: *«Scherzano su Napoleone per prendere in giro me»*

Mussolini parla ancora di quando sarà morto. Non vuole morire d'inverno perché avrà freddo, [e comunque] vuole un termoforo nella tomba.

Poi parla del lavoro [teatrale] *Napoleone unico*:[36] «L'ho

[36] *Napoléon unique* di Paul Raynal, commedia francese del 1937.

fatto togliere sai, eh sì, era una cosa indegna. Anzitutto una profanazione di Napoleone, e poi una diminuzione degli uomini grandi: sembrava fatto contro di me. Ti basti sapere che tutti gli antifascisti di Roma ci sono andati a frotte, tutti gli intellettuali, i borghesi, i soliti filistei, i soliti vili, contenti di poter sentire qualcosa contro di me. Mi ha detto Galeazzo che non ha potuto fare a meno di pensare a me tutto il tempo, sembrava fatto apposta. Sai, scene di questo genere: Napoleone in vestaglia gialla, pantofoline rosse da donna, che corre, va al gabinetto.

Questo per dire al pubblico: "Guardate questi uomini grandi, cosa credete che siano, uomini come voi".

Quindi tu pensa tutti i piccolo borghesi contenti: "Vedi, va al gabinetto come me, non è poi tutto questo speciale, corre pure".

C'è chi dice che non è nemmeno un francese che l'ha scritto, ma un italiano sotto nome francese».

«In Germania c'è già il teatro nazista, e noi?»

«Ancora non abbiamo un nostro teatro. Prima questi intellettuali e scrittori dicevano: "Bisogna aspettare, è troppo presto per fare una letteratura fascista, un teatro di rivoluzione, siamo nel '22...". Ora sono passati quindici anni, mi sembra che ci sarebbe da fare qualcosa... nulla. In Germania hanno già il loro teatro nazista con dei potenti lavori drammatici tragici e belli, qui niente. [...]

Ora vado a casa perché è tornato Bruno.[37] Sì, l'ho fatto tornare, ormai aveva fatto abbastanza, e poi anche Franco[38] era più contento perché diceva: "Se lo fanno prigioniero chissà cosa chiedono per restituirlo". Non avrebbero osato naturalmente fargli alcun male, ma avrebbero chiesto un riscatto e la situazione sarebbe stata difficile.»

---

[37] Pilota nella guerra di Spagna.
[38] Francisco Franco (1892-1975), dittatore fascista della Spagna fino alla morte.

14 novembre 1937: «*Io vomito, non guardare*»

Mussolini è avvilito perché sta male, vomita. Non vuole farsi vedere in quelle condizioni da Claretta. Lei lo rassicura.

Si sdraia per dormire un po' e vuole la giacca sulla schiena, così gli sembrerà di essere in guerra, quando dormiva per terra e si copriva con la giacca. Vuole farsi vedere grande anche se è malato.

Parliamo di Riccardo [*il marito di Claretta*], gli dico che è venuto a Roma con l'amante straniera proprio nei giorni che mandava la lettera. Sgrana gli occhi sorpreso e dice: «Buffone». Gli dico il mio pensiero sul passaporto: forse lo ha chiesto perché vuole andar via con questa donna, e mette il gesto sotto l'aspetto eroico. Dice anche lui che la cosa può essere, che comunque è un buffone, non sta mai al campo.

«Certo è grave perché mi ha mancato di rispetto, scrivendo oltretutto ad un mio dipendente. Comunque l'ho messo con le spalle al muro, dicendogli che la questione è tra te e lui. Tu risponderai che piuttosto ti suicidi, e via.»

Poi gli vengono i crampi di nuovo, vorrebbe vomitare. Si mette nella posizione che Napoleone usava contro i dolori allo stomaco, e un po' si placa.

Dice: «Dammi una rivoltella che mi sparo. Non posso star male. Non devi assistere a questo spettacolo che io vomito, vai via. Tutta bile, liquido verde, vedessi».

Claretta lo massaggia, gli dà acqua e zucchero, gli legge un libro che parla di Gesù. Poi fanno l'amore, e lui si addormenta.

15 novembre 1937: «*La guerra è orrenda, ma si deve fare*»

Mussolini racconta a Claretta della guerra: «Sembra incredibile, morivano sempre i più belli, i più aitanti e in-

telligenti. Sembra che la morte andasse proprio lì a scegliere [...].

Non ti parlo dei barili di dinamite che gli austriaci ro-
vesciavano giù. Ovunque toccavano, scoppiavano e facevano strage. I soldati fuggivano gridando: "I barili!" e
cercavano di ripararsi... Ma cosa c'era da fare contro i barili? Gli austriaci erano sempre sulla collina, e noi sotto.
Magari anche solo venti metri, ma sotto.

Quando arrivavano le cannonate erano scene terribili:
braccia che saltavano, teste via, vidi un soldato che con la
baionetta finì di tagliarsi il piede che pendeva ancora da
un tendine, un altro che si rotolava bestemmiando e il
cappellano che correva e urlava.

Se ho sofferto? Ho avuto 27 operazioni. Eravamo intorno ad un cannone, dissi al tenente: "Guardi che la
bocca di questo cannone è arroventata, è pericoloso sparare ancora, può succedere una disgrazia".

Lui disse: "Ci sono ancora due granate, poi basta".

La prima andò. Quando mettemmo la seconda nella
bocca... bum, scoppiò con una forza spaventosa, con tutto il cannone. Ho ancora nell'orecchio il fragore di quel
botto tremendo. Rimasi ferito gravemente. Ricordo un
particolare che pochi sanno: appena colpito mi sentii la-
cerare, e la prima mossa che feci fu quella di toccarmi qui
(indica i ...). Mi toccai prima di svenire, quando sentii che
era a posto mi lasciai andare. Il terrore di tutti i soldati era
quello, i testicoli. A molti un colpo glieli ha portati via
completamente, oppure rovinati».

Ride: «Sì, mi toccai qui e mi tranquillizzai. È orrenda
la guerra, ma si fa, si deve fare. Si era detto che quella era
l'ultima, e poi invece, dal '19, la guerra fra Russia e Polonia, Cina e Giappone una prima volta, i francesi contro
gli arabi, la guerra d'Abissinia, la Spagna fra loro, di nuovo Cina e Giappone, poi l'Inghilterra con gli arabi... E
non è finita qui. Vedrai.

I benpensanti quando sono intorno ad un tavolo dicono: "Perché questi benedetti uomini non possono stare tranquilli e devono continuare a scannarsi, a macellarsi?". Ma ad un certo momento non si ragiona più così. E guarda che l'uomo in guerra diventa proprio selvaggio, prende gusto ad uccidere, non pensa che è un'altra vita. Appena vede una possibilità, pam, uccide. Torna primitivo. L'uomo ha nervi d'acciaio, ma i soldati erano sottoposti ad uno sforzo superiore. Pochi ne sono usciti con i nervi saldi».

«Che impero a buon mercato, solo 1200 morti in Etiopia»

Mussolini parla della difficoltà per il popolo di accettare la superiorità di qualcun altro, in questo caso la sua.

«Anche Napoleone fece il plebiscito, ma sai come fece? Dato che i voti erano pochi disse: "Perché l'esercito non deve votare, non sono gli uomini che mi seguono nella battaglia? E i marinai, perché no? Non fanno parte dei soldati francesi? Altri 200 mila. E le donne, perché le donne no? Non sentono e non capiscono anche loro?". E altre centinaia di migliaia di voti. Così è arrivato al milione.

Quando gli uomini non possono ribellarsi dicono: "Basta con le guerre. È ora di finirla con quest'uomo che non si contenta mai". Ma siamo obiettivi, dove sono queste guerre? Quella in Africa è costata solamente 1200 morti. Credo che nessuno abbia mai avuto un impero più a buon mercato di così.

Nella grande guerra 1200 morti si facevano in dodici minuti. Ricordo, un giorno tre battaglioni sono stati spazzati e distrutti in dodici minuti, contavo io con l'orologio al polso. Mi passò davanti il capitano, aveva una palla nel cranio, e mi gridò: "Addio Mussolini, ci rivedremo a Caporetto". Lì sì che si moriva. La guerra è un orrore, hai ragione, ma l'uomo sta alla guerra come la donna alla maternità. L'uomo è nato per fare la guerra.»

20 novembre 1937: «*Ho paura a chiamarti da casa*»

Claretta è da Mussolini a palazzo Venezia.

«Adesso ti dirò la cosa di mia moglie. Cinque anni fa avevo il telefono privato a casa, e una volta che stavo chiamando tranquillamente mi sento mettere una mano sulla spalla. È lei che dice: "Lascia stare di telefonare a quella p.....a della Sarfatti,[39] non disturbarla, a quest'ora vorrà dormire". Accadde la scena che puoi immaginare, e così tolsi il telefono privato. Ma volevo chiamare te quest'estate, quindi l'ho rimesso camuffandolo con i numeri dei ministri, di mio fratello...» Si sbaglia e impallidisce un po'.[40]

Riprende: «... di mio figlio, mia figlia ecc., per far credere che debba parlare con l'apparecchio privato. Ma bisogna che faccia attenzione. Ieri sera credevo che lei fosse già a letto ed ero per telefonarti, quando è entrata all'improvviso nella stanza. Era in vestaglia rosa ed io per fortuna ero nella più comune delle posizioni: con la gamba malata distesa leggevo i giornali, perciò ero a posto. Entra e mi dice: "Non hai visto che c'è una lampada accesa nella veranda?".

"No."

"Credevo te ne fossi accorto."

"No" ho detto io, e mi sono rimesso a leggere. Ma volevo telefonarti, allora mi sono alzato, e questa volta ero in vestaglia, sono andato da lei. Ho sentito un grande sciacquio nel bagno. Da fuori la porta ho domandato: "Che fai? Il bagno?".

"No non posso farlo, ho le ..."

"Ah sì!"

"Ciao ciao" ha detto lei, e sono tornato in camera. Ho atteso che andasse a letto e poi ti ho chiamato, ma avevo una paura terribile. Per questo ti ho parlato così, temevo

---

[39] Margherita Sarfatti (1880-1960), scrittrice socialista e poi fascista, ebrea, amante di Mussolini dal 1912.
[40] Il fratello Arnaldo è morto nel 1931.

che lei tornasse. È un rischio, se si accorge mi tocca togliere il telefono».

Chiama alle 4: «Amore senti, che ne diresti se tu alle sette mi aspettassi al nono chilometro e facessimo il nostro solito giro?».

«Io sono felice.»

«Fai attendere la macchina, ti telefono prima.»

Alle 6:55: «Allora vai al nono chilometro, se c'è Mario [*l'autista*] vengo, altrimenti con Ercole[41] ho le mie buone ragioni per non venirci. Attendimi fino alle otto».

«*Voleva essere Napoleone, poi Cesare. Ora è Nerone*»

Arriva alle sette e mezzo. Salgo in auto. È nero: «Ho fatto questo perché ti devo parlare. Bisogna essere molto cauti e prudenti. Abbiamo fatto delle imprudenze. Nasce lo scandalo. Non ho visto né parlato con nessuno, ho avuto una lettera, l'ho in tasca. Tu dovrai fare ciò che io voglio se vorremo andare avanti, altrimenti avverrà ciò che dovrà ed io non ho responsabilità. Tuo marito va parlando, nelle mense dice che gli ho preso la moglie. D'altronde la mia posizione è troppo delicata nei suoi confronti perché possa intervenire. No, non è la Ruspi. Questa volta lei non c'entra, caso mai è un'altra».

Claretta: «Naturale, le abbandonate si vendicano creando scandalo per allontanarti da me».

Mussolini: «Certo non si rassegnano, e noi ci esponiamo. Tu non puoi venire avanti e indietro, questo viene notato. Dovrai lasciarti guidare da me, altrimenti saremo due infelici. Pensa se lo sapesse mia moglie cosa accadrebbe, scenate... È capace di fartene, sai.

C'è un gerarca, lo individuerò, che dice: "Mussolini si

---

[41] Ercole Boratto (1886-1970), l'altro autista.

è rammollito, si è fatto un'amante giovane e l'ama...". Capisci che roba. È una canaglia, ma da questo passa a quello, e io non sono il garzone di un barbiere, ho una posizione da rispettare. E poi tuo marito, che figura mi fa fare, sono il suo capo».

Gli rispondo che nessuno si è mai meravigliato che avesse delle amanti, né si è curato dell'età. Se è una scusa, se deve uccidermi, lo faccia con una martellata decisa, non goccia a goccia, perché non resisto.

Mussolini: «Questo è una di quelle carogne sai, è un capo poi, per di più, ma lo pesco io il signor Alessandro P. Prima erano tutti fuori, ora ritornano dalla villeggiatura e ricomincia il pettegolezzo. Poi si calmerà, ma in questo momento bisogna essere prudenti. Io ti amo, lo sai. La Ruspi l'ho tenuta dodici anni e [la vedevo] anche due volte alla settimana, ma c'è stato anche per lei il pettegolezzo. Di chi vuoi che parlino alla Camera, al Senato, a teatro, nei ricevimenti, nelle case? Di Mussolini, di ciò che fa, dice, pensa... Quando erano i primi tempi ho girato in auto scoperta con la Sarfatti, e andavo in giro con lei anche di giorno. Ma allora ero ancora un giornalista, un ragazzo, non quel che sono oggi. Ora è diverso. Sai cosa dicono? "Prima voleva essere Napoleone, ora vuol essere Cesare e non gli basta. Andando di seguito diventerà Nerone"».

22 novembre 1937: «*Andrò in pensione a 69 anni*»

«Fino a Natale il lavoro è serrato, si accelera il ritmo e bisognerà avere un po' di pazienza. Ancora quindici anni di questa fatica. Quindici ne sono passati, ne farò altri quindici, poi chiuderò il capitolo. No, con te non finirà mai. Ti amo. Tu sai che c'è un lato della mia vita che è al di sopra di tutto e nessuno può entrarci, e subito dopo vieni tu, amore.»

24 novembre 1937: «*Claretta, ami il mio corpo?*»

Claretta va a palazzo Venezia. Entra da dietro per non farsi notare.

Mi domanda se amo il suo corpo. Dice: «Mi hanno detto che è uno dei più belli d'Italia». Gli domando chi gliel'ha detto. «Un uomo sulla spiaggia: "Mussolini, tu hai il torso più perfetto di tutta la spiaggia", e io superbo: "D'Italia". Ma le gambe storte mi rovinano. Quella Margheritaccia [*Sarfatti*] diceva che erano brutte. [Siamo stati assieme] due anni, poi basta. Non potevo amarla anche per via della politica, s'intrometteva troppo. Sì la [mia] donna era la Giulia[42] bellissima e poetica, romantica, tutta fiori, stelle, luna, tramonto... Era talmente romantica, anche troppo. L'amplesso sì, ma così, dopo. Anzitutto la poesia: "Non mi hai portato le violette e la poesia". Io certe volte la guardavo stupito: era fine, delicata, molto bella. Le ho voluto bene, quattro mesi è durata. Doveva venire con me in Svizzera, poi non venne. Dopo si sposò con un ubriacone, ha avuto cinque figli, sono tutti dei giovanotti adesso. Pensa, uno mi ha scritto una volta, figurati.

Invece la Candida non l'amavo, era una donna così, una, insomma, una donna da sofà, mi piaceva. Di questa Candida mia moglie ha avuto una gelosia furente. [...] A Tolmezzo [*nel 1906*] le ragazze erano folli di me. Avevo una che si chiamava Graziosa [*Bocca*] e un'altra di cui non ricordo il nome, gelosissima. [...] La Sarfatti l'ho conosciuta nel 1912.»

Claretta: «Proprio l'anno che sono nata io».

Mi fa un sorriso di tenerezza e una carezza: «La conobbi quando ero già direttore dell'*Avanti*. Si presentò in ufficio e mi disse: "Sono scrittrice, potrei collaborare con qualche articolo?".

---

[42] Giulia Fontanesi, primo amore di Mussolini diciannovenne, maestro a Gualtieri (Reggio Emilia).

"Sì ma gratis" ho fatto io.

"Gratis non scrivo, voglio trenta lire ad articolo."

"Io stesso che sono il direttore percepisco poco o nulla."

"Per me è una questione di principio" rispose lei. Così la conobbi. I nostri rapporti erano un po' freddini perché il marito era un [socialista] riformista, contrario alle mie idee. Chiacchierava tanto. Quando fui espulso dal partito mi venne incontro, mi aiutò molto.

Poi venne la guerra, fui ferito, lei mi venne a trovare all'ospedale. Fu nel '18, una sera come già ti raccontai, c'era una nebbia terribile, così fitta che non si vedeva niente, come c'era a Milano qualche volta. Pensa che mi sono perduto due volte a Milano. Io l'accompagnavo a prendere un taxi, lì mi disse: "Non vi siete mai accorto di me?".

La guardai interrogativamente.

"Ma sì, non vi siete mai accorto di me come donna?"

Non sapevo cosa rispondere.

"Non avete mai pensato che potessi amarvi? Sì, perché io vi amo."

Non sapevo cosa rispondere. Montammo in taxi e lì successe una di quelle cose che distruggono con il ridicolo ogni altra sensazione: lei si tolse il cappello per far vedere la sua chioma, posò il cappello sul sedile ed io mi ci misi seduto sopra, immagina, il cappello tutto schiacciato. Mi venne così da ridere, non sapevo come trattenermi. Dopo quella sera accadde quella terribile cosa nella stanza d'albergo che non potei farci nulla, pensavo fosse la posizione, la cambiai diverse volte, niente, impossibile. Non mi era mai successo. Sarà stato l'odore della sua carne. Dopo molto tempo sono riuscito ad abituarmici, ma la prima volta niente, eppure era una donna che aveva già avuto tre figli».

Interrompo la descrizione troppo intima dell'incontro, perché mi dispiace troppo.

«*Prendevo altre donne di fronte alla Ruspi*»

Gli domando della Ruspi. Mi dice, dopo un attimo di riflessione: «Non l'ho mai amata la Ruspi, non le ho mai voluto bene. Posso giurarlo sui miei cinque figli, non ho mai provato amore per quella donna, mai. È stata soltanto un'attrazione puramente fisica, sessuale, e poi neanche eccessiva. Lo dimostra il fatto che avevo altre amanti, facevo il turno, ogni tanto quando mi andava la prendevo. Per quanto mi interessava, ho preso delle altre donne davanti ai suoi occhi...

Tuo marito sai cosa dice, che è stato costretto a mandarti via da Orbetello perché facevi la civetta con tutti gli ufficiali. Era uno scandalo, quindi dato che non poteva tenerti ti ha mandato a Roma».

Gli rispondo che [mio marito] è uno svergognato, non può certamente dire che mi menava, e che avevo la febbre tutti i giorni.

«Certo hai ragione, questo non poteva dirlo. Poi dice che io sono sleale, che non ho mantenuto la promessa [...]

Io ti amo. Il mio amore è come l'M, non sai tu che la lettera Emme è una lettera magica, fa così (traccia il segno), è come il mare, ondosa, alti e bassi.»

Claretta: «Quando sei in basso mi ami lo stesso?».

«Ti amo sempre molto, a volte raggiungo le vette, poi mi placo, ma ti amo.»

Mentre parla mi guarda sempre, si commuove quando dice che mi ama.

Gli dico: «Ti amo, ti amo».

Mi risponde: «Hai bisogno di dirtelo? Non ne sei sicura?».

«Amore, ho bisogno di dirtelo, non so tacere.» Mi guarda. Dopo mette la bocca sul mio collo, la testa sulla spalla, e chiude gli occhi. È di una tenerezza infinita. Mi dice: «Finirai per amarmi ancora di più, questo è poco, diverrai folle di me, tanto che quando vivremo insieme io sarò sicuro di te, del tuo amore, e quindi ti tradirò. Dirò: "Tanto lei mi ama, sono sicuro"».

Claretta: «No, tu non mi tradirai, dimmi di no, perché dovresti farmi tanto male?».

Mussolini: «No, non ne vale la pena, e poi ti amo. E tu non mi hai tradito, vero? Non so quante donne mi abbiano voluto veramente bene. Poche, forse nessuna. Ora, a guardare bene in distanza, vedo che amore proprio nessuna o poche. C'era per esempio la contessa Magda De Fontanges[43] che mi diceva: "Quando mi farete dormire con Voi?".

"Ancora non siete matura, più in là."

Poi questa donna mi è costata la sparizione di alcune carte importanti. Mi fidavo. Era una spia. Prese degli appunti. Erano giudizi che davo sul re, su casa Savoia, su certe personalità politiche. Fogli che fece pubblicare. Pazienza».

Gli domando cosa le ha fatto. «Era una spia.» Mi guarda in silenzio.

«Gli stilisti di moda italiani meglio dei francesi»

Palazzo Venezia. Mussolini dice a Claretta quando raggiungerlo dall'appartamento privato al suo studio.

«Amore, alle sette e un quarto vieni di là. Se senti parlare aspetti, poi entri. Devo vedere il direttore dell'Ente nazionale della moda che viene a propormi di mettere a Torino una casa di moda francese in collaborazione con le nostre. Lavorerebbero insieme. Faremmo una bella figura! Sarebbe dichiarare apertamente che non siamo buoni a nulla. Ma perché questo? I disegnatori a Parigi sono italiani, così i creatori delle stoffe. E dunque perché qui nulla, e devono andare a prendere i modelli fuori? È brutto e male questo. Questo accordo con la casa francese è poco simpatico.»

[43] Scrittrice e spia francese che ebbe rapporti intimi con Mussolini nel 1936.

Mussolini fa vedere a Claretta vecchie foto.

[...] Infine la fotografia della [*Violet*] Gibson mentre spara contro di lui.[44] È una cosa veramente impressionante. Si vede questa vecchia brutta nera con gli occhiali che mira con la rivoltella a pochi passi dal suo viso. Egli volge le spalle. In questa foto si vede e s'intuisce l'attimo inspiegabile che ha determinato la sua salvezza. La pallottola doveva traversargli il cranio, egli si è voltato appena. Quella mossa inconsapevole lo ha salvato. Iddio lo ha salvato per la nostra patria. Ho tremato e l'ho abbracciato.

Mussolini: «È strano che non mi sia mai capitato nulla, in tante situazioni pericolose. Per esempio, una sera stavo in macchina con due amici. Ha preso in pieno un passaggio a livello. L'urto è stato violentissimo. Mi sono trovato seduto su un mucchio di ghiaia, non mi ero fatto nulla, mentre i due poveretti si erano feriti gravemente [...].

E quando caddi dall'aeroplano? Nulla, appena una scalfittura. L'apparecchio si fracassò completamente. [...] Quando andai a rubare un aereo nel campo di Novi Ligure, il comandante si affacciò alla finestra con la moglie, spaventato e stupito. Era sera. Immagina il loro viso e l'ansia. (Ride.) Arrivammo a Fiume con tredici litri di benzina e a quattromila metri d'altezza, per via delle nubi. Portavo l'apparecchio a D'Annunzio, poi tornai a Campoformido dove, appena sceso, mi venne incontro Badoglio.[45] Pensa, Badoglio, e mi disse: "Voi siete in arresto". "Arrestatemi pure, tanto ormai è fatto." Così l'ho conosciuto». Ride. «Poi Badoglio mi disse: "Mussolini, sentite, non potreste andare un pochino più cauto, più calmo? Voi rovesciate il mondo, mandate tutto all'aria, ne combinate una ogni giorno, ma così non va".»

[44] Il 7 aprile 1926 a Roma.
[45] Pietro Badoglio (1871-1956), generale, capo del governo nel 1943 dopo Mussolini.

27 novembre 1937: *la vita di Claretta sarà corta*

Mussolini parla di quando sarà vecchio, e del perché si debba invecchiare. Secondo lui la vita dell'uomo, che nasce-cresce-invecchia-muore, è così da troppo tempo: bisognerebbe rinnovare le cose.

Passeggia, si ferma, sporge la mascella, pensa: «Voglio mettermi d'accordo con il Padre Eterno per fare qualcosa di diverso». *Chiede a Claretta se non si preoccupa di questi* «problemi terribili». *Lei gli fa vedere la linea della vita della sua mano, è corta: non invecchierà.*

29 novembre 1937: *«Il delitto Matteotti mi provocò l'ulcera»*

Claretta sta male. Lui la va a trovare.

«Federzoni[46] quando viene ha sempre una faccia compunta da grandi occasioni, serio serio. Lo chiamano "Cardinale del partito". Pare abbia da dirmi chissà cosa, poi non è nulla. Per esempio siede tutto preoccupato (mette le mani sulle ginocchia, lo imita) e dice: "Senti, io sono molto preoccupato...".» Ride. [...]

«Amore guarisci presto, vedrai che non è nulla, anche se è un'ulcera non si è rotta, non hai avuto sangue. L'ulcera è una conseguenza psichica, te lo dirà anche tuo padre. Quando si soffre molto, quando si hanno dispiaceri. Io per esempio ho avuto l'ulcera dopo il fatto Matteotti, periodo terribile: accuse, sospetti, ansie, lotte, momenti tragici. La notte non dormivo, il lavoro serrato. Cominciai a sentire dolore, e finito il fatto lo avevo sempre.

Una sera mi sentii male a letto e vomitai tutto sangue, poi si fermò. Mi alzai per andare al bagno, e lì di nuovo

---

[46] Luigi Federzoni (1878-1967), ministro fascista, presidente del Senato.

altro sangue: caddi a terra di schianto. Rimasi svenuto quasi venti minuti. Quando riaprii gli occhi vidi ai piedi del letto due signori in frac: Cesira spaventata aveva chiamato i Bastianelli.[47] Erano venuti in due. Stavano a teatro. [...]

Amore devi guarire, se no mi sparo. Impazzisco se sei malata, cara piccola.»

Dicembre 1937

Il 6 l'Italia esce dalla Società delle nazioni. I giapponesi conquistano le maggiori città cinesi e perpetrano la strage di Nanchino. Mussolini è preoccupato per il prolungarsi della guerra in Spagna. Il 21 esce il primo cartone animato di Walt Disney, Biancaneve e i sette nani. *Ma per Claretta l'avvenimento centrale del mese è il tradimento di Benito con Romilda Ruspi, confessato il 18. Lei è sconvolta.*

1° dicembre 1937: «*Edda è al nono mese, ma corre in auto come una pazza*»

Benito riceve la sorella Edvige e tiene il telefono aperto per far sentire a Claretta gelosa, che è a casa ancora malata. Poi la va a trovare. Parla di un litigio che Edvige ha avuto con Rachele. Da quel giorno non si possono vedere.

«Fu una di quelle liti stupide, idiote. Tornavamo dai funerali di Arnaldo, eravamo in macchina. Cominciarono a parlare di un certo cassone che era ai piedi del letto dov'ero nato. Edvige diceva che dentro c'era un vestito del povero Arnaldo, e che forse lo aveva preso il nonno.

---

[47] I fratelli Bastianelli, entrambi medici. Raffaele (1863-1961), medico personale di Mussolini, fu senatore.

Mia moglie invece diceva che l'aveva preso Arnaldo. Da una parola all'altra ne fecero una lite, ma brutta. Allora intervenni e dissi: "Rachele, non litigate perché tanto io sto con mia sorella". Così si calmarono, ma non si possono vedere. Eppure Edvige è tanto buona.»

Lo bacio, sorride. «Hai visto la fotografia dell'Edda alla mostra della moda? Sta in un palchetto, sai chi ha vicino? Sempre quell'antipatica Di Bagno, una donna che la sfrutta, interessata e sciocca. Gliel'ho detto tante volte. Sono inquieto con l'Edda, sai cosa fa? Corre come una pazza in macchina, ed è al nono mese. Un piccolo urto, una sciocchezza qualunque, e succede un disastro. E poi fuma, fuma. L'altra volta ha avuto un parto difficilissimo a causa del fumo. E sempre le stesse compagnie.»

Claretta: «Ma la Di Bagno se la fa con il marito, no?».

Mi guarda e porta il dito alla testa come quando è colpito da un'idea: «Ah, se la fa con il marito. Allora lei non lo sa... E anche la Guglielmi? Quella ragazza che ha 18 anni credo, proprio la giovane?».

Dico: «Questi mariti sono cattivi».

Mussolini: «E le mogli? Le mogli non sono cattive? Se io fossi tuo marito tu saresti molto gelosa, vero? Non mi lasceresti mai libero. Chissà che io non lo sia tuo marito. Saresti gelosa?».

Claretta: «Lo sono già tanto».

«C'è ormai un qualcosa fra noi di veramente profondo, di grande. Ti penso sempre, tutto il giorno, anche quando parlo di cose serie e diverse. Se ti dicessi delle cose trascendentali o più grandi non mi crederesti: data la mia vita, le mie occupazioni e responsabilità, non sono un uomo qualunque. Ma tu nel mio spirito occupi ormai una parte immensa.»

Mussolini l'accarezza. Claretta ha un fremito, si lascia trascinare dal desiderio. Anche lui, ma poi si ferma perché ha timore di farle male.

«Sono contento di questo che hai provato tu. Quand'e-
ro malato per venti giorni il mio ... ha dormito, era piccolo piccolo, quieto. Finalmente un mattino mi destai che
era di nuovo come sempre, sveglio. Lo dissi al medico: "Si
è destato il sesso!". "Buon segno" disse lui "vuol dire che
guarite."

Già, perché il sesso è l'espressione prima dell'organismo. Quando sono malato, raffreddato, non ho voglia. Se
ho voglia sto bene.»

2 dicembre 1937: *«Gli spagnoli sono come gli arabi»*

Sono sdraiati insieme sul letto a casa di lei. Mussolini
scatta: «Quel Franco, quel Franco che sta fermo, non si
muove, aspetta, vorrei sapere io cosa. Si è fermato, attende una risoluzione politica. Illuso. Una soluzione politica interna non viene se non si vince l'esterna. Quando ricevo telegrammi: "Nulla da segnalare sul fronte
spagnolo", divento un animale furioso. Aspetta che?
Che quelli si armino? Non bisogna lasciare al nemico il
tempo di riaversi. Invece lui no. Avevano sfondato, le
truppe rosse erano in preda al panico. Bisognava ap-
profittarne, bastava una piccola spinta per entrare in
Madrid. No, si sono fermati. Attendono la capitolazio-
ne politica. [Franco] è soddisfatto del riconoscimento
del Giappone. Ma non basta, perché si annullerebbe nel
momento di una sconfitta. Gli spagnoli non hanno la
sensazione del tempo, sono come gli arabi: oggi, domani, fra un mese, un anno... Quando gli hanno domandato sulla fine della guerra: "Può essere nel '38 come nel
'39" [ha detto], pensa. Bisogna dire che non gli manca
niente all'interno, hanno tutto. Ma a che scopo prolun-
gare una guerra, quando con un po' d'energia e di decisione sarebbe finita».

«Meglio sacrificare centomila uomini in un mese»

«È meglio sacrificare centomila uomini in un mese di guerra e vincerla, che cinquecentomila in una lunga campagna e rischiare di perderla. Perché la guerra non la fanno i generali, sai. I generali sono dei vecchietti che pensano ai casi loro ed esitano sempre, non si decidono mai. Quando viene l'ordine e sanno che devono eseguire dicono: "Ce lo ordinano, andiamo, speriamo bene". Che vuoi che facciano gli italiani, ormai. Sono 25 mila, morale altissimo, se fossero stati tutti italiani a quest'ora erano a Madrid. L'Aviazione è miracolosa. Se avessero dato retta a me, erano gli italiani che entravano a Madrid. Pensa che trionfo per le nostre armi. No, è stato un generale, il solito generale che ha fermato lo slancio. Dopo ha dovuto riconoscere di avere sbagliato e ha detto che avevo ragione, bisognava fare come dicevo io. Così sono entrati soltanto a Santander, è già molto, e hanno contribuito a tutte le altre vittorie. Ma insomma... Ora che attende Franco? Non bisogna dare tempo al vinto di riaversi, di avere la sensazione che può ancora tentare. E intanto si riarma. Certo, le altre nazioni forniscono armi, e ora [Franco] rischia la sconfitta. C'è già passato: per due volte ha avuto guai, per due volte i rossi hanno sfondato la linea per trenta metri. Poi naturalmente, non avendo forza penetrativa, perché sono spagnoli contro spagnoli... Per penetrare ci vogliamo noi, che abbiamo salvato la situazione con l'Aviazione. Sì, bisogna dire che mi obbedisce, mi ha sempre obbedito, ha molta stima di me, mi considera e ha molta ammirazione. Fa tutto ciò che gli dico. Gli dirò di muoversi, di agire. Ma non posso fare come con De Bono,[48] che gli ordinai: "Marcia, attacca", e lui è entrato [a Massaua]. Franco non è un mio generale, posso fino ad un certo punto.

[48] Emilio De Bono (1866-1944), quadrumviro fascista, comandante delle truppe italiane in Abissinia.

Se fosse stato mio potere, a quest'ora la Spagna era tutta presa.»

Siede sullo sgabello. Ad un tratto sorride: «Ecco, ora mi sono venute due idee splendide. L'amplesso fa bene, vivifica le idee, allarga le visioni, aiuta il cervello, lo rende vivido, splendente. Fa bene, l'amplesso d'amore. Mi sento forte, ho la forza di un toro, ho tutti i muscoli del petto che mi tirano, le membra pronte allo scatto. Vorrei saltare da qui sul tuo letto come un felino».

4 dicembre 1937: *«Tutto il mondo contro di me»*

«Ti è piaciuto allora il mio articolino? Ho fatto un allievo, vedi, tuo padre. Gli correggo, tolgo le frasi di troppo, lo educo al giornalismo. Sono tanto contento di questo. [...]

Sono giorni di tensione. Da New York a Tokio tutto il mondo contro di me, gravano addosso a me, ed io contro tutto il mondo.»

Claretta: «Vinci sempre tu».

«Tutti cercano di schiacciarmi.»

«E tu schiacci loro.»

5 dicembre 1937: *«Mazzini, che intelligenza»*

Entro alle cinque. È alla scrivania, sta sfogliando il libro delle lettere di Mazzini.

«È interessante, guarda quanto ha scritto quell'uomo.» Scorre alcuni punti e commenta: «Era una bella intelligenza. E poi le lettere alle donne, che finezza. Aveva un animo gentile. Una vera figura di asceta, di apostolo, ed ha avuto molti seguaci. Ha amato una donna sola, Giuditta. Morì presto, e lui non ha più sposato, ha continuato ad amarla sempre. Non ha avuto molti amori, uno solo».

Claretta: «Al contrario di te».

Mi guarda: «Clara, distinguiamo. Ho avuto molte donne, ma quanti amori? Uno, un solo amore, il tuo. Se ti avessi potuto conoscere vent'anni fa ti avrei amata come ora, e forse saresti stata la sola donna della mia vita. Questo è un momento che ti amo follemente... E vorrei devastarti, farti male, essere brutale con te. Perché il mio amore si manifesta con questa violenza? Un bisogno di schiacciarti, di spezzarti, è un impeto violento. Sono un animale selvaggio. Tutte le cose forti, le grandi sensazioni, mi danno questo senso di forza impetuosa. Amore, eppure io ti amo con tanta tenerezza».

Claretta chiede della Ruspi.

«Oh, quella è già scivolata nel gorgo dell'oblio. Basta, è finita. Si è rassegnata come la Sarfatti, la Ida,[49] la Cornelia.[50] No amore, non ti divido [con altre], benché mi pare che tu a questa idea non ti ribelleresti più. Credo che mi concederesti di andare con un'altra e diresti: "Ma sì, tanto mi ama".»

Claretta: «Non t'illudere, caro».

«Dimmi, proprio non sopporteresti che un'altra donna possa baciare la mia bocca, toccare il mio...»

«No amore, basta, ti prego basta.»

Prima mi aveva detto: «Sto pensando di tradirti, voglio tradirti. Sì, per poterti amare sempre tanto. Ma tu sei gelosa di me o delle altre donne?».

«Sono gelosa di te, non delle altre donne. Sono gelosa del tuo pensiero, del tuo corpo. E tu?»

«Io non sono geloso.»

«Come? Per niente? Allora non mi ami.»

Si fa buio, scatta: «Oh, ti sbagli. Sono ancora geloso della tua gita a monte Mario. Non ti voglio ai ricevimenti perché fai la civetta con gli uomini, parli, ridi. E io allora subi-

[49] Ida Dalser (1880-1937), madre di un figlio di Mussolini, fatta rinchiudere in manicomio dove morì.
[50] Cornelia Tanzi, mondana d'alto bordo, tenutaria, condannata per collaborazionismo nel 1944.

to sceglierei donne bellissime per parlarci, sorridere, e ti farei morire di gelosia per punirti di essere civetta».

«Chi ti autorizza a credere che io faccia la civetta? Guarderei sempre te, perché ti amo.»

È mesto. Va verso la poltrona, siede: «Sono avvilito ora, ho un senso di grande tristezza».

«Avvilito per questi discorsi di gelosia?»

«Sì.»

«Amore, guardami. Non vedi quanto ti amo? Dimmi che anche tu mi ami da non potermi tradire.»

«Ti amo come un forsennato, piccola. Ti adoro e tutto adoro di te.»

«È possibile che tu tanto grande possa amare me che non sono nulla?»

«È possibile amore, come vedi è così.»

Ci alziamo, è ora di andare. Vado via, mi bacia, mi dice di attenderlo passare. Esco e si sporge verso il vetro quando passa in auto per via XX Settembre. Poi lo rivedo all'angolo qui, in via Spallanzani.

Parlando di Edda dice: «Quella terribile donna lo farà alla fine di dicembre anche lei. Non vuole sentire che è bellissima incinta, invece è proprio bella, fa il musetto. È tremenda quella donna, che lingua. Dio che lingua».

Poi della moglie: «Non si occupa di me, come sempre, ci vediamo un quarto d'ora a pranzo e un quarto a cena. Poi lei a Roma non sta bene, ha tutto uno sfogo sul viso. Glielo dico che a Roma non sta bene, ma lo dico poco altrimenti...

Chissà, amore, se il destino ci riserverà di vivere insieme».

7 dicembre 1937: *segna gli errori con la matita blu*

Legge un rapporto e segna a matita blu tutti i punti che gli interessano. All'ultimo si oscura. Rilegge, scuote la testa urtato. Poi chiude i fogli nella cartella rossa. Pensa, dritte le spalle, lo sguardo fisso, il respiro possente che solleva l'ampio petto. Io mi faccio ancora più piccola se possibile. Poi si alza, è scuro.

Gli chiedo: «C'è qualcosa che ti ha seccato, vero, amore?».

«Eh sì, Franco, Franco, sempre Franco.» Fa cadere le braccia: «Così è inutile, quando non vedo niente di nuovo su tutta la linea divento furioso. Sono due mesi ormai di stasi. Dà il pugno e quando vede che l'avversario barcolla, invece di colpirlo definitivamente, gli dà il tempo di riprendersi. Aveva la vittoria [in mano], c'è stata un'ondata di panico impressionante nelle linee rosse, e invece di sfondare si è fermato. Aspetta, aspetta. Ma che aspetta, mondo ladro...

Mi sento un animale feroce. Non sanno fare la guerra. Io ho fatto un impero in sette mesi. L'ho diretta tutta io la guerra africana, da questo tavolo. Gli ordini partivano da me, e quando ho detto a De Bono: "Domani devi attaccare", ha attaccato ed è entrato. Franco era lì, bastava un colpo deciso. No, lui aspetta.

Mi mangio il fegato. Lo spagnolo è orgogliosissimo e superbo, ha secoli di storia. Carlo V ha dominato l'Europa. Come soldato è coraggioso, non ha paura di morire, è fatalista, mezzo arabo, quindi si butta in pieno dentro, senza pensare né aver paura. Ma non ha l'impulso: si mettono lì con il fucile, sparano, sparano, magari fino all'ultimo uomo, ma non attaccano. Ci vuole l'italiano per questo.

Malgrado l'affinità della lingua, figurati che l'italiano impara in una settimana lo spagnolo, siamo di una diversità di temperamento assoluta. Sono 18 mesi per una guerra civile. Mi sembra troppo. In sette mesi io ho fatto la guerra africana. Sono a parità: 500 mila da una parte, 500 mila dall'altra, e [Franco] gli dà il tempo di armarsi, prendere posizione, scavare le trincee».

«*In Spagna la guerra la facciamo noi, più dei tedeschi*»

«La Francia arma i rossi, gli inglesi li rincuorano, i giorni passano, da un momento all'altro la situazione si può capovolgere. Questo sarebbe seccante: noi ci siamo impegnati seriamente, più dei tedeschi, che hanno fatto il commercio più che combattere. Noi abbiamo fatto la guerra, tutto il mondo lo sa e guarda, quindi non c'è da prenderla così. Ho mandato più di 40 mila uomini, e a chi diceva che erano troppi ho fatto osservare che di morti in sette mesi ne abbiamo avuti solo mille. Più sono e meno rischi, un colpo forte invece delle piccole lotte che non concludono.

Tu pensa che una sola mitragliatrice può falciare un battaglione. Ricordo che noi eravamo ai piedi di una collina, i tedeschi sopra. Venivano giù come folli, venivano di corsa urlando come belve tanto che, non dico che ci sia stato del panico fra le nostre linee, ma un po' di preoccupazione. Era notte, mettevano un certo senso. Bene, con una sola mitragliatrice, una sola, li abbiamo uccisi tutti. In breve c'era un mucchio di cadaveri. Erano vestiti di bianco per confondersi con la neve, e tutto quel mucchio di uomini con le facce nere. Era uno spettacolo da vedersi. Una mitragliatrice fa trecento colpi al minuto, quindi praticamente può uccidere un uomo ad ogni colpo.

Questa attesa mi esaspera. Basta sentire cosa dice la Pasionaria[51] che ora è a Parigi, quella che ha ucciso con un morso alla gola un prete, puoi da questo vedere che donna è. Dice che avranno la rivincita, e che io non sono soltanto la compagna d'armi di questi uomini, ma anche la compagna di letto. Capirai che razza di donna è questa Pasionaria che ha avuto a Parigi accoglienze festose. Mi narrava stamane un colonnello che in un piccolo paesino, fa conto come fosse Frascati, i rossi hanno fucilato 800

---

[51] Dolores Ibarruri (1895-1989), dirigente comunista spagnola.

bianchi e tutti erano in lutto, tutti. Quando sono arrivate le truppe nazionali hanno naturalmente fucilato altrettanti rossi.»

12 dicembre 1937: *«L'Ovra è l'organizzazione più forte del mondo»*

«Senti, con chi ti sei fermata stamane a villa Borghese?»

Claretta: «Con nessuno. Ho lasciato Mimi e Delia e sono andata via subito. Non ho visto nessuno».

«Eppure mi hanno detto che ti sei fermata a parlare con una persona.»

«Di' a chi ti dice questo che io non mi fermo con nessuno, perché me ne infischio del mondo intero.»

«Allora non è vero? Me lo ha detto un agente. Allora ti racconterò un fatto, me lo sono inventato io. Te l'ho domandato così, perché sono inquieto con te e volevo farti stare un po' in ansia. L'ho inventato perché l'avevo pensato io. Tu mi tradisci e non mi ami, io sono vecchio. Voglio lasciarti, è meglio che ti lasci. Mi consolerò presto, sai. Prenderò una di quelle vecchie baldracche di 40 anni, puttane fino all'inverosimile.» [...]

Legge i giornali esteri: «Guarda i commenti dell'Ovra.[52] Hai idea di cosa sia quest'Ovra? È una cosa che ho creato io, è l'organizzazione più forte che esista nel mondo».

14 dicembre 1937: *«A teatro mi guarda fisso, con intensità tremenda»*

Mussolini non vuole andare a teatro. Dice a Claretta di andarci, se vuole. Se Bruno ci va, forse ci va anche lui. Le dice di andare e, se non lo vede entro il primo atto, di andarsene.

---

[52] Opera vigilanza repressione antifascismo, la polizia segreta.

114

No, non ci va. Si sente brutto e non vuole uscire. Alla fine ci va.

Non ho capito tutta questa storia. Vado all'opera e lui c'è, mi cerca in piedi. Ci guardiamo poco, perché è un po' buio. Poi vado su, lui parla con gli ungheresi. Mi guarda di sfuggita. È bello ma serio. Al secondo intervallo è più dolce, il suo occhio però sempre un po' assente. Guarda molto verso di me, perché pensa io soffra. Mentre c'è il balletto guarda con insistenza verso sinistra, io m'inquieto, lui smette. Lo faceva apposta e mi tira dei bacini, mi guarda fisso con intensità tremenda. Prima d'andar via alla fine mi guarda.

Dopo mezz'ora mi chiama. «Eri molto bella, mi piacevi e ti amavo. Io ero brutto, nessuno si curava di me. Avevo forti dolori allo stomaco. Sono stato sempre solo, nessuno mi ha mai amato né capito, e nessuno forse mi ama e mi capisce. Tu forse sei l'eccezione. Ti amo.»

15 dicembre 1937: *«Sono cattolico, non cristiano»*

Da lui a palazzo [Venezia]. «Brutta notizia: l'Inghilterra fa manovre navali nel canale di Suez e la Francia partecipa con sue navi. Quindi c'è un patto d'alleanza, un accordo. È logica. Naturalmente risponderò con le mie consuete misure. L'inglese è un popolo porco ed abbruttito, in decadenza. Che va a fare le manovre nel canale di Suez che dista 500 km dall'Italia, che scopo c'è? Non hanno mai potuto sopportare né soffrire gli uomini grandi perché loro non ne hanno mai avuti, è un popolo che pensa con il c..., non ammettono una supremazia. Egoisti, ubriaconi smidollati, la loro parte importante è il c..o. Se credono di avere qualcosa da quella gente, i tedeschi si illudono. Non daranno neanche un pezzetto di terra. Bisogna che la smettano di ritenersi cugini di quella gente.

L'Inghilterra stia attenta, la Germania non si ferma qui, e poi sono intelligenti e lavoratori.

È un popolo molto forte, già combattono la religione perché dicono che Cristo era ebreo. Loro non combattono il cattolicesimo, combattono il cristianesimo. Eh sì, c'è differenza. Io per esempio sono cattolico apostolico romano, non cristiano. Il cristianesimo non è adatto alle nostre idee e abitudini: è troppo ristretto, limitato, è un cerchio chiuso. Invece il cattolicesimo è una forma modificata e adatta agli spiriti di oggi.»

«Per i tedeschi Cristo è ariano e razzista»

«I tedeschi dicono che Cristo era ebreo, combattono chiunque sia proveniente da quella razza. Stanno facendo studi e conferenze nelle scuole per dire che Cristo era ariano, perché era biondo, occhi azzurri, quindi diverso anche fisicamente. Fanno una questione di razza: dicono che gli uomini non sono tutti uguali, non sono fratelli, in quanto lo stesso Dio ha creato le razze.

I nazisti hanno già tutta una loro forma di paganesimo, i riti del sangue, ecc. Certo, io cerco di attenuare, ti do perfettamente ragione. Ma se loro la pensano così... Credono in Dio, però.

Il tedesco è un popolo che discute e trova da ridire su tutto. Se metti loro e noi davanti a due porte con scritto su una "Paradiso" e sull'altra "Conferenza sul Paradiso", loro entrano nella Conferenza. L'italiano invece legge "Paradiso" e contento, senza pensarci su, dice "Bene" e corre. Fanno conferenze continuamente. Alla sera vanno nelle birrerie, si riuniscono e discutono, discutono, davanti a grandi boccali di birra. Fumano la pipa. È un grande popolo. Filosofia, musica, poesia, è un popolo che ha dato e che darà.»

17 dicembre 1937

Claretta annota che a Roma c'è un'alluvione. Il Tevere arriva quasi alla strada. Ponte Milvio è allagato.

18 dicembre 1937: «*Confesso, ti ho tradito tre volte con la Ruspi*»

Edda ha avuto un bimbo. Gli domando della Ruspi. Risponde: «Della monotona Ruspi? Non ho nulla da dire. Dentro la villa [Torlonia] non c'è, ha la sua casa fuori. Non l'ho vista da prima di partire per Berlino, l'ho liquidata. È stato un interessamento puramente finanziario, infatti me ne occupo con la sorella».

Capisco che mente. Insisto e lo prego di giurare. Non giura: «Posso giurarti che non m'interessa più assolutamente, per niente».

Batto parola per parola. Duello serrato.

«Sì, insomma, l'ho vista in ottobre a casa della sorella per la questione della casa, dei soldi. Bisogna capire la situazione, questa donna è sola, ha tre bambini, dice che quello grande può domandarle dov'è il padre, lei non sa cosa rispondere. Il più piccolo insiste che è mio. Bisogna che l'aiuti finanziariamente.»

Claretta: «Non ti ho mai fatto questa questione, che la aiuti è giusto».

«Infatti non la vedo. È venuta a Roma, l'ho fatta ripartire come tu hai voluto, e non ho avuto il tempo di vederla quando è tornata da Ravello. È stata prima all'Hotel De Russie, poi al Reale a via XX Settembre, poi si è trovata casa.»

«No, è lì da te.»

«È lì perché non voleva trovarsi casa. Si rifiutava, dato che il principe [*Torlonia*] le aveva preparato l'appartamento [*in una dépendance della villa*], di andare altrove.

Allora io le dissi: "O te o io, se non vai tu vado via io". E lei: "No, perché questo al principe dispiacerebbe. Andrò via". Fu la sorella a dirmi che l'aveva convinta a venire via di lì. Poi l'ho vista per la solita questione dei quattrini.»

«Non poteva farlo la sorella?»

«No, perché era una somma forte.»

Scatto come una belva, pretendo la verità, voglio luce su questa situazione. Cerca di ribattere negando sia ancora lì.

«Io poi non potrei vederla perché in casa siamo quindici persone, c'è mia moglie.»

«Per te è impossibile solo ciò che non vuoi.»

Insiste nella menzogna e nega d'averla presa.

Rispondo con argomenti logici, lo inchiodo.

«Io ti amo» mi dice.

«Che mi ami può essere, ciò non esclude che tu abbia detto: "L'amo, non la trascuro, che vuole di più? Questa poveretta posso prendermela ogni tanto, ma io Clara l'amo".»

«No, non è possibile. Non ammetterei che tu facessi questo ragionamento. È vero, questo me lo disse un giorno, mi disse "Clara ha un uomo", e allora io ti feci quelle domande.»

«Vedi, tu l'hai veduta appena una settimana fa.»

«No, l'ho veduta prima del 15 novembre, quando tornò mia moglie. Dopo qui allo studio e sempre per lo stesso argomento. Non volevo ti facesse del male o lo dicesse a mia moglie, temevo questo.»

«Tu che temi tua moglie, tu che hai lasciato cento e più donne, che le hai tenute tutte insieme, ma via... Via, ti prego, basta. Il bambino poi è forse il primo, l'unico che hai in giro?»

«Dice che è mio.»

«Per forza.»

«Il marito l'aveva già lasciata.»

«Nel '27 ancora ci stava e il ragazzo è del '28. Poi di uomini ce ne sono tanti.»

«Lei dice che è mio. Poi non so, comunque devo evitare lo scandalo.»

«Questa è una sistemazione spirituale per tacitare la tua coscienza, tutte le pensi, ma al mio amore non pensi. Tu perché sei grande credi d'avere il diritto di montare sull'anima di una donna!»

«Cara, ti giuro che non ti ho tradito, che non l'ho presa, non potevo. Sono stato sempre con te. Lei ha detto: "Te ne pentirai, lei ti tradisce. Ha un uomo, ti pentirai di volerle bene".»

«Non umiliarti a mentire, non diventare meschino»

«Non ti permetto di continuare a riportarmi le chiacchiere di quella donna, o la prima volta che la vedo la schiaccio al muro come un manifesto. E confessa, non umiliarti a mentire, non diventare meschino, tu che sei grande. Io ti amo, ma non posso sopportare di doverti considerare come un uomo qualunque falso e bugiardo. Non devi mentire, anche se hai sbagliato. Quando l'hai presa?»

Esita: «Prima di Berlino... E poi basta».

«Guarda che prima di Berlino, quella mattina della partenza, mi hai detto: "Potessi non ritornare se ho preso quella donna". Ricordati che mi dicesti anche che era impossibile, perché era malata e orrenda che faceva schifo. Ricorda bene.»

«Sì, ora ricordo: faceva pena, aveva bolle bianche per tutto il corpo, che poi si sono seccate e sono cadute. Sì, è vero, allora non l'ho presa. Avevo detto la verità. Tant'è vero che la mandai fuori, poi ancora quando ritornò che stette fuori 40 giorni a Bolzano, e poi la rimandai a Ravello, ricordi? Poi è tornata.»

Tace, pensa. La confessione viene dopo un'ora e mezza di battaglia, di raggiro.

«Ebbene, senti. È vero, l'ho presa tre volte, sì tre volte. Lo giuro sui miei cinque figli, solo tre volte e per forza. In maniera tale che avrei preferito non farlo. Sì, tre volte in questi ultimi mesi. Ho fatto male, malissimo. Una volta a casa della sorella, due volte qui, non qui dentro allo studio. Ecco. Questa è la sacrosanta verità di vangelo e basta. Ora veramente ho detto tutto. Ho sbagliato, ho fatto male. Mi ha ingannato con la storia del figlio, dei soldi. E poi pianti, disperazioni: "Sono stata tua dodici anni, ora mi lasci perché sono vecchia, perché ho 38 anni e lei 25". No, ti prego. È stata una cosa così, ti dico che mi è costata anche fatica. Credimi. Parla. Dimmi. Dio mio, ho fatto male, è vero. Sono le cinque, ho gente di là che mi aspetta, capisci. Distenditi, torno subito.»

Sono impietrita.

«Neanche in trincea il cuore mi batteva così forte»

Rientra come un bolide facendo una scena tremenda: «Ho mandato indietro una persona importante. Io non sono l'ultimo degli uomini, devo guardare al mio dovere, non posso pensare che sta male, ne ho abbastanza di questa storia. Se questa cosa pende sulla politica io taglio sai, taglio. Mi batteva il cuore da morire per l'ansia, avrei cacciato via tutti. Neanche in trincea mi batteva così forte».

Fa su e giù come una belva, perde il controllo. Poi si calma: «Ho fatto male, ho fatto male, sono umiliato. Allora è tutto finito? Cos'hai deciso? Non puoi perdonarmi? Ti darò le prove del mio amore, non ti farò più soffrire. Su, non sentirti male, chiamo tua madre, io mi spavento, non so che devo farti, Clara, ti prego. Su, da brava. Ora vai a casa. Verrai con me, dietro di me. Vedrai, ti darò tutte le prove che vorrai. Ti faccio schifo, è vero. Vuoi che ti aiuti a mettere le calze? Su, piano piano. Sono così umiliato, dimmi che mi perdoni. Vedrai che riparerò».

Mi accompagna all'uscio, cerca di baciarmi, mi scanso. Mi bacia in fronte. Esce credendo che io l'attendevo. Sono venuta a casa. Mi sento male, mi metto a letto.

Mussolini la chiama. Si scusa ancora.

«Hai ragione, è la terza volta, non potrai perdonarmi. Cosa devo fare, dimmi cosa devo fare. Sono disperato. I fatti contano ora, non le parole. Se non potrò dormire ti telefonerò ancora. Mi permetti di telefonarti ancora?»

19 dicembre 1937: *«Incinta? Ma sono sempre stato attento»*

Mussolini va a casa di Claretta. Parlano delle sorelle Ruspi.

Claretta: «Tutta Roma sa che l'una è la tua [amante], l'altra del principe [Torlonia], e che erano due guardarobiere che hanno fatto fortuna. L'hanno saputa fare così bene da sistemarsi. E come moralità, sai, lasciano in dubbio».

Scatta: «Davvero a Roma se ne parla? Lo sanno, lo dicono, dici davvero, sei certa? Questo è grave. [*Romilda Ruspi*] dice che il bambino è mio, ma io non credo. Veramente non sono stato mai con lei completamente, mi sono sempre scansato, e questo mi aveva rovinato i nervi. Una mattina lei a via Rasella mi disse: "Sai, non ho più le mie cose". "Come mai?" feci io "se sono sempre stato attento." Sì, ma un giorno ero rimasto un poco. Tu che dici? Può essere che l'abbia fatto con un altro, e poi lo ha attribuito a me per legarmi? Hai ragione, non è il primo caso. Poi passò il tempo, non avevo la possibilità di stare a fare calcoli, mi dimenticai pure. E quando nacque fu la sorella che mi comunicò che era un maschio. No, non mi commosse molto. Ero molto preso dal lavoro, come sempre. Ho veduto due volte questo bambino, che ora ha otto anni. Devo essere sincero, non ho sentito nulla. Invece ricordo che il bimbo della Ceccato,[53] che ora ha 18 anni,

---

[53] Glauco di Salle (1920-2000), drammaturgo.

ho sentito che era mio. Ma che vuoi fare, lei non m'interessa più assolutamente».

Lo accarezzo e mi stringo a lui, quasi trema di gioia e ha gli occhi lucidi. Mi abbraccia come un folle. Facciamo l'amore, con amore infinito. Io non riesco a non pensare, egli se ne accorge e mi tiene stretta a lui baciandomi.

Mussolini (54 anni) chiede a Mimi (14 anni) di intercedere presso la sorella Claretta

«Tuo padre è contento degli articoli? Dopo dieci di questi lo faccio collaborare fisso, prenderà 2000-2500 lire al mese. Poi, alla fine del '39, lo farò senatore. Sei contenta, dimmi.

Tuo fratello che fa? Vuol venire a Roma? Ma Donati non vuol venire? Ah, è ebreo. Moglie cristiana e figli cristiani? Allora è un'altra cosa. Sei certa che vuol venire a Roma? Che sia grande e bravo lo so, perché io stesso gli feci un padiglione a Padova per farlo operare alla presenza di tutti i ministri del mondo, ci spesi due milioni. Perciò è bravo. Poi tu lo desideri che venga a Roma e con lui Marcello? Allora lo farò venire a Roma, va bene. Sei contenta?

E poi farò anche per De Cesare ciò che vuoi. Farò sempre tutto ciò che vorrai perché ti amo, non voglio che tu soffra, voglio che tu sia felice. Sei ormai nella mia vita e nel mio sangue. Voglio un bimbo da te, dal nostro amore. Tutto mio e tuo. Vieni a vivere sempre con me a palazzo [Venezia]. Vuoi? Se potessi stare sempre con te sarei felice. Ho pochi anni di vita ancora, e tu sei così giovane...»

Mentre mi tiene fra le braccia dice a Mimi sulla porta: «Mimi, ti prego, aiutami tu, fai qualcosa per me. Di' a Clara che quella donna la detesto, la odio, non l'amo, ed è finita. Di' a Clara che io l'amo tanto, non amo che lei, non c'è che lei per me.

Amore, lo ripeto anche davanti a tua madre, questa cosa finisce definitivamente. Anche per una ragione egoistica, oltre che per amore.

Questo turberebbe troppo la mia vita, il mio lavoro, mi toglierebbe la pace, perché se tu soffri io soffro. Tutto andrà come tu vuoi, perché ti amo». Si volta a mamma e dice: «Sì, io l'amo tanto questa bambina, e non voglio farla soffrire».

Mi bacia ancora con tenerezza quasi commossa, arriva alla porta e va via. Telefona tre volte da casa, poi va a dormire.

20 dicembre 1937: «*Con la Ruspi è finita del tutto*»

«È finita sai, [con la Ruspi] è finita del tutto. Ho parlato con lei. Naturalmente ha pianto. Mi ha detto: "Tu non mi hai mai voluto bene, lo so, invece lei l'ami. Ti ha obbligato a lasciarmi del tutto, e tu hai ceduto. Sei proprio preso di lei. Te ne pentirai".

Amore, hai vinto. Non sei contenta? Le ho detto [al telefono]: "Dobbiamo chiudere definitivamente questa cosa che abbiamo portato avanti per forza in questi mesi con assenze e ritorni". Avevo già deciso e scelto in luglio, come tu sai, poi ho avuto un po' di lotta, un po' di esitazioni, ma in conclusione avevo deciso. Lei ha pianto.»

22 dicembre 1937: «*Franco è un idiota*»

Mussolini deve ricevere due donne. Dice a Claretta di andare a palazzo Venezia e nascondersi nella saletta dove attendono di essere ricevute. Questo per farle vedere che sono «racchie», e che non c'è niente di cui essere gelosa. Le vede, in effetti sono racchie.

Dopo entro io. Mi viene incontro ridendo con passo di danza e un'aria scanzonata e burlesca. Mi dice: «Spero che non sarai stata gelosa di quelle donne. Le hai vedute? Sei forse gelosa? Hai vinto amore, su tutta la linea. Sei sola ormai».

Mi abbraccia per vincere l'emozione e ride: «Cara piccola, dico che sono infelice perché è romantico essere infelici, è bello».

Poi torna ad essere lui e dice: «Questo Franco è un idiota. Hanno preso una legnata a Turnel. Per forza. Lui crede di aver vinto la guerra perché ha una vittoria diplomatica, è riconosciuto. Ma è ridicolo, perché ha il nemico in casa. Bastano due-tre colpi di questi, e se le sorti girano cade lo stesso riconoscimento. Sono quattro mesi che potevano aver vinto la guerra. Avessero la metà del mordente dei giapponesi, gli spagnoli, a quest'ora era finito tutto. Sono indolenti, inerti, hanno molto degli arabi. Fino al 1480 in Spagna hanno dominato gli arabi, otto secoli di dominazione musulmana. Ecco perché gli spagnoli hanno questa natura, mangiano e dormono tanto.

Il nostro popolo è il migliore dell'universo. Non mangia che il necessario, beve poco e lavora. Siamo poveri, sì, è vero, in tutto avremo cinque o sei milionari. Ma siamo saggi, parchi e coraggiosi. È un grande popolo il nostro, grande.

Anche in Sicilia ci fu la dominazione araba, ma è durata appena due secoli e nulla è rimasto. In Sicilia, pensa: nel 1100-1200 poteva nascere lì la lingua italiana, invece che in Toscana. Quei magnifici versi di Ciullo,[54] li conoscevi? Sono bellissimi. Nel 1100, mica oggi.

Poi è sorto Dante Alighieri, il quale con la sua potenza meravigliosa e il suo genio ha spento tutti gli altri, eclissandoli: Ciullo, Cavalcanti, ecc. Grande Dante».

---

[54] Ciullo d'Alcamo, poeta del XIII secolo, autore di *Rosa fresca aulentissima*.

23 dicembre 1937: «*Vendetta radio contro i francesi*»

Alle 5: «I giornali francesi questa sera fanno schifo. Non hai idea di cosa dicono. Ma ho già pensato alla rappresaglia. Per tre giorni tutte le nostre stazioni radio trasmetteranno in sedici lingue, rivoltando a loro tutto il male che dicono dell'Italia».

Alle 6: «Ho veduto adesso la presidentessa della società zoofila, che mi ha narrato un mucchio di cose interessanti, come vivono queste bestie. Pensa, uccidono duemila gatti al mese con il cloroformio, e non ti parlo di come tengono le altre bestie».

24 dicembre 1937: «*Gli inglesi sono un popolo veramente porco*»

Mussolini va in volo. Passa prima per l'Agro Pontino, poi sopra Ostia. Dice a Claretta di andare al mare per guardarlo passare. Lei va a Ostia, lo vede, poi torna a Roma.

Chiama alle 6: «Leggo il *Popolo d'Italia* e poi vengo da te, facciamo una passeggiatina».

Alle 7 è qui, teso ma calmo: «C'è Ercole.[55] Eh sì, hai capito che sono nervoso anche per questo. D'altronde mi ha portato tante volte a passeggio con la Sarfatti, e si è sempre comportato bene. Bisogna che si rassegni, deve fare ciò che voglio. Diversamente può andarsene. Deve capire che ormai è così, ed è inutile che assuma degli atteggiamenti, altrimenti lo rotolo via. Ma credo che l'abbia capita. Non so se conoscesse la Ruspi, ad ogni modo ha il dovere di essere gentile». [...]

«Amore, sai chi sono io? La penna avvelenatrice dell'Europa. Questo dice il *Times*, il dolce *Times*. L'inglese è un popolo veramente porco. Pensa solo con il c..o, e poi

[55] Boratto, l'autista.

sono mediocri, detestano per principio l'uomo che esce dai ranghi, l'uomo che s'impone, l'eccezione. È quasi un istinto dei mediocri. È un popolo meschino. Non hanno mai avuto un uomo grande. Qualche ebreo parlamentare... è un popolo di commercianti.

L'uomo più grande che hanno avuto è stato un italiano, Disraeli.[56] Il fondatore dell'impero britannico è stato italiano. Si dice sia stato anche l'amante della regina Vittoria.

Il resto tutti ebrei e commercianti, piccoli uomini. Quando nel continente sorge l'uomo nuovo, loro si erigono contro per combatterlo. Hanno contro di me l'odio freddo e duro che avevano contro Napoleone. Vorrebbero poter fare a me tutto il male che fecero a lui. Mi detestano. Il destino di Napoleone era l'isola: nato in un'isola, esiliato in un'isola, ha combattuto contro un'isola, è morto in un'isola. Miserabili.»

Parla dei figli della Ruspi: «La aiuterò, tanto più che i figli non sono intelligenti, piuttosto mediocri. Il primo ha ormai sedici anni, è un ragazzo che fa la prima tecnica superiore. Non voleva assolutamente studiare l'inglese. Allora gli ha dovuto mettere una maestra un'ora al giorno per le ripetizioni, pensa, per quanto era duro. Anche il secondo pare sia mediocre. Ora la Ruspi andrà via, anche per il rischio che mia moglie possa scoprire tutto».

Claretta: «Se hai rischiato, il desiderio era grande».

«Devi sapere che a villa Torlonia ci sono 32 famiglie, più di cento persone. Dunque: il principe, tutte le sue cameriere e camerieri, l'amante del principe che è nella casetta rossa in fondo, che sta con i due ragazzi, poi le altre famiglie. [...]»

Parla della Sarfatti: «Quella donna antipatica. Era più grande di me di quattro anni. Sì, un'intelligenza ebraica.

---

[56] Benjamin Disraeli (1804-1881), ebreo convertito di origini italiane, premier conservatore dal 1874 al 1880.

La sopportavo, era noiosa e presuntuosa. Pensa che le ho preso delle donne davanti al naso. Per esempio la Ester Lombardo[57] e anche la Tessa, sì, le ho prese lì all'aperto e lei era lì. Mi ha visto proprio nell'atto, e si è contentata di gettare una manciata di sassolini contro il balcone. La tenevo perché mi faceva comodo. [...]

Pensa che non dormo con mia moglie dal '18 o '20. Siamo due estranei. Quando la prendo non gode nulla, sta lì e appena finito si alza, prende i miei straccetti e mi fa capire che posso andare nella mia stanza. Mai che dica: "Rimani a dormire qui". Che la prendo accade una volta al mese, anche meno. [A casa] sono sempre solo. Se arrivo tardi, ha già mangiato. Altrimenti dieci minuti di pranzo, io di qua e lei di là. La mattina quando vado via dorme».

25 dicembre 1937: *Natale, ma per Mussolini un giorno di lavoro qualsiasi*

Parla della Fantini, che era stata sua amante. La faceva sorvegliare, perché ne dubitava. Infatti scoprì che lo tradiva, e la lasciò.

«Amore, mi basti tu. Lo sai che non faccio che pensare a te? Mattina, sera e anche la notte. Per esempio, se la notte mi sveglio e scendo a fare pipì, che il più delle volte sono tanto assonnato che la faccio per terra, mi vieni in mente, penso: "Se ci fosse lei che la facesse da quell'altra parte non sarebbe carino?". Sono impressionato per quanto ti penso. [...]

Sì amore hai ragione, anch'io sono stanco di tutte queste donne. Quante ne ho prese. I primi tempi che ero a Roma era un viavai continuo di donne nell'albergo. Ne prendevo quattro al giorno. Alcune stavano una sola volta con me, per la curiosità di vedere come facevo. Sai be-

---

[57] Giornalista, direttrice del settimanale *Vita femminile*.

ne che la prima volta non si può stare bene con una donna. Ricordo la Billy, una stupidina appena sposata che
non sapeva come fare. Stava sul letto, ferma. Allora io la
spinsi un poco per farle capire ciò che si doveva, la spinsi indietro sul letto e lei, non so come, andò a sbattere la
testa contro uno spigolo. E poi non l'ho più vista. E così
la contessa ..., la principessa ... e tante altre. Ma ora ti
amo, tutto è diverso, piccola cara.»

26 dicembre 1937: *«Beethoven è bravo, ma ebreo»*

*Domenica a palazzo Venezia. Mussolini sembra credere che
Beethoven fosse ebreo.*

Ascoltiamo alla radio un concerto di Beethoven. Lui lo
apprezza molto, poi dice: «Peccato che sia ebreo, è bravo
ma è ebreo». Finito il pezzo agli applausi dice: «Questi
ebrei esagerano. È bravo, sì, ma senti che clac [*sic, claque*]».

Ascoltiamo un brano di musica moderna e ci guardiamo, impressionati dalla bruttezza di questa roba che si ripete fino allo strazio. Dico: «È come una crisi di nervi».

Lui aggiunge: «Sciacquio di piatti nel lavandino e periodo mestruale. Senti questo punto, se non sembra che
bollano i fagioli».

Claretta trova una forcella da donna per terra. Si inso-
spettisce. Lui la rassicura: «Chissà da quanto tempo è lì».

27 dicembre 1937

Nato Guido [Mussolini], figlio di Vittorio e Ola.

28 dicembre 1937: *«Florinda, nostra ruffiana al Terminillo»*

Parliamo [della vacanza in montagna al] Terminillo: «Dimmi, che faremo? Io vado con Romano. Sì forse è meglio che

tu vada al[l'albergo] Savoia. Staremo insieme, ci vedremo anche fra la gente. Così saremo disinvolti, perché bisogna anche pensare che Romano non è proprio un bambino. Ha quasi undici anni, quindi potrebbe capire. Gli ho detto di portare con lui un compagno di scuola, perché per quanto noi si vada perfettamente d'accordo e ci si diverta insieme, io non posso stare con lui tutto il giorno. Sì, e poi rimarrà con l'istruttore. Comunque vedrai che ci arrangeremo bene.

Ho fatto domandare se Florinda aveva da alloggiarti, ma non ha nulla: è come l'altro anno. Dice che non ha fatto in tempo. Pazienza. Insomma, a dirla brutalmente Florinda ci farà da ruffiana. Sì, praticamente ci dovrà aiutare.

No amore, non ti tradisco, ti sono fedele da più di una settimana. [...]

Il bimbo [*di Vittorio*] è bello, degno della razza. Però non prende ancora il latte, non si attacca. Va avanti con acqua e zucchero. Invece quello dell'Edda si è attaccato dopo sei ore, e come succhiava! Sì, desidero un bimbo da te, ma voglio che tu stia bene con il cuore, che tu guarisca».

29 dicembre 1937: «*Mi piacciono Stanlio e Ollio*»

«Come, sapevi anche della Tanzi? No, non l'ho amata, e poi era una p.....a. Le cose si sono svolte così. La vedevo ogni tanto, e una volta sentii per telefono che uno le diceva: "Angelo mio, non vedo l'ora di essere accanto a te disteso sulla sabbia". Quando un uomo parla così, naturalmente è perché ha della confidenza. Questa è una. Poi lei una volta disse in un albergo: "Sì, io ho tanta intimità con il duce che gli ho lasciato il rossetto sulle labbra...".

Allora la chiamai e le dissi: "Sentite, voi mi avete reso ridicolo. Adesso vi allontanerete per due o tre anni da Roma, andate in esilio. Se non ci volete andare con le buone vi ci manderò con i carabinieri. Andrete in Piemonte".

Tornò dopo tre anni. Non ho saputo cosa facesse fuori perché non mi interessava per nulla.

Quando tornò si ammalò gravemente, fece un'operazione alla mammella. Gliela asportarono. Venne da me, mi pregò di essere ricevuta, pianse, mi fece vedere le bende. Io la presi per carità, e quella fu l'ultima volta.

Era anche piuttosto oca. Si presentava da me una volta bionda, una volta nera, una volta completamente bianca. Allora le dissi: "Sentite, voi fate schifo, cosa sono queste buffonate?".

Adesso si occupa di tutte le miserie, sembra che a casa sua affluiscano i miserabili e i disgraziati.»

Telefona alle 22: «Ho visto un film con il grasso e il magro, Oliver e Stan [*Stanlio e Ollio*]: *I fanciulli del West*. Sì, ho riso alle buffonate. Ne hanno fatte tante di scemenze, sono comici. Mi sono divertito».

Il figlio cinefilo Vittorio ha fatto installare una sala da cinema privata a villa Torlonia. Lì ogni sera Mussolini vede in anteprima film da tutto il mondo, e i documentari propagandistici dell'istituto Luce.

1938

Anno cruciale per la storia mondiale. Adolf Hitler a marzo ingoia l'Austria con l'Anschluss, e minaccia di fare lo stesso con la Cecoslovacchia. Ma gli accordi di Monaco in settembre elevano Mussolini al rango di statista «pacificatore». Sul fronte interno il regime non ha oppositori, se non la «fronda» degli scettici sull'Asse con la Germania. Ma il 1938 è l'anno delle vergognose leggi razziali contro gli ebrei.

Nello sport, il superciclista Gino Bartali viene spinto dal regime a rinunciare al Giro d'Italia, per concentrarsi sul Tour de France che infatti vince. Il Giro finisce a Giovanni Valetti. Il campionato è vinto dall'Inter, seconda la Juven-

tus, terzo il Milan. Ma, soprattutto, a giugno la nazionale vince la sua seconda coppa Rimet. A Parigi, per la gioia dell'antifrancese Mussolini.

Di tutto questo nei diari di Claretta arriva solo un'eco attutita. Per lei l'unica preoccupazione è la fedeltà di Benito, che ogni tanto la tradisce con Romilda Ruspi e, vedremo, con Giulia Brambilla Carminati e Alice Pallottelli, altre mature ex amanti. Il dittatore, per rassicurarla, è costretto alla solita dozzina di telefonate giornaliere che da qualche mese sono diventate il loro ossessivo rito quotidiano.

2 gennaio: «*Gli uomini grandi sono odiati*»

«Tu credi che tutti mi amino, che tutti mi adorino, ma ti sbagli: gli uomini grandi sono più odiati che amati, perché nessun essere vuole riconoscersi inferiore a loro.»

Sono le quattro del pomeriggio di domenica 2 gennaio 1938. A Roma splende il sole. Claretta è andata a trovare il suo Benito a palazzo Venezia. Di domenica non ci sono udienze, quindi lui l'ha convocata più presto del solito.

È bello sbarbato, fresco. Legge un giornale. Ma l'umore è cattivo: «La notte del primo dell'anno» si lamenta «in via Montebello hanno gettato un mio busto dalla finestra. La polizia sta indagando per trovare chi e perché, ma intanto... Dopo tutto quel che ho fatto e faccio per gli italiani!». Tace. Poi: «Anche nei gerarchi c'è questo senso di orgoglio, riconoscono malvolentieri la mia superiorità. Agli uomini secca sentirsi inferiore a quell'uomo che ogni tanti secoli nasce, ed è più forte. Gli uomini grandi sono odiati. Tu che vuoi, che tutti mi amino come te, cara? Ora si troverà chi è stato, ma intanto lo hanno fatto. Era un busto in gesso».

Legge e sottolinea i giornali stranieri, li mette in una busta e scrive sopra «Polizia». Mi dice: «Amore, scusami se lavoro, poi andiamo di là».

Claretta: «Mi piace vederti lavorare».

Legge i rapporti, io intanto guardo delle pitture in un libro. Le ammira [anche lui], intanto mangia un mandarino. Poi va a fare pipì.

Torna. «Amore, adesso scrivo la risposta al telegramma di Goga,[58] e tu?»

Ride perché anch'io vado là [*in bagno*].

Scrive ancora quando torno, poi telefona al ministero degli Esteri e dice: «Chi siete voi? Bene. Ora vi detto il telegramma per Goga che è già da ieri che doveva partire. Prendete la carta, ci siete?».

Corregge e aggiunge qualche parola mentre detta. «Dovrete dargli la precedenza su tutto e subito, deve andare, altrimenti si domanderà com'è che non ho risposto ancora. Rileggete. Sì, certo, levate "rileggere". Bene, domani darò l'autografo al ministro. Siamo intesi, subito.»

Dice: «Adesso ho finito e tu puoi darmi il premio se vuoi, amore».

Prende i mandarini, andiamo di là. Mi abbraccia e pieno d'ardore amoroso siede in poltrona, comincia a parlare di cose tremende e dolci.

Saltella come un lupacchiotto, balla il valzer

Facciamo l'amore con entusiasmo e forza, si getta sul divano, sfinito dice: «Coprimi, ho freddo». Poi si alza e mangia come un selvaggio la frutta. Io sorrido, lo guardo mentre cerco stazioni sulla radio. Fa delle graziose smorfie da lupacchiotto, ride. Mi viene vicino saltellando, mi bacia e balla un valzer. Scherza. Poi si copre perché ha freddo. Siede in poltrona, io vicino a lui, al solito. Mi manda ancora alla radio, mi fermo su musica di Beethoven. Quando torno ancora vicino a lui dice di amarmi e

[58] Premier fascista rumeno, per pochi mesi.

mi accarezza i capelli. Mi dice: «Quando partiamo per il Terminillo? Appena guarito il [mio] dito, vero? Stai tranquilla che appena parte mia moglie vado su, quindi non hai di che temere».

«La principessa Maria José è repellente»

«È venuto da me Sebastiani dicendomi: "Mi ha domandato la principessa di Piemonte [*Maria José di Savoia*] se lei ha un telefono privato".

No, non lo sapete voi che io non ho telefoni né numeri privati? "Va bene" ha detto "ad ogni modo le fa sapere che il suo numero privato è questo."

E mi ha dato il numero. Sono rimasto alquanto sorpreso e piuttosto seccato. Cosa sono queste storie, queste confidenze, io sono il capo di governo e lei la principessa, perciò non c'è niente da spartire fra noi. Ti ricordi ciò che ti narrai del mare [*cfr. 6 novembre 1937*]. Si muoveva e si metteva in certe posizioni mezza nuda che veramente, sai, ci voleva tutto il mio sangue freddo. No, non l'avrei mai toccata. Anzitutto è repellente, assolutamente non fa nessuna impressione, ma poi io ero un politico e capo di governo, sai, il mio istinto mi difende. Adesso esce fuori con questa storia del telefono.

Sono rimasto di stucco. Tu che ne dici? Stai tranquilla, non farei mai una cosa simile per molte ragioni, a parte che sia fisicamente repellente. Se volevo lo potevo fare allora al mare, che eravamo soli io e lei. Queste storie non mi piacciono... Così parli dell'imperatrice?»

Claretta: «Chi, quella?».

«Un giorno lo sarà.»

«L'imperatore sei tu e basta. Quelli [*i Savoia*] sono cartoline.»

Ride: «E allora chi è l'imperatrice se io sono l'imperatore? Dimmi, chi è l'imperatrice, amore?».

«Ci prendevamo come due furiosi amanti folli»

Mi bacia. «Hai avuto un matrimonio disgraziato e infelice, mi pento di averti consigliato di provare. Ma credevo che il tuo [per me] non fosse un amore così profondo. Pensavo ad una ammirazione tutta ideale dell'uomo grande, che poi nei fatti poteva disilluderti. Tenevo a questo tuo ideale e ti consideravo una bambina.

Se rivado indietro con il pensiero, però, devo dire che ti ho sempre amato. Mi dispiace aver perduto tante ore d'amore, seppure anche nei nostri colloqui puri c'era tanta dolcezza. Un qualcosa di così diverso da tutto. Come mi amavi, anche allora. Non dovevi sposarti. Ogni volta che tornavo da fuori trovavo sempre una tua lettera, quasi tu sentissi quando tornavo, e mi dicevi: "Roma è vuota, è triste senza di te". Cara, ti amavo, avevo per te tanta dolcezza. E adesso mi ami? Hai sofferto tanto, ora sei felice? No, io non ti tradisco. Basta, con quella donna è finito tutto, non l'ho più veduta dal giorno che sei stata così male. Ho detto basta in modo assoluto.

Ora ti amo come prima. Senti amore, se c'è un periodo che io ricordo con straordinaria emozione sono i giorni al mare, le ore indimenticabili in cui dopo aver bisticciato con violenza ci prendevamo come due furiosi amanti folli. E il tramonto e le nuotate, gli attimi sublimi della nostra vita, insomma giorni di gioia, di ansia e d'amore.»

«Vorrei perdere gli occhi se ti dico una bugia»

Claretta: «Appunto per questo mi sembra impossibile che tu...».

«Senti Clara, devi convenire che l'uomo è debole, e che è facile a cadere. Una donna [*la Ruspi*] che dice: "Ma perché mi devi lasciare, io ti ho amato, ti amo, ti ho dato tutta la mia giovinezza, lasciati amare. Lasciami almeno un poco di te, mi contento che lei non ti voglia tutto per sé. Dimentichi tutto ciò che ti ho dato" e mi abbraccia e si strofina. Naturalmente è accaduto.»

Claretta: «Capisco una volta, ma due e tre. Tu ormai lo sapevi che finiva così, perciò ci sei voluto andare».

«Ma tu l'hai capito: per il figlio, per la casa, per l'affitto. Io un po' la pena, un po' ho ceduto... Ma ora basta, basta assolutamente, anche perché la tua sofferenza è la mia. Se soffri la mia vita viene turbata al punto che non posso lavorare. Siccome ti amo non posso vederti soffrire. Tu morivi di dolore, allora ho detto: "Giuro a me stesso che basta". L'unico segno di vita di lei l'ho avuto quando mi ha mandato quel biglietto. Poi non ho saputo più nulla. Anzi, direi che questo silenzio mi preoccupa un poco, non vorrei che stesse tramando qualcosa. Se si fosse rassegnata sarei felicissimo e tranquillissimo, sarebbe ciò che ci vorrebbe.

Non mi importa né mi interessa, sono felice che non scriva e non si faccia viva. Sono rimasti dei rapporti assolutamente pecuniari che tratto con la sorella. Le passo ogni tanti mesi qualche cosa e mi occupo anche di aiutare il più grandicello che ha sedici anni, di farlo entrare in un'accademia militare. L'aiuterò sempre finché posso, anche perché rimane sola con tre figli, ma i denari li do alla sorella. La vedo, lei passa verso il galoppatoio [*all'interno di villa Torlonia*] e io le do ciò che occorre. Passa di lì per andare dal principe [Torlonia], del quale è segretaria o che so io, si ferma un attimo e prosegue. Saranno quindici giorni...»

«[Non è vero che] non la vedi da quindici giorni.»

«Allora saranno dieci.»

«Sii preciso.»

«Cara inquisitrice, è inutile, perché io ti dico sempre la verità, il mentire mi fa fatica. Non posso ricordare ciò che invento, ho troppe cose da pensare. Lei non esce perché non può farsi vedere, perché tutti direbbero: ma questa chi è? Che vuole? Com'è che sta qui? Io non l'ho mai veduta uscire, né lei né i figli. Sta [a villa Torlonia, però] verso via Nomentana: lì è chiusa, perché questo è il patto perché possa rimanere. Ma ora andrà via perché sono contrario a che stia lì, non mi fido della sua presenza così vicino, non vorrei qualche brutta mossa.

Vorrei perdere gli occhi, diventare cieco se ti dico una sola bugia, se questa non è la pura verità. Non ho più veduto quella donna da dicembre, e cioè da quando tu sei stata così male, né la vedrò più. Devi credermi, devi avere un poco di fiducia. Non sono l'ultimo degli uomini.»

Claretta: «Sono sicura che eviti di dirmi la verità. Menti per non farmi male».

«Ti dirò la verità anche cruda, anche se ti farà male, ma te la dirò, se tu lo preferisci. Amore, credimi e basta. Si ricomincerebbe da capo con le scene, i pianti, e non c'è scopo. Basta. È finita, doveva finire. Ora sono veramente puro e tuo, ti amo sempre di più e con crescente passione perché la mia carne si trova con la tua completamente, questo è importante. Ora ho bisogno di te, mi piaci, ti amo. Non parliamone più. Non ci penso, né me ne curo affatto. Basta.»

Si alza. Quando gli domando della Romania dice: «[*Il primo ministro Goga*] è bravo, sì, ma è un poeta, pieno di slanci, di entusiasmi. È un poeta, e ho timore dei poeti».

«Mi pensi anche quando fai pipì?»

Mentre ci prepariamo per andare e mi vesto, mi dice: «Ma sempre mi pensi? Ogni ora, ogni attimo, anche quando fai pipì? Oh dimmi, dimmi tu pure, così avrò coraggio anch'io di dirti che ti penso sempre. Ovunque e molto. Sei sempre viva in me, è più che amore. Vorrei tu potessi vivere sempre con me. Avrei soltanto una paura, che tu ti stancassi. Dimmi, non ci verrò altro che io nella casa nuova, vero?[59]

---

[59] I Petacci si stanno costruendo una villa alla Camilluccia, sulle pendici di monte Mario.

C'è una confusione nella mia casa, un tramestio di donne che corrono. Io mi rinchiudo nel mio appartamento e sono tranquillo, non sono entusiasta del frastuono, ma d'altronde... Mi diceva mia moglie in tono trionfante: "Sai, siamo arrivati a 23 letti, con la madre, la balia, la cameriera privata, la signora Agosti e tutte le altre donne". La signora Agosti è la madre di un amico di mio figlio. Ha 60 anni, è vecchia sai. Ha delle gambe così enormi, poveretta. No, non è venuta in auto.[60] Sì, è vero, ma con mia moglie e la madre di Ada. A Natale, è vero, ma non sola con me. Ma poi è vecchia. Vuole un bene ai piccoli Anna e Romano, è pazza di loro. Fa certi regali che spende un occhio, ce l'ha perché il figlio è un industriale, ma insomma. Giuoca con loro tutto il giorno con una pazienza unica. Ma i bambini sono terribili e crudeli senza saperlo. L'Anna ieri le dice: "Si può sapere perché vieni a mangiare sempre da noi?".

Questa poverina si è messa a piangere. Allora ho chiamato l'Anna e le ho detto: "Sei molto cattiva. Perché le hai detto così? Vedi che l'hai fatta piangere? Adesso vai da lei e dille che hai scherzato".

Mi ha guardato e ha detto: "Io non ci vado".

"Se non ci vai sei molto cattiva, e io sono inquieto con te."

"Bene, se proprio ci tieni. Ma sai, tu ti preoccupi se quella piange, ma domani sta qui di nuovo."

È di un'intelligenza quella bambina, troppo intelligente. Allora le ho detto: "Devi andare a dirle che hai scherzato, lo voglio".

"Va bene, se ci tieni."

È andata e le ha detto: "Via, non piangere, ho scherzato. Domani puoi tornare a pranzo e quando vuoi...".

Capisci che roba? È incredibile com'è svelta e intelligente. Dice delle cose sai, l'altro giorno a tavola parlavo

---

[60] Claretta controlla l'entrata di villa Torlonia.

di Shangai e lei salta su e dice: "Ma come, vi andate ad invischiare anche lì ora, anche in Cina? Non basta?"».

Ride. «È tremenda, povera piccola, forse il male[61] sveglia ancora di più l'intelligenza. Ed è anche prepotente, ma è buona e mi vuole bene.»

«Faresti la carità se fossi mia moglie?»

«La balia, sai, proprio la contadina tonda colorita, pensa non aveva mai fatto il bagno, te l'ho detto. Non sapeva come fare e diceva: "Affogo, affogo". Le cameriere l'hanno aiutata, hanno riso. Ha una pupetta deliziosa, bellissima. È una meraviglia. Come sono semplici, lei non sa scrivere, ha scritto al marito dettando alle cameriere. E finiva: "Tanti baci dalla tua affezionatissima sposa". Capito? Grandioso, no?

Mi ha fatto un gran saluto romano, commossa e tremante. Capisco che le dispiacerebbe andare via, ma se il bimbo [*Guido, figlio di Vittorio*] prende il latte dalla madre, come credo... Ho fatto dare 200 lire ad ogni bimbo nato il 27. Ne sono nati novanta in quel giorno e tutti di famiglie povere. Soltanto sette famiglie benestanti, perché i ricchi non fanno figli, ne hanno pochi.

Io faccio tanto del bene quanto posso, e ovunque. Anche mia moglie si occupa dei poveri di Forlì e dintorni. Ha preparato una quantità di pane per la Befana; adesso andrà fuori a portarli. Va per simpatia, però. Alcuni le sono simpatici, altri no. Per esempio, una stava mangiando una caramella, e non le ha dato più nulla. Fa molta carità. Ce n'è di miseria sai, tanta miseria. Lo faresti se fossi mia moglie? Cara, andiamo di là.»

Mi manda a prendere il telegramma, e quando sto sfilando il foglio lui mi raggiunge con una strana aria.

«C'è, è lungo abbastanza vero?»

[61] Anna è malata di poliomielite.

Non capisco perché mi sia venuto dietro, quasi avesse telefonato e pensasse che io avessi sentito, non so. Torniamo, lui legge ed io mangio una banana. Mi sorride. Poi mi dice: «Andiamo». Si ferma presso la finestra mentre mi preparo.

Amarcord: «Avevo qualcosa di straordinario in me»

Spesso, durante i loro incontri quasi quotidiani a palazzo Venezia, Mussolini si lascia andare ai ricordi con Claretta. Parla un uomo triste, che nonostante sia all'apice del potere non è soddisfatto. Con la giovane amante al cinquantaquattrenne duce piace aprirsi, tracciando un bilancio della propria vita. E lei il 2 gennaio 1938 annota i suoi amarcord.

«Avevo una forza terribile quando ero bambino, ero tremendo. Se vedevo una montagna sentivo di poterla trascinare. Avevo una forza violenta, sentivo qualcosa di diverso, di straordinario in me. Crescevo come una pianta. Ero un selvaggio. Uscivo al mattino alle otto e tornavo la sera alle dieci. Senza dire nulla, giravo per i campi, lungo il fiume, mangiavo della frutta, ma non dicevo nulla. Uscivo e mia mamma, povera donna, si prendeva tanta pena e mi diceva: "Ma Benito ti prego, metti un po' di giudizio".

Non lo facevo per cattiveria, ero così. E lei piangeva di pena, d'ansia. Dio, quanto l'ho fatta piangere povera donna. Ma che ne potevo? Andavo via così, scalzo, con un paio di mutandine e via per il fiume e a caccia di nidi. Avevo bisogno di sfogare la mia forza, di uscire. Al mattino voltavo la civetta verso il muro e via, tutta notte mi vegliava con i suoi occhi tondi e gialli. A volte scendeva sul cuscino, sentivo le piume sulla guancia, e mi fissava sempre, così. Arnaldo mi diceva: "Lo sai che sei strano? Come ti può piacere di farti vegliare da una civetta?". Ma non aveva paura, perché non l'avevo io.

È stato il mio primo grande dolore, quando un giorno

rientrando l'ho trovata in terra. Era caduta, era morta. Non ho mai saputo come. La portai sotto un gelso.»

Il suo viso è malinconico, ricorda... Poi riprende con slancio: «Ero così forte che un giorno, non sapendo come sfogare questa pena terribile che era in me, feci di corsa due chilometri. Poi arrivai in cima alla collina dove c'era Filippone, un contadino, e gli ho detto (dice in romagnolo): "Filippò, io voglio zappare". Presi la zappa e zappai sei ore consecutive senza sospendere un attimo. A tratti Filippo mi domandava: "Non sei stanco?".

Mia madre che mi vedeva dal municipio diceva preoccupata: "Ma che fa il mio Benito?". Ed io sei ore di seguito. Nota che zappare è la cosa più faticosa, più che vangare che ci si aiuta col piede. Questo ti dà l'idea della mia forza.»

«Crescevo come una pianta selvatica»

«Una volta andai a prendere gli uccelli, li nascosi nella camicia e traversai il fiume con l'acqua fino alla gola, e questi uccelli mi beccavano furiosamente. Ero tutto insanguinato, ma io duro non li mollai. Arnaldo non gliela fece, e quando arrivammo gli dissi: "E te dove li hai messi?". "Mi facevano male e li ho lasciati." Io invece li portai a casa. Passai davanti a un contadino e gli dissi: "Vedi cosa ho catturato. Li ho presi dai nidi".
"Ma se ti ho veduto lassù sulla collina, cosa mi vai cantando..." mi rispose ridendo.

Un giorno se potessi ti porterei con me a vedere tutti i luoghi. Molti sono mutati, ma altri sono rimasti uguali. Comunque le colline e i campi sono gli stessi.

Crescevo come una pianta selvatica, lungo il fiume, all'aria, al sole. Ci davamo tante di quelle botte fra ragazzi, facevamo a sassate, fino a spaccarci la testa, a rovinarci gli occhi. A volte tornavo a casa insanguinato e mia madre: "Ma Benito, quando metterai giudizio?" piangeva. Quando penso a quanto l'ho fatta soffrire piango dal rimorso. Povera donna.»

«A sedici anni ero il capo, violento ma generoso»

«A sedici anni cominciai a capire che potevo qualcosa. Ero già capo di tutti nel liceo, sentivano che avevo qualcosa più di loro, che ero già qualcuno. Ero violento, sì, ma generoso. Ricordo quella volta che andammo a rubare le mele cotogne di cui ero particolarmente ghiotto, e che ci scoprì il contadino. Venne giù di corsa con il fucile e il bastone, e tutti via spaventati. Ma quello che era sull'albero cadde giù e si fece tanto male ad una gamba da non potersi rialzare. Mentre gli altri scappavano come lepri io lo presi su, me lo caricai sulle spalle e via, con il contadino alle calcagna. Se lo lasciavo lì gli fracassava le ossa, aveva fucile e bastone. Se lo ricorda ancora, adesso ha sessant'anni.»

«Sentivo che avrei fatto qualcosa di grande»

«Quanto ho letto. Tanto, ma nessuno mi ha mai consigliato, ho fatto tutto da me. Prima un po' disordinatamente, leggevo di tanto in tanto. Poi ho ordinato la mia cultura: filosofia, storia, geografia. Leggevo di tutto, e te lo dimostrano questi lavori in cui parlavo di filosofia e di molto altro. Sentivo che avrei fatto qualcosa di grande e di diverso. Mia mamma poverina non mi disse nulla, che aveva chiesto il sussidio e gliel'avevano rifiutato, mai nulla. Si è ritrovato nell'archivio cercando di Rosa Maltoni [*madre di Benito*]. Io non lo sapevo.»

Diventa nervoso. Dice: «Ora è tardi, avrai tempo di sentire della mia vita, starai tanto con me che ti dirò tutto. Chissà se un giorno potrà accadere che io ti detti la mia vita. Dirai così: "Mussolini visto da me"».

3 gennaio 1938: *le solite dodici telefonate*

Pubblichiamo integralmente una giornata-tipo del diario di Claretta, con gli orari di tutte le telefonate maniacalmente indicati. Negli altri giorni abbiamo sintetizzato, tralasciando smancerie e ripetizioni (cioè buona parte del diario). Anche Mussolini è ossessionato, vuole rassicurare l'amante gelosissima.

Ore 8 e 3/4: «Amore dormi? Sono molto dispiaciuto di averti svegliato, cara. Ora dormi ancora, io lavoro. Fra un'ora ti chiamo».

Alle 10 e 3/4: «Amore, sento tanta tenerezza verso di te. Ti amo molto. Sento una grande tenerezza. Te lo dice la mia voce, non lo senti? Anzitutto ti piace la mia voce? Molto?».

Claretta: «Cos'è che non mi piace di te?».

«Amore sento di amarti tanto, sei la mia piccola cara. Preparati per uscire. Non c'è molto sole ma un poco sì, vale la pena di uscire. Non uscire senza che io ti tel, capito?»

Alle 11 e 1/2: «Amore esci? Sei pronta? Io ti tel alla solita ora».

Alle 2 e 1/2: «Ancora lavoro un poco, poi vado a casa. Addio cara».

Alle 3: «Amore, dove sei stata? Quanto ci vuole? Due minuti? Poco, va bene così. E poi? A che ora sei rientrata? Bene. Ricordi quel discorso che quando si ama e si va con un'altra persona l'amore diminuisce. È una tua esperienza personale? Lo sapevi perché l'hai provato?».

Claretta: «Si capisce, con la logica. E poi è mio marito che aveva l'altra».

«Allora è un'esperienza buona, va bene. Ho molto pensato a questo, molto. Tu stai tranquilla, è tanto che non vedo la sorella [*della Ruspi*], da prima che nascesse il bimbo [*di Vittorio, 27 dicembre 1937*], e non ho più saputo nulla. La mia condotta è rettissima. Ti amo e non m'importa più di nulla. È finita, ti prego di credermi. Non parliamone per tel. No, quella della tel non ha avuto né avrà conseguenze, lo sai bene tu questo. Quando sono assolutamente puro mi dispiace di essere sospettato, cara. Ora leggo un libro e poi forse andrò a dormire. Addio amore.»

Alle 3 e 1/4: «Amore, vado a dormire nella tua stanza[62] a respirare un po' della tua aria. Starò poco, mezz'ora forse. Puoi stare tranquilla, lo sai».

Alle 4: «Sono stato poco. Ho molto pensato a te. Tutto parla di te lì dentro. Pensavo che dal '22 che io ero a Roma fino al '32, non sapevo nulla di te. Tu fiorivi vicino a me ed io ignoravo la tua esistenza. Dal '22 al '32 mi amavi, mi cercavi, mi scrivevi ed io ignoravo.[63] Sono triste, ora ho tanta malinconia. Mi sento vecchio, tanto. Adesso leggo i giornali, poi ti chiamo».

Alle 6: «Amore, ho tardato perché ho avuto una lunga conferenza. Ho ancora da fare, molto. Ho tenuto oggi per essere libero domani con te. A fra poco».

Alle 6 e 1/4: «Vedi che non ho tardato molto? Sei contenta?».

Alle 7: «Va bene? Cara, adesso devo vedere ancora una persona e poi ho finito».

Alle 8: «Ho finito. Sai, quando vedo il ministro delle Divise[64] è un appuntamento importante e lungo. Adesso ho fatto venire il medico qui per tagliare [*una verruca al dito*] senza attendere domattina, perché mi faceva troppo male. Non emozionarti, non è nulla».

Alle 8 e 1/4: «È fatto amore. Un po' di male, poi è passato. È uscito un po' di sangue. Ha tolto la pelle, ha tagliato».

Dall'ansia mi fa male lo stomaco.

«Amore, cara piccola, non è nulla, non mi ha fatto ma-

---

[62] Stanza dell'appartamento privato del cardinale Cybo a palazzo Venezia, al primo piano sul lato di via del Plebiscito, che Mussolini aveva riservato a Claretta.

[63] Già a dieci anni, nell'ottobre 1922, la piccola Claretta infatuata del duce si fece portare dalla mamma ad applaudirlo nella piazza del Quirinale, quando uscì dopo che il re gli affidò il governo.

[64] Nel 1937 il fascismo istituì il ministero degli Scambi e valute che gestiva l'autarchia.

le. E allora le mie tremende ferite, gli squarci che ho per tutto il corpo? Ora vado a casa. Non prendere freddo. Ti devo tel ancora. Aspetta cinque minuti prima di metterti in finestra.» Sento che chiama Ciano. Poi: «Addio amore, ti tel stasera».

Alle 9 e 3/4: «Ho tardato perché ho veduto tutto il primo tempo del film».

4 gennaio 1938: *«Nessuno mi proibisce di andare a teatro»*

Alle 3: «Sono nervoso perché al solito credevo di avere poche udienze, invece ne sono spuntate sette-otto. Credo però che verso le sei potrai venire. Dove, quale teatro? No, non mi sento, non ne ho voglia. Ma nessuno me lo ha proibito. Non dire sciocchezze. Va bene, allora per dimostrarti il contrario ci vengo. Sì, ci vengo, benché non mi vada. Ci vedremo a teatro allora, sei contenta?».

Dato che si era inquietato, prima gli ho detto: «Non è il caso di bisticciare per questo».

«Hai ragione. Verrò per farti piacere e per dimostrarti che non c'è alcuno che me lo proibisca.»

Alle 4: «Hai fatto bene a ricordarmi del teatro. Così dispongo le mie cose in modo da poterci andare. Perché altrimenti all'ultimo momento sarebbe stato un guaio. Però io rimango sempre dentro al palco, non esco. Tu non devi salire su, capito? Io non mi muoverò da dentro perché non voglio assolutamente fare lo spettacolo nello spettacolo. Adesso comincio a ricevere, ne ho diversi: Marinetti,[65] eccetera».

Alle 7: «Se vuoi che venga a teatro bisogna che mi mandi a casa presto. Devo vestirmi, mangiare e continuare con

[65] Filippo Tommaso Marinetti (1876-1944), il poeta fondatore del futurismo, accademico d'Italia.

qualcuno che mi accompagni. Certo, sarò felice di vederti. Non ho mai parlato con quella signora del teatro, vorrei che mi accadesse non so cosa se questo non è vero. Non fare così, sai, perché il mio amore si stanca».

Gli avevo detto: «Mi tratti male perché provi rimorso di avermi tradita».

«Ti prego, non essere cerebrale. Tu sei cerebrale, il tuo amore è raziocinante. Non c'è più slancio, non c'è impulso. Pensi troppo, stai attenta a tutto, ricordi tutto. Non c'è impulso...»

Claretta: «Se non fossi impulsiva non ti farei di queste domande, starei attenta a non annoiarti».

«Va bene, senti, se vuoi che il nostro amore vada sempre bene e non subisca scosse... Questa sera voglio guardarti con tenerezza. Vedrai dai miei occhi che ti amo. Adesso lasciami andare a casa se vuoi che faccia in tempo.»

Gioco di sguardi dal palco alla platea

Arrivo alle 9 e un quarto perché la macchina non funzionava, e resto dietro. Poi entro. Al primo intervallo vado su. Lui sorride, mi guarda. Durante il primo atto mi guarda a tratti. C'è la moglie. Vado su con Marcello, si fa scuro, non lo riconosce perché prima è pallido, poi rosso. Ha come un urto al cuore, poi pensa, si ricorda e mi sorride guardandomi a lungo. Scendo presto. Al terzo mi trattengo di più ed è contento, mi guarda tanto con tenerezza. Alla mia destra c'è una cinquantenne che lo fissa con l'occhialino, dev'essere una vecchia amante. Lui non so se la vede. Durante lo spettacolo mi guarda tanto con desiderio. Si alza in piedi dietro la moglie e fa per tirarmi un bacio. Mi guarda sempre, anch'io.

Calda telefonata notturna

Alle 12 e 3/4: «Amore, quanto ti ho guardato. Hai veduto che ti guardavo sempre, ti amavo tanto. Pensavo: per lei, per questa piccola bambina, in questo teatro non ci sono che io. Per lei io solo esisto, sono l'unico. E pensavo ancora: per me in questo teatro non esiste altra donna che lei. L'unica che mi piaccia, che mi interessi, che ami. Dentro questo teatro non ci siamo che noi, io e lei. Cara, amore, mi guardavi tanto. Hai visto come ti sorridevo, e guardandoti ti avviluppavo nel mio amore, e tu lo sentivi. Eri bellissima, mi piacevi tanto, davvero era bello.

Dimmi che mi ami. Pensavo: domani questa piccola amante, questa dolce donnina che mi parla e che io adoro, domani sarà tra le mie braccia e io la terrò nel mio cuore. Sarà con me domani. Pensavo che non c'è altra donna che te, dentro e fuori. Ti sono fedele, finalmente tuo, tutto. Clara, amore, sei sola nella mia vita. Dormi con la mia voce e le mie parole d'amore. Dormi fra le mie braccia, perché ora vieni con me. Vieni a me nel mio letto, che io ti stringa forte amore, vieni con me, dormi con me, ti adoro».

5 gennaio 1938: «*Esci a prendere un po' di sole*»

«Ho dormito fino alle 8. Se non era la cameriera che mi destava, avrei dormito ancora. E tu? Dormi ancora, allora. Vuoi uscire alle 11? Già, è proprio quello che dico io, che esci a fare se non prendi il sole? Allora ti chiamerò alle 10 3/4... Addio amore.»

Alle 11: «Sei pronta, esci allora? Dove vai? Quanto starai fuori? Dove andrai? Vai per la Salaria. Ti telefono alle 3, al solito credo che avrò delle altre udienze, aggiunte come al solito. Sono nervoso per questo».

La scena è quasi comica. Uno degli uomini più potenti del mondo si preoccupa paternamente del sole che deve prendere la sua amante preferita (che in effetti è di salute cagionevole).

All'1: «Sei tornata? Io sono qui, ancora devo uscire. Ho avuto una fila di gente piuttosto importante, adesso è un momento di lavoro.

Non ho voglia di andare a casa. Dici che devo mangiare? Bene, ci andrò se tu vuoi. Alle tre sarò qui di nuovo. Amore addio cara. Addio amore».

Claretta è così gelosa da preferire che Mussolini pranzi a casa, piuttosto che restare a palazzo Venezia dove può incontrare altre amanti.

Alle 3: «Che fai? Vuoi venire, mia prigioniera? Devo vedere la seconda lista. Va bene, ti richiamo».

Alle 3 e 3/4: «Come prevedevo devo vedere sei o sette persone. Sono molto inquieto e seccato, però tu potrai venire».

Alle 4: «Se vuoi vieni direttamente, io non ti telefono nemmeno. Va bene, ti tel ancora».

Alle 5: «Che fai? Ti dico di venire fra poco, preparati che ti attendo. Ti tel ancora, sì amore, ancora tre persone».

Alle 5 e 1/2: «Amore vieni, ti attendo».

Alle 6 entro, è seduto in poltrona e la sedia davanti è volta verso di lui. Mi dice che c'era il ministro delle Finanze. «Poi vedi qui, questa è la prima lista, poi c'è la seconda. La prima alle 17, uno solo. La seconda sono 5 persone. Amore, e tu come stai? Il dito è guarito. Vedi, c'è anche Crollalanza[66] che è venuto all'ultimo momento stamane e mi ha piantato un bottone di un'ora. Vedi, è scritto qui. Tornava dall'Africa, dove le cose vanno molto bene. Amore, eri bella ieri sera e ti amavo tanto. Come ti guardavo. Non ho capito nulla neanche del dramma, sentivo solo la musica che mi è molto piaciuta. Ma al primo atto si vedeva proprio l'uomo disteso sul letto? Fortuna che non l'ho visto, altrimenti andavo via subito. Detesto queste scene.

[66] Araldo di Crollalanza (1892-1986), gerarca e ministro fascista pugliese, senatore Msi dal 1953 alla morte.

Il mio amore ti avvolgeva come un velo di dolcezza. Mi piacevi tanto e ti amavo, cara. Sai, quando quella ragazza sveniva ho pensato a te qui quel giorno che dicevi "Mamma mia, io muoio, muoio", e ti sei sentita così male. Ricordi? E poi quando erano abbracciati che lui l'accarezzava pensavo a te vicino a me, amore. Anche tu?»

Guarda l'ora e chiama Milano. Mentre aspetta si accomoda di nuovo come prima, io sono metà sul bracciolo volta verso di lui e lui si poggia sulla mia gamba con la testa indietro. Questa posizione è deliziosa.

«Oggi sono molto stanco, è stata una di quelle giornate senza un attimo di tregua.»

Chiama Milano, risponde e parla con Vito,[67] intanto tiene la mano nella mia mano e mi accarezza.

«Amore, stai così come prima. No, non ti tradisco. È finita del tutto, non l'ho più veduta. Il tuo amore ha vinto di colpo, è proprio sprofondata del tutto, chiusa. Anzi, penso com'è strano il cuore umano: di colpo una donna dopo undici anni finisce e non si ricorda nemmeno.

No, dall'8 dicembre nulla più, si sarà rassegnata, non ha nemmeno scritto. È finita. L'unica cosa è ancora la pecunia, e non la do a lei ma alla sorella. È sprofondata, sì è vero, ma ti ho detto è stato un atto di debolezza, una caduta dei sensi. Non accade più perché ogni giorno che passa aumenta la tenerezza e l'amore per te. Tutto sparisce all'infuori di te, non hai l'idea di quanto ti ami.

Vorrei avere molte meno preoccupazioni e cose serie di cui occuparmi, ed avere ancora più tempo da dedicarti, per dimostrarti quanto ti amo. Vorrei avere tante cose di meno che mi logorano e mi tengono inchiodato, per farti sentire il mio amore. È inutile, potremmo discutere quattro ore intere come l'altra volta, che tanto io ti dirò che è così, non l'ho più vista. Ti prego di non metterme-

---

[67] Vito Mussolini (1912-1963), nipote di Benito, figlio di Arnaldo, dal 1931 direttore del *Popolo d'Italia*.

la sempre sul piatto, perché questo continuare non ti conviene. Tu sei ipersensibile, è per questo che senti anche quello che non c'è, e questa volta sbagli. Non insistere.»

Mussolini geloso: «Il tuo corpicino delizioso vibra solo per me»

«Tu mi tradisci?»

    Claretta: «Quanto te».

    Rimane male. Dice: «Se mi tradisci ti lascio».

    «E se io ti dicessi lo stesso?»

    «Lasciamo perdere questo discorso.»

    Prima mi aveva detto: «Se tu mi tradissi mi dispiacerebbe, ma fino ad un certo punto. Ti lascerei, e tu sai che per me bastano cinque giorni di vita, di lavoro, per dimenticare qualunque dramma. Non posso soffrire più di tanto. Quando non ti ho visto in poltrona a teatro sono rimasto molto male che tu eri in piedi dietro fra la gente, e che qualcuno poteva toccarti. Stavo in ansia. Non sapevo che era tuo fratello perché non lo conosco, e allora sono rimasto un po' male, un po' seccato, dico la verità, di vederti insieme ad un giovanotto. Poi ho capito».

    Mi guarda con gli occhi socchiusi. Si placa. Poi di nuovo: «Tu sei tanto giovane, e poi io che so di te. Nulla. Che posso sapere? No, non sono geloso. Ma ora basta con le ombre».

    Gli dico: «Se sei geloso è perché pensi: "Ciò che ho fatto io lo farà anche lei, forse"».

    Mi guarda un poco poi dice di smetterla. Mi abbraccia e mi dice: «Lo sai amore che ieri sera a teatro ti ho spogliata tre volte almeno? Quando mi sono alzato in piedi dietro a mia moglie sentivo di prenderti. Avevo un folle desiderio di te. Mi dicevo: "Il suo piccolo corpo, la sua carne di cui io sono folle, domani sarà ancora mia".

    Ti vedevo, e quando sei salita su ti sei accorta che ti spogliavo. Ti guardavo, ti svestivo e ti desideravo come un folle. Dicevo: "Il suo corpicino delizioso è mio, è tutto mio. Io la prendo, vibra per me, è un tutt'uno con il mio corpo". Vieni, io ti adoro. Come puoi pensare che io, schiavo della tua carne e del tuo amore, pensi ad altre. Andiamo di là lungo la strada». Mi dice: «Davvero anche tu pensavi questo?».

Poi dice: «Che ne so poi se quello era proprio tuo fratello? Io non lo conosco, potrebbe anche essere stato un altro». Mi dà un morso sul naso. E io: «Sei tu che mi tradisci, non io. Adesso sono io che ti do un morso sul naso».

Mussolini: «Dimmi tu, piuttosto, non mi tradisci? Non farai venire qualcuno all'ora delle consultazioni con la scusa di tuo padre? E quello, non lo hai più visto? Proprio non ne hai saputo più nulla? Sicuro, non te ne sei più incaricata? Ah mio terribile amore! Cattivo caro amore io ti adoro». Facciamo l'amore in modo folle. Dopo siede in poltrona e parliamo un poco.

«[*Con la Ruspi*] è proprio finita, e poi da luglio, sarà stato il male che ha avuto, è imbruttita assai. Non mi piace più, ma devi anche convenire che, poveretta, non dev'essere stato un piacere essere piantata. Dice che ormai è vecchia, capisce che subentra la giovane. Ha ceduto le armi del tutto, ha capito di aver perduto la partita, ha ceduto il campo. Sa che ti amo, l'ha capito, è inutile che tu ti lamenti e che insisti, è finita.

Certo me ne occupo finanziariamente, e questo tu lo riconosci giusto. Poi troverà la sua via. La sorella la vedo raramente ed evito qualsiasi cosa, altrimenti si ricomincerebbe da capo.»

I *due nuovi nipotini di nonno Benito*

«Mia moglie è stata da Edda, dice che sta benissimo e che è folle del suo bambino. Lo allatta, lo pulisce, lo cura, è diventata una madre modello, mai stata così. Lei stessa dice: "Adoro questo bambino, nemmeno gli altri due ho amato così. Questo è veramente mio figlio, vedi, ha le mani della razza dei Mussolini, vedi le mani?".»

Ride.

«È strana, vero? Proprio una donna strana. Cosa vuoi capire dalle mani di un piccolo di 15 giorni [*Marzio Ciano, nato il 18 dicembre 1937*], che hanno quelle manine aggrinzite piccole tutte rughe. È proprio strana mia figlia. Dice: "Questo è veramente mio, è della razza dei Mussolini, vedi, la testa, tutto".»

Claretta: «Questo è significativo».

Mi guarda penetrante e dice: «Cioè?».

«Cioè preferisce che siano della razza dei Mussolini.»

Mi guarda ancora e approva pensoso. Mi parla di Ola [*la nuora*] e dice che non ha latte: «Aveva voglia a tirare, il bambino. Non veniva nulla. Poi invece, quando è arrivata la balia, si è attaccato come un affamato e ha succhiato in pochi minuti 70 grammi di latte. Ola quando lo ha visto si è messa a piangere. Ho domandato il perché. Mi hanno detto che è gelosia, è come un istinto, un impeto di rivolta a vedere il proprio piccolo attaccato al seno di un'altra donna».

«Più dolore, no? È un dispiacere non poter allattare il proprio piccolo.»

«Già, è vero. Ma tu cosa dici, è più gelosia o dolore?»

«Più dolore, perché se non c'è latte non può mica far morire il bimbo... Quindi la gelosia è inutile. È doloroso.»

«È quel che dico anch'io, è come le ho detto. Sono andato su perché urlava, piangeva, si dibatteva in una crisi di disperazione. Allora, dopo che erano andate su mia moglie e la madre le ho detto: "Ma cosa piangi a fare. Ce l'avevi il latte? No. Potevi darglielo? No. Che volevi far morire il bambino? Assurdo, quindi è inutile che ti disperi, non è una cosa dell'altro mondo. O succhia qui o succhia lì, basta che mangi". Così l'ho calmata, poi sono sceso e mi hanno detto che era una crisi di gelosia.»

«La Romania è stata fatta da legionari romani e puttane slave»

Parla della Romania mentre si veste: «È l'unico Paese che abbia una somiglianza con il nome di Roma. Dicono poi, com'è stata fatta? Dai legionari romani: i colonizzatori e le puttane slave (ride). Sai, questo Goga [*premier rumeno*] è un poeta. Ora fa troppi telegrammi. Finché li ha fatti a me, a Hitler, al Giappone, va bene, ma ora sta facendo un po' la p.....a. Un sorriso a questo e a quello, a tutti un sorriso. Significa volersi tenere buoni tutti, e non mi piace, è poco deciso. Mi fa l'effetto di uno che ha paura d'aver avuto coraggio. E poi quando si trova dinnanzi al fatto compiuto dice: "Oh Dio, e ora che ho fatto, che va a succedere, che avverrà", e ha paura di ciò che dovrà fare...

La loro lingua del resto assomiglia alla nostra. Se parlano, un italiano e un rumeno si capiscono. Loro dicono molte parole aggiungendo "-ne", e questo dimostra anche dalla lingua l'influenza romana, la loro dominazione».

Mi fa tutta la spiegazione dal principio, delle etimologie ecc. Poi mi bacia e andiamo di là nello studio, si ferma a guardare mentre mi assesto, scorre dei fogli, dice: «È tardi, andiamo. Ti telefono stasera, adesso non voglio andare a casa. Mi segui? Quanto devo aspettare? Pochi minuti. Va bene». Poi esce.

Alle 9: «Cara oggi è stato delizioso, sono felice, le ore sono state sublimi. Ti amo e sempre di più. Vorrei averti vicino».

Alle 10: «Amore ho tanto sonno, mi si chiudono gli occhi. Tu mi perdoni, vero? Vieni tra le mie braccia, che ti stringo e dormo con te...».

6 gennaio 1938: *«Ho dormito come un sasso» (nove ore!)*

Alle 10: «Hai dormito? Dalle 2 alle 7? Bene, è già molto. Io ho dormito come un sasso dalle 10 alle 7. Dove vai? Ah brava, la befana ai [vigili] metropolitani. Volevo dirti io di farlo. Sono contento. Vieni, ma non passare di qui. Devi telefonare per il Ministero. Allora nulla, è meglio di no. Ferma la macchina più lontano ed entra a piedi, fai così. Sì, perché oggi mia moglie ha detto una frase, sai, che è meglio essere prudenti. Ti dirò quando vieni». Alle 3 arrivo. È presso la finestra che legge.

«Amore, come hai combinato il passaggio?»

Gli dico che ho fermato la macchina e poi sono venuta a piedi e con Myriam.

«Bene, brava. Ogni tanto bisogna fare così per evitare. Dio, come ti batte il cuore. Siediti un poco, riposati. Come stai ora? Adesso ti farò vedere, ti ho preparato una primizia da leggere mentre sei di là. Un libro che ho scritto quando avevo 25 anni, pensa, è stato ritrovato questo manoscritto da un editore che era incerto se distruggerlo o mandarmelo. Quando lo rileggo mi fa ridere. Com'ero strano. Guarda. *La tragedia di Mayerling* [*scritto da Mussolini*]. Pensa un po', ascolta.»

Legge alcuni brani, dei passi d'amore, di passione.

«Cosa ne dici, che ti sembra? Ti piace? Ascolta, qui è la scena madre fra lui e lei. Io dico che l'ha evirato. Fantasia, naturalmente tutta fantasia.»

Legge ancora con slancio, ride di tenerezza per la sua creatura giovanile. Mi guarda per vedere se approvo, e mi sorride. Continua a leggere. Siedo nella sua poltrona e lo seguo. Vede che non mi sento bene. Dice: «Guarda la prima e la seconda versione delle udienze. Adesso andiamo di là, ti stendi sul letto e io leggo un poco. Poi torno qui e tu mi attendi, dolce prigioniera. Va bene? Sì, certo che portiamo il mio libro. Non so perché non è stato pubblicato, chissà».

Fa freddo passando per i saloni. Noto che è bello. Sorride. Dice: «Qui dentro fa caldo, ti sdrai e dormi un po'. Sarei molto felice se quando ritorno trovassi che tu dormi. Devi rimettere in paro il tempo e il sonno perduto. Io leggo, ora sdraiati amore, starai meglio, vedrai».

Infatti dopo sto meglio. Lui legge e io lo guardo.
Dice: «Ti annoi che leggo?».
«No amore, ti guardo.»
Finisce di leggere, segna le cose importanti, dopo si alza e viene vicino a me.
«Amore, adesso finalmente mi occupo di te. Così ti do fastidio? Forse ti peso. Mi piace che tu stia qui. Sei la mia piccola sposa che mi attende dopo il lavoro. [...]
[*La Ruspi*] la trovo brutta, adesso si vede che è una donna di 40 anni e non mi piace più.
Quando a una donna si vedono i segni del tempo, le rughe, vuol dire che l'interesse è finito, l'attrazione è morta. Certo, tu hai ragione: non dovevo andarci.»
Claretta: «Capisco una, ma non due o tre volte. Se ci sei andato t'interessava».
«Te l'ho detto, per quelle questioni: soldi, bambino. Ma ormai non mi prende più, hai ragione, è tutta una debolezza, capisci, si getta fra le braccia, pianti, storie, disperazioni, lacrime. "Io che ti ho amato tutta la vita" dice. [Ma ora] non ho nessuna voglia di farti soffrire, perché tanto non so mentire.»

«Non sono mai stato tanto puro»

«Non sono mai stato tanto puro, posso finalmente guardarti negli occhi. Sì, guardami, sono tuo, innamorato e talmente preso che non penso che a te. Qualsiasi altro pensiero mi disturba, mi dà fastidio. Le dissi di farsi la sua vita, mi rispose che dopo essere stata dodici anni con me non era possibile rifarsi una vita diversa. Le dissi: "Occupati dei bambini, hai a che pensare".
Si è disperata, poi mi disse anche lei: "È vero, sono giovane, potrò fare ciò che dici". Ecco, così è finita e ti dico che con un certo rammarico penso alla crudeltà dei sentimenti umani, del come d'un tratto cala il sipario.

Lei dice: "Certo sono vecchia in confronto a lei che è giovane. Tu l'ami", e via di seguito.

Basta, ti amo e non ti saprei mentire. No, senti, no, non puoi pensare che sia possibile che io prenda una donna per carità. Né che una donna che si rispetti accetti questo.»

«La Ruspi mi ha fatto l'effetto di una marchetta»

«Sai, è vero che mi disse: "Lasciati amare, concedimi almeno questo". Ma mi ha fatto un effetto di marchetta. Non posso fare questo, neanche fisiologicamente parlando: non si può prendere una donna per carità. Sì, è vero che dissi che [il desiderio] non si sarebbe svegliato, ma pure tu devi concedermi le attenuanti. Adesso più di sempre ti amo e non ho voglia che di te. Ti direi la verità anche sapendo che tu potresti prendere la decisione che crederesti più opportuna. Sta lì perché il principe le ha preparato l'appartamento...»

Claretta: «È da affittare, questa storia dell'appartamento è una commedia, non sono tanto stupida».

«Bene, che vuoi fare? Io non me ne occupo più, non voglio più incaricarmene assolutamente, né in buono né in male. Ha il suo quartierino, sta più lì che a villa Torlonia. Lo so perché lo so, praticamente non ci sta e poi non si vede mai, né lei né i figli. Sa benissimo che se si facesse vedere nascerebbe uno scandalo. Certo, è vero che io ero e sono tuttora contrario, ma poi infine non ci posso nulla, e tu fai come credi, decidi come vuoi.

Devo tornare qui dopo, mi vuoi? Sei ingiusta e cattiva; io ti amo, ti amo tanto che io stesso sono stupito. Credi a ciò che ti dico, non troverai mai, mai più dico, un uomo che ti amerà quanto io ti amo, come io ti amo, mai credimi. Adesso devo andare di là, tornerò presto. Tu dormi, mi farebbe piacere che dormissi. A più tardi.»

Si china a baciare il mio piedino

Torna alle 7. Io dormo, però mi desto al rumore della porta. Continuo a sonnecchiare, sento che lui mi guarda, mi respira vicino con tenerezza. Gira la lampadina e ne accende un solo lume, mi guarda, mi avvolge d'amore. Si china a baciare il mio piedino [*in effetti, Claretta porta scarpe numero 33!*] che sfugge alla pelliccia. Poi mi guarda ancora e comincia a passeggiare su e giù. Apro gli occhi, lui mi sorride con tenerezza e mi viene vicino, siede accanto a me.

«Piccola cara, dormivi bene, hai sonno ancora? Ti amo tanto che vorrei farti male con le carezze.»

Mi accarezza la testa, i capelli.

«Quanto ti amo, non ho mai fatto per nessuna ciò che faccio per te, non ho mai amato nessuna così, te lo posso giurare. Sono proprio abbruttito in questo amore, anzi hai ragione, sono purificato da questo amore. Cara piccola, tu vuoi vittoria assoluta, completa. Sei per la battaglia integrale, il nemico oltre che sconfitto ucciso. Tu la pensi come me, distrutto completamente, vero?»

Ride.

Claretta: «Già, altrimenti si verifica la pace dopo un po' di tempo come con la Germania».

Ride.

«Già, è vero... No amore, non l'ho vista più né ti tradisco, non ne ho voglia, e tu? Cattiva, amore, bambina, dimmi che sognavi...»

Parole terribili e frasi d'amore, estasi folle di gioia. Facciamo l'amore come pazzi. Trema di gioia e mormora parole sconnesse: «Ho sonno, sonno, voglio dormire sempre vicino a te. Non voglio morire presto amore, devo amare ancora, no tu non verrai a vedermi, rimarrai in casa e ricorderai, ricorderai».

Si addormenta piano piano, poi si desta perché io tremo. «Hai freddo? Sì, vestiamoci amore, fa freddo.»

Salta giù, si veste e mentre io vado di là lui quando torno è nello studio a scrivere degli appunti sul taccuino.

Quello studio verde sembra napoleonico. Lui sorride quando mi affaccio. Rientro in camera, mi vesto, metto in ordine. Lui dice: «In questo studio ho scritto i miei discorsi all'Impero. Ho passato dei giorni di tremenda tensione, anche se non lo davo a vedere, ma i miei nervi erano sottoposti ad una ben dura prova. Lavoravo giorni solo solissimo, sai, in quei momenti devo essere solo». Andiamo. Mi fa coprire perché fa freddo. Sono felice, mi bacia, mi prega di passare da Navarra.

Mi telefona alle 10: «Amore, ti annuncio formalmente che vado a letto perché ho sonno e sbadiglio. Sono stanco. Ammiro e appoggio questo cinema [*privato di villa Torlonia*] che mi consente di telefonarti. Come puoi pensare che io telefoni ad altre dopo ciò che ti dimostro. Cattiva, cattiva».

Alle 10:50 circa: «Amore, non esci mica vero? Vai a letto. Non esci eh! La passione non ha legge e, credo che dovremmo vivere insieme».

7 gennaio 1938: «La porti un bacione a Firenz*e, ricordi?*»

«Stai tranquilla. Dove sei stata? Al mare? Bene, brava. Era bello? Hai avuto nostalgia? Che belle giornate, amore. Ricordi? *La porti un bacione a Firenze* [*canzone di Odoardo Spadaro*]. E il grande sole. Adesso lavoro, poi ti chiamo.»

Alle 4: «Ho letto i giornali, e tu come stai? Ti prego, non mi spaventare, dimmi che non è nulla. È poca la febbre, vero amore? Mettiti a letto. Adesso voglio scrivere un articolo. L'articolo di tuo padre, quando viene? Va bene».

Alle 5: «Amore, ho preparato il discorso che farò domenica, e ne farò anche un altro ai cardinali e ai vescovi, sì anche a loro. Vedrai che mi faranno papa. Ridi? Già, non ci mancherebbe che questo. Papa. Adesso comincio. Sì, sei-sette persone».

Alle 6: «Di' a tuo padre che gli faccio i miei più vivi complimenti per l'articolo. Molto ma molto bene. Pieno di sentimento e di scienza. Molto bravo. Ha scritto proprio una buona cosa. Anche Sebastiani ha detto che scrive molto bene.

Vedrai che dopo la pubblicazione verranno almeno 300 malati di cuore. Glielo dirai, vero?».

Alle 8: «Vado a casa, sono stanco. Stasera vedo *Alì*[68] con persone di 120/180 chili che ballano».

«Giornata insipida senza di te»

Alle 9 di sera: «Amore, ho veduto due cartoni e poi ho detto che mi chiamino appena comincia *Alì Babà*. Adesso leggo un po' i giornali, poi ti chiamo ancora. Ho una certa malinconia stasera, molta malinconia. Perché non ti ho visto, la mia giornata è stata molto vuota e triste. Sì, ho sentito che mi è mancato qualcosa, è passata così senza importanza».

Alle 10: «Ho veduto questa cosa. Donne di 180 chili che ballano come donne normali. Una si è perfino girata ed ha mostrato il didietro. Pensa che spettacolo, un mappamondo. Scricchiolava il pavimento. È tutta una presa in giro di Roosevelt, sì, sono andato apposta a vedere.

Adesso passeggio un poco, poi ti richiamo».

Alle 10 e 1/2: «Amore, ora vado a letto, ho sonno. Tanto più che ho mangiato poco. Due uova crude e un po' di verdura. Dici che è poco, vero? Non avevo voglia. Adesso vado a letto, ho già gli occhi quasi chiusi. Sono contento del pensiero che hanno avuto i guardiani. Sono stati gentili? Si vede che hanno simpatia per te. Questo mi fa

---

[68] *Alì Babà va in città*, film americano del 1937 con Douglas Fairbanks, Tyrone Power (padre di Romina) e Shirley Temple.

piacere. [Ti hanno offerto] anche il caffè? Ma bene, molto gentili davvero. Amore, adesso andiamo a nanna».

Prima aveva riso perché gli avevo detto che avevo mal di testa per il pensare a lui.

8 gennaio 1938: *«Rachele è una stupida»*

Alle 9: «Amore se vedessi per la via, le strade sono ricoperte di uno strato di ghiaccio. Tutti vanno in terra. Divertentissimo. Non si regge in piedi nessuno. Uno attaccato all'altro. Le macchine ferme, gli autobus tutti fermi, è uno spettacolo. Non camminano altro che i camion che buttano la sabbia. È tutto una lastra di ghiaccio. Mi ha messo di buon umore, non senti che rido?».

Quando arrivo alle 4 legge il giornale e non mi guarda. È in piedi presso il davanzale della finestra. Alza gli occhi e mi sorride, un po' nervoso. Poi scatta: «Oggi ho avuto una lite feroce con mia moglie ed io non posso inquietarmi a tavola mangiando, mi fa male. Mi sono in...to in una maniera incredibile. È inutile, non ci prendiamo, è una stupida».

Mi volge le spalle forse perché non gli legga in viso. Gira un poco con la schiena verso di me e il volto alla finestra. Poi si gira, mi guarda.

Perché [*avete litigato*]? «Per ragioni politiche. Vuole occuparsi di politica, figurati. Le fesserie che dice, cosa ne può capire lei, di cosa si immischia? Sono fuori di me. E tu cos'hai, perché mi guardi così? Nulla? Bene.»

Non osa guardarmi in viso, però.

«Permetti che leggo ancora?»

Continua, poi getta il giornale: «Sono molto nervoso. Ma ora ti prego, dimmi ciò che hai, non farmi stare sospeso. No, non mi inquieto no. Di più se non parli. Se non vuoi parlarne vai via».

Claretta: «Perché è venuta ieri qui, quella?».

«Chi quella? Qui non è venuta quella nel modo più assoluto. Sono venute due donne, è vero. Una Finzi, l'altra una professoressa di tedesco di Modena che ho conosciuto vent'anni fa e che era tanto tempo che non vedevo. È venuta a raccontarmi i suoi guai, che sciando le si è infilato uno sci nell'osso e glielo ha storto. Pensa un po'. Una donna con cui non c'è stato mai nulla, rapporti puramente di conoscenza e basta. È verità, ha lasciato un biglietto, chiedeva di essere ricevuta, io ho detto a Navarra quando passa fatela salire. Erano tre anni che non la vedevo.»

La moglie di Finzi e il delitto Matteotti

«La Finzi ha chiesto di vedermi. Sai che ha fatto la Finzi?[69] Te ne ricordi, lo sai o no? Non te ne fregherà niente, ma insomma è venuta per dirmi che dato che ha un bambino di otto anni, prima che questi arrivi all'età della ragione, che io cercassi di fare qualcosa per dissipare l'ombra che è sul marito dopo tanti anni, perdonassi affinché il ragazzo non crescesse con questa macchia, e possibilmente ignorassi tutto.

Finzi all'epoca di Matteotti si mise a fare un memoriale che per discolpare se stesso incolpava me decisamente, rendendomi responsabile del delitto. Poi pare che questo memoriale non l'avesse scritto, che avrebbe detto solo frasi male interpretate. Così ora è venuta a perorare la causa, dicendo di dargli un incarico che potesse riabilitarlo. O nell'Aviazione, o nell'agricoltura o non so dove altro. Sì, perché ora, dopo aver vissuto molto lontano dalla vita dell'Italia, si era ritirato in campagna a fare l'agricoltore. Durante la guerra fu nell'Aviazione.

Questo è tutto, è molto chiaro, come tutta la mia vita

---

[69] Moglie di Aldo, sottosegretario all'Interno fino al 1924, quando fu epurato per l'assassinio di Giacomo Matteotti.

è limpida. Certo delle donne qui se ne vedranno entrare per una ragione o per l'altra, è inutile pensare diversamente.»

«Prendi il cappellino e vattene»

Claretta: «Non m'importa dei tuoi colloqui per ragioni d'ufficio, m'importa che tu non veda più quella [*la Ruspi*]».

«Quella signora non l'ho più veduta dal 6 o 7 o 8 dicembre, mai più, e questa è verità di Vangelo. La sorella sì, poco tempo fa al galoppatoio per darle dei denari, il necessario per cinque mesi. Già, perché devo pensare a tutto. Ma è inutile continuare a parlare di quella signora, quindi se non mi credi puoi prendere il cappellino e andartene perché ora esageri. Vai pure, se ti ci devi mettere anche tu ad aggiungere a ciò che ho nel corpo oggi.»

Io taccio, lui si calma.

Torna seduto e dice: «Con mia moglie ho avuto la discussione a tavola, e per di più davanti ai ragazzi, fra cui i bambini, che naturalmente erano con gli orecchi puntati. Ho dato un pugno tale sul tavolo che per poco spacco tutto. [Le ho detto:] "Come, tu che sai quello che faccio, la lotta che sostengo contro tutto e tutti, che apro inchieste su inchieste, che frugo dappertutto per trovare il marcio. Tu che sai che non prendo nemmeno un pennino dello Stato, neanche la benzina, neanche la carta assorbente, tu che di tutto ti occupi fuorché di me, tu che sei lontana dalla mia vita come se fossi al polo, vuoi mettere bocca su queste questioni.

Giorni fa ci fu un ammanco di 180 mila lire in un'azienda, io aprii l'inchiesta. Quando andarono a prendere il direttore questo, vedendoli, si è sparato una revolverata nella bocca. E un altro a Palermo: la moglie mi ha scritto una lettera veramente tragica, da far venire i brividi.

Eppure io m'impongo per il bene della nazione, per

scoprire il male. E tu...". Ah no, sai, mi sono sentito ri-
bollire il sangue. Sono contento perché c'era quella signora, altrimenti non so come sarebbe finita. È inutile, io
e mia moglie non possiamo discutere, impossibile assolutamente. Se ci troviamo di fronte veniamo ai ferri corti, finiamo subito a pugni. Non ci prendiamo, viviamo bene
perché siamo ai due poli. Lei che sa cos'è successo nella
nostra famiglia per questo, lei che sa che Arnaldo per
questo motivo c'è morto. Ah no, è troppo!».

«È questa bile che mi accorcia la vita»

È esausto e pallido. Cerco di calmarlo con lo sguardo e
una leggera carezza sulla mano.

«Sì, è questa bile che mi accorcia la vita. Sai, vivrò di
meno per questo. Tu mi capisci, ma che vuoi, una donna
che non si è mai interessata di me, di nulla, che è stupida,
non sa quel che si dice e ogni volta che parla mi fa prendere inquietezza, io la odio, stupida, la odio.»

Apre i grandi occhi che mandano bagliori. Non lo seguo in questo discorso. Cerco di calmarlo.

«[Rachele è] una donna che potrebbe uscire, prendersi delle soddisfazioni. [Invece sta] tutto il giorno in casa
con le cameriere, a discutere con loro. È incredibile la vita idiota che fa. E mi trascura nel modo più vergognoso,
di me non si occupa affatto.

Sono stanco, mando all'aria tutto, se va avanti così
spezzerò i ponti a questo inutile ridicolo legame. Oggi
Bruno [*figlio di Mussolini e Rachele*] mi dava ragione. Ma
è intollerabile, sono nervoso.»

«Trovo due forcelle nere, di donna»

Scatta, parla forte poi piano, spalanca gli occhi. Io siedo
in contro, gli consiglio di prendere una camomilla. Lentamente si placa, con dolcezza.

Mi dice: «Andiamo di là a leggere, vuoi? Andiamo».

Lungo la via si lamenta che fa freddo, mi indica poi le preparazioni per domani. «Diventerò papa, non lo sai?», ride. Arriviamo nella stanza, appena accesa la luce ed entrati scorge qualcosa sul tavolo e si affretta a prenderlo. Mi sembra sia una lettera. Siede in poltrona. Ascolta la radio e parliamo. Mi accorgo che deve nascondere qualcosa. Rimango un po' male, ma dopo faccio le ricerche e trovo due forcelle nere, di donna. Sono triste.

Va via alle 5. Torna alle 6. Viene sul letto, posa la testa sul mio cuore: «Ti amo, voglio morire qui, morire per vedermi morto». Mi chiama vicino a lui dicendo: «Sono molto triste, ho bisogno di carezze e di amore. Sono triste e solo. Anche tu mi abbandoni, non mi ami».

Lo accarezzo, gli vado vicino. Si placa con la testa sul mio cuore. Intanto trasmettono Verdi, *Il Trovatore*, e ci sono dei punti che lo entusiasmano. Dice: «Grande Verdi, è l'unico, che anima, che poesia. Romanze, motivi, cori, meraviglioso il genio, il puro genio. Sì, è vero come una sorgente... Dimmi, vivresti sempre con me, sarebbe bello vero?». Leggendo il giornale dice: «Vedi quanti matrimoni? Sì è vero, è una corbelleria, ma se ti sposassi non sarebbe più così, non è vero? Anzi, sarebbe una bellissima cosa».

9 gennaio 1938: *«Io sto bene con i contadini e i soldati»*

«Hai visto l'articolo [*del padre di Claretta, pubblicato sul* Messaggero]? È messo bene, vero? Sei contenta? E tuo padre? Bene, sono contento. Hai sentito [*il mio discorso alla radio*]? Dicevo tante frasi, scherzavo. Io sto bene con i rurali [*contadini*] ed i soldati. Ti telefono prima di parlare ai vescovi. Non potrò andare in volo perché il tempo è cattivo. Io partirei per il Terminillo. Tu no. Dovresti aspettare domani o dopo che mia moglie parta per Forlì. Vieni qui a che fare?»

Claretta: «Come, a che fare?».

«Aspetta, vado a vedere se hanno sistemato le stanze di là. Va bene, ti aspetto.»

«Se lo desideri, s'intende.»

«Sì, lo desidero.»

Arrivo, ha il muso, evita di guardarmi in viso, sta mangiando un mandarino. Poi si alza e mi dice: «Ora deve venire Alfieri per parlarmi del discorso di stamane. Tu vieni qui».

Apre la porta e prima prende un libro di fotografie sportive che gli ha offerto un tedesco. Apre e dice: «Senti che puzzo di umanità».

10 gennaio 1938: *in viaggio per il Terminillo*

Alle 4: «Molto lavoro, qualche udienza, poi partirò. Male o non male devi partire questa sera. Domani io parto solo, preparati perché devi partire pochi minuti dopo l'una. Dormirai a Rieti, poi domattina verrai su. Ti telefono stasera e ti dirò il da fare».

Alle 5: «Parto, vado via fra cinque minuti. Tu devi venire via fra un quarto. Viene tuo fratello? Voglio di sì».

Arrivo a Rieti alle 9, causa Marcello. Lui telefona alle 9 perché aveva fatto tardi.

Claretta sospetta che abbia visto la Ruspi.

Mussolini le risponde: «È più lontana dell'Australia, finita, lontana, chiusa. Tu lo hai capito con la tua sensibilità, perché ti amo. È chiusa, credimi».

15 gennaio 1938: «*Maria José dubita che Umberto possa succedere a Vittorio Emanuele*»

Arrivo alle 3, legge. Alza la testa sorridendomi: «Amore, vieni vicino al tuo signore. Andiamo, non resisto».

Lungo la via dice: «Amore siamo due pazzi, non resistiamo più. Se io dall'8 dicembre ho visto ancora quella donna sarei l'uomo più indegno della terra, mi vergognerei di camminare».

Claretta: «E io mi vergognerei di amarti».

«Vedi amore che ci troviamo d'accordo.»

Entrando nell'appartamento lo troviamo con le tende alzate e tutte le porte aperte. Le stanze sono fredde e si inquieta dicendo: «Sono dei cretini, senti che freddo fa. Lo voglio dire a Navarra». Parlando della principessa [*Maria José*] dice: «Non capisco che cosa venga a fare [*a palazzo Venezia*]. Per la stessa storia dell'infermiera, quando già eravamo d'accordo. È piuttosto antipatica, e non capisco lo scopo. Ma ora basta, prenderò l'abitudine di fare come con gli altri, dica ciò che vuole. Tu non sei gelosa di quella donna no, senti che è impossibile, assolutamente. Già, è brutta, ma poi senti che io non lo farei».

Claretta: «Certo lei pensa che il re è vecchio, e sarà difficile che questo [*suo marito Umberto*] gli succeda. Perciò, lei dice, è bene tenerselo da conto».

«Credo che non sia tanto da disprezzare il tuo ragionamento. Non hai del tutto torto, è da rifletterci su.»

«Inginocchiati, adora il tuo gigante che ti ama»

Dopo entrati mi abbraccia. «Vieni amore, vieni fra le mie braccia, è tanto che ti desidero. Non mi ami? Sei fredda. Non mi vuoi più bene?»

Si toglie la giacca, siede in poltrona: «Vieni amore, inginocchiati così come sempre in adorazione del tuo amore, del tuo gigante che ti ama. Raccontami chi c'era in albergo. Chi hai visto, che hai fatto, a che ora andavi a letto, perché vedevi quel signore. Se mi hai tradito lo hai fatto salire in macchina. È tua madre che ha montato tutta questa storia».

Alla fine dice: «Senti, ho deciso di lasciarti. Sì, è meglio che ci lasciamo da buoni amici. Non voglio più umiliarti né umiliarmi a farti sorvegliare, neanche tu fossi una sorvegliata speciale. Dato che non ho fiducia in te, affatto, non posso non farti guardare. E allora piuttosto che continuare questa cosa umiliante ci lasciamo, da buoni amici. Tu puoi rifare la tua vita, sei molto giovane, vai. Adesso, mentre io vado a Terminillo, tu vai a Cortina».

Claretta: «Tutte, ce le mandi?».

«Oppure vai a Sestrière, è bello, ti divertiresti. Sì, è meglio che ci lasciamo così senza urti, da buoni amici. Non vuoi?»

«Hai già trovato la sostituzione?»

«Sì, è una ragazza di 18 anni. Stava lassù con mia moglie, ed è per questo che non potevi venire tu. È bionda, esile, molto bellina e mi piace, perciò il tuo ciclo è finito. Così come dici tu, l'amore fra amanti dura non più di due o tre anni. Il che dimostra forse una tua esperienza personale in proposito. Dunque è già finito. Allora addio. Adesso vado di là e leggo. Poi comincio a ricevere. Addio.»

16 gennaio 1938, domenica: *volo su Orbetello*

«Oggi vado in volo. Vai ad Ostia e aspettami lì che passerò, così mi vedrai.»

Lo vedo passare in volo. Vengo a Roma. Aspetto.

Telefona alle 5: «Ho fatto tardi. Ho volato quasi quattro ore, poi ho mangiato, sono stato a casa, c'erano i bimbi di Edda, mia moglie. Adesso sono qui. Vieni, ti aspetto».

Alle 6 entro, legge. Alza gli occhi, mi sorride. «Amore vedi, sto lavorando. Leggi qui, c'è già un resoconto del volo, la mia vita è pubblica. Sono arrivato a casa verso le quattro, c'era mia moglie, quindi non potevo telefonarti come desideravo. Ho parlato un poco e poi eccomi qui. Puoi credermi sai, ti amo e sono puro. Ho fatto un lun ghissimo volo. Mi hai veduto? L'ho portato sempre io l'apparecchio, meno che quando sono passato su di te, ho dato i comandi al secondo pilota come ti avevo promesso. Sei contenta? Non sono uscito altro che per venire qui, e non ho visto nessuno. Se ti ho tradito vorrei trovare i miei cinque figli morti.»

Claretta: «Mi fai venire i brividi».

«Non devi sospettare perché ti amo, e tu lo sai che non vivo che di te ormai. Dammi un bacino e via quel musetto che non lo merito. Sono stanco sai, tre ore di tensione nervosa stancano. Ho volato anche sopra al Terminillo. Guarda questo libro: è della moglie di Ciardi, Beppe, il pittore.[70] Tutta un'apoteosi d'amore e di dedizione, si adoravano. È bello questo libro. Leggi, c'è qui un dipinto magnifico, guarda quanto è bello. Io intanto lavoro. Una volta ti piaceva tanto vedermi lavorare.»

Comincia a leggere i rapporti, sottolinea e pensa. Siedo davanti a lui. Mi dice: «Amore, sono passato anche su Orbetello.[71] Non era necessario, anzi era tanto tardi che dovevo rientrare, ma ho voluto vedere. Pensavo: chissà dove stava, in quale casetta. Pensavo ad una terribile frase che mi dicesti un giorno, che tuo marito ti gettava nelle braccia di tutti i colleghi. Pensavo se avevi mai mangiato a mensa. No, vero? Avevi la tua casa. E proprio nessuno di questi colleghi ti ha interessato, mai mai? Sicuro? Vedi che pensavo a te, e tanto. Cercavo di ricostruire, nessuno di questi aviatori ti interessava?

Amore, [tuo marito] ti faceva soffrire. Pensavo a te quando ho veduto la capanna, la nostra capanna, i nostri giorni meravigliosi, e poi ho pensato tanto a te ancora sul Terminillo. Ho pensato a te senza tregua, sempre. Il Terminillo era pieno di gente, sembravano tante formiche viste così dall'alto. Nel piazzale era pieno di macchine e di torpedoni, una cosa incredibile.

[70] Beppe Ciardi (1875-1932).
[71] Dove Claretta aveva vissuto dal 1934 al 1936, durante il suo matrimonio.

Domani partiremo, staremo tanti giorni insieme. Contenta?

Romano lo manderò con il figlio della guida. Porto Romano, così mia moglie sarà più tranquilla».

Mi sorride, mette gli occhiali per leggere e mi passa dei giornali. Legge, sottolinea. Prende un anonimo dattilografato. Leggendolo il suo viso si rabbuia e si atteggia a disprezzo. Dice: «Senti, senti che roba».

Legge: «"[...] è una divisa che ci fa sembrare corvi su di un carro funebre ... miseria miseria". In Italia ci sono ancora delle carogne nel sottosuolo, e ogni tanto escono fuori così».

Continua a leggere, poi lo mette da parte e dice: «Continuerò dopo, a casa o anche al Terminillo, c'è da mangiarsi il fegato. Certo che lo saprò chi è, ma comunque...».

Si alza nervoso, poi legge i giornali francesi. Uno dice che bisogna riconoscere che l'Italia nuova è il terzo impero al mondo.

«Infatti, siamo il terzo impero del mondo, è inutile farsi illusioni.»

Continua a leggere, poi si alza e dice: «Finalmente puoi occuparti di me, vieni».

È nervoso.

«Sono stanco sai, forse ho capito a quale rango appartiene da poche righe che ho letto, e non è uno stupido, è una carogna. Sono irritato. Ora vado a casa. Sì, ti amo e ti sono fedele, stai tranquilla piccola.»

18 gennaio 1938, Terminillo

Per una volta, il diario di Claretta è telegrafico.
Ore 10: Incontro al vallone [*del Terminillo*].
2: pranzo insieme, 5 ritorno, 6 albergo.
Tel 8: «Scusa amore, tenerezza per te. Guarisci».

19 gennaio 1938, Terminillo: *«Che bella bufera»*

Ore 9: «Hai veduto come nevica? Stiamo a casa oggi, almeno stiamo a riposo, così anche per te è meglio, guarisci del tutto. Non si può uscire con questo tempo. Non ce
la fai? Oggi farò di tutto per telefonarti. Addio amore».

All'1: «Non ho mai potuto, c'era sempre Romano qui.
Il tempo è pessimo, bufera, ma io esco ugualmente. Copriti molto anche tu. Esci fra mezz'ora, andiamo al vallone di ieri».

Esco alle 2, lo incontro che veniva giù a piedi in una
bufera di neve e di vento gelato, indomito. Scendo a piedi con lui. Il vento quasi ci solleva e il nevischio ci acceca.
Fa freddo. Arriviamo all'albergo. È freddissimo, solo alla
fine mi sorride...

Mi telefona alle 8: «Non ho potuto prima. Chi si interessa di me? Sì, la mia solita pressione. Non mi far ridere,
fai il piacere». Poi pace: «Ti amo, avevo tanto desiderio
di telefonarti ma non potevo. È bella questa bufera, mi
piace».

21 gennaio 1938. *Lettera: «Tutta Roma ti ha visto con Claretta»*

Alle 9: «Amore, il tempo è pessimo. Con questo vento è
un guaio. Oggi vado a salutare Bruno,[72] lo farò venire incontro lungo la via e io scenderò. No, non vado a Roma,
te lo direi. Sulla mia parola d'onore non vado a Roma, e
quando dico questo intendo essere creduto, capito?

Bisogna stare attenti, non vorrei che Romano parlasse,
se ne può uscire con mia moglie, e allora cominciano i
guai. Ti avverto che è la quinta volta che ti dico "amore",

---

[72] Il figlio aviatore, in partenza per lo storico volo transatlantico Italia-Brasile (Guidonia-Dakar-Rio).

ma tu sembra che te ne freghi nella maniera più assoluta. Chissà amore, invece ci vedremo, forse sì, stai tranquilla. Addio amore. È la sesta volta che te lo dico».

Alle 10: «Credo che oggi andrò a Roma».

Verso le 4: «Buongiorno» (dev'esserci Romano).

Parte alle due. Io parto alle tre e sono contenta di fermarmi in strada per la macchina. Mi rimorchia l'auto della scorta fino a Roma.

Alle 7: «A che ora sei arrivata? Non ti ho telefonato prima perché pensavo che saresti arrivata tardi. Cos'è accaduto, ti hanno rimorchiato? Come stai? Ho avuto da fare, adesso vado a casa. Se dici così m'inquieto, non vedo nessuno e tantomeno quella signora. Ho qui sul tavolo una lettera di quella bionda, sì, la Giulia[73] nella quale dice: "La signora [*Claretta Petacci*] parla con tutti e si fa un vanto della tua amicizia. In dicembre sei andato in auto con lei e tutta Roma ti ha visto. Gli antifascisti si servono di lei per sapere cosa fai, e lei narra che tu sei innamorato di lei. Lo dice, se ne vanta. E poi non so se sia molto cavalleresco da parte tua prendere la moglie ad un tuo dipendente"».

«Claretta è fascista fin dall'età della ragione»

«Ti confesso che sono un po' seccato, anche perché tuo marito a Roma Sebastiani l'aveva visto, ora me lo ha detto. Credo che gli abbia scritto ancora. Vedo che il nostro amore va subendo delle tormente e corre dei rischi. Sì, ti amo molto. Ora leggerò un poco e poi ti chiamerò, amore. Domani telefonerò davanti a te a questa signora e le dirò di smetterla di raccontare tutte queste buffonate e di fare la fascista fuori luogo. Anche perché le dirò: "La signora di cui parlate era fascista fin dall'età della ragione". No, adesso no: domani sarai mia prigioniera.»

---

[73] Contessa Giulia Brambilla Carminati, ex amante di Mussolini.

Alle 8: «Ho finito, ho letto i giornali. Adesso vado a casa, ma non ti affacciare,[74] perché è troppo pettegolezzo. Meglio di no, e poi fa freddo. C'è sempre quel carabiniere davanti che sembra stia lì apposta».

Alle 9 e 1/2: «Ho veduto un tempo di *Casta Susanna* [*film francese del 1937*], che dicevano tanto comico. Invece era una sciocchezza senza fine. Sono venuto prima via perché non mi piaceva, e sono venuto a dirti che ti amo. Mia moglie dopo vent'anni mi ha detto che sto bene e l'Olimpia ha detto: "Sono dieci anni che conosco il presidente, e lo trovo sempre più bello". Mia moglie ha detto: "Dopo questa dichiarazione puoi essere tranquillo"».

Alle 10 meno 10: «Amore, non ce la fai? È inutile che tu faccia la baldanzosa, non gliela fai, m'ami da non poterne più».

Alle 10 e 10: «[Prima] ho chiuso perché ho avuto paura sai, ho inteso un rumore. Amore, ho per te tanta tenerezza, tanto desiderio, tanta passione. Ti amo, credo che neanche io gliela faccio più. Ora vado a nanna e tu pure. Sono tuo, tuo, sei riuscita in ciò che tutte hanno desiderato e non hanno avuto mai. Ti amo e farò tutto ciò che vorrai».

22 gennaio 1938: *«Ho Cini per l'Eur, lavoro come un negro»*

Chiama alle 7 di sera: «Vuoi venire alle otto a vedere qual è stata la mia giornata? Così ti renderai conto. Alle otto, perché ho ancora Cini dell'esposizione,[75] e altri due».

Alle otto entro. Legge, non alza la testa. È seduto. Dopo un po' mi sorride. E mormora: «Permetti che finisco».

[74] Alla finestra di casa Petacci, dalla quale si vede l'auto di Mussolini quando rientra a villa Torlonia.
[75] Il conte veneziano Vittorio Cini (1885-1977), commissario dell'Eur (Expo universale di Roma) del 1942.

Attendo. Poi tende la mano: «Cara, vieni vicino a me, oggi ho lavorato come un negro. È da stamane che sottopongo i miei nervi a una tensione non indifferente, sono stanco. Ecco qui, guarda la lista. Ho cominciato alle tre e mezzo».

Sotto a macchina c'era [scritto] 16, e sopra di suo pugno 3 e 1/2.

«Sì, ho scritto io perché ha anticipato e Guarneri[76] si è trattenuto oltre un'ora e mezza. Guarneri è quello che si occupa delle Finanze, è il cassiere dello Stato, quindi ogni volta che viene ha cose molto interessanti e anche lunghe da dire. Ecco qui i fogli che mi ha portato oggi. Dopo guarda, questo, questo e quest'ultimo circa un'ora...»

Man mano alza la voce, alla fine scatta.

«Non faccio il mandrillo di professione»

«Ma che io debba darti il resoconto del mio lavoro, minuto per minuto, è assurdo, inconcepibile. Io quando ho detto che lavoro non ammetto che si discuta, che si osi mettere in dubbio che possa lavorare. Perché questo mi umilia, mi offende, mi sminuisce, io ho davvero cose importanti a cui pensare, cose serie da studiare, problemi difficili da risolvere. Non faccio il mandrillo di professione. Non posso ammettere che si pensi che trascorra il mio tempo con le donne quando lavoro come un bue, oltre che per creare e per riparare le falle che altri aprono.

Quando dico lavoro, basta, mi si deve credere. Non ammetto il dubbio. Non ho potuto telefonarti perché le conferenze erano emergenze.

E non mi far essere brutale, perché tu ancora non mi conosci da questo lato duro e inflessibile. Sono brutale, e spera di non dovermi mai saggiare in questo lato. Non permetto a nessuno di incaricarsi delle mie cose. Neanche a te rendo conto di ciò che faccio, neanche al Padre

---

[76] Felice Guarneri, ministro degli Scambi e valute.

Eterno, figurati un po'. Questo è stato uno spunto di fine con la Sarfatti, che capitava qui alle otto di sera quando avevo terminato il mio pesante lavoro e avevo bisogno di uscire. Una volta l'ho presa per il braccio e l'ho quasi scaraventata fuori dicendole: "Cara signora, io è da questa mattina che sono qui a logorarmi il cervello e i nervi, e voi venite sempre ad annoiarmi. Basta, andate, ho bisogno di fare il mio comodo...".»

Claretta: «Il confronto non regge, perché tu mi hai chiamato e io non sono mai venuta ad importunarti».

«È vero, ma tu non devi vessarmi perché altrimenti il mio amore cesserà. Alla fine della sera sono stanco. Oggi ho tanto lavorato, adesso sarò più buono da casa. Addio amore.»

Mi bacia piano la guancia due o tre volte e poi mi sfiora le labbra. Esco. Dice Navarra: nessuna donna.

Alle 9: «Amore che fai? Com'è che non ti ho visto quando sono uscito? Ah, hai preso un taxi. La macchina che ha? È un guaio. Quando sarà pronta?».

Alle 10: «Sì, sono triste anch'io, ho avuto un'ondata di melanconia. Amore, sono tuo assolutamente e ti amo, ti amo davvero. Certo che ti ho perdonato».

23 gennaio 1938: *Mussolini oligofrenico*

Dice a Claretta che l'ama e si scusa per la scenata del giorno prima. Ma quattro ore dopo, senza che lei abbia fatto o detto nulla, le urla «Ti prenderei a calci», e la caccia da palazzo Venezia. Salvo scusarsi di nuovo all'una di notte.

Alle 12: «Amore, senti che ti amo oggi? Sono spiacente di ieri, scusami. A volte sono così nervoso e stanco, dopo ore di tensione. Perdonami se ti ho trattato male. Sono molto contento di te che sei rimasta così calma, così tranquilla. Non mi hai risposto, sei stata molto paziente, silenziosa, buona. Oggi ci vedremo».

Alle quattro entro. È bellissimo. Legge. Mi guarda con affetto, con amore mi chiama a sé: «Io sono il capo, e ho preso la moglie ad un ufficiale. Siamo giustificati, tu dalle botte e dai maltrattamenti, io dal mio amore. Ma la mia coscienza mi dice che ho fatto male. Mi permetterai di pensarla come credo. Tanto più che lui [*il tuo ex marito*] non fa mistero che il capo gli ha preso la moglie, e pure questo io lo supero perché ti amo.

Oggi è un giorno che non vorrei inquietarmi, ma sembra che i miei nervi non reggano più. Sono pronto a scattare, non mi esasperare, (io non avevo parlato più), non mi irritare. Siamo giustificati, è vero, ma tu pensa come io mi troverei se domani lo dovessi avere davanti. Ha chiesto di vedermi. Io non lo vedrò, ma certo che non saprei come fare. Quando si trattò di dargli la medaglia d'argento ero molto preoccupato di dovergli appuntare la medaglia e doverlo abbracciare, mi sarei trovato molto a disagio. Invece molto intelligentemente non lo hanno messo nella lista mia, ma dell'altro [*che doveva decorare i militari*]. Ecco la mia situazione. Insomma, questo mi disturba molto (alza la voce), e ti dovrebbe anche dimostrare che ti amo, faccio per te cose inaudite. Tu sbagli, fai male, metti il nostro amore in una brutta via. Sono stanco, tutte le donne vengono a quest'ora alla fine del lavoro, quando ho i nervi tesi».

Claretta: «Ma mi hai chiamato tu».

Grida: «Va bene, ora vai via. Se tu fossi un uomo, a quest'ora ti avrei buttata fuori a calci. Basta, vattene! Vuoi forse che ti faccia trovare chiusa per sempre quella porta? Vattene, sono diventato una bestia, sono in animo di commettere una sciocchezza, vai via. Arrivo a un certo punto che non mi domino più, ho bisogno di mangiare, sono stanco. Sì hai ragione, sono nervoso, esaurito, è meglio che tu vada».

Grida, mi offende, ansima, passeggia, è fuori di sé. Fa per farmi uscire, io resisto un poco, grida ancora e si allontana verso il tavolo sollevando le braccia. Mentre esco sbatte una cartella sullo scrittoio. Vado via con il cuore in pezzi.

Lui esce subito, non mi aspetta. Attendo la telefonata. Alla fine chiama alle 10: «Non volevo telefonarti, sono ancora inquieto. Sì, è vero, devo mangiare, ma tu non mi comprendi, mi fai inquietare. Devi avere un po' di fiducia nel mio amore, non sono un burattino. Sì, lo so, è amore il tuo. Devi essere brava, io a quell'ora sono stanco. Facciamo la pace, altrimenti non dormiamo. Vorrei che tu fossi qui ora. No, non c'è nulla con quella né con altre. Buonanotte amore».

All'una di notte mi sveglia: «Cosa sei andata a fare due volte in funivia, non capisco. L'ingegnere ti ha accompagnato le due volte? No, perché menti, so tutto».

Non è vero. Il momento è strano.

«E poi ti ha chiesto di ballare? No? Mentite, è inutile. Non verrete mai più al Terminillo, neanche se cadesse il mondo. Con chi? Sì, [*ci andrò*] con chi vorrò, e voi per conto vostro.»

Io mi ribello, tutto si placa. Mi dice: «Amore, allora non mi tradisci, vero? Sono solo per te, non devo dubitare? Ti amo, e sempre di più. Andremo al Terminillo insieme, non ci lasceremo più, ci amiamo troppo piccola. Buonanotte amore».

26 gennaio 1938: *«Ho la barba lunga, sono brutto e ho una belva in gabbia»*

Alle 4 telefona: «A che ora parti dal Terminillo? Sono tre volte che ti chiamo. Che hai fatto in questi giorni, mi hai tradito? Chi hai visto?».

Alle 5: «Perché sei andata due volte in funivia? Con chi? Che motivo avevi? Perché hai sciato a Pian de' Valli che c'era gente, perché con la gente, e chi hai visto?».

Alle 7: «Vieni. Ho la barba lunga, sono brutto. Sì, lo desidero cara».

Entro alle 8. Aveva molte persone. È un po' assente. Mi mostra un ritaglio di giornale in cui è descritto il duello con Ciccotti.[77]

Mi dice di andare a leggere in poltrona.

Comincia a lavorare, legge, segna, ecc. fino alle 8:1/2. Mentre lavora e io lo guardo, mi dice: «Amore ti adoro» e mi tira un bacio. Poi: «Questo non te lo aspettavi». Legge telegrammi di rallegramento per Bruno. Telefona a Sebastiani che gli manderà i telegrammi di Balbo.

Dopo mi viene vicino, siede sul bracciolo della poltrona e poggia la testa sul mio petto: «Amore ti amo, ho una belva in gabbia in questi giorni, per Bruno e per non poterti telefonare. Meno dell'altra volta, sì, perché avevo un pensiero assillante e perché sapevo che i giorni erano pochi, poche ore».

Fiori sospetti

Continua ad essere appoggiato a me. Scorgo dei fiori, i soliti fiori, orchidee e gardenie. Domando di chi sono. Esita, poi: «Una signora, una certa Ina».
«Chi è?»

«Una signora, non c'è nulla, non è mai stato nulla. Manda dei fiori ogni volta che c'è un avvenimento...»

Tentenna a rispondere, evita, cerca di fare il buono. Io un poco m'inquieto e gli dico che non riesce ad essermi fedele, che non so perché lo faccia.

Mi risponde: «Io ti amo, è inutile che dici e ti inquieti, non farmi riflettere, non farmi venire i nervi che altrimenti rifletto e vedo se ne vale la pena. Ti dico che non c'è nulla, che non ti tradisco, poi alla fine mi fai venire voglia di farlo e penso che lo farò».

[77] Nel 1921 Mussolini sfidò a duello il giornalista Francesco Ciccotti, suo ex compagno socialista.

Comincia ad assumere degli atteggiamenti. «Ora vai via, perché tanto è inutile parlare. Poche volte mi ha mandato questi fiori, e non c'è stato nulla. Voglio andare a casa, ho diritto di andare a casa. Anche questa gente [*i domestici*] che cosa penserà, che sono rimbecillito. Se anche non sanno, sanno che è tardi, che devono andare a casa.»

Litigio furibondo per i fiori.

27 gennaio 1938: «*Se tu mi lasciassi, morirei*»

Attendo una telefonata fino alle 5 del pomeriggio. Finalmente giunge. [È] freddo, assente: «Hai atteso, e allora! Non avevo alcun desiderio di telefonarti, anzi dirò che stavo per farne a meno, tanto è inutile. No non ti tradisco: è la seconda cosa, sono stanco. Sì, mi ami, ma mi ami male. Per te sono come tutti gli altri, uno qualunque, non c'è più rispetto, del resto io non ti amo, no, nulla di nuovo né d'antico. Ho lavorato fino adesso. Ora vado al ricevimento. Credo che sarà noiosetto anzi che no, non m'interessa. Ti telefono domani, sì domani, perché non ho voglia di parlarti. Cosa, soffri? Davvero. Ebbene che vuoi, cala la tela. Sì, mi sono ingannato, e tu fai a tempo a ricrederti, hai sbagliato ad amarmi. Forse se lo desideri chiamerò dopo il ricevimento. Non so quanto mi tratterrò, sai le solite cose. Addio cara».

Alle 6: «Finito, sono già qui. Nulla, non ho guardato nulla, non mi interessava. Adesso chiamo per i giornali, forse le leggeranno le lettere? Ho da fare un poco. Se vieni per un minuto sì, vieni».

Alle 7 entro. Mi sorride quieto. È bello in divisa, ma il suo viso è stanco e i suoi occhi fondi. Mi avvicino, assesta delle carte nella cartella. Mi tende la mano, mi guarda a lungo e con un tenue sorriso: «Siamo pazzi, pazzi tutti e due, è il nostro amore così grande e profondo che ci scatena queste tempeste e ci fa soffrire. Ti amo tanto, quando amo così sento il bisogno di tormentarmi e di tormentare, ogni tanto. È più forte di me».

Sorride, io comprendo... Mi guarda.

«Ti ho detto tante brutte cose. Cosa ti ho detto, dimmi, ho dimenticato tutto. Sì, infatti il pezzo della tela è caduto. Ho chiuso la porta alle altre donne. Amore ti amo. Sono cattivo. Non potevo dormire stanotte, e allora ho voluto tormentare anche te. E allora cosa pensavo? Che se io lasciassi Clara per lei scenderebbe la notte sul suo cuore. Per questa bambina sarebbe finita la vita. Ma soffrirebbe sei mesi, poi si darebbe pace, uscirebbe di nuovo con la macchina e direbbe: "Dopo tutto sono giovane, devo vivere".»

Claretta: «Morirei se tu mi lasciassi».

«Nessuno d'interessante al ricevimento, una cosa semplice, molti forlivesi e romagnoli, niente. L'unica donna che mi ha trovato bello è stata Carolina, la moglie di Ciano.[78] Dice: "Come fate ad essere così scuro?". "Segreto", ho detto io. C'era l'Edda, sempre molto felice del suo bambino che adora, e la Rosina[79] così esile, così piccina. Sono stato poco, hai visto, pochino. Ogni tanto qualcuno mi diceva: "Sa, io sono suo cugino". "Ah sì, e da quando?"

Amore, siedi sulle mie ginocchia. Io soffro a fare così. Ma tu mi ami? No, con quella donna [*Ina, quella dei fiori del giorno prima*] non c'è stato mai nulla. L'ho conosciuta (pensa molto) in un ricevimento all'hotel di Russia dieci anni fa. Da allora l'ho veduta quattro volte. E mi manda spesso dei fiori. Un'altra volta ti farò leggere la lettera, molto banale e semplice. È una conoscenza, fra le altre cose dev'essere malata all'utero perché mi disse: "La mia vita è perduta, non potrò avere figli". Io allora mi

[78] L'ammiraglio Costanzo Ciano, suo consuocero, padre di Galeazzo.
[79] Rosina Mussolini Teodorani Fabbri, nata nel 1917, figlia di Arnaldo, quindi nipote del dittatore.

informai e so che le fecero un'operazione disastrosa, le hanno tolto tutto.

Credo che le abbiano asportato l'utero, oppure penso che abbia un cancro. Sai, queste cose. Un uomo non le può domandare, non deve indagare. Desiderio? Forse in un primo momento, ma non eccessivo. Poi lei mi fece capire, con un'espressione che mi scrisse, che la sua era una vita perduta, ed io non l'ho mai presa. Ha questa abitudine di mandarmi dei fiori ad ogni ricorrenza con una lettera tanto banale che mi spiace di non avere qui con me. Oh, c'è una bella differenza fra i tuoi fiori e i suoi, neanche fare un confronto. A te ti ho sempre amato, è tutt'altra cosa.»

«Troppe donne, ho sciupato energie»

«Ti confesso che sono pentito di avere sciupato così le mie energie, con tutte queste donne. Tante ne ho avute, troppe. Ho sciupato il tempo e la forza, con donne che poi non so se ne valeva la pena. Avrei dovuto avere un solo amore, e a questo dedicare l'altro lato della mia vita. Non so se avrei conosciuto te, ma ora che ti amo sono disgustato di tutte queste donne. Penso a loro come a delle prostitute. Si sono date così, ne ho prese tante. Non ne ricordo nessuna, o quelle che ricordo è così senza importanza.

Ti voglio dire un segreto: non ti tradisco perché, oltre che amarti, e ti amo veramente, non voglio più dissipare le mie energie. Non posso più farlo, ho bisogno di essere egoista in questo, non ho più 40 anni. Non parlo dal punto di vista fisico, no, soprattutto morale. Mi disgusta, ora basta con queste donne. Ti amo e mi basti tu.

Vieni piccola, siedi sulle mie ginocchia. Hai timore che mi faccia male alla gamba? Ma allora ti preoccupi di me? Cara piccola. Dimmi, non è dolce stare così? Non si chiude bene la giornata con la tua testina sulla mia gamba e il mio bacino, le mie carezze? Domani, amore, tu verrai mia prigioniera. Questa notte devi dormire e dormirò anch'io, ne abbiamo bisogno. Altrimenti sarai sciupata e nervosa. E invece devi dormire, riposare. Io non ho mai dormito questa notte, non ho potuto perché pensavo. Forse perché ieri sera avevamo bisticciato, eravamo così infuriati. Sai, quando io parto così non mi ferma più nessuno. Esplodo, non mi reggo più. Mi accade rare volte, ma ormai tutti sanno che in quei momenti sono capace di tutto. Così come quella volta che ho rovesciato i tavoli del caffè, e altre volte. È inutile, posso dispiacermi, ma una volta partito non reggo più, non mi freno. No amore, in fondo non ne hai colpa, ma è bene evitare di scatenare l'uragano.

Dimmi, dopo la lettera di tuo marito la prima volta, quanto tempo siamo stati senza vederci? Una settimana! Soltanto? Credevo di più, un po' poco. Evidentemente ti amavo anche allora, ma certo ho agito male, non ho mantenuto la promessa di non vederti più. Così poco tempo, non credevo. Certo [lui] non meritava attenzioni, ma ho fatto male. Non pensavi di tradire, sono un vecchio signore.»

Lo dice svelto.

«[La Ruspi] non l'ho più veduta, è finita. Perché pensi sempre a quella donna? È il tuo incubo. Perché?»

Claretta: «Perché sento che non è finita».

Mi abbraccia: «Questa volta sbagli. Povera diavola, non l'ho più veduta altro che quella mattina a Porta Pia che mi ha fatto una smorfia, poi basta. Ha sempre parlato di te con rispetto».

«Non è vero.»

«Potrò amarti come un selvaggio»

«Sì, non ha mai osato dire tanto. Voleva un cantuccio, diceva: "Sono vinta, ormai lo so che ho perduto, ma lasciami almeno un cantuccio, un piccolo posto, mi contento.

Dopo dodici anni di dedizione, di fedeltà assoluta, non credevo che potesse avvenire questo. Lasciati amare".

È vero, non l'ho mai fatta sorvegliare, ma la questura ci aveva pensato da sé. No, il telefono mai controllato, poi ormai è troppo tardi per sapere. Comunque lei diceva così. No, non gliel'ho lasciato il cantuccio, perché dopo il cantuccio viene di più, e non si sa dove si va a finire. Ormai è chiusa. È lontana dalla villa. Duecento metri almeno, ha una porticina su via Nomentana quando vuole uscire, e io posso benissimo fare a meno di vederla. Non cerco di farlo, né lei cerca con me. Basta, avrà capito che ti amo e che la porta è chiusa. Hai ottenuto ciò che io stesso non credevo possibile avvenisse: essere la sola. Hai ottenuto ciò che io volevo, in fondo: avere una sola donna da amare e tenere, il resto via. Piccola cara hai vinto, sono tuo. Domani il tuo piccolo corpo sarà mio e io potrò amarti come un selvaggio, come un gigante che ti adora. Ho desiderio di te, di averti sul mio cuore, di sentirti. Sono tanto stanco stasera, e anche tu sei sfinita. Non abbiamo dormito, non bisticciamo più. Adesso vai a casa. Aspetto che tu prenda la macchina. Mi segui, mi aspetti? Addio amore.»

Alle 10: «Senti, ho delle ombre. Perché ti molestavano al Terminillo? E tu non li hai guardati? Erano interessanti, piacenti? Hai sorriso? E poi perché non hai più entusiasmo per il Terminillo? Solo perché non puoi stare con me? Facciamo un giuramento reciproco: giuriamo di dormire fino a domattina. Amore, giura anche tu. Se sento il tuo sonno dormo anch'io».

28 gennaio 1938: *Banane per pranzo? Claretta si arrabbia e lo manda a casa*

Alle 2: «Sono ancora qui, non ho potuto andare a casa. Ho avuto troppo da fare e ora è inutile che ci vada, è tardi. Mangerò qualche banana. Non importa nutrirmi. Perché vuoi che vada a casa? Per mangiare, non ha importanza. Tu dove sei stata? "In giro" non è una spiegazione. Dove, per Roma o fuori? Va bene, e chi hai veduto? Nessuno? Va bene».

Insisto perché vada a casa a mangiare.

«Va bene, come vuoi, così sarai tranquilla.» E tac, abbassa il ricevitore.

2 e 1/2: «Allora vado a casa».

Alle 3 e 3/4: «Ho mangiato spaghetti, pesce in bianco, funghi, verdure, frutta. Sei contenta? Ma questa sera non mangerò. Ho una lista aumentata di udienze. Verrai domani, è meglio. Ti telefono di tanto in tanto. Vuoi uscire? Buona idea. Vai pure. E dove vai? In giro...».

Tace, e poi: «Però è molto strano che tu abbia questo desiderio che non hai mai manifestato, è molto strano, così all'improvviso. Hai forse da fare qualche visita? Sicuro? È strano. No, vai pure se vuoi, non mi dispiace affatto, è giusto del resto. Ti telefono alle sei. Sì, devi tornare alle sei. Ma certo che è strano. No, ti dico che puoi uscire, vai pure, non mi dispiace, vai, esci, esci, è giusto».

La sua voce è ironica, triste, ansiosa.

Sono uscita e ho tardato un quarto d'ora. Aveva già chiamato alle sei meno qualche minuto all'altro telefono e aveva domandato a mamma se ero tornata.

E Mussolini si arrabbia perché lei va al cinema Barberini con la sorella

Alle 6 e 20 è fuori di sé quando rispondo: «Siete tornata finalmente, signora. Dovete esservi molto divertita, molto, credo. Dove siete stata queste due ore in giro, si può sapere signora dove siete andata per due ore? No, non mi dispiaceva affatto che uscivate ma (grida) si può sapere dove siete andata?».

E tac, toglie la comunicazione.

Richiama dopo un quarto d'ora: «Volete dirmi dove siete andata?».

«Al cinema.»

«Dove, come e con chi?»

«Al Barberini con Myriam.»

«Perché non mi avete detto che andavate al cinema? È molto strano.»

«Ti prego amore, dovresti anche comprendere. Ho i nervi massacrati, non posso sempre stare chiusa qui dentro. Abbi un po' di pazienza e di cuore.»

«Hai ragione cara, facciamo pace. Non lo sapevi che andavi al cinema, hai deciso così. Va bene. Domani starò con te. Non ricordo cos'è accaduto ieri, non farmi fare sforzi mnemonici. Questa sera avremo molta gente a cena, saremo una trentina fra parenti di lei, di lui.»

Alle 10 circa: «Sai anche chi c'era, Edda! Sì, anche lei. Ho notato che stava, cosa straordinaria, molto silenziosa. Tanto da stupire. C'era il marito [*Galeazzo Ciano*] e sembra che si amino molto. Si vede che è riuscito a modificarla, era silenziosa».

«Dico la verità perché è più comodo»

Alle 10 e 1/2: «Amore ho finito, e ora vado a letto con il pensiero di te. Ieri nel pomeriggio non ho visto nessuno. No, non faccio sforzi, perché dico la verità e quindi non temo di sbagliarmi. Ormai sei sola. Ieri pomeriggio ho veduto tutti i rapporti che non avevo veduto al mattino perché ero stato dai soldati. Poi sei venuta tu. La mia vita è molto chiara e limpida, ormai non ho nulla più da nascondere, dico la verità perché è più comodo. Ho tante cose più serie, più gravi da pensare, che non posso affaticarmi a cercare menzogne. Già, perché io credo di avere da lavorare un poco. Amore, ti amo e sono tuo, tutto, assolutamente. Domani starai con me. Vorrei amarti, vorrei dormire con te.

Giuriamoci che dormiremo, e se non dormirai e se sarai brutta non verrai domani. Finirai in un asilo, ma fra qualche anno quando dovrò lasciarti, perché per ragioni ovvie non potrò più amarti. Allora impazzirai. L'età avanza».

Claretta: «Se è per questo, ho tempo di diventare vecchia».

«Amore, scommetto che se fossi fra le mie braccia adesso dormiresti, sono sicuro. Fingi di esserlo, stringiti a me, dormi. Sono tutto tuo. Buonanotte, ti tiro un bacino.»

29 gennaio 1938: *«Una gamba amputata gettata in un cesto»*

Ore 7: «Il mio primo pensiero è per te. Mi desto con il tuo pensiero e ti amo. Sto preparando il discorso per la Milizia. Ti adoro. Amore, ti sei destata perché hai sentito che io mi destavo. Oggi ci vedremo».

Alle 2 del pomeriggio: «Devo andare a ... dove è successa una disgrazia. C'è stata un'esplosione, sembra sia una cosa piuttosto grave. Si parla di centinaia di morti, ma non credo. Ad ogni modo devo andare. Mi dispiace, oggi doveva essere una giornata felice, pazienza. Sì, sono ancora al Grand Hotel. Sono venuto via prima per andare sul posto. Sono a casa. Adesso vado. Ti telefono al ritorno».

Alle 6 (doveva essere già tornato da molto): «Sono stato là, è uno spettacolo penoso. Non è grave come sembrava in un primo momento. Per ora hanno scavato solo nove [morti], e dei cento feriti 87 hanno già lasciato l'ospedale, dove ho veduto una scena che non dimenticherò facilmente. Una gamba amputata, gettata in un cesto e avvolta con degli stracci. Veramente uno spettacolo impressionante. Non l'avevo mai veduto, e non è a dire che io sia nuovo a spettacoli del genere. Un ragazzo dottore in clinica, quando mi ha visto, mi ha fatto il saluto romano, mi ha sorriso e ha detto: "A noi!". Calmo, sereno come fosse nulla, felice di vedermi, e quel che è strano è che la popolazione mi ha fatto una manifestazione di affetto e di simpatia. Appena mi hanno riconosciuto hanno cominciato ad applaudire, così, entusiasti, dimenticando completamente ciò che era accaduto. Anzi, ho dovuto far cenno che smettessero, perché c'erano dei feriti e di peggio a cui pensare. Sì, sono un po' turbato e impressionato».

Claretta: «È giusto, come vuoi tu».

Alle 6: «Faceva freddo nella chiesa stamane. Tu dov'eri, mia meraviglia muta? Faceva così freddo che credo d'aver preso un raffreddore degno di considerazione».

Alle 8 circa entro. Non avevo l'auto e ho tardato in taxi. Scrive il suo diario. Solleva appena il capo, di sfuggita, buio e scuro. Si china subito e continua. Terminato il diario lo ripone nel cassetto e prende delle cartelle che apre e legge. Non mi degna d'attenzione, io taccio. Scorre i fogli attento e rapido, io vado presso la finestra, guardo fuori. Mi chiede d'improvviso: «Non hai nulla da dirmi?». È duro, io taccio.

Continua la lettura, poi chiama Alfieri e in tono duro deplora i commenti dei giornalisti esteri. Depone il ricevitore e continua a leggere. Dura molto, poi chiude le cartelle e prende i giornali. Io mi siedo, sono stanca. Mi domanda ancora: «Hai nulla da dirmi?». Ma la domanda è assolutamente estranea. Dopo getta i giornali, si alza e dice: «Ti pare che io sia un uomo in me, che abbia i nervi a posto e in grado di altri pensieri?».

«No.»

«Già, perché non volevo vederti, ma poi ti ho fatta venire perché tu vedessi, perché io sono sempre sospettato.»

Cerca di scattare e scuote dei libri nervosamente.

Claretta: «Infatti non avevo insistito per essere ricevuta, tu mi hai chiamato».

Febbraio 1938

Si dimette il ministro degli Esteri inglese Anthony Eden (1897-1977), accusando il premier Neville Chamberlain (1869-1940) di mollezza con Hitler e Mussolini. A sua volta il duce è irritato con Hitler per l'aggressività nazista nei confronti dell'Austria, e inizia colloqui con l'Inghilterra per un trattato.

Crisi fra Claretta e Benito perché l'11 febbraio lei vede che la Ruspi continua a vivere dentro villa Torlonia. Poi si rappacificano al Terminillo.

1° febbraio 1938: *Giorno della Milizia, debutta il passo dell'oca*

È il giorno del gran debutto del passo dell'oca. I fascisti imitano i nazisti: sfilano marciando impettiti con le gambe dritte. Mussolini risponde ai sarcasmi: «Questo è il passo romano, così marciavano le legioni dell'impero. E comunque anche le oche appartengono alla nostra tradizione, perché salvarono il Campidoglio dai Galli».

Nota Ciano: «Il Duce fa un discorso alla Milizia di fronte al Colosseo. Parla militarescamente. Sferza i mormoratori, che qualifica di sedentari, pancioni, deficienti e mezze cartucce. Sapevo a chi alludeva, ma Badoglio e De Bono se le sono prese per loro e masticavano verde. De Bono soprattutto: ha detto che dopo un simile discorso non gli resta che ritirarsi».

Ecco il racconto di Claretta.

Esco prestissimo, prima delle nove, per andare alla rivista. Prima davanti al Colosseo e poi in via dei Trionfi [*oggi via di San Gregorio*], per assistere al primo giorno del passo di parata.

Lui telefona alle nove, gli risponde mamma, ero già uscita.

Alle undici arriva lui, magnifico e agile si pone sul palco al sole. Splendente come una statua di bronzo, meraviglioso imperatore. Mi cerca, non mi trova. È troppo lontano. Dopo, prima della rivista, scappo alla via dei Trionfi e ci vediamo a faccia vicino. Mi sorride con tanta tenerezza e mi guarda. È bellissimo. Tira la barba a De Bono per ridere, si preoccupa del passo, guarda, osserva. Si muove, è un vulcano di forza. Quando ha parlato prima tremavano le mura romane alla voce di Cesare. Passano le legioni e marciano ottimamente, specialmente i moschettieri al passo di parata sono splendidi. Poi gli universitari.

In seguito gli ho detto, e anche lui la pensava così, che ci vogliono gli stivaloni per fare questo passo. Mi sorride sempre con tanto amore, mi guarda a lungo, mi adora, e io sono folle di lui. Assisto anche alla parata a piazza Venezia. Lui è sceso al portone ed ha assistito ancora al passo. La folla lo acclama entusiasta.

«Ti è piaciuto il mio discorso, le ironie, i sarcasmi?»

Vado a casa, alle 2 telefona: «Amore, ti ho visto, ti ho sorriso. Dimmi com'ero. Non ho fatto che pensare a te. Dicevo: "Povera piccola, che freddo dietro quelle mura senza sole, soffrirà". Ti ho tanto cercato, ma non ti ho visto e ho rinunciato. Era troppo distante e c'era troppa gente. Pensavo e speravo di vederti dopo, ma sempre ti pensavo e avevo timore che avessi freddo. Amore, dimmi come giungeva la mia voce, se era chiara. Vedi come stavo fermo. La folla che diceva del discorso? Dopo hai fatto bene a metterti così davanti, hai visto che ti ho sorriso. Non facevo che guardarti e sentivo di amarti. Hai visto che tiravo la barbetta a De Bono, perché sapevo di farti ridere. Pensavo: "Ora ride, si diverte se faccio così", e la tiravo ancora. È vero che ridevi? Amore. Dimmi davvero, ti piacevo, è dunque vero che sono come tu dici? Ti sono piaciute le truppe? I moschettieri andavano bene, molto bene, perfetti. E così anche la penultima legione, benissimo, ma anche gli universitari. Pensa quanta poca preparazione hanno avuto. E il popolo che diceva? Entusiasta, vero? Come, eri anche a piazza Venezia? E chi poteva immaginare. Non ti ho veduto. Eri stanca, vero amore? Lo credo. E nota che le legioni che hanno marciato a piazza Venezia non erano quelle di prima, erano altre che dicevano: "Noi non siamo delle mezze cartucce e vogliamo dimostrarlo". Marciavano bene, vero? Ci sono riusciti, e poi miglioreranno certamente. Ti è piaciuto il discorso? Le ironie, i sarcasmi, e poi gli incisi. Amore, non facevo che guardarti e pensarti e mi dicevo: "L'amo, l'amo tanto la mia piccola". Adesso vai là? Bene, non farti notare, sii brava come stamattina, capito?

Sì, non esistevi che tu, solo tu amore. Ti amo, è inutile. Dopo la domenica indimenticabile, giorno in cui abbiamo raggiunto tutte le altezze dell'amore, ore incancellabili che segnano una data divina, come puoi pensare che altro mi interessi? Ti adoro, ormai sono tuo, tuo assolutamente, anima e corpo. Adesso starò qui con mia moglie, addio amore».

In piazza di Siena c'è Giulia, che guarda storto Claretta

Esco e spero bene. Alle quattro arriva a piazza di Siena. È un po' ansante e strano. Mi sorride con immenso amore. Mi guarda sempre, scherza, ride ed è lieto come un fanciullo. Si diverte a guardarmi, ora con dolcezza ora serio. Dall'altra parte c'è Giulia [*Brambilla Carminati*], l'avevo veduta passare prima. Non so se la vede subito. Tutto il tempo non fa che guardarmi con tanto amore e tanta tenerezza sorridente, poi verso la fine non mi guarda più. Non so perché. Rimango male e triste. Va via senza salutarmi, mentre prima era stato geloso anche se guardavo gli atleti, e osservava sempre un ufficiale dietro di me che aveva timore mi toccasse o stesse con me. Dopo vedo andare via Giulia, la quale cerca ancora di vederlo e va via nera in viso, piuttosto nervosa. Mi guarda storto.

Vado a casa e attendo la sua telefonata fino alle 7: «Amore, eri inquieta? Non mi rimproverare, ho avuto tanto da fare. Stamane dov'ero, cara? Ho avuto da lavorare, e tu che fai? Senti, se sei così cattiva ti faccio venire qui. Cara, sei deliziosa. Non so, ora ti dirò se puoi venire un momento. Ti chiamo fra cinque minuti. Sai la strada che porta al telescrittore? Porta solo lì, vero? Vado lì e fra un poco ti richiamo e ti dirò. No amore, lasciami andare che non resisto più».

Gli domando se è andato a vedere allo specchio, se si notava molto che mi aveva tradito.

«Amore non mi dire queste cose, se vieni per bisticciare allora non ti voglio. Non hai motivo perché ti amo, e poi sai che a quest'ora non desidero fare questi discorsi. Allora amore ti aspetto. Vieni, sarà come al mare quando mi vedrai.»

«Voglio sfatare questa storia degli italiani gesticolatori quando parlano»

Arrivo lì alle otto, mi sorride con immensa tenerezza. È bellissimo. Si alza di scatto, mi viene incontro, mi abbraccia: «Amore, ti bacerò sempre perché voglio sentire il tuo profumo anche quando sei lontana. Comincio veramente ad essere innamorato di te, sono preso dalla tua carne, sono ormai schiavo della tua carne. Tremo nel dirlo, ho la febbre del tuo corpicino delizioso che voglio baciare tutto. E tu devi adorare il mio corpo, il tuo gigante. Ho voglia di te come un pazzo, farò di te la mia gioia. Ora sento il tuo corpo, mi amalgamo con la tua carne, e la mia non si desta che alla tua. Non desidero che la tua carne e le nostre ore deliziose. Dimmi che ami il tuo atleta, che lo desideri. Amore, ero bello? Sono tuo, quella no, è finita, sono contento che tu l'abbia trovata cambiata, così sarai tranquilla. Amore, quella era proprio un vasetto...».

«Da notte.»

«Cattiva sei (ride). Amore, no, non ho visto neanche quella là, la Ruspi, vorrei perdere gli occhi. Mia moglie era andata alle corse e io ho lavorato un poco. Non ci penso nemmeno a vedere quella Giulia, io ti amo. Vedi, ho lavorato stamane, non avevo potuto fare nulla. Dimmi delle impressioni del popolino. Tu sei la mia collaboratrice. Hai visto come parlavo, immobile e senza un gesto, fermo. Voglio sfatare questa storia che il popolo italiano quando parla gesticola, mentre non è vero. Gli stranieri hanno la convinzione che l'italiano è come una marionetta...»

Claretta: «Per via delle tarantelle».

«Accidenti a quei cento gagà»

«Accidenti a tutte le tarantelle e il resto. Mentre invece il popolo italiano è di natura melanconica e sentimentale, quindi parla poco e serio. Tanto più che la maggioranza è formata da lavoratori sobri e semplici. La massa è povera, quindi lavora, e per gesticolare a vuoto non ha tempo. Di gagà ce ne saranno un centinaio, non fanno storia o esempio. Quindi ho voluto dimostrare che si può parlare per quindici minuti consecutivi senza muovere un dito. Che ne dici? Ti dava il desiderio di scuotermi per quanto ero fermo? Amore, t'impressionava? Sembravo di marmo. Dimmi, e il popolo che diceva? Era ammirato, commentava la mia immobilità?

Questa è la prova che non è necessario fare movimenti di più parlando. Ti piaceva quel sole sul mio viso? Davvero ti sembrava di vedere i miei occhi? Impossibile, eri così lontana. Mentre parlavo pensavo: "Ora mi ascolta. Che dirà, che penserà di ciò che dico?". E poi: "Adesso ride sicuramente, questa frase le piacerà". Vuoi sapere che ho fatto oggi? È venuto a casa e mi ha attaccato un solenne bottone, ma tremando, il maggiore Reatto che mi è venuto a parlare delle costruzioni per il popolo al suo paese. Gli ho risposto: "Amano pagare le tasse, al vostro paese? No". E l'ho alquanto gelato del suo entusiasmo.»

Claretta: «Sono un po' in dubbio su questa visita».

«Amore stai tranquilla, ti amo e non m'interessa più niente di nessuno all'infuori di te. Poi vado a casa e tarderò un poco [a telefonarti], perché vado a vedere un film sulla mia vita. Sai, hanno preso delle foto e le hanno sistemate, vogliono mandarlo in America per far vedere l'uomo sportivo: volo, nuoto, scherma, cavallo, ecc. Così avranno certamente simpatia per me, più che se mi vedono con l'elmo in testa. Dicono: "Ecco, vuol far la guerra", e allora mi detestano, perché hanno terrore della guerra.»

Alle 10: «Amore, è finito adesso. Non è brutto sai, anzi. Sì, in conclusione sono fotografie alternate a visioni. Da quando batto sul mantello ad oggi. Ho parlato per togliere, modificare, completare. Ora leggo i giornali».

Alle 10 e 1/2: «Amore, che fai?».

«Attendo. La mia vita è attendere e amare.»

«Cara, ti amo. È finita anche quella Giulia. Non ti ho guardato non per lei, parola d'onore. Il mio amore è puro, purissimo, non è frutto di rimorso.»

2 febbraio 1938: *«Mi trascino dietro il mondo»*

«Non vedo l'ora che arrivi domenica, saremo soli sulla neve amore. No, non vado all'opera perché Wagner mi annoia all'infuori del *Lohengrin, Tristano e Isotta* e *Tannhäuser*. Ho parlato con De Bono. Sai, mentre lo guardavo mi veniva da ridere, pensavo a ieri che gli tiravo la barbetta. Mi dicevo: "Non immagina davvero perché gliela tiravo, che lo facevo per far ridere te". Come ridevi di gusto.

Dimmi, non eri tu che mi avevi parlato di uno scultore, Manca, che ha fatto un monumento con la spada dell'Islam? Ah no? Chi era, Rosatelli? Infatti questo busto non mi piace, e gliel'ho detto. [...]

Sempre notizie ingrate. A volte mi pare di trascinarmi dietro il mondo. Questa è la mia vita. Tutto fa capo a me. Ogni notizia, ogni cosa, ogni gloria o dolore, tutto. Sono qui a ricevere tutto, cose piacevoli o spiacevoli. Sono solo con il mio carico.

Adesso devono entrare questi ragazzi. Vuoi sentire? Lascio aperto il microfono? Se non erano austriaci li rimandavo indietro, non ho proprio voglia (nella sua voce c'è tanta amarezza). Chissà se poi sentirai. Ad ogni modo aspetta. Lascia aperto.»

Fino alle sette sento canti ben eseguiti, le voci fresche risuonano nel salone, ascolto che ci sono anche voci femminili. Torna al telefono: «Amore, hai sentito? Ti piaceva? Cantano molto bene vero? Sì, erano quattro ragazzi e tre ragazze piuttosto bruttine, il padre e la madre. Tutti diretti da un prete maestro. Hai sentito tutto? Anche la mia voce? Adesso vado a casa».

Alle 8 chiama: «Senti la *Marcia delle legioni* alla radio. Mia moglie è andata fuori da sola, si è fatta precedere da tre vagoni di quadri, statue e sculture che dovrà sistemare nella casa. Non so quando tornerà».

3 febbraio 1938: *«Mi piacciono i cartoni animati, ma non capisco la trama»*

«Era molto che non vedevo il re, sono tornato ora.[80] L'aria è bella. Esci. Tu lo puoi, io devo stare qui in galera. Dove vai? Va bene.»

Claretta va al cinema.

Alle 7 telefona. Non ci sono.

Alle 7 e 1/4: «A che ora sei tornata? Dove sei stata? Quale? Chi c'era? Bello?».

Claretta: «Il film parlava di un uomo che lotta per la patria, e ama una donna sposata con un mascalzone».

---

[80] Mussolini va in udienza al Quirinale ogni lunedì e giovedì mattina.

«Strano questo, molto strano. Così hai vissuto un poco della tua vita.»

«Anche del tuo amore.»

«Che è grandissimo, grandissimo.»

Alle 8 e 3/4: «Ho già mangiato. Adesso vado a vedere un cartone animato e poi ti chiamo. Vittorio e Ola
vanno all'opera. Sono stanco, non posso chiudermi in
quella scatola [*il palco del teatro*] per troppo tempo».

Alle 9 e 1/2: «Ho fatto presto? Si trattava... (pensa) ...
di certi uccelli, non ho ben capito. [I cartoni animati] mi
piacciono, ma non capisco la trama. Forse i bambini la
comprendono meglio dei grandi, non so mai che vogliono dire».

4 febbraio 1938: *spinge l'articolo di Petacci senior*

«Ora domanderò cos'hanno fatto di quest'articolo di
tuo padre. Bisogna che esca domani. Domenica, dici
tu? Allora sì, ora domando a Sebastiani e poi ti telefono. [...] Dice che avevano già deciso di pubblicarlo domenica. No, digli che non si preoccupi, che non c'è nulla, uscirà domenica.»

5 febbraio 1938, sabato: *«Oggi solo nafta»*

«[...] Come dici? Sacramento, parla forte. Bruno sta
bene. C'era Guido [*figlio neonato di Vittorio*] che non
faceva i capricci, felice al sole. [...] Non andare al cinema, è idiota chiudersi in un luogo. Vai a prendere un
po' d'aria verso Frascati. Quest'afta mi dà un fastidio...
Stavo per dire nafta, oggi non ho parlato che di questo.»

6 febbraio 1938: «*Il figlio della Ruspi mi assomiglia quanto i miei ... alle tue mammelle*»

Alle 8 e 3/4: «Vado in volo. Preferisco andarci ora, perché altrimenti dovrei andarci all'una. Adesso viene a prendermi Valle. Sai cosa ti dico? Amore e ancora amore. Sono un vecchio e canuto signore... è vero?».

Claretta: «Sì».

«Ah sì? Ti telefono quando torno. Sai cosa ti dico? Proprio non te l'immagini. Una parola che comincia per A: abissino!»

Mussolini è tornato dal volo. Si vedono a palazzo Venezia.

«Sì, sono contento dell'annullamento [*del tuo matrimonio*], così non mi scanserò più e avremo un bimbo, come desideri. Non c'è nulla che leghi tanto un uomo e una donna come un bambino.»

«Lo so.»

«Non capisco che vuoi dire. Parli della Ruspi? Già, ma quello è mio per modo di dire. Non mi somiglia per niente. Quando lo vedo non mi fa, anzi quando lo vedevo, non mi faceva né caldo né freddo. Lo hai veduto anche tu. Non sento affatto quella che si chiama "la voce del sangue". [Quel bambino] assomiglia a me come i miei ... assomigliano alle tue mammelle (ride). Andiamo di là, dedichiamoci al nostro grande amore. Quando ti guardo penso con tristezza che presto dovrò lasciarti. Ti lascerò ancora tanto giovane.»

«Amore ti prego...»

«Andiamo, altrimenti mi prende la malinconia.»

Entriamo nel salottino verde anteriore, ci sono sul tavolo i fiori di quella signora. Rimango sorpresa, lui nega che abbia importanza. Dice: «La solita signora. Non so perché quello stupido di Navarra li abbia messi qui, gli avevo detto di buttarli. Ora se vuoi li butto, li getto proprio in quel posto». Torna indietro senza averli presi e dice: «Vado a lavarmi le mani, però solo le mani sai». Ride. Lo guardo muta.

Quando torna: «Amore, fai di me quello che vuoi, ora sono tuo, soltanto tuo. Sono nelle tue mani, che vuoi che faccia per te?».

«Lasciarmi.»

Si ferma di sasso, stupito e un po' pallido.

«Stai scherzando, è vero? Clara, tu scherzi.»

«No, dico davvero: questa storia non può andare avanti. Preferisco finirla.»

«Senti Clara, tu stai scherzando. Lasciarti... Amore. (Siede in poltrona improvvisamente stanco.) Forse non sai quanto io abbia atteso e desiderato questo giorno. Mi ripetevo sempre: "Domenica staremo insieme, la vedrò". Ora ti prego, non sciupare questa gioia che ho tanto atteso.»

Tace e mi guarda. Tace sempre mentre io gli dico che lei gli impedisce il teatro, lo sci, ecc. Nega e mi dice: «Non vorrai che io vada a teatro dopo quelle sedute che mi snervano. Figurati: anche Vittorio, che è wagneriano, ieri sera non ce l'ha fatta. Sono venuti via prima. Sono stanco, io, alla sera».

«Il mio cuore era arido finché ti ho incontrata»

«Il mio cuore era arido, non lo è più da quando ho incontrato te. Quella signora non la mandano via perché ha tre figli, e poi lei effettivamente ha l'appartamento fuori, dove va quando le fa comodo. Credo che abbia trovato di che consolarsi e ritorna lì per far dispetto a te forse. Comunque io non la vedo né me ne occupo. Vorrei perdere gli occhi se il primo febbraio sono andato da lei. Amore credimi, perché questa sfiducia logora l'amore. È finita con tutte, tu hai fatto proprio il deserto intorno a me, completo. Vieni amore, che io ti amo.»

Facciamo l'amore con forza... Poi sfinito dorme, è supino, respira un po' forte. Si desta e mormora: «Io russo, è vero?».

«Sì, un poco.»

«Dimmi, ma di fianco no?» e si gira. «Vieni amore, stretta a me così. Come sarebbe bello dormire con te tutta la notte» e si addormenta di nuovo. Poi si desta e mi domanda cosa c'è per radio. «Ah, il *Barbiere* [*di Siviglia*], senz'altro preferisco il *Barbiere*, apri cara.»

Intanto pensa e mangia un arancio. Mi avvicino, me ne dà uno spicchio. Ritorno a sistemare la radio e lui siede in poltrona, mi guarda, mi sorride, dice: «Prendi gli occhiali per favore mogliettina, stanno nella giacca, grazie». Si mette a leggere. Mi accoccolo ai suoi piedi, lui mi accarezza la testa e legge. Poi mi passa i fogli dicendo: «Leggi anche tu, guarda che cosa dice il mondo. Fai in pochi minuti il viaggio del mondo». Leggo.

«I tedeschi sono pericolosi, e la guerra è brutta»

«Sciocchezze, pallonate e cose serie,» mi dice «ti piace leggere cosa dice il mondo contro il tuo gigante? Vedi che spaghetto hanno i francesi, guarda che roba. Perché in fondo è stato proprio un colpo di stato in Germania, eh, sì. Un capo come Hitler non poteva non avere il comando dell'esercito, era grave. Ora comanda tutto, come me. Io comando su tutto e faccio tutto. Pensa che ho messo a riposo tredici generali. Certo la Francia trema, ed effettivamente c'è di che temere. Quel popolo [*il tedesco*] è formidabile, pericoloso. Se quella massa si mette in movimento è terribile, compatta, come un solo uomo.

Del resto loro stessi hanno riconosciuto che la guerra l'hanno perduta per colpa nostra. Lo hanno detto dei generali. È il Piave che li ha stroncati, li ha fregati. La nostra resistenza e la nostra vittoria. Quindi noi vinceremmo senz'altro. No, nessun popolo si mette a far la guerra per far piacere ad un altro, ma soltanto per i propri interessi, perché pensa al bottino.

Ah, io finché potrò eviterò la guerra, farò sempre tutto il possibile e sarò l'ultimo a decidermi, a meno che non sia costretto. Sì è vero, è brutta la guerra, molto brutta. Pensa che a Barcellona una bomba è caduta su una scuola e ha ucciso in un colpo 150 bambini che erano lì. Pensa, si è aperta come un libro. Mi commuovo, mi viene da piangere.»

Mi guarda commosso.

«Cara piccola, ti fa pena, vero? Sì, anche a me. Per questo gli spagnoli hanno chiesto una tregua aerea. Le donne di Barcellona hanno detto che non ne potevano più, non resistevano più. Pensa, interi palazzi distrutti, fino in fondo. Palazzi enormi, come fossero di carta, si sfondano e poi si incendiano, è tremendo. Hanno chiesto una tregua, solo aerea però, ma non dicono di arrendersi, così doveva essere. Staremo a vedere.»

Commozione sincera, questa esibita da Mussolini con Claretta contro i bombardamenti aerei sui civili? Ciano scrive nel suo diario appena quattro giorni prima (2 febbraio 1938): «Mussolini ha fatto intensificare i bombardamenti delle coste, che spezzano i nervi alle popolazioni». Perfino Franco chiede al dittatore italiano di moderare gli attacchi.

Le bombe tricolori su Barcellona sono sganciate personalmente dal sottosegretario all'Aeronautica Valle, amico e compagno di volo del duce quella mattina stessa, il quale si era gloriato con Ciano di avere effettuato un raid di sei ore, partendo dall'aeroporto di Guidonia Monte Celio (Roma) [Diario di Ciano, 1.1.38].

Ma torniamo all'alcova di palazzo Venezia.

Claretta: «C'è da fidarsi dei tedeschi?».

«Sì, abbastanza, sono leali. Se venisse ambasciatore a Roma Rahn[81] andrebbe molto bene. È mio amico, insomma amico così come possono essere amici miei quelli che

---

[81] Rudolph Rahn (1900-1975), ambasciatore di Germania nella Francia di Vichy e poi a Salò.

conosco. Dimmi, t'interessa leggere? Adesso sono a Berlino, poi passo al Cairo e torno a Londra [*guarda i rapporti delle ambasciate*]. E tu dove sei? M'insegui.»

Finisce di leggere e ascoltiamo un poco di radio. Canta la Toti Dal Monte.[82] Gli piace la voce. Finita l'opera mi alzo, vado a chiudere e trovo delle canzoni. Mi dice di andare a prendere i fogli del telescrittore: «Vuoi ancora rimanere qui in questa dolce intimità, oppure andiamo di là?».

«Come vuoi.»

«Preferirei rimanere qui, e tu? Allora amore vestiti e vai di là. Dici di tuo marito, vuole andare in Giappone, ce lo mandiamo? Dici di sì. Va bene. [Devo] vederlo? No, hai ragione, a che scopo?»

«Abbiamo fatto il passo romano a casa, con Edda, Galeazzo e Vittorio»

Hanno scritto con un lungo foglio. Lo trovo verso lo scrittoio nella prima stanza. Lo depone sul tavolo, poi siede e legge. Mi fa notare una cosa, ne ritaglia un'altra, poi mi guarda, mi fa delle carezze e dice: «Dal momento che c'è un letto non capisco perché si debba stare qui...».

Si mette sul divano e facciamo di nuovo l'amore, con tanto amore che si sente quasi male dalla tensione. Poi mi dice: «Ora sei convinta che ti amo? Dimmi, lo senti che ti amo?».

«Sei molto forte.»

«No cara, ti amo, qui non c'entra la forza. Questo si fa quando si ama. Se non ti amassi, la forza non ci sarebbe. Non l'avrei, questa forza, mi viene dall'amore. Per nessuna l'avrei. È vero che sono sensuale, ma con te ormai no, ci vuole altro, ormai è l'amore.»

Lo so che non è vero, ma è eguale.

«No, non mi sento male, sono un po' stordito dalla

troppa gioia. Ti amo, non c'è dubbio, oramai ho bisogno di te, piccola cara.»

Poi si veste e andiamo via. Prima di uscire tira un bacino alla stanza... Mi dice: «Ti sembrerà strano, stupido: ho tirato un bacio in questa stanza dove sono stato felice due ore». Mi bacia con tenerezza e andiamo. Prima, vestendomi, avevo parlato di mio zio, e subito mi ha detto di sì, che lo avrebbe aiutato. Sono stata contenta per Giorgio. Andiamo di là, non parla lungo il tragitto. Prima di uscire guardo i fiori!...

Siede al tavolo, mi manda a vedere il telescrittore, legge, poi mi fa vedere il lavoro che si porta a casa. Prende una busta, la apre e legge un rapporto che mette nelle cartelle rosse. Mi dice: «Sono deliziosamente stanco, amore. Adesso andiamo a casa. Ti telefono subito, stai tranquilla. Vai tu a prendere la macchina, così non monti davanti alle sentinelle. Sì, vai, addio amore».

Mi bacia, lo vedo tornare al tavolo, mi tira un bacino ed esco. Mi guarda da dietro i vetri, poi lo seguo con l'auto.

Telefona alle 9 e 40: «Amore, c'era l'Edda a pranzo, ora sono andati al cinema. Abbiamo fatto tardi perché abbiamo fatto il passo romano, l'Edda, Galeazzo, Vittorio. Vittorio lo fa meglio di tutti. Poi sono scesi. E allora ti ho chiamato. [...] Non posso non pensare a oggi senza un fremito. Ti prego, non turbare questa gioia con dei sospetti. [...] Devo sbrigare molte carte, così domani sto più tranquillo. Voglio leggere qualcosa sulla cinematografia, che malgrado tutto non va».

7 febbraio 1938: «*Che belle case ad Addis Abeba*»

Alle 8 e 35 di sera: «Amore, ho mangiato. Adesso vado a vedere il giornale *Luce dell'Impero*, le cronache dell'Impero. Poi c'è un cartone animato, *Cappuccetto Rosso*. Ho dato ordine di fare prima le cronache».

Alle 9: «Ho veduto delle bellissime strade ad Addis Abeba, ce n'è una che sembra via Nomentana, tutti villinetti, case in muratura. Anche gli interni sono rifatti in muratura. Bello, sai, ordinato, pulito. Ho veduto anche Axum. Diceva Vittorio vicino a me: "Non era davvero così quando c'ero io". Ma credi, amore, proprio bello, tutto limpido, fresco, ordinato. Mi ha fatto un po' di emozione, confesso. [...] Ho dato ordine che insieme al Luce si dia il documentario sulle opere dell'Impero, si vede ciò che si fa: belle strade, grandi case e nuove, tante automobili...».

Claretta: «Lo hai creato tu, è opera tua».

10 e 40: «Amore, non posso telefonarti dopo la toeletta notturna perché c'è la cameriera in camera. [...] Dimmi ancora "Brutto!". Vorrei fossi vicino a me. Tu capiresti sempre tutto, vero? Sì, perché dici che non ci so fare, [ma] mi faccio capire. Vado a letto, sono stanco. Come vuoi che esca, c'è mio figlio che sta vedendo il film e mi direbbe: "Ma dove vai a quest'ora?". Lei [*la Ruspi*] è vicina, ma è come se fosse a 20.000 chilometri».

«Questo lo vuoi tu, perché la tieni lì. Ci vorrebbe poco a mandarla via.»

8 febbraio 1938: «*Andiamo a teatro, ma non farti notare*»

«Dove sei stata?»

«Al cinema.»

«E con chi? Insomma, tu vai sempre al cinema in conclusione.»

«Non in conclusione, oggi.»

«E hai flirtato, no? Hai avuto successo?»

«Non recitavo io!»

«No, intendo dire se hai avuto corteggiatori, gente intorno.»

«Non avevo tempo di occuparmi di loro. E poi non ha importanza.»

«Come, non ha importanza? Ne ha molta invece. Bene, allora stasera se vuoi andremo a teatro. Ti fa piacere? Allora andremo, però non farti notare. Non devi salire altro che di corsa, perché c'è mio figlio che già l'altra volta ti ha notato, ricordi? E per far resistere il nostro amore bisogna evitare pubblicità. Ti telefono dopo.»

Invece non chiama, lo vedo a teatro. Al primo atto in piena luce mi guarda quasi sempre. Ad un certo punto mi fa segno di coprirmi la spalla che era troppo nuda. Mi guarda severamente con gelosia inquieta. Ho tirato su un velo, e allora mi ha sorriso. Si è passato le mani sulle labbra per inviarmi un bacio. Quando nell'intervallo sono salita c'era molta gente e una stupidina bionda che lo fissava. Non credo nulla, perché era una straniera. Io passo di sfuggita, mi sorride. Intorno aveva la nuora, il figlio e Valle. Scendo, sono inquieta e triste di non poter stare su. Al secondo atto mi sorride quasi. Io non lo guardo per un po', poi non resisto. Allora mi tira dei bacini e si accarezza il viso per farmi comprendere le sue carezze. Dopo la scena è notturna, e lo vedo poco.

Alle 12 e 1/2 telefona: «Amore... Lo sai che ti amo... Come ti piaceva l'opera? Sì, hai ragione, anch'io avrei tolto l'ultima scena. Non ti ho guardata perché c'era Valle con me. Ti conosce? Vedevo che ti puntava tanto. Ma forse lui conoscerà te. Ti sei accorta che ti accarezzavo, che ti mandavo dei baci... Forse non li gradivi? Amore, non c'eri che tu nel teatro per me. [...] Mi sei entrata nella carne, sei nel mio sangue, sei in me. Piccola, se tu fossi qui ti nasconderesti fra le mie braccia come un uccellino nel nido. Ti accomoderesti come un passerottino sulle mie grandi spalle e mormoreresti: "Buonanotte amore"».

10 febbraio 1938: *«Ho ripugnanza per le altre donne»*

«Ogni volta che a te sembra che io sto per dire qualcosa, pensa sempre che ti dico "Amore ti amo": è questo che devo dire e non dico. Ogni esitazione è per dirti ti amo. [...] Ti amo tanto che ho quasi una ripugnanza psicologica per le altre donne. Le detesto e le sprezzo. Che cosa sono poi in fondo? Vale la pena? Troppo tempo ho perduto. Ora potrebbe venire qui la dama più bella del mondo, nulla, non la prenderei. Sono lontano, distaccato. Il mio corpo, il mio spirito è stanco di altre donne. Ti sono fedele fino all'incredibile, non credevo di poter riuscire in questo, e ne sono orgoglioso. Tu hai ottenuto il deserto intorno a te...»

Claretta: «C'è ancora qualche cammello».

11 febbraio 1938: *anniversario del Concordato. Scenata*

Alle 9 e 1/2: «Adesso mi preparo e tra poco andrò alla rivista».

Esco e vado per via Nomentana. C'è folla ad assistere. Quando si prepara per lo sfilamento dei moschettieri egli volge le spalle al cancello della villa. Nei due tempietti sovrastanti dietro lui c'è il bambino cosiddetto della Ruspi, e all'altro la sorella di lei. Lo sguardo che si scambiano è naturale e molto cordiale. Guardando verso il giardino dal lato del figlio vedo la signora con fare spavaldo e padronale passeggiare su e giù con le mani in tasca e conserte. Si sporge dal muretto, chiaramente si vede la padrona. Io mi sento gelare. La sorella mi guarda con aria di sfida e sogghigna. Vorrei andarmene perché altri non vedano che sto per piangere, ma non lo faccio per riguardo a lui. Si accorgerebbe che vado via, e rimango. Quando finisce la tortura vado e non rientro a casa. Lascio Mimì e vado a correre con la macchina per non morire di bile. Lui telefona all'una, risponde Mimì, e gli narra che piangevo e sono scappata via. Si agita, si preoccupa, dice a Mimì che è un'imbecille per avermi lasciato andare sola, non doveva. Io tardo, lui telefona all'una e mezzo: «È tornata? No?

Sono in ansia, dove sarà andata, che succederà, perché non le hai impedito di uscire?». Dice Mimi che la sua voce trema di ansia e pena.

Alle due chiama, gli rispondo. Mi dice: «Sei cattiva, perché mi fai così. Oggi parto per il Terminillo, se vorrai venire con me staremo insieme. No, non è possibile, io non l'ho vista. Se lo dici tu ci credo. Ma che padrona, adesso esco. Alle cinque vado via, ho bisogno di qualche giorno di riposo. Devi credermi, [*con la Ruspi*] è finita».

Alle 2 e 1/2: «Vieni? Così ti calmerai, ti parlerò. Hai ragione, è tardi. Adesso comincio a lavorare. Mi sento turbato, mi sento male. Io ti amo, sapessi quanto ho sofferto in quel tempo che sei uscita. Sono veramente triste. Partirò alle cinque da solo. Faremo il viaggio insieme, sì, buona idea. Partiremo più tardi. Bene, questa cosa mi ha già fatto bene, mi sembra quasi che mi diminuisca il mal di testa».

Alle 4: «Ho tardato perché prima mi sono addormentato sul tavolo e mi ha svegliato Navarra. Poi ho ricevuto tre persone. Adesso ho Cini e Piacentini».[83]

Alle 5: «Ho finito, possiamo partire. Hai ancora voglia di fare il viaggio con me? Allora adesso leggo i giornali, tu preparati».

Alle 5 e 1/2: «Sei pronta? Aspettami al dodicesimo chilometro [*della via Salaria*], io uscirò alle cinque e 50, tu esci alle cinque e 40. Monta in auto, e così fino vicino a Rieti. Va bene, sei contenta?».

In auto verso il Terminillo

Piove a dirotto. Mi domanda come sto e io parlo chiaramente: che ormai mi sono resa conto della verità e che lui deve decidere. O per lei o per me. Io non mi vendo. Lo

---

[83] Marcello Piacentini (1881-1960), principale architetto del regime, allora impegnato sul progetto dell'Eur.

amo e non sopporto questa cosa. Lui è assente, lontano, stanco. Mi lascia parlare, non mi risponde che brevi parole. Nega decisamente di avere avuto più contatti con quella donna. Si mostra indignato che lei si sia mostrata fuori. Che la farà andare via prendendo lo spunto da questo. Io cerco di deciderlo [*sic*] a dire la verità, non posso sopportare la menzogna. Nega, giura che è finita: «Quella donna non l'amo, io amo te. Ti amo in modo che non credevo fosse possibile. È diverso da tutto ciò che ho sentito per altre [...]

Vivrei con te, anche se questo potesse essere uno scandalo data la tua giovinezza. Io invecchio e ho bisogno della tua giovinezza, del tuo amore puro. Non ho mai amato così, mai. Questo è veramente il primo amore. Ti amo come se avessi vent'anni. Al mattino quando mi desto il primo pensiero è Clara. Quando arrivo [*a palazzo Venezia*] non penso che a telefonarti. Anche quando il lavoro è intenso tu sei nel mio cuore, con una vivezza che a volte quasi mi fa male. Non sparisci mai, ho bisogno di sentirti presente. E ti vedo, sei sempre davanti ai miei occhi, sei lì tutto il giorno. [...]

Questo è terribile, non mi era mai accaduto. Se sapessi cosa ho sofferto oggi quando sei scappata via così... Ho pensato tante cose tremende che mi hanno sconvolto, e stasera mi sento male. Mi sembra quasi di avere la febbre. No amore, non piangere, vieni dal tuo gigante che ti adora. Il tuo dolore aspro si è sciolto ora. Rifugiati sul mio petto possente, io ti proteggo, ti difendo, sei il mio fragile amore».

12 febbraio 1938: *seduti sulla neve del Terminillo*

Questa notte [*a Rieti*] sono stata male da morire, ho dovuto chiamare il dottore. Tre ore di disturbi al cuore, credevo si fermasse. Navarra mi ha vegliato tutta la notte.

Alle 11 lui ha telefonato [*dal Terminillo*] e ha domandato a Mimi come stavo, dicendo poi che al mattino non avrebbe sciato, che c'era tormenta, che lavorava.

Alle 12 ha richiamato, sono scesa giù e mi ha domandato come stavo: «Mi dispiace che sei stata male. Vieni su? Mangia giù, come vuoi. Alle due ci vediamo nel vallone, addio cara».

[Su] c'è un vento gelato che fischia e neve dura. Freddo tremendo. Quando arriva gli vado incontro, scendo un po' nella neve. Mi chiede se gliela faccio ad andare più giù. Andiamo e sistemiamo gli sci, in modo di sederci sulla neve. Si rivolge a Mimi e le dice: «Mimi, io la amo Clara, lo sai? Perché non mi aiuti a convincerla che le sono fedele?».

E a me: «Ti amo amore, con infinita tenerezza».

A Mimi: «Lo sai cosa ho detto a Clara? Che l'amo più della mia vita. Non mi crede».

Ancora una volta il cinquantaquattrenne dittatore d'Italia, uomo fra i più potenti del mondo, si rivolge alla quattordicenne Myriam per convincere la sorella ventiquattrenne. Grottesco.

19 febbraio 1938: *«La Ruspi sgombri entro stasera»*

7 e 3/4: «Vado al Consiglio [*dei ministri*]. Ora girati dall'altra parte e dormi ancora. Voglio che tu sia bella. Oggi partiamo».

All'una: «Sono a casa da venti minuti. Ho telefonato alla signora [*Ruspi*] stamattina alle nove dal palazzo del Viminale e le ho detto: "Fai venire tua sorella al galoppatoio verso l'una, che ho da dirle qualcosa". E basta. Adesso ho visto la sorella e le ho detto: "Desidero che qui questa sera sia sgombrato in modo assoluto. Torna mia moglie, ha saputo tutto, ciò provocherà delle scene naturalmente, e non ho alcuna intenzione di complicare oltre la mia vita. Perciò intendo che da questa sera prenda alloggio nella sua casa a via Belluno [*che però è attaccata a villa Torlonia*], che qui non venga più e non si faccia vedere da queste parti". Ha risposto va bene, poi mi ha parlato del principe [Torlonia] che è molto malato. Ecco, vedi che piano piano ci riesco. Sei contenta? Le ho detto anche che questa sera manderò a verificare se è tutto sgombro. Va bene? Adesso non posso parlare molto perché ci sono i ragazzi, vado a mangiare. Addio amore».

All'una e 1/2: «Ho mangiato, credo di poter parlare. Aspetta che guardo». Ripete tutto ciò che ha detto alla sorella. «Questa che dico è la pura verità, come sempre d'ora innanzi. Ti dirò [tutto], anche se crudele, ma non voglio più mentire, mi ripugna. A costo di farti soffrire. Se ne va da qui, non la vedrò più. Finita anche questa ormai. Se vuoi, se mi permetti di uscire un poco, esco. Ma se questo non ti dispiace. No? Va bene amore. Farò due passi sulla veranda, poi ti chiamo».

Alle 2: «Vado a palazzo. Oggi partiamo [*per il Terminillo*], facciamo il viaggio insieme come l'altra volta. Verrai sulla mia macchina. È meglio che venga la cameriera, potrebbe destare dei sospetti non farla venire fuori. Certo, la faccio partire alle quattro. Lo so, sarebbe meglio che non ci fosse, ma pazienza. Comunque resta inteso che faremo il viaggio insieme. Certo, ti telefonerò ancora ogni quarto d'ora, così il tuo cuoricino è tranquillo. Ho tanto lavoro da sbrigare. Oggi staremo insieme, cara».

Alle 5 e 1/2: «Ho ancora da vedere una persona, prima l'ambasciatore americano mi ha detto delle cose interessanti. Sei pronta? È ancora giorno, ma anche se ci vedono non m'importa. Tu esci alle sei e 1/4 e io alle sei e 25, mi aspetti al dodicesimo chilometro come l'altra volta. Sei contenta amore? Anch'io».

Alle sei e mezzo arriva, io scendo dalla mia auto e monto sulla sua. Mi domanda di Mimi. Gli dico che Mimi dice che, a parte il piacere di stare insieme con lui, gl'innamorati stanno bene soli. Ride e dice: «È vero, amore. Sì, speriamo che non corra tanto. Puoi dubitare del mio amore, se non ti amassi farei questa cosa di prendere l'auto con te davanti a tutti?».

Cornelia Tanzi: «Gli uomini hanno il cuore fra le gambe»

«[Guarda,] questo è il *Secolo XIX* di Genova. Tuo padre tra poco sarà noto anche all'estero, sono molto contento. E questa è una telefonata intercettata alla Tanzi. Leggi.»

Cerca la luce, brontola perché non la trova. Finalmente accende, e io leggo. La Tanzi parla con un'amica alla quale confida che è finita ormai, perché non dovrà più neanche scrivere. L'amica risponde: «Come mai?». E la Tanzi: «Quando gli uomini hanno un'altra donna si dimenticano di quelle che hanno avuto e hanno».

E l'amica: «Ma anche gli uomini hanno un cuore».

E la Tanzi: «Sì, ce l'hanno fra le gambe (volgare)».

«E così?»

«Così è un anno ormai che aspetto, e credo che non vale la pena attendere ancora. Ma [*Mussolini*] se ne pentirà.»

Il duce a Claretta: «Vedi che sono sincero? Lei dice un anno, ma è molto di più che non la vedo. Ormai è finita. Adesso le ho impedito anche di scrivere. Dice così? Non ci avevo badato».

Claretta: «È pietosa e volgare, per essere una scrittrice e un'intellettuale».

«Sì, hai ragione, è piuttosto brutta questa espressione. Credo che la signora alla quale telefona sia la sua amica, tu intendi come. Mi ha tradito sempre, anche in modo piuttosto sporco. Poi ha avuto una vita un po' strana, si è messa in una specie d'associazione creata da lei. Ci fu un banchetto di sovversivi fra i quali anche Cassinelli. Che io non feci dare, naturalmente. E poi chiacchierava troppo.

Spargeva in giro che era la mia moglie morganatica, che io facevo ciò che lei voleva. Così troncai. Adesso ha diversi amanti, anche Trilussa,[84] e prende danari. Fa marchette insomma, come sempre ha fatto. Basta, per carità, con questa è più di un anno che è finita. Praticamente erano anche due e forse più. Aveva una vita strana e misteriosa. Questo prozio dev'essere l'amante, ed è il proprietario del bordello della madre. Poi l'altro amante, un certo avvocato De Santis che le ha pagato la macchina. Basta, basta. No, non è brutta. Neanche bellissima, ma non brutta. Ha gambe lunghe lunghe, è esile, sottile, alta, bruna. Ma frigida, fredda fino all'inverosimile. Figurati che non ha mai sentito nulla neanche con me. Veniva lì, si spogliava, faceva cadere la camicia, si vedevano queste due gambe lunghe, si metteva lì e via, senza scomporsi. Sempre indifferente, si rivestiva e andava via. Tutto in meno di mezz'ora. Ti dico la verità: l'ultima volta per me è stata una cosa laboriosa e faticosa, perché non mi andava. Poi, non so, aveva un profumo quel giorno, un odorino disgustoso... Scusa, ma sai come sono sensibile a queste cose. No, non l'ho mai amata e sentivo di essere un miserabile, non dovevo farlo. Non so nemmeno io perché, sono un animale. Ho pensato: "Chissà se adesso che ha l'amico sarà meno frigida e mi riuscirà di farla scuotere". Niente, è stata più fredda di sempre, più indifferente, ed io più di lei. Dopo ho provato disgusto. Avrei voluto bastonarla, l'avrei buttata per terra. No basta, ormai è finita, chiusa per sempre. E poi mi tradisce: prima era una cosa incerta, adesso è sicuro, è proprio l'amante di questo Bardi che la mantiene. Ipocrita anche lei. La vedevo in tutto due-tre volte l'anno. La tenevo come le altre. Hai ragione, non ho mai pensato a questo... Però cara ora tu quasi mi offendi, mi dici che sono indignitoso.»

---

[84] Pseudonimo di Carlo Alberto Salustri, poeta (1871-1950).

«*Per tutte queste tue donne tu sei curiosità, vizio o guadagno*»

Claretta: «Non hai mai pensato se queste donne ti meritavano. Per il piacere di un momento ti sei dato così, senza ricordarti chi sei. La maggior parte di queste donne non solo non ti amavano, ma era o curiosità, o vizio, o guadagno. Non sei mai andato per il sottile, in questo lato sei un ingenuo. Nessuna ti ha amato. E ora che c'è chi ti adora e non vive che di te, tu lo sciupi questo amore, lo sgretoli per un capriccio che ti lascia la bocca amara, e a me il pianto nel cuore».

Continuo a dire diverse cose, tutte quelle che premono sul mio cuore. Lui ascolta e conviene che ho ragione: «Sì amore, faccio male, tanto più che ti amo sempre di più, e sento che mi sei necessaria più di ogni cosa. Ti adoro e sono uno sciocco. Non ti devo far soffrire, anche perché questa tua sofferenza si riversa su di me, perché io soffro di ciò che soffri. [...] Non voglio mentirti, perché la menzogna mi ripugna istintivamente, ma poi tu te ne accorgi. Hai una sensibilità talmente sviluppata ed eccessiva che non mi riesce di nasconderti nulla. Tu senti le cose, le vedi direi, e se anche a me riuscisse di nasconderle per un mese o due, dopo tu, che sei attenta e desta, mi prendi in errore. E ci casco come un idiota. [...] Ho bisogno del tuo amore. Sono solo, tu sei il mio conforto. Bisogna che tu sia allegra, serena, gaia. Bisogna che dopo ore di lavoro, di fatiche e di amarezze io trovi in te il sorriso e la serenità. Tu sei ardente, calda, appassionata, vibri come un liuto, mi ami e mi piaci sempre di più».

Gli domando che cosa penserebbe se tornassi con mio marito. Glielo dico per fargli dispetto. Rimane un po' male, poi dice: «Per la tua vita, la posizione tranquilla, non potrei dirti di no. Certo non sarei contento. Potrei accettare, comunque. Sempre che tu restassi la mia amante, e potessi vederti quando voglio. Credo che tuo marito in fondo ci starebbe a questa soluzione, sopporterebbe pur di avere una posizione. Questa dovrebbe essere la condizione: tu dovresti essere mia come ora. E lui per te la figura come è per me mia moglie. Certo che mi dispiacerebbe che tu stessi con lui, che lui ti prendesse...».

Freme dentro, ma si domina.

«... Certo che non sarei contento, ma se questo fosse un bene per la tua vita...»

Tace un poco.

«... Ma non credo che ti converrebbe, perché tuo marito, domani tu fossi sola con lui, un bel giorno ti farebbe fuori con un pugno o un altro schiaffo. Sono sicuro, anzi. Sono certo che la tua vita sarebbe un inferno e una tortura. Ti farebbe soffrire il doppio di quel che ti ha già fatto soffrire, e un bel giorno ti farebbe fuori del tutto. Non ti consiglierei mai di tornare con quell'individuo. Ma se tu lo volessi non potrei impedirtelo.»

Claretta: «Non sei geloso?».

«Sì, sono geloso di tutto e di tutti, lo confesso. Ti amo, quindi sono geloso.»

Mi stringe, è quasi dispiaciuto di questa confidenza. Il resto del viaggio passa fra le carezze e le terribili parole d'amore che mormora. Poi arriviamo, scendo e monto nella mia auto.

Arrivo a Rieti alle otto, lui mi telefona [*dal Terminillo*] alle 9: «Ho avuto una piena delusione arrivando qui. C'è un vento tremendo, sentissi come urla. È talmente forte che scuote le tendine nell'interno della casa. Sembrava tanto bello il monte da giù. Abbiamo tardato perché il passaggio a livello era chiuso».

Alle 10: «Sto ascoltando alla radio l'*Andrea Chénier*. Non lo conosco, è veramente bello, pieno di slancio. Ascolto il secondo atto, poi ti richiamo».

Alle 10 e 1/2: «È bellissimo, sì. Intanto apro i giornali e le carte. Ascolto anche il terzo [atto]».

Alle 11: «Non è finito, ma non ce la faccio più, ho gli occhi chiusi. Vado a dormire con il pensiero di te».

20 febbraio 1938: *la radio trasmette il discorso di Hitler, ma Mussolini si stufa e se ne va sullo slittino con Claretta*

Mussolini trascorre il fine settimana al Terminillo con Claretta. A Berlino Hitler pronuncia un importante discorso e l'Inghilterra attraversa ore concitate: si dimette il ministro degli Esteri Anthony Eden, in polemica contro l'appeasement del premier Neville Chamberlain. Ciano annota ironicamente: «Modifiche dei tempi: gli inglesi lavorano di domenica e il Capo italiano fa il suo week-end». Alla faccia della campagna di Starace contro le parole straniere.

Claretta a Rieti è in uno stato pietoso.

Questa notte ho dormito due ore dopo disturbi tremendi.

Alle 9 telefona, risponde Mimi: «Su c'è vento, non si potrà sciare».

Alle 10 richiama, rispondo io: «Come stai? Mi dispiace. Qui c'è bufera, sole, ma il vento è veloce al punto di scuotere la casa. Porta via la neve gelata, immagina. Ora lavoro, sbrigo le vecchie carte, ti telefono all'albergo Savoia verso mezzogiorno».

Alle 12: «Stai meglio? Adesso mangio, poi ascolterò il discorso di Hitler. Alle due esco. Proviamo ad andare giù al Prato fiorito. Forse il vento si calmerà, mangia anche tu».

Alle 2: «Hitler parla ancora, e il discorso durerà a lungo. Ma perché parlare di cerimonie a tonnellate... Se non esco ora il sole se ne va. Vado via. Tu aspetta prima di scendere, che se c'è troppo vento non vieni giù».

Vado su, lo attendo al vento. Arriva dal canalone preceduto dalla guida con passo calmo, montanaro. Il vento è tremendo, [per] lui è come fosse nulla. A cinque metri dalla fine della salita mi dice: «Potete scendere?». Dico di sì, e fa mettere il toboga [*slittino*] sulla neve. Sediamo io in mezzo, lui a destra e Mimi a sinistra [...]

Ad ogni impeto di vento ripete: «Bello, bello, meraviglioso, adoro le forze della natura. Sono un uomo della natura, mi piace questo vento che spezza tutto. La montagna si ribella perché io l'ho svegliata, l'ho violata, non perdona. Quando ha veduto che abbiamo fatto le strade per farci venire i piccoli esseri umani ha detto: "Ah sì? Ora ci penso io", e si è scatenata. Si ribella urlando, infuriata. Bello, bello, grande, guarda il tetto di quella casa, oscilla. Tu tremi e ti rifugi accanto al tuo forte amore. Mimi, dimmi che ha avuto stanotte il mio amore. Non ho potuto dormire, ti amo tanto che ho sentito che stavi male, ero agitatissimo. [...] Hai ragione, sono proprio un animale, mi sento tanto disgustato. Non ti tradirò più, perché il tuo è l'amore di una grande anima e non devo sciuparlo per delle cose così sudice. [...] Non posso permettere che tu soffra così, ci lasci la pelle. Mi prende la malinconia, sono vecchio, il più l'ho fatto, ma non voglio morire. Devo vivere per amarti. Non te ne accorgi che sono vecchio? Dici così perché mi ami.

Ho sentito il discorso di Hitler, durerà tre ore almeno. Per un'ora non ha fatto che ripetere ciò che ha detto un migliaio di volte, e ha fatto il bilancio. Non la finiva più. Ho pensato che era meglio venire da te sulla neve. Non tutti sono come me, che parlo quindici minuti. Lo saprò più tardi ciò che ha detto».

«*Vorrei andare all'Aquila con barba e baffi finti*»

Fra tenerezze e parole care e buone, siamo rimasti sulla neve due ore senza accorgerci che faceva freddo.

«Ti accompagno giù fino a Rieti. Sai, a volte ho la tentazione di mettermi una barba finta, gli occhiali, e andare dove voglio senza essere riconosciuto. Farei come il califfo che si mischiava fra la folla per sentire cosa dicevano. Nessuno lo riconosceva, e così lui sentiva il popolo. Vorrei farlo, sai. Pensavo oggi che sarei andato all'Aquila con te e Mimi, se avessi potuto mettere una barba e i baffi. Sono triste di non potermi muovere come vorrei. Chissà dove saranno gli spazzaneve? Si poteva fare il giro dell'anello, ma forse fa troppo freddo. Meglio andare.»

Telefona alle cinque: «Hitler ha parlato fino alle tre e 15. Adesso ho telefonato a Ciano che mi dica tutto il discorso. Non avevano pensato a preparare nulla [come commento]. Ah, se non ci pensassi io a tutto! Nulla, nulla avevano fatto. Ora attendo delle telefonate importanti, ti richiamo».

Alle 6: «Ho tardato, poi ti dirò perché, per ragioni politiche. Non posso parlare. Alle sette ti attendo in macchina».

Scendo con l'auto e sotto alla sua villetta salgo in auto con lui che attende. Ordina di andare a Pian di Bosco. Mi dice: «Non ti posso telefonare per una ragione semplice. Quando chiedo [al centralino] "il solito numero", le due donne che stanno insieme tutto il giorno a ciacolare si squagliano, se ne vanno, e ciò mi secca come quando rimangono dove sono. Non sono libero, questo mi rende nervoso. Poi attendevo telefonate politiche importanti».

I suoi occhi brillano: «Forse questa sera ti telefono di bere dello schampagne [*sic*]. Non mi domandare perché. Eh, tu vuoi sapere troppe cose!».

Ride. «Ti basti che ti dica: "Bevi lo schampagne"... Attendo ancora una notizia importante, amore.»

Alle 8 chiama: «Cara, ho tardato perché ho sentito alla radio il discorso di Hitler tradotto. Avevi capito, vero? Anche tu? Come ti è sembrato? Forte ma anche simpatico verso l'Italia e verso di me».

Alle 9: «Amore, hai mangiato? Sono triste di non poterti dire di bere lo schampagne. Che fai? Ballano ancora [*in albergo a Rieti*]? Tu no, vero?».

Alle 10: «Un goccettino piccolo di schampagne intanto lo puoi bere. Domani però credo che ne potrai bere di più».

Claretta: «Allora lo beviamo insieme domani».

«Questa è un'ottima idea.»

21 febbraio 1938: «*Per me nessun applauso al discorso di Hitler. Non lo dimentico*»

Terminillo. Giornata di sole. Andiamo sullo slittino perché non si può sciare. Mimì avanti, io in centro e lui dietro, scivoliamo giù ridendo. Mentre andiamo su, vuole che legga sul giornale il resoconto del discorso di Hitler. Brontola: «Dicono le stesse cose di ieri sera alla radio, al solito sempre gli stessi idioti, non ne fanno una bene. Ho fatto dire che l'ho ascoltato tutto, invece ho fatto una passeggiata a metà e poi ho sentito anche la fine. Ho notato però che quando ha parlato dell'Italia e di me [i nazisti] non hanno fatto un applauso. Non hanno fatto gesto, silenzio. Questo è stato notato subito, e naturalmente me lo hanno detto. Capisco il silenzio per le altre nazioni, la Polonia per esempio, con la quale ha detto: "I rapporti sono amichevoli e tali resteranno". Ma quando ha parlato di me e dell'Italia dovevano fare un gesto, un applauso. Nulla.

Se ci fosse stato popolo certamente avrebbero applaudito, ma che dei 700 capi che erano lì nessuno abbia fatto un cenno d'applauso, è molto significativo. Silenzio. Naturalmente l'ho notato, e l'ho legato al dito. Osservo, taccio e poi... È stata una grave mancanza. Tanto più che non ha [solo] sfiorato l'argomento, ma ne ha parlato a lungo, dicendo anche cose molto buone a mio riguardo. Silenzio. Questo è strano. Comunque non lo dimentico».

«Hitler è portato dalla Germania, Mussolini porta l'Italia»

«Per l'Austria si è espresso bene.[85] Sì, certo, questa [*l'annessione, Anschluss*] è una di quelle cose inevitabili che dovranno per forza accadere. Bisogna cercare di dilazionare il più possibile questa combinazione, impedirla fino a che si può, ma poi sarà inevitabile. In Austria sono tut-

---

[85] Venti giorni dopo Hitler la invaderà, all'insaputa di Mussolini.

ti tedeschi. Figurati che la sera del discorso sono andati subito con fiaccole e canti. Non per Schuschnigg,[86] ma sotto una fotografia di Hitler, a fare una manifestazione di simpatia e di fede.

Noi odiamo gli austriaci come loro odiano noi. Non ci possono soffrire, e noi altrettanto. Non possiamo dimenticare [*la guerra*]. I germanici no, e poi sono più leali. Necessità politiche, quando questo serve per evitare altre guerre, altri massacri.

Io in quindici anni di governo non ho mai pronunciato parole così orgogliose e presuntuose. Hitler è pieno di sé, e fa male. Lui è portato dalla Germania, Mussolini porta l'Italia. È proprio così.»

24 febbraio 1938: «*Avresti dovuto vedermi scarrozzare il nipotino*»

Roma. Alle 11: «Andrò a casa e prenderò il sole. No, non credo che [*Rachele*] andrà alle corse, ha già perduto la voglia. Se uscisse ti telefonerei, ma stai tranquilla. Un po' di sole ti fa bene, ma non andare per Roma che è inutile, vai fuori verso il mare».

Alle 2 e 3/4: «Cara, sono già a palazzo. Ho preso un po' di sole sulla veranda, sono stato lì con mia moglie. C'era anche Guido [*neonato di Vittorio*], il pupetto sai, è un gran bel bambino. Se tu mi avessi veduto tirare su e giù la carrozzetta, mi avresti fatto una fotografia. [Mia moglie] non è andata alle corse perché ama quelle al trotto, non queste altre. Andava a villa Glori. Vittorio le aveva telefonato per sentire se andava, lei ha detto di no, e loro hanno mandato Guido qui. Per questo l'ho scarrozzato. No, oggi [*non c'è*] quasi nessuno, che diresti se facessimo una passeggiatina? È tanto che non ne facciamo più.

[86] Kurt Alois Schuschnigg (1897-1977), cancelliere austriaco.

Oppure potresti venire qui. Vieni alle quattro, così sentiremo insieme il discorso di Schuschnigg».

Quando arrivo sta scrivendo un articolo per una rivista tedesca. Me lo legge, interessantissimo. Dice: «A te piace tutto ciò che faccio. Adesso andiamo di là perché voglio abbracciarti, ho voglia di te. Ti amo». Prima telefona per sentire se c'è nulla di nuovo, chiama Ciano. Prende le carte e andiamo di là.

«Eccomi amore, sono tutto tuo, fai di me ciò che vuoi. Ti desidero, e tu hai tante cose da fare per me. Ho bisogno di sentirti, mi piaci, ti amo.»

Facciamo l'amore. Si addormenta, io lo voglio e osservo il suo corpo meraviglioso. Dopo parliamo, al solito, e mi dice: «Ieri ho visto la sorella [*della Ruspi*], lei è molto che non la vedo più. Si nasconde, forse è anche più imbruttita. Comunque non la vedo, finestre chiuse, sta in via Belluno. La sorella dice che ha anche un piccolo giardino. Era testimone Ridolfi[87] che ho parlato con la sorella, dipintissima fra le altre cose, sembrava un quadro. Le ho dato 35 mila lire per finire di pagare il quartierino, e ora è sistemata. [La Ruspi] viene [a villa Torlonia] per mangiare a mezzogiorno, credo per economia, io non la vedo. Ma no, ci sono mille persone che vedono, e non posso rischiare per lei. Mia moglie gira per casa e per il giardino. Ti dico che se volessi andarci potrei farlo, ma ormai basta perché ne ho abbastanza. Ti amo e non ti posso far soffrire. Ti sono fedele veramente, da qualche settimana».

Claretta: «Hai fatto una strage di donne».

«Di nuove non ne parliamo, che non ce ne sono. Le vecchie si allontanano perché hanno capito che c'è un qualcosa di nuovo e più forte, per cui hanno perduto le speranze. Non le cerco davvero. Un tempo ero io che le chiamavo,

---

[87] Camillo Ridolfi, maggiordomo e istruttore di scherma e di ippica di Mussolini.

ora sono loro che tentano di offrirsi. [...] D'altronde devi ammettere che io quella [*la Ruspi*] l'ho lasciata non per un torto di lei, o perché mi ha fatto del male, tradito o altro. No, l'ho lasciata perché mi sono innamorato di te. Quindi anche un po' di maniera era necessaria. In un primo tempo si è ammalata, si è disperata, e forse era sincera. Poi ha tentato di riprendermi con l'amore, poi con l'amicizia. Alla fine si è rassegnata, ha capito che basta, è finita. Io l'aiuterò sempre perché, poveretta, con tre figli grandi, le scuole, ecc., ma per il resto basta. È giovane, può rifarsi una vita, come forse già sta facendo.»

«Se il mondo sapesse che ascolto la radio qui con te»

«Cerca Vienna [*sulla radio*] che desidero sentire il discorso [*del cancelliere austriaco*].»

Mi fa prendere gli occhiali dalla tasca della giacca, poi domanda: «Come sto con gli occhiali?». Cerco la stazione radio, trasmettono musica. Sdraiata ai suoi piedi sul tappeto, sfoglio il libro della sua vita. Mi soffermo a leggergli dei punti, stupisce di cose che non ricorda, poi ride. Quando leggo della ragazza dalle trecce bionde, Candida, ride: «Sì, era graziosa. No, non l'amavo. Durò il tempo che stetti a Forlì».

Continua a leggere. Cerco di nuovo la stazione e si preoccupa che non si trova... Giro, giro. Finalmente la troviamo, allora siede in terra dinanzi alla radio. Gli do un cuscino e così ascolta per un'ora, esclamando: «Bene... Molto forte e deciso... Però, senti, senti. Già, se Hitler non faceva l'atto di prepotenza questi non si scatenavano. Ho fatto bene a non fare chiasso, ho atteso. Gli ho detto che si difendessero da loro, e mi sembra che lo facciano molto bene e con forza».

Mi traduce [*dal tedesco*] le frasi più importanti. A tratti mi accarezza, si appoggia a me, mi stringe forte. Tiene la sua guancia contro la mia, mi bacia con tenerezza. Poi dice: «Se tutti al mondo immaginassero che io sento il discorso così con la mia piccola cara...». Sorride, felino, attento ad ogni frase.

Alle otto dice: «Basta, andiamo di là». Mentre metto a posto si accosta di nuovo ad ascoltare: «Difendono la loro indipendenza» [dice]. Appena entrato [in ufficio] telefona alla stampa e dice: «Ho visto che il giornalista al quale non ho concesso nessuna intervista, ma ho detto qualcosa così, si è permesso di pubblicarla. Ha commesso un atto di indiscrezione di cui sono molto seccato, e ne terrò conto. Glielo farete sapere. Poi ho visto che la stampa francese dedica delle pagine a supposizioni circa le proposte italiane all'Inghilterra, e anche con intenzioni tendenziose. Questo è molto antipatico e impolitico. Lo farete notare, e si farà una nota diplomatica. Vi farò sapere poi. Sono stato a sentire per un'ora il discorso di Schuschnigg, ha detto buone cose. È stato molto forte. Il discorso sia riportato sui giornali con i commenti, descrizione, tutto».

Poi si alza, mi dice: «Andiamo, devo dare degli ordini». Mette i fogli nella cartella rossa con un senso di disgusto. Poi mi accompagna, mi dice di mettermi il cappello.

Due settimane dopo Hitler ingoia l'Austria con l'Anschluss. Il cancelliere Schuschnigg è costretto alle dimissioni.

25 febbraio 1938: *«Oggi vedo la figlia di Garibaldi»*

Alle 9: «Domani voglio andare a galoppare a villa Borghese, perché non dicano che sono vecchio. Devo dimostrare ciò che posso, la mia agilità, la mia forza. Ho pensato che un giorno andremo alla via Appia, faremo portare anche un cavallo per Mimì e tu ci seguirai in macchina».

Non so perché io a cavallo no...

«Non ti piace l'idea? Ah, ho capito, l'Appia sì ma villa Borghese no. Ma pure dovrò andarci.»

Alle 2: «Oggi devo vedere la figlia di Garibaldi, Clelia [*1867-1959*]».

Claretta gelosa: «Quanti anni ha?».

«Credo quasi ottanta. Scherzi, sento che sei di buon umore. Ah, poi devo vedere anche due vedove. Vengono insieme. Sono le vedove dei caduti dell'apparecchio, sai quelli che andarono con Locatelli.[88] Ricordi? Poverette. Senti, qui c'è una lettera della Normandia,[89] dice testualmente così. Vuoi sentire?»

Legge la lettera piuttosto stupida, nella quale gli chiede di darle la possibilità finanziaria di partire per Firenze per rifarsi una vita pulita e tranquilla. Approfitta che la sorella si sposa per prenderne il posto vicino alla madre. Chiede di vederlo un'ultima volta. Breve, sciapa e interessata. Mi domanda cosa ne penso. Glielo dico chiaramente, e che spero che non la riceva. È un po' turbato e incerto: «No, non la vedrò... Basta ora. Le telefonerò, le domanderò di cosa ha bisogno».

Claretta: «No, le farai telefonare da Sebastiani e affiderai a lui la cosa».

«Brava, questa idea ti fa onore. Vedo che la gelosia ti aguzza il cervello. Sì, è giusto, tantopiù che dato che si entra in questioni di quattrini, si può fare a meno di trattare direttamente. Credo che Sebastiani la conosca, perché si è incaricato a suo tempo del fratello per impiegarlo alla Telefonica, e si è incaricato molte volte di queste mie faccende. Hai avuto un'ottima idea, sì amore, brava piccola trionfatrice.»

Alle 7: «Ho veduto quella Clelia Garibaldi, è interessante sai. Avrà settant'anni. Ha tutti i capelli ancora ros-

---

[88] Antonio Locatelli (1895-1936), aviatore caduto in uno scontro con ribelli copti in Etiopia.
[89] Anna Normandia, ex amante, direttrice di una galleria d'arte in via Veneto a Roma.

si, è il ritratto del padre. Non si può negare che sia la figlia di Garibaldi. Sai che mi ha detto: "Vi devo fare una preghiera dal cuore: non volate. Ogni qual volta leggo che siete andato in volo, ho il cuore che si stringe. Voi siete prezioso per il mondo e per l'Italia". Fa una certa emozione vedersi davanti la figlia, dico la figlia di Garibaldi. Ai suoi tempi dev'essere stata bella».

Alle 9: «Amore, stanno al cinema. Questa sera fanno *I Condottieri*,[90] quindi sono abbastanza tranquillo. Adesso leggo, sono tanto solo, ti vorrei con me. Tu che fai? Leggi la mia vita, ti interessa? Mimi è uscita con tua mamma? Dov'è andata? E tu? Vai a letto, vero?».

A mezzanotte: «Non potevo dormire, mi sono alzato a telefonare. Pensavo che fossi uscita. Sai, questa storia di tua sorella e mamma che sono uscite, ho pensato ci fosse un trucco. Che dopo le avresti raggiunte... Ero così in ansia che non potevo dormire. Sì, [se fossi uscita] mi sarebbe dispiaciuto moltissimo. Ti avrei lasciato. Detesto quel genere di signore che fanno questa vita. Mi avresti fatto ripugnanza. Dico davvero, non ti avrei perdonato. Ho detto: è andata a farsi sbellettare dalle braccia di un cavaliere all'altro. E ho sofferto tanto che ti ho telefonato. No amore, io non sono uscito. Un giorno che verrai qui vedrai che per un viottolo ci sono le guardie con il fucile, e che non posso uscire. Ora sono rassicurato amore, buonanotte».

26 febbraio 1938, sabato: *cavalca a villa Borghese*

«Non sono stato bene stanotte, ho sofferto molto con lo stomaco. Oggi farò digiuno. Andrò a cavallo a villa Borghese. Desidero che tu venga a vedermi, se lo desideri naturalmente. Sì, lo faccio per un fine politico. Sai, dicono che sono esaurito di nervi, appesantito. Specialmente in

[90] Film italo-tedesco su Giovanni dalle Bande Nere.

Francia, dicono che sono invecchiato. Ogni tanto bisogna che faccia vedere di essere forte, in forma, di non essere malato. Se dovesse dispiacerti troppo non ci vado. Bene cara, grazie, non guarderò che te. Ho già ordinato i cavalli, tutto, vieni vero? [...] Andrò verso mezzogiorno, adesso devo vedere un ministro e un ambasciatore. Vedrai che avrò un contegno correttissimo e ti farò il migliore dei miei sorrisi.»

Vado a villa Borghese, l'attendo al galoppatoio. Passa, non mi vede, va in fondo, vedo i cavalli. Sale in sella, entra nella pista. Ha il maglione bianco, un berretto bleu a visiera e i pantaloni della milizia. È bellissimo, abbronzato, forte sul cavallo bianco.

Passa prima a piccolo galoppo e non mi vede. Poi, continuando in una corsa ventre a terra, mi vede, mi sorride luminoso. E ripassando ancora al passo mi sorride. Io lo saluto, risponde guardandomi con immensa dolcezza. La corsa meravigliosa a galoppo riprende. Stanca un cavallo, ne prende un altro. È divino, grande come un Dio possente, splendido di forma. A volte si drizza sulle staffe con le briglie quasi lasciate sul collo del cavallo come un *coy-boy* [*sic*]. Va come un fulmine, fra l'ammirazione, l'ansia e l'entusiasmo di chi è accorso ad ammirarlo. Ogni volta che passa mi sorride, mi guarda a lungo. Manda il cavallo al passo, quasi si ferma davanti a me, e mi saluta ancora con gli occhi radiosi. Poi riprende il galoppo folle. Cambia mano, e dopo mezz'ora arresta di colpo il cavallo dinnanzi a me. Si ferma, mi parla tanto, sorride. Va via a piccolo trotto nel sole, seguito dal saluto e dall'applauso della folla.

«Se avessi potuto, ti sarei venuto dentro col cavallo»

All'una mi telefona: «Amore hai veduto? Com'ero? Dimmi, che diceva la gente? Non ero lì che per te, non vedevo che te, amore, avevi gli occhi luminosi. Hai veduto quella che entrava? La Ruspi? Amore, non c'è più lì, è a via Belluno. Ti ho detto che viene a mangiare dalla sorella [*a villa Torlonia*], comunque io non la vedo, si nasconde. Abbi paura del mio amore, è come un ciclone, è tremendo, travolge tutto. Devi tremare. Se avessi potuto, oggi ti sarei venuto dentro con il cavallo.

Senti, perché non vieni lungo la via di Tivoli come niente fosse, così ti vedo? Andrò [*a volare*] sul mare. Allora senti amore, alle due parti per il mare e mettiti lì alla fine della strada di Castel Fusano. Voglio vederti al mare. Passerò sulla nostra capanna, ricordi? Vorrei portarti in volo con me. Stai tranquilla, lo farò portare [*dall'altro pilota*] quando passo su di te».

Alle tre passa su di me che lo attendo in mezzo alla via. Vola ampio, tranquillo, mi sorvola, poi vira verso il mare. Fa un semicerchio abbastanza stretto e mi ripassa su. Mi ha visto certamente. Lo seguo con ansia, tremo quando vola.

Alle 4 telefona da palazzo: «Amore, ti ho veduto in mezzo alla strada con Mimi e allora ho girato ancora. Ho pensato che in quel momento il tuo cuore faceva toc toc dall'ansia, e che tremavi. È vero? Sono andato a casa a cambiarmi, a mettermi in divisa perché vado incontro a Graziani.[91] Sono stato pochi minuti. Dimmi, ti ha fatto emozione vedermi in volo? E stamane ti piacevo [*a cavallo*]? Sai, il *Giornale d'Italia* già lo porta. C'erano stranieri, francesi e inglesi. Ogni tanto queste cose ci vogliono, fanno bene. Bisogna farle, capisci? Adesso chiamo Sebastiani e gli domando che ha fatto con quella signora che doveva andare oggi da lui».

«Un trucco per prendermi danari, quella santarellina»

Alle 5 e 20: «Amore, avevi ragione tu. Quando Sebastiani ha domandato a quella signora [*la Normandia*] che cosa e

---

[91] Generale Rodolfo Graziani (1882-1955), viceré d'Etiopia.

quanto le occorreva per andarsene, non ha saputo cosa dire. È rimasta perplessa, confusa. Dice che ancora non lo sapeva, che non aveva fatto i conti. Alla fine ha detto che li avrebbe fatti e sarebbe tornata a dirglielo. Hai capito? Questo me la rende ancora più antipatica. Il tuo amore ha un intuito non comune. Era un volgare trucco per prendermi dei danari, vedermi e poi non partire. Ora si è trovata fregata. Dice Sebastiani che è rimasta piuttosto "male". Il tuo naso è buono. Il tuo amore ti fa vedere ciò che io non vedo, perché non ho tempo di occuparmene. Ci cadevo come uno sciocco. Basta sai, adesso è proprio finita. Ho capito che trucchista è. Pensa, con quell'aria da santarellina».

Alle 7 e 40: «Amore, vado a casa. Non metterti in evidenza [*a teatro*]. Non uscirò [*dal palco*]. Starò dentro, non mi piace fare la figura del bellimbusto. No, ti prego, non misurarmi il tempo».

Lo vedo a teatro, non è mai uscito. Al primo intervallo vado su e non lo vedo, c'è Alfieri che mi scruta. Scendo e vedo che è rimasto sul palco a parlare con i ragazzi, ride. Mi guarda a lungo. Poi l'opera continua. Nell'atto seguente viene un ragazzo a salutarmi. Diventa pallido e scosso. Guarda ansioso, mi scruta il viso, i movimenti. Non mi toglie più gli occhi da dosso [*sic*]. Anche a costo di farsi capire, freme. Quando questo va via è nervosissimo, tanto che si alza di scatto.

A mezzanotte telefona: «Chi era quel ragazzo? Aveva molta confidenza, vero? Ah, lo conoscevi da quando eri bambina. È vero? Sì, ma poi è brutto, no? Ti conosce di vista, non ti conosce mica in altro modo? Sì, sono geloso. Ti telefono fra poco perché mia moglie ha la luce ancora accesa. Lo vedo dalla veranda senza bisogno di andare da lei. La musica era bella, ma gli scenari orribili».

27 febbraio 1938: «*Legge le poesie e piange*»

Domenica. Alle 11: «Amore, potresti uscire a prendere un po' di sole, e anche andare a messa».

Alle 3: entro, sta leggendo delle poesie di Orsini.[92] Mi sorride, dice: «Senti questa del giovane eroe, è bellissima».

Legge con la sua voce morbida, con inflessioni uniche. Poi sfoglia e si ferma ad una triste e poetica di un bimbo che muore, e chiede alla mamma la divisa. È semplice e piana, profondamente umana, tanto commovente che la voce gli manca. È commosso, non può proseguire, ha un nodo alla gola e si ferma. Poi cerca di riprendere, ma quando il bimbo prega tremante la mamma che sorride soffrendo lo strazio, si ferma. Non può più, i suoi occhi sono pieni di lagrime. Sposta il libro verso di me. Io piego la testa, accosto la mia guancia alla sua, e leggiamo così uniti, commossi, in silenzio. Ci guardiamo infine negli occhi e le nostre anime si uniscono in una comprensione commossa. Abbiamo le lagrime ai cigli come fanciulli. La sua anima è grande. Legge ancora qua e là per riprendersi.

Si alza e mi fa leggere la lettera della Normandia. Sorride quando dico che non poteva avere altro che una calligrafia così. La leggo, mi fa l'impressione di una richiesta di danaro alla banca. Gli faccio osservare la frase «rifarmi una vita pulita e tranquilla»: «Non ci avevo fatto caso, le leggo così in fretta. Hai ragione, che frase stupida. E poi certamente non l'ha sporcata con me, l'ho vista sempre così poco. Ma che bel modo di dire, però. Già, se non eri tu ci cascavo proprio come un frescone. In fatto d'amore sono stato sempre un fesso. Tu sei fine, l'amore ti fa vedere lontano».

Claretta: «Poi [scrive] "amico caro"...».

«Sì, dici bene tu, "amico caro", come i gagà di via Ve-

---

[92] Luigi Orsini (1873-1954).

neto. Le rifai bene...» Ride: «Amore piccolo, adesso cominci ad aiutarmi anche in queste cose, mi sbrighi le faccende amorose».

Camminiamo per il salone. Entriamo nella stanza e siede in poltrona. Scherzando, quando mi chiama vicino mi rifiuto e gli dico che non l'amo più, che si tenga la Ruspi, tanto non m'interessa. Se non può farne a meno gliela lascio. Resta malissimo e sorpreso dalla mia allegra indifferenza, mi dice con voce afona: «Sei cinica, perché? Fai molto male, perché ti amo».

Gli faccio, fra il serio e il burlesco, tutta la storia della Ruspi, della mia sofferenza, dei suoi giuramenti falsi. Mi guarda, mi ascolta triste e ansioso: «Non capisco questo discorso di tenermela, mi stupisce... Ti giuro, anzi non ti giuro perché non mi credi, che non l'ho più veduta da gennaio [*l'ultima volta era dall'8 dicembre...*]. Tu non vuoi che venga nemmeno a colazione [*dalla sorella, vicino a villa Torlonia*]? Va bene, non verrà più, si arrangerà a casa sua. L'hai vinta in pieno, dai primi di febbraio sono assolutamente tuo, questa volta lo posso dire in piena coscienza di verità. A meno che non ti faccia comodo, e che tu non abbia trovato di che distrarti...».

«Facciamo l'amore, grida come una belva ferita»

Il suo volto è teso, gli occhi fiammeggiano. Io sono seduta in terra e adesso lui è scivolato dalla poltrona su di me, curvo, e sento che tutti i suoi nervi sono tesi allo scatto. Lo stringo a me. Lo bacio e facciamo l'amore con tanta furia che le sue grida sembrano di belva ferita. Poi sfinito cade sul letto, anche nel riposo è forte. [...]

Mi dice di ieri a cavallo: «Dimmi com'ero. E la gente che diceva? Mi hanno detto che dicevano che ero tanto forte e bello, dimmi. Dimmi che sono ancora giovane, che non ho 55 anni, che sono forte, che non si vede. Non voglio morire».

Una profonda malinconia lo investe. Dice con voce mutata: «Per quanto voglia ribellarmi a questo pensiero, mi devo rassegnare all'ineluttabile. Ho piegato tutto, ho vinto tutto, ma a questo devo piegarmi. Non c'è che fare, non posso vincere il tempo inesorabile... Se avessi quindici anni di meno potrei accompagnarti fino al tramonto, mentre ora sei tu che accompagni me... Perché ti ho incontrato così tardi, e tu sei così giovane? Devo amarti, ho poco tempo. Tu sei alla primavera della vita, io sono all'autunno. Questa è la mia grande tragedia. Sì, sono un po' melanconico, e del resto il fondo del mio spirito è pessimista, amaro, solitario. Adesso ho il tuo grande amore, ma sono sempre stato solo, ancora lo sono e vorrei fermare il tempo. Sono le grandi melanconie che ha l'amore quando è tanto. È perché ti amo profondamente che sento ancora di più questa tristezza. Hai mai pensato alla grande distanza che c'è fra noi? Mi hai mai trovato vecchio? No, perché mi ami. Ieri mattina ho fatto cose che un giovane non avrebbe fatto, nove chilometri tutti al galoppo avrebbero stroncato un uomo di vent'anni. Il mio cuore non ha accelerato i battiti, nulla. Stavo benissimo e non ero stanco. Ho stancato due cavalli. Dimmi, com'ero su quel cavallo bianco? Ero come un Dio della forza. Amore, dimmi che mi ami, che non mi tradisci. Se ti amo? Non senti come grido? Non ho mai avuto queste gioie da nessuna. [...] Non lasciarmi».

Vede che piango, allora mi bacia, scende dal letto e d'improvviso s'inginocchia in terra prima che faccia in tempo ad impedirlo. Mi bacia il piedino. Resto di sasso e scivolo in ginocchio accanto a lui. Lo abbraccio dicendo: «Amore, non devi farlo tu questo», e lui mi stringe disperatamente. Poi mormora: «È la prima volta che bacio i piedi a una donna, e sono i tuoi piedini. Come atto di devozione e d'amore». Poi si veste, io l'aiuto. Ha mangiato tutta la cioccolata e gli è piaciuta molto.

Telefona alle 9 e 1/2: «Amore, sono stato a vedere due film Luce e un cartone animato, il gatto e i topi. Carino. Ho visto un quarto di un altro film, ma poi ho sentito che il tuo cuore faceva toc-toc, e allora sono salito. Domani andremo a cavallo, vedrai come sarò bello».

28 febbraio 1938: *compleanno di Claretta, Mussolini la porta a cavallo*

Oggi ho un anno di più. E inizio il mio 26° anno con una pagina di luminosa gioia.

Alle 10: «Cara, allora andrai sulla via Appia, e dove troverai macchine e cavalli ti fermerai».

Alle 12 egli è già a cavallo dietro la riga dei ruderi sul campo, e attende con Ridolfi. Mi sorride, mi squadra e approva con gli occhi. Mi domanda se sono felice. Non ho mai iniziato con tanta felicità un anno della mia vita. Provo un tratto al galoppo, ma lui ha paura che cado e non vuole. Continuiamo prima al passo, poi al trotto. Accosta un po' a me, le gambe si toccano.

Prende in giro il soldato che non ha capito niente: «I più stupidi, i più ottusi li danno a me. Non capiscono dove tengono il naso. La Questura lo fa apposta, sempre per la solita sicurezza: dicono che sono meglio stupidi. Non sono mai andato a cavallo con nessuna donna. Con te l'amore non mi fa più riflettere. Pensa che ora mia moglie ha preteso con una scena che si avverta per telefono quando io esco da palazzo il giorno e la sera, con la scusa di tenermi in caldo le vivande. Bisogna essere prudenti, perché ti amo e non dobbiamo soffrire».

[Dopo la passeggiata] alle 3 mi chiama: «Ho fatto a passo tutta la strada fino alla passeggiata archeologica. Lì sono smontato e ho preso la macchina. Lungo la via ho incontrato un torpedone d'inglesi e una [di loro], grossa grossa, mi ha detto: "Duce, sono felice di vedervi". Uno spazzino ha gridato anch'egli alzando le braccia "Viva il duce". Amore, com'è stato bello. Non sono mai stato così felice. Peccato che in ultimo, mentre scendevo da cavallo, mi è sembrato di aver veduto una donna in macchina: la Rifatti [*storpia il nome della Sarfatti*]. Non sono sicuro, ma ho visto questo muso sporgere dalla macchina. E sono rimasto molto male. È proprio un monumento restaurato, come dici tu. Mi ha fatto l'effetto di uno sgorbio su un bel quadro, una brutta impressione. Ma non so poi se era lei, può essere che mi sbagli. Sì certo, se era lei scriverà, e ti farò vedere la lettera. No, non mi ha riportato a nessuna cosa, è stata come un'ombra in tanta luce. Sì, capelli rossi. Non so, non ho neanche visto il numero [della targa dell'auto].

Adesso comincio [*con le udienze*], ho l'Aeronautica, poi la Marina. [...] Non ricevo più straniere sole. Neanche altre, ma specialmente straniere. Poi devo vedere l'ambasciatore del Brasile. Dopo dovrò ricevere una persona antipatica che dicono porti... hai capito. Ma dai, chi lo sa. Poveretto. Posso mangiare un pezzetto della tua cioccolata? È molto buona, tu lo sai che sono un ghiottone di questo. Mi prendi per la gola...».

Marzo 1938

Muore D'Annunzio, Mussolini va al funerale. La sua ex Giulia Brambilla Carminati accusa Claretta di avere un altro amante, e intanto si apparta un'ultima volta con il duce. Il 12 Hitler annette l'Austria (Anschluss). Il dittatore deve fronteggiare con un discorso in Parlamento parecchi timori nei confronti dei nazisti, che serpeggiano anche tra i fascisti. A fine mese altro discorso, assai bellicoso, e il duce si autonomina Primo maresciallo dell'impero.

1° marzo: «*Quella brutta strega della Sarfatti*»

«Dopo una giornata come quella di ieri ho dormito come un bambino. Ti telefono fra un'ora, fai i tuoi pasticcetti. Ridolfi ha trovato un bel campo di due km dove anche tu potrai galoppare. Domani andremo di nuovo a cavallo, sei contenta? A proposito, ieri mattina era proprio lei quella signora, la Rifatti [*spregiativo per Sarfatti*]. È scesa dalla macchina e ha detto a Ridolfi: "Siete stati a fare una passeggiata per la via Appia?". E lui furbo: "No, nei dintorni". Lei: "Come sta il duce?". "Benissimo." Commento di Ridolfi: "È andata molto giù". Allora gli ho detto: "Ma ha anche 60 anni". Sì, sono molto seccato, ma era lei. Quella brutta strega... Se ti tradissi dopo questa bella giornata sarei un miserabile, ti prego amore, non pensarlo.»

Alle 3: «Adesso esco [*va alla Camera*], starò via mezz'ora. No, non parlerò, sai io sono il taciturno».

Alle 4: «Sono tornato, finito. Ho detto le solite quattro parole, "Mi associo", ecc. Le tribune erano mediamente piene. No, non ho veduto nessuno. No, ti dico, e poi non posso guardare le tribune e voltarmi a destra e a sinistra, non vessarmi ti prego. Questo diventa insopportabile, basta. Adesso comincio a ricevere».

Alle 6: «Sto mangiando la tua cioccolata. Fammi togliere dai piedi questi della cinematografia educativa o diseducativa, come credi meglio. Poi devo occuparmi del pane, sì, anche di quello...».

Alle 8, voce lontana: «Dimmi, hai veduto e conosciuto mai un certo Gazzoni,[93] sì, quello del purgante? E dove? Non ricordi? Perché ho avuto ora un anonimo, dice che sei stata a colazione con questo signore all'Hotel Plaza. Non ci sei stata, vero? Sì, anche a me sembra impossibile. Allora proprio no? Va bene».

---

[93] Arturo Gazzoni (1868-1951), industriale bolognese, inventore dell'idrolitina.

Claretta: «Non è un anonimo, te l'ha detto la signora che è venuta da te».

«Non ho visto nessuno, è un biglietto anonimo scritto in stampatello, lo vedrai. Adesso vado a casa e desidero sapere dove hai conosciuto questo signore. Cerca di ricordartene.»

Alle 9: «Non ci sei stata? Sono molto scosso per questa cosa, e poi per un'altra notizia triste. Posso anticiparti, fra poco lo comunicherà la radio: è morto D'Annunzio. Domani partirò, non so quanti giorni. Questa notizia mi ha turbato profondamente».

«La Petacci non vi è fedele, vi tradisce con Gazzoni»

Insisto sulla signora, in modo deciso. Gli ingiungo di dire la verità a costo di qualunque conseguenza. Scatto con una potenza di disperazione tale che si decide a dire la verità: «Ebbene parlo, sì, parlerò, ho veduto una signora. Ma adesso calmati, perché non ti nasconderò nulla. Ho ricevuto questa signora perché mi ha mandato un biglietto dicendo che aveva delle cose importanti che riguardavano la mia vita privata. Allora l'ho fatta salire, perché ho pensato dovesse dirmi qualcosa di te. Io quando sto per sentire fremo, desidero sapere. L'ho ricevuta, sì, vedi che sono sincero adesso. Non l'ho toccata, perché è stata impolitica e sciocca. Abbiamo litigato subito. Le ho domandato che aveva da dirmi e ha risposto: "So che siete stato a cavallo a villa Borghese, eravate molto in forma, mi hanno detto tanto bene. Ma poi ieri avete fatto una passeggiata romantica per la via Appia con le due sorelle, le solite sorelle con cui state sempre insieme".

"Ti prego di non dire sciocchezze" le ho risposto "la piccola bionda non ha che 14-15 anni, e quando l'ho conosciuta ne aveva 12."

"E l'altra quanti ne ha?"

"Pochi di più."

Comunque dice: "Voi siete stato alla via Appia, e poi anche a teatro. La signora è molto notata, la indicano tutti a dito. Questa vostra relazione è una cosa notoria, ne parlano tutti i gerarchi, negli ambienti politici è ormai l'argomento. Fra poco lo saprà tutta Roma, e poi voi non ci fate una bella figura. Tantopiù che la signora non vi ama, non vi è fedele. Non fa un mistero della vostra amicizia, dice anche che voi siete innamorato di lei. E poi vi tradisce. Come siete ingenuo, già, voi con le donne siete ingenuo. Vi tradisce, vi dà da bere".

Il mio cuore si rompeva, sudavo freddo. E lei: "Sì, è stata a colazione con Gazzoni all'albergo Palace [*prima era il Plaza*], come può sempre testimoniare la signora Pavoncelli Ruffo che ha visto".

Io sono scattato: "Voi mentite, per rabbia calunniate in modo indegno quella signora. Questo che dite è miserabile, neanche se lo vedessi ci crederei. Se la vedessi direi che non è lei, siete una bugiarda"».

«Siete proprio così cotto?»

«E lei allora: "Vedo che siete anche geloso, allora siete proprio così cotto?".

Le ho risposto: "A voi cosa importa?".

"M'importa perché ci fate una figura ridicola, e perché lei non è degna di voi, non merita questo. Non vi ama, è tutta ambizione la sua, e ripeto, vi tradisce. Ve ne darò le prove..."

Allora non ho veduto più e l'ho accompagnata alla porta, dicendole che era una bugiarda. Che le sue erano infamie e che non desideravo più sentire le sue invenzioni.

Si è messa a piangere, e sulla porta mi ha detto: "Ve ne pentirete, voi l'amate, ma quella donna vi perderà...", e se n'è andata.

Non l'ho presa per il semplice fatto che è stata così

inopportuna da iniziare subito la discussione. Mi ha talmente irritato e stravolto che l'avrei bastonata. Mi si spaccava la testa. Vedi, sono sincero: se non avessimo discusso poteva essere che io l'avessi presa, non lo escludo. Ma così non è stato possibile. Ti dico che dopo l'ho messa alla porta. Mancano di psicologia, queste donne. Io questa sera ti amo di un amore esasperato. Ti amo con disperazione, con follia. Ha raggiunto l'effetto opposto, gliel'ho detto anche. La detesto, sento verso questa donna un senso profondo di rancore, la odio per il male che mi ha fatto. Ed era sicura. Dimmi la verità Clara, io soffro. Ti devo dire una cosa tremenda, ti devo fare una confessione, ma dopo tu ne approfitterai: sono geloso di te, tanto da soffrire. Non te l'ho mai detto, ma sono geloso. Era una confessione che non dovevo mai fare. Tu ora mi farai soffrire. Ti ho difeso con tutte le mie forze, non le ho permesso d'insultarti. Si è scagliata contro di te come una vipera. Dimmi tu ora, dimmi che non è vero. No, non posso crederlo, sono infamie. Perché le donne sono così cattive? E del teatro diceva che tutti ti indicano. Sono molto triste, esasperato. Non ti ho mai amato tanto come stasera.»

«Non è facile prendere una donna di 50 anni»

«Capirai che anche prendere una donna di 50 anni quasi non è tanto facile, ci vogliono le condizioni di spirito. Ti prego Clara, non capisco più nulla, ho la testa che si spezza. Io ti amo, ti amo come un disperato...»

A mezzanotte: «Non so se mia moglie dorme, ma non posso dormire, ti telefono egualmente. Accada ciò che accada, io ti amo. Dimmi che è un'infamia, dimmi che sono calunnie, che quel mostro ha mentito».

Alle 12 e 1/2: «Giro su e giù per le stanze, mia moglie tiene ancora la luce accesa. Hai ragione, anche questo mi dice che non è vero che si sa, perché mia moglie è tanto serena e di buon umore. Vigliacca, che male che mi ha fatto... Amore, non posso più vivere lontano da te. Tutto questo mi accorcia la vita, ma tanto non m'importa, anzi sono felice. Meglio la morte, almeno non si soffre più. Che vipera, quanto veleno, perché? Ma io ti ho difeso. [...] Mi resta da vivere tanto poco, e questo poco lo voglio vivere con te. Mi sei fedele, vero? Dimmi, mi ricorderai almeno quando avrai la villa a monte Mario? E non ci farai venire subito qualcuno, vero? Che dici amore, un bambino? Cara piccola, questa sarebbe la mia più grande gioia. Questo sì che sarebbe bello, un bambino. Per questo l'hai desiderata [la villa]?».

Alle due: «Mia moglie ha spento, è andata a dormire. Sono agitatissimo, cammino su e giù come una belva scalzo, con i piedi sul marmo. Che devo fare, come resisterò questi giorni [*lontano da Claretta per i funerali di D'Annunzio*]? Partirò in treno, ti telefonerò da fuori a costo di tutto».

Alle 5: «Impazzisco, la testa si spacca. Ho dormito un poco, con incubi. Amore, dimmi che la tua vita è chiara, netta, pulita».

Alle 6: «Sono già in piedi, sì, non posso più stare. Dio come soffro. Dimmi che sei mia, che non mi hai mai tradito. Sono tanto triste per la morte di D'Annunzio, il mio compagno. Pensa, siamo stati insieme per 23 anni, abbiamo combattuto tutte le nostre battaglie. In tutte le guerre siamo stati vicini, e quando sono trascorsi tanti anni è triste. È la generazione che mi precede, adesso verrà la mia. Sono molto triste, ma è così. Lui mi voleva molto bene, e anch'io».

2 marzo 1938, da Brescia: *Mussolini geloso di Claretta*

Il dittatore è andato al Vittoriale di Gardone (Brescia) per rendere omaggio alla salma di D'Annunzio. Ma nelle te-

lefonate serali è ossessionato dall'accusa di infedeltà a Claretta. Le dà del voi.

Alle 6 di sera da Brescia: «Sono stato a vedere il mio amico [*D'Annunzio*], era sereno. Gli si addice il pugnale fra le mani».

Alle 8: «Non ho mangiato, non avevo fame. Mi volete dire allora? Credo che effettivamente abbia importanza quel fatto, avete ricordato? No? Strano».

Claretta: «Non ha importanza e non voglio parlarne questa sera. È stata una malvagità, ve ne renderete conto. Io dovrei essere inquieta con voi».

Alle 9: «Adesso avete ricordato? Quante volte, una o due? Ma allora... Sto male, non posso dormire, sono molto triste».

Alle 10: «Non uscirete, vero? La stanza è grande e fredda, con il soffitto a volta, il pavimento di marmo. [Mi sento] molto solo e triste».

3 marzo 1938: *«Lascerò istruzioni sul mio funerale»*

Telefona da Brescia alle 7 e 1/2 del mattino: «Sono stato quasi sempre sveglio, non ho potuto dormire. Se il tempo lo permetterà verrò in volo, altrimenti in treno. Dall'una aspettate in casa».

Chiama Ridolfi: «Mi ha incaricato di telefonarle per salutarla. È stato tanto nervoso ieri, inquietissimo. Abbiamo provato otto volte a telefonare, non si riusciva ad avere la comunicazione. Era fuori di sé».

Alle 6 del pomeriggio telefona da palazzo: «Non credo che voi mi attendeste con molta ansia. Se volete venire, vi devo restituire qualche cosa, e darvene altre».

Alle sette entro. Mi guarda buio e mi fa cenno di sedermi incontro a lui: «Vi prego di narrarmi le cose». Gli racconto la stupida conoscenza in un ricevimento di questo orrendo uomo sessantacinquenne che mi avrà detto in tutto due-quattro parole. Gli dimostro la calunnia e la cattiveria d'animo di questa donna, e la malafede.

Mi risponde duramente che comunque lui non mi ama più, che è stanco ed è bene finirla. Approvo la sua decisione. Impallidisce sorpreso. Mi dice: «Di' pure tutto quello che vuoi, tanto qui non ci verrai più, puoi esserne certa».

Ci battiamo aspramente, mi ribello e mi difendo. Cede pian piano le armi, lo trovo molto avvilito. Mi dice: «Ma tutto questo non ha importanza, perché tanto io morirò presto. E ti debbo dire che mentre prima l'idea della morte mi faceva paura e tristezza, adesso mi dà un senso di calma. È bello non pensare più. [...] Mi sento male qui, credo che avrò di nuovo l'ulcera. Rispunta e dovrò andare in clinica. Anche Napoleone è morto giovane, relativamente, a 52 anni, e Cesare a 56. Io avrò ancora pochi anni, uno o due al massimo. Ma è meglio così, starò tranquillo almeno. Dovrò fare l'operazione. Non mi pare che l'ulcera sia verso dietro, quindi l'operazione non si può fare. Perciò bisogna affidarsi al Signore. Povero D'Annunzio, così freddo, morto, finito. Mi scriveva delle lunghe lettere. [Il funerale] è stato molto triste, ma anche pieno di poesia. Suggestiva la cerimonia. Quella passeggiata fra i pioppi e gli ulivi per la collina, il lago, i gagliardetti, la musica di Beethoven...

Devo dire che è malagevole portare una cassa [da morto], pesano le casse. Vedevo questi poveretti che faticavano, e ogni tanto erano costretti a fermarsi per riprendere fiato. Ho veduto molte cose che non andavano e ho pensato che bisogna lasciare scritto tutto, perché dopo non ci sia confusione. Anche lui non lo avevano accomodato bene, si vedeva una scarpa, gli avevano lasciato la bocca aperta. E poi perché le mani sul petto? Io lascerò tutto scritto, e tu dirai ciò che io voglio, capito? Ho dato il braccio alla principessa di Montenevoso».

Questi auspici funebri di Mussolini rimarranno irrealiz-

*zati: sette anni dopo ci sarà la fucilazione sua e di Claretta,
e l'esposizione dei cadaveri in piazzale Loreto a Milano.*

4 marzo 1938: *«Frequentavo un postribolo con donne sapienti e sporche»*

Alle 3: «Ho visto dopo tanto tempo mio cugino Alfredo,
ma parlare della fanciullezza ormai così lontana fa venire
tristezza».

Alle quattro entro di straforo perché è pieno di gente.
Egli scrive. Nella stanza ho un urto al cuore, indietreggio:
la presenza di quella donna è ancora così forte che non
resisto. «Che vuoi che ti dica, sei venuta per questo? Mettiti nel salottino, qui certamente lei non c'è stata. Attendimi qui, adesso vado a scrivere un articolo, torno presto.
Spero di non ripugnarti io come la stanza» mi sorride.

Attendo fino alle sette. Fa per entrare nella stanza, io
non voglio. Sediamo sul divano verde, lui dice: «Mi piace
stare così come due fidanzati. Mi sembra di tornare ai
miei amori puri di quando ancora non avevo 25 anni. Sì,
perché devi sapere che la mia sessualità è stata terribile,
ma si è sviluppata tardi. Prima ero soltanto un romantico,
per me la donna era come per Werther, Carlotta, Ortis.
Ricordo vagamente di avere amato verso i vent'anni... Così, puramente, come un poeta. Fu quando andai a fare il
militare che si risvegliarono i miei istinti. Frequentavo un
postribolo dov'erano donne piuttosto sapienti e sporche
che m'iniziarono ai misteri e ai vizi dell'amore. E da allora ho considerato tutte le donne che ho preso come quelle del postribolo. Per la mia soddisfazione carnale. Ora si
è verificato il fatto nuovo, mi trovo ad avere un amore romantico. Alla fine della mia vita ho un amore romantico e
completo. Voglio chiudere il mio ciclo amoroso con questo amore puro. Per fare questo bisogna che mi liberi di
tutte le scaglie. Devo cambiare la pelle come il serpente e

devo liberarmi delle scorie, che sono dure a cadere. Devo rifarmi una pelle, riprendere la mia purezza dei 15-20 anni, e non è facile. Tu hai fatto una strage, credimi. Avevo quattordici [amanti]. Le ho allontanate tutte, piano piano. Questa [*Giulia Brambilla Carminati*] era l'ultima, e si è autoliquidata. Oggi mi ha mandato una lettera dicendomi: "Ti chiedo perdono, ho capito di aver fatto male, ma non credevo che fosse così forte per te, così grande. Vorrò almeno rimanere tua amica, una buona sorella". Dev'essere un po' matta, squinternata, sragiona. Prima ha scritto quel po' di stoccate sul tuo conto, poi si è rimangiata tutto».

Si avvicina al vano della finestra dove avvenne la prima volta e poi facciamo l'amore, [lui] come un ragazzo felice. Dopo entriamo nello studio. Ride e scherza. Mi dice: «Adesso ti leggo l'articolo, così mi dai un giudizio e lo correggiamo insieme».

6 marzo 1938: «*Lei era in ginocchio, io ero seduto qui*»

Mussolini riceve un'altra lettera di Giulia Brambilla, che accusa Claretta di andare a Bologna da Gazzoni facendosi pagare il viaggio. Claretta si precipita a palazzo Venezia negando tutto. Fanno l'amore, poi ascoltano alla radio L'Eroica *diretta da Victor De Sabata.*[94]

Mi dice che questa Giulia l'ha conosciuta nel '22, e poi non l'ha vista più per dieci anni.

Mussolini: «Nel '33 ci siamo incontrati ancora. Non l'ho mai amata, è stata una cosa puramente fisica. Soprattutto per lei. È matta, però può farti del male. Le altre si sono rassegnate educatamente, questa ci darà filo da torcere. È l'ultima, la più aspra e pericolosa, perché è in uno stato di esasperazione. Ma no, puoi stare

---

[94] Direttore d'orchestra (1892-1967).

su questo letto, perché [*il primo marzo*] lei era in ginocchio e io ero seduto qui... Insomma, mi fai dire tutto e poi piangi. Hai ragione piccola, adesso sentiamo la radio che è meglio. Non ne ricordo nessuna di queste donne che ho avuto. Pensa che ho cominciato a essere sballottato che ero un bimbo di sei anni». Ascoltiamo *L'Eroica*. [Dice]: «Non mi piace molto questa prima parte». Al secondo tempo meraviglioso ascolta in silenzio, e sento la sua mano che vibra sul mio braccio. Ad un tratto piango. Egli mi stringe con tenerezza e mi bacia le lagrime: «Amore, non dimenticherò mai queste tue lagrime durante la marcia dell'*Eroica*. Questa è l'apoteosi, il trionfo».

Poi la radio trasmette musica moderna: «Mi nausea, ma perché suonano questa roba? Non significa proprio nulla, non vale nulla, non si sa che vogliono dire. Bisogna riconoscere che per la musica oggi non c'è nessuno, è spento il genio. Questa roba è irritante, e hanno il coraggio di applaudire. Bisogna dire che sono [applausi] fiacchi, ma... Farò dire a De Sabata che non doveva far suonare questa porcheria».

Dopo suonano il preludio all'atto IV della *Traviata*. La musica è divina, si commuove, è muto, fissa dinanzi a sé. I suoi grandi occhi si riempiono di lagrime, piange. La sua grande anima risponde alle divine vibrazioni del genio. Lo guardo e sento di tremare. Mi accosto a lui, egli istintivamente abbassa il capo. Ha pudore di questo momento sublime. Si vergogna che l'abbia colto in un attimo di debolezza [...] Forse è un po' esaurito, anche perché abbiamo fatto l'amore due volte.

7 marzo 1938, *il misantropo: «Che umanità ridicola»*

Serata di gala a palazzo Venezia. Mussolini telefona a Claretta verso mezzanotte dalla sua scrivania.

«Questi ricevimenti mi annoiano, non sono fatti per me. Non ho fatto che pensare a te. Non mi ha interessato nessuno, e mai come questa sera mi sono sentito distaccato dal mondo, dall'umanità. Non vedevo il momento di andarmene. Hanno anche voluto visitare il palazzo e poi non si decidevano [ad andarsene], tanto che alla fine ho preso io l'iniziativa. Ho anche detto: "Se non fosse per questo ricevimento sarei a dormire da due ore". L'umanità di questa sera era rivoltante, disastrosa. Non ho mai veduto donne e uomini più brutti. Su duecento donne forse erano passabili dieci. Non c'erano che due donne che potevano darti ai nervi. C'era la figlia della Sarfatti che mi ha sempre voltato la schiena. Ma che vuole questa gente che gesticola, che ride, che grida, che si muove buffamente. Queste donne dipinte con le schiene nude, gli uomini pieni di patacche. Le donne nane, gli uomini ridicoli. Li hanno fatti sfilare dinanzi a me, e questi non sapevano cosa dovevano fare, se salutare o inchinarsi. Erano così comici con quelle mosse, gli impacci. Le donne che parlavano forte... E poi quando sono andati al buffet, che orrore. Ce n'era qualcuna che mandava giù i pasticcini interi. E io mi domandavo: ma insomma, non avete mangiato a casa vostra? Che nausea, si buttavano lì sopra come affamati.

Amore, sono avvilito dal senso di distanza che ho provato. Non mi era mai accaduto prima, anzi mi trovavo abbastanza bene fra la gente. Ma questa sera mi sono sentito solitario come non mai. Ho scambiato in tutto quattro parole, non ho risposto quasi neanche a Starace. Credo che tutti si saranno accorti che ero soprapensiero, distratto, lontano. Tutti cercano di vedere sul mio viso l'espressione di ciò che accade, quindi avranno visto che pensavo ad altro, che non vedevo l'ora di finirla. Forse sono troppo innamorato di te. Vorrei venire nel tuo lettino caldo.»

9 marzo 1938: *padre e fratello di Claretta, fascisti garantiti*

Alle 9: «Quando si è iscritto al Fascio tuo padre? Me lo farai sapere. No, non ho dubbi, ma comunque queste formalità possono servire. Sono formalità, ma necessarie».

Arrivo a palazzo alle 19. Telefona a Ciano che l'ha avvertito di aver spedito un telegramma, e legge. Poi lo ripone. Dice ancora a Galeazzo che fino alle 11 gli può mandare notizie a villa Torlonia. Legge i documenti di Marcello che provano il sentimento fascista della famiglia. Mi dice: «Molto bene, questi bisogna tenerli da parte. Sono molto importanti».

10 marzo 1938: *«Improvvisata a Foligno, che entusiasmo»*

Alle 6 del pomeriggio: «Sono tornato ora da un bellissimo volo a Foligno. Ho avuto soddisfazione di esserci andato: entusiasmo quando sono arrivato all'improvviso nella città, sembravano impazziti. Poi quando sono sceso al caffè prima sono rimasti sbalorditi, poi mi hanno quasi soffocato di grida. Sono contento, qualche volta queste apparizioni ci stanno bene, per vedere a che punto di calore sono, se l'entusiasmo è sveglio. Sono contento di tutto, anche delle fabbriche, dei lavori. Che facce la gente, se avessi visto».

Alle 7: «Lavoro sempre, preparo il Gran Consiglio. Vado a cambiarmi e a mettermi in orbace».

Alle 9 e 1/2: «Senti, senti che portano il gagliardetto. Senti gli squilli di tromba». Ascolto la cerimonia dal microfono aperto. Torna al telefono: «Ora quel poco di stanchezza è già scomparso, sono un leone. Bastano quegli squilli e l'inno, per ridestare lo spirito battagliero. Tra poco comincerò».

12 marzo 1938: *a pranzo con i «pirati»*

Alle 4 e 1/2: «Oggi alla colazione con gli ufficiali di Marina ero molto brillante, tutti hanno potuto osservare il mio volto sereno e imperturbabile. Molto simpatici questi ufficiali, ce n'era qualcuno veramente bene. Uomini forti, mi piacciono. Ah, gli italiani possono stare tranquilli che ci sono io. Vigilo e sorveglio, sempre pronto e all'erta. Aspetta, mi chiamano».

Alle 4 e 3/4: «Scusa amore, ho dovuto interrompere. Mi chiamavano da Bolzano, sono scese delle truppe germaniche oltre il confine. Hanno salutato, inneggiato al mio nome e se ne sono andate. Già, tutto qui».

Dal diario di Ciano dello stesso giorno: «Colazione con i pirati: il Duce ha riunito attorno a sé, a tavola, gli Stati maggiori delle navi che fecero la pirateria contro i rossi. Parla brevemente loro, esaltando l'opera della Marina nella guerra di Spagna».

13 marzo 1938: *Anschluss. Ma il duce si occupa delle accuse di infedeltà a Claretta*

Sono giorni cruciali della storia europea: Hitler ha effettuato l'Anschluss e invaso l'Austria. Mussolini aveva sempre difeso l'indipendenza di Vienna, ma si rassegna. Ed è assillato da altre preoccupazioni.

Alle 11: «Vieni subito. Ho ricevuto un'altra lettera [*di Giulia Brambilla Carminati*], lo avevi capito».

Entro alle 12. Passeggia su e giù, poi prende la lettera e mi fa mettere in poltrona. È appoggiato al marmo della finestra. Legge, sorvola la prima parte che dev'essere amorosa. Poi parla di politica, gli dà consigli, lo elogia, lo sviolina: «Grande, forte, unico, verso la via del Trionfo». Parla perfino del Caucaso, dice che ha la carta sotto gli occhi. Una quantità di fesserie. Poi passa al mio argomento e dice che, benché ormai per lei questa cosa sia superata, sente il dovere di avvertirlo. «Come sei cascato male» dice. «Ti farò avere tutte le informazioni [*sul tradimento di Claretta*] corredate di prove. Vedrai che roba.» Io sparlerei di lui a tutti, lo prenderei in giro. Poi avrei un agente che m'informa di quello che fa, «roba da chiodi», ogni sorta di insinuazioni. Conclude che è sempre più innamorata di lui, e che ha «tanto desiderio di averti dopo tanti giorni», testuali parole.

Mi sento gelare, ma egli non capisce. La lettera termina dicendo: «Se mi vuoi telefonare chiamami subito, perché dopo vado a fare una gita con una mia amica». Allora rido proprio di cuore, e gli dico che ad un certo punto le carte si scoprono sempre.

È stupito, mi chiede il perché, e rispondo che quando una donna ama davvero ed è disperata, non si muove da vicino al telefono. Non va fuori ma attende, e se anche la invitassero in Paradiso o dal re non si muoverebbe. Ed io ne sono l'esempio, che sto sempre attaccata al telefono. In questa ultima frase lei rivela il suo vero animo, e fa ridere.

Capisce anche lui, ma è incerto. Gli sfuggono certe sensibilità e sfumature, è un primitivo. Certe cose può capirle una donna che ama. Egli è nemico delle menzogne degli altri, crede tutte sincere...

Poi parla dell'Austria, dice che gli italiani dimenticano che i prussiani li hanno aiutati due volte. Parla a lungo su questo, dice: «Gli austriaci sono tedeschi, parlano la stessa lingua, quindi era fatale. Doveva accadere, prima o dopo. Inutile farci dei commenti, e volerla vedere diversamente. È così perché doveva essere così».

«Facciamo l'amore, poi dorme sfinito»

A Claretta dell'Anschluss non importa nulla, quindi per interessarla il povero Benito deve tornare a Giulia Brambilla.

«Non telefonerò a questa signora, la farò chiamare da Sebastiani per dirle che la smetta, ha annoiato con queste chiacchiere.»

Mi accompagna di là, resto ad attenderlo [*nell'appartamento privato di palazzo Venezia*]. Va a casa, torna alle tre. È tutto ardente e innamorato, poi tenero e febbrile. Facciamo l'amore come mai, fino a sentir male al cuore, e subito dopo ancora. Poi (lui) dorme sfinito e felice. Mi tiene stretta a lui come una bambina. Si desta, dice: «Ho dormito molto? Devo andare a vedere che c'è di nuovo, ho telefonate da fare, torno subito. Intanto apri la radio, cerca [*il collegamento con il teatro*] Adriano».

Si veste, va di là, torna dopo un quarto d'ora. Alla radio c'è musica moderna. Legge i soliti rapporti e mi passa i fogli. S'inquieta come una belva ad un falso di un francese che dice di un'intervista che lui non gli ha dato: «Porci schifosi questi francesi, lurida gente, ora si mangiano il fegato dalla bile che io li ho mollati del tutto. Del resto pagano il fio della sterilità voluta delle loro donne. Il Paese morirà. Il francese è un buon soldato perché lo è stato sempre, è abituato alla guerra. Ma [i francesi] sono dei porci».

«Il cancelliere austriaco è debole e sciocco»

Continua a leggere e scatta ogni tanto, fuori di sé. A tratti ascolta la radio e dice: «Questa musica non ha senso». Finisce i rapporti e mi chiede di metterli in ordine. Poi si alza, passeggia e dice: «Lo sapevo, lo prevedevo. Ero sicuro che doveva accadere. Avevo avvertito Schuschnigg, gli ho mandato apposta un colonnello per dirgli di non fare il plebiscito:[95] "Vi scoppierà una bomba nelle mani". Nulla, lo ha fatto lo stesso. Io per quel che ho potuto ho cercato di evitarlo. Ma non mi ha ascoltato, ha agito di testa sua.

[95] Pretesto usato da Hitler per invadere l'Austria.

Tanto che penso che forse erano d'accordo di farlo, di provocarlo. Sì, [*il cancelliere austriaco è*] un debole e uno sciocco. Mancava l'uomo. D'altronde come vedi gli austriaci sono contenti, entusiasti. E non avevano mai chiesto la nostra protezione. È una cosa che facevamo noi, ma loro non ci hanno mai chiesto neanche un fucile.

Fu all'epoca di Dollfuss,[96] cui ero legato da profonda amicizia, che mandai truppe al confine dopo il tremendo episodio, e feci le mosse che feci. Ma dopo tutto tornò regolare, anzi direi che gli austriaci desideravano essere con il Führer. [Dollfuss] lo tradirono i suoi. Fu il capitano ... che lasciò aperta la cancelleria. Penetrarono dentro e lo pugnalarono. Poi lo lasciarono morire dissanguato. C'era un guardiano che lo sorvegliava. Avevano tagliato tutte le comunicazioni, i fili del telefono, tutto. E il palazzo era circondato dai rivoltosi. È stata una tragica fine. Mi è molto dispiaciuto perché ero molto amico di [Dollfuss], è terribile. Che vuoi fare, i tradimenti».

«*Francesi decadenti per colpa di sifilide, assenzio e stampa*»

Ascoltiamo la musica di Wagner, e quando fanno il preludio al primo atto del *Lohengrin* si commuove. Nasconde il viso nella mia spalla, si vergogna che me ne accorgo. Tanto che quando è finito il pezzo si alza di scatto e passeggia. Ma quando torna in poltrona ha ancora gli occhi pieni di pianto. Restiamo stretti stretti fino a che tutta la musica finisce, poi deve andare di là.

Ordina di smentire l'intervista [del giornalista francese], è felice per l'avanzata degli spagnoli, che poi sono italiani.[97] S'informa del mondo, lavora rapido e deciso. Telefona al prefetto di Bolzano domandandogli i dati della popolazione. Dice: «Questi idioti dei francesi devono la

[96] Engelbert Dollfuss (1892-1934), cancelliere austriaco assassinato dai nazisti.
[97] Nella guerra civile in Spagna, dove combattono volontari fascisti.

244

loro decadenza e il loro cretinismo a tre elementi: la sifilide, l'assenzio e la stampa [libera]. Ancora non hanno
compreso di smetterla. Diramerò in lingua che i tedeschi
a Bolzano sono 20.000, non 300.000 e più. E che non
pensano a muoversi».

[Telefona] ad Alfieri per un altro tremendo sfogo contro la stampa: «Figuratevi se io vado a dire a un giornalista
e francese ciò che lui scrive, e se posso incaricarlo di dire
qualcosa da parte mia a Blum,[98] quel sudicio porco uomo
di Blum. Ho i miei ambasciatori prima, ma poi non avrei
mai fatto proposte a quel sacco di bestialità di Blum».

*«Se non prendi le donne, scrivono che sei invertito o impo-
tente»*

«Non ho mai voluto concedere interviste ai giornalisti
stranieri, c'è sempre da attendersi qualche sorpresa. Come quella Magda [*Fontanges, francese*] che io non volevo
vedere. Ma tanto Alfieri che l'ambasciatore e questo e
quello insistettero, che alla fine cedetti [*nel 1936*].

Questa era una di quelle solite corrotte che ti pongo-
no l'alternativa: o le prendi, o se non le prendi sono capaci di andare a scrivere che sei un invertito, un impotente. Allora la presi due volte. E questa spudorata andò
a raccontare tutto su una rivista. Come si svolse la cosa,
disse che ero stato così rapido che nella fretta ho tirato
giù le mutandine, che si strapparono con un rumore strano. E poi che fui così rapido che avevo finito senza che lei
se ne fosse accorta. Raccontava tutto, com'ero fatto, tutto. Neanche una p.....a avrebbe avuto questo coraggio e
questa spudoratezza. Ebbi a pentirmene, di essere stato
costretto a riceverla. Ora tu ti sei fatta scura, questo discorso ti ha turbato. Ma è una vecchia cosa, di due anni
fa. Neanche la ricordo più.»

[98] Leon Blum (1872-1950), premier socialista francese dal 1936 al 1938.

«Le scene di fanatismo per Hitler sono sconcertanti»

Poi mi dice: «Le scene di fanatismo per Hitler [in Austria] sono state tali da sconcertare. Neanche noi meridionali arriviamo a tanto. E si parla della freddezza dei nordici. A Graz le donne si sono inginocchiate dinanzi alle prime vetrine che hanno esposto il ritratto del Führer. Inginocchiate con le mani giunte e gli occhi luminosi. Senza parlare delle grida di entusiasmo e delle fotografie baciate. Perché le tenevano nascoste, non potevano esporle. Questo ti dice l'animo di quella gente».

Claretta: «Se c'è tanto entusiasmo e non attendevano che questo, in un domani non avrebbero fatto lo Stato cuscinetto, perché mai si sarebbero messi contro il Führer. E allora tanto valeva si mettessero subito con lui».

Mussolini: «Ecco, sei più saggia di tutta la stampa di questo mondo. Nel tuo buon senso dici finalmente la cosa giusta. Brava amore, proprio così: non avrebbero mai alzato arma contro i tedeschi. Quindi doveva accadere così. Si ribellano [solo gli austriaci] dai 50 anni in su, quelli che ricordano la monarchia e lo splendore imperiale. C'è qualcosa di melanconico e nostalgico, in fondo, in questa fine della vecchia Austria».

14 marzo 1938: *Claretta non vuole che il duce vada alla Camera*

Alle 10, nervosissimo, senza una parola buona: «Senti, oggi vado alla Camera. C'è il bilancio dell'Esercito e ho il dovere imprescindibile di andarci. Ho il precipuo dovere, non posso disinteressarmi di tutto. Insomma, è così». Io tacevo.[99]

[99] Claretta è gelosa di Romilda Ruspi e Giulia Brambilla, che possono guardarlo dalle tribune di Montecitorio.

Alle 11: «Amore, facciamo pace. Stai tranquilla. Ti amo, non guarderò nessuno. Un giorno poi verrai anche tu. Sai che fai? Vieni qui alle quattro. Mi attenderai, e dopo staremo assieme. Sei contenta?».

Alle 2: «Amore non essere inquieta, ti amo e ti sono fedele».

Alle 3: «Vado via fra poco. Ti telefono ancora».

Alle 3:35: «Adesso vado via, esci e vieni qui. Mi attendi nella tua stanza, amore. Ti prometto che non guarderò nessuna, penserò sempre a te».

Vado giù e l'attendo. Viene alle sei. Mi trova a piangere. Viene vicino, mi bacia e abbraccia: «Amore, [lei] non c'era, vorrei perdere gli occhi se non è vero. Ho dato uno sguardo amplissimo verso sinistra, non c'era. E sono stato sempre con le spalle voltate. Piccola, non piangere. Non ho fatto che pensare a te. Sei la mia sposina dolce. Siamo come due sposini: lui esce per il lavoro e lei attende ansiosa, e piange se lui ritarda. Vieni, ora accompagnami di là».

«Lasciami lavorare, non faccio il garzone di parrucchiere»

Mi dà un giornale, poi ritorno. Viene alle otto, è nervoso, scatta come una belva: «Quando io dico una cosa ci devi credere. Ho da lavorare, è già molto che stai qui».

Si sfoga, mi guarda bieco.

«Devo lavorare, ho il tavolo pieno di carte, non faccio il garzone di parrucchiere. Alle dieci ho il Gran Consiglio [*convocato per l'Anschluss*] e devo ancora preparare tutto, non vedi. Non ho avuto neanche il tempo di cambiarmi!»

Continua a gridare, io taccio. Ha i nervi tesi, lo lascio dire. Quando si alza per farmi andare via non replico. Mi accompagna: «Addio cara, ti telefono tra poco». Uscendo sento nella saletta il cameriere che prepara il brodo. Vado via che ho voglia di piangere.

Alle 8 e 1/2 è più calmo: «Perdonami cara, lavoro, ho ancora molto da fare».

Alle 9: «Ho preso un po' di brodo, era buono. Ti ho maltrattato, sono un animale, ma quando ho tanto lavoro non ci vedo più».

Alle 9 e 1/2: «Amore, non hai ragione di avere il mal di testa, non c'è motivo».

Alle 10: «Adesso comincio il Gran Consiglio. Ti telefono dopo».

All'una: «Ho finito, come stai? No, non sono stanco, ma ho sonno. Vado subito a casa, ti telefono appena arrivo. Dormivi? No?».

Una e 1/2: «Perdonami, ti amo lo sai. Ma sono tanto nervoso in questi giorni, comprendimi. Buonanotte amore».

Dura la vita del dittatore innamorato...

15 marzo 1938: *«Ho un popolo da governare, ti dedico troppo tempo»*

Mussolini va a pranzo al ministero dell'Aeronautica militare, poi alla Camera. Dice a Claretta di andare ad attenderlo a palazzo Venezia, come il giorno prima. Lei teme che in tribuna a Montecitorio ci siano le sue rivali.

Alle 5 e 3/4 entra nella stanza dello Zodiaco e mi dice: «Giuro sui miei cinque bambini che le ho voltato le spalle. Ho guardato di scorcio un attimo in su, e ho voltato le spalle. Amore, quando ti do queste assicurazioni devi credermi. Invece incontro c'era l'altra, Giulia, figurati. Era nella tribuna Reale perché è dama di Corte. Aveva un grande cappello nero e un atteggiamento drammatico e grave. Ma tu non credo sia più gelosa di quella...».

I suoi nervi stanchi saltano, si esaspera: «Vieni, gettami le braccia al collo, non essere più triste».

Claretta: «Sono stanca e ti credo, ma sono sfinita. Ho sofferto».

«Non ammetto che tu possa dubitare della mia parola, non sono l'ultimo dei burattini. Adesso ho da fare, c'è un vescovo che mi attende.»

Torna alle sette, si irrita leggendo le schifezze che dicono i francesi. Dopo bisticcia ancora perché rispondo a una sua domanda dicendo che tanto lo so che non si può tenere. S'inquieta quando dico di amarlo di meno: «Io non ti chiedo l'elemosina. Se mi ami bene, altrimenti non m'interessa. Non ho tempo di occuparmi di te e di altre cose. Sono Mussolini, non sono diventato un cretino che posso discutere di cose extra il mio lavoro a lungo. Se la gente mi vedesse, si domanderebbe se mi sono impazzito o rammollito. Ho un mondo da sorvegliare e un popolo da governare, tutto è sulle mie spalle. Non sono l'ultimo degli uomini, e già ti dedico troppo tempo. Mi chiedo alle volte se sono scemo.

Le donne nella mia vita non hanno occupato che un tempo limitato, e non hanno intaccato il mio spirito. Per questo non ho mai amato, ho rifuggito da qualsiasi affetto e sono stato sempre solo. Perché non posso essere disturbato nel mio lavoro. Per il mio lavoro passerei sul ventre di mia madre. Se questa nostra cosa dovrà turbarmi, in qualche modo distrarmi dai miei doveri, tu [vai] da una parte e io dall'altra. Non intendo essere annoiato e diventare imbecille. Non ho tempo di discutere di queste stupide cose, e mi meraviglio che tu abbia perduto la tua squisita sensibilità. Sei qui vicino a me in momenti in cui io sto bene solo, e mi fai inquietare. Andiamo di là, che il mondo mi attende. Ho da fare delle cose più serie...».

«Sono giorni tremendi, perché non mi capisci?»

Si alza, cerco di calmarlo, nulla. Taccio. Questo sfogo è la conseguenza delle lettere di Giulia. Entriamo nello studio. Sul tavolo c'è il discorso pronto per domani: «Vedi, ho da fare questo». Siede, chiama Ciano: «Vieni subito

qui». Poi mi dice: «Adesso viene Ciano, tu va di là e attendimi presso la finestra». Apre la porta, entro nel salone delle Battaglie e guardo il traffico [*di piazza Venezia*]
da dietro la tenda. Sento lui che parla con voce squillante, forse legge il discorso a Ciano. Non ascolto. Istintivamente non tendo mai l'orecchio né alle sue telefonate né
ai suoi discorsi quando sono con lui o dietro la porta. Dopo venti buoni minuti apre l'uscio: «Hai sentito come gri-
davo? No? Fai bene cara, perdonami, sono un bruto alle
volte. Ma dimmi, chi mi comprenderà? Almeno tu con il
tuo amore dovresti riuscirci un poco. Adesso sono più
tranquillo, ho fatto il bambino. Ho partorito. Adesso sto
bene, ho creato. Amore, io ti scrollo con i miei urli. Ti dico tante cose ingiuste, ma quando creo i miei nervi sono
tesi. Sono giorni tremendi, perché non mi capisci?».

Telefona alle 9 e 1/4 [*da casa sua a casa di Claretta*]. Poi
alle 9 e 3/4: «Se vuoi domani vieni anche tu [alla Came-
ra], ma sai, significa mettersi in mostra». Ritelefona tre
volte, l'ultima alle 10 e 3/4: «Vado a letto che sono stanco. Non ricordo più nulla delle parole che ti ho detto. Sai,
le mie burrasche sono passeggere. Dimentico tutto, non
ci metto nulla di cattivo. Sono un uomo della natura, e
quindi dopo il temporale c'è il sole, subito. Cara piccola,
è difficile amarmi. Ti amo, buonanotte amore».

Dal diario di Ciano, 15.3.38: «*Il Duce prepara il discorso per la Camera sul problema austriaco. È necessario perché il Paese è rimasto abbastanza scosso e vuole avere la parola del Capo.* [...] *Il Duce mi legge il suo discorso: bellissimo, del miglior Mussolini*».

16 marzo 1938: «*Hitler oggi in Austria come i piemontesi
a Roma il 20 settembre 1870*»

Alle 11: «I biglietti per la Camera ce li ho, ma se proprio
dovessi dirti ciò che penso, preferirei che tu venissi qui

nella tua stanza. Senti che dico: nella *tua* stanza. Però se ti dovesse dispiacere troppo... Insomma, pensaci».

All'una: «Hai deciso? Ho qui tre biglietti, potrebbe venire anche tuo padre se ha tempo. Anche tu preferisci stare qui [a palazzo Venezia]? Grazie amore. Di' ai tuoi di far presto, che altrimenti non trovano posto».

Vado al palazzo, lui sorride tranquillo, è vicino al tavolo a sistemare i fogli. Mentre entro canta e dice: «Appena 25 cartelle, venti minuti, tutto il mondo è in attesa. C'è molta gente che sragiona e si dimentica che quel che è accaduto oggi [in Austria] lo hanno fatto i piemontesi venendo a Roma il 20 settembre [1870]. Accaddero scene di fanatismo, strappavano le piume ai bersaglieri, ogni famiglia ne aveva in casa una. Dissero a Pio IX che sarebbero arrivati: "Santità, bisogna sparare con i cannoni". Lui rispose: "Cannoni? Cosa sono? Non li ho mai visti né li voglio sentire". Era fatale, doveva accadere. [Gli austriaci] sono tedeschi, tedeschi, è inutile. Hitler se non lo faceva adesso non lo faceva più. Ha approfittato del momento».

Claretta: «Forse anche per rispondere al tuo inizio d'accordi con l'Inghilterra».

Mi guarda e non risponde. Dice: «Questo era il suo momento, e lo ha afferrato. Vedi come sono diverso da lui? Io in politica sono freddo, lui viceversa è un sentimentale. Non poteva andare a visitare la tomba dei suoi genitori [*Hitler è austriaco*], e questo era un tormento».

Mi abbraccia e dice: «Preferisco che tu sia qui ad attendermi, amore».

«Anch'io, non avevo piacere di venire nel pollaio.»

Sorride: «Quando devo parlare ho le lune. Ti penserò sempre, ti desidero. E al ritorno mi darai il premio, vero?».

Ascolto il formidabile discorso, torna alle 5 e 3/4, lo stringo forte a me. È calmo, mi domanda se la trasmissione è andata bene. Poi torna di là, la folla si è adunata sotto il balcone. Io sono dietro i vetri. Lui si affaccia molte volte. Alle sei viene da me. «Oggi sono pazzo di te» scherza mordendomi, poi fa l'amore come un folle. Tremando grida, e nella gioia mi storce il naso che scricchiola. «Amore sono mortificato, sono proprio un selvaggio, perdonami. Ho visto Mimi e mamma.» Si veste, lo aiuto. Insisto per andare all'opera, che canta Schipa.[100] Dice che è stanco, non ne ha voglia, ma poi il desiderio di sentire Schipa è più forte.

All'opera c'è Giulia, non so se lui l'ha vista. Non esce dal palco. Al secondo intervallo entra una signora nel palco, io soffro. È brutta, però al terzo atto rimane dentro. Il *Werther* è bellissimo.

Mi telefona alle 12:40: «Scherzi, cara? È la sorella di Ciano, come, non la conosci? Mi raccontava cose interessanti di Berlino. Vedi come si è ridotta per aver fatto la cura dimagrante? Idiota. È orrenda. Perdona se ti ho fatto soffrire involontariamente. Hai veduto che ti facevo segno del nasino, carezzavo il mio per il tuo. Com'ero?».

«Bello.»

«Bello per te. Amore sono stanco, vorrei fare nanna con te.»

17 marzo 1938: *«In cinque minuti sbrigo tutto»*

«Le solite liti burocratiche interminabili. Scrivono, scrivono, parlano, non la finiscono mai. Io in cinque minuti sbrigo tutto, sistemo tutto ciò che loro impiegano mesi a chiarire. Ho veduto il film su Vienna [*l'arrivo dei nazisti*]. Poca gente, [ma] sono rimasto turbato.»

18 marzo 1938: *«Gli amplessi maritali sono stanchi. Invece io ti rompo il naso»*

Passeggiata a cavallo: [Benito] sale sul cavallo senza aiuto, con grande ammirazione nostra. Ridolfi dice che

---

[100] Tito Schipa, celebre tenore (1888-1965).

erano diversi anni che non montava più così, senza appoggio. Non ha neanche il fiatore. Mi dice: «Ho ricevuto i combattenti tedeschi, anziani, ma tanti senza pancia».

Parla di villa Torlonia: «Cade da tutte le parti. È stata costruita nel 1848, non ci è mai stato fatto nulla. Ho dovuto farci molti lavori. Ho rifatto le cucine su all'ultimo piano invece che in basso, perché accadde una mezza disgrazia con Romano che correva. Un cameriere che portava la zuppa gliel'ha rovesciata tutta sulla testa: ustione dolorosa, pericolo per la vista. Allora abolii le cucine giù e le rifeci su. Mi è costato 10.000 lire questo scherzo, ma sono tranquillo. E poi è anche più igienico, più pulito, niente puzza di cucina».

Mi chiede del nasino: «È storto?». Si ferma, guarda e dice: «C'è una leggera contusione, ho rischiato di rompertelo. Perdo il controllo. Se non fosse così [i nostri] sarebbero degli amplessi maritali, stanchi. Invece tu hai male al cuore, e io ti rompo il nasino». [...] «Ti amo, voglio che tu faccia un bambino mio. Altrimenti lo farai con un altro. Ti faccio il nido per un altro, io, quello è il bello.»[101]

19 marzo 1938: «*La Francia vuole andare in Catalogna*»

Mussolini: «Ricevo un'altra lettera di quella signora [*Giulia Brambilla*]. Dice: "Ieri ti ho veduto alla Camera e non ti ho mai lasciato un attimo con lo sguardo, malgrado tu direi ostentatamente mi volgessi le spalle. E non mi hai mai parlato una sola volta".

Vedi che ti dico la verità? Poi ci sono due pagine politiche che ti risparmio. Insomma, nulla di speciale. Ora vado al Foro ad assistere a quel saggio in onore dei tedeschi».

[101] La nuova villa Petacci alla Camilluccia.

Alle 12: «È stato molto bello. I nostri fanno il passo con più eleganza di loro. Gli esercizi sono stati perfetti. Sono rimasti entusiasti e ammirati. Sì, c'era molta gente. Nessuno alle tribune, c'erano gli ufficiali del presidio».

Nel pomeriggio vado a palazzo, facciamo l'amore due volte. Dopo la prima lui dorme come un bimbo, e a lungo. Dopo la seconda invece si alza e mangia un arancio con gusto. Il solito selvaggio.

Mussolini: «Ciano ha portato dei telegrammi importanti, in Spagna le cose vanno molto bene. Ma adesso c'è un nuovo punto all'orizzonte che potrebbe causare un disastro irreparabile: la Francia vuole andare in Catalogna. Perché dice che se la Germania ha preso l'Austria, lei può prendere la Catalogna. Ah no, perché in Austria sono tedeschi, [mentre] lì non c'è nessuna affinità, nessuna ragione. Mi sento già un leone… Odor di tempesta».

Alle 21: «Ho parlato con mia moglie, è andata alle corse. Ha vinto 40 lire. Bisogna incoraggiare questa mania, così si distrae».

20 marzo 1938: *domenica a villa Borghese*

Alle 9: «Hai dormito? Bene, i nervi riprendono il loro equilibrio. Se vuoi venire [a villa Borghese] fai pure, però mettiti fra la folla, così mi dirai cosa dicono. Non metterti in vista».

Lo vedo al galoppatoio, c'è una manifestazione bellissima. I carabinieri sono molto bravi e gli ostacoli difficili. Lui è nervoso, non so perché. Mi vede, però non guarda. Davanti a me siede sulla staccionata una donna bionda tinta cinquantenne che dice piano all'amica: «Non vedo la bella amica del duce, quella bionda. Oggi non c'è». L'ho vista molte volte alle riviste, ma non le ho dato importanza. Invece è quella Giulia.

Alle 12 [Mussolini] telefona: «Avete fatto pace?».

«Chi?»

«Tu e Giulia. Non eri seduta dietro di lei sulla staccionata?»

«Ma non è quella che dici tu.»

«Senti, io ci vedo poco, eppure direi che era lei. Non hai sentito nulla? Non ti ha detto nulla? Strano. Ah, t'è antipatica. Ecco, qualcosa c'era. Hai sentito la presenza di un nemico. L'avresti buttata giù... Ma certo, questo è l'episodio più straordinario della mia vita. Io non guardavo mai appunto perché c'era lei, e non capivo come foste così vicine. Ero inquietissimo e nervoso, avevo una luna, sai. Era lei, ti dico. Quasi quasi le telefono. No? E non t'ha detto nulla. Oh, ma sai che è straordinaria. Ma tu com'eri lì? Dimmi, tutto ciò mi mette di buon umore. Così stavate vicine a spalla senza conoscervi, eppure lei ti odia. No, non le ho telefonato, no... Ebbene sì, questa mattina però, non ora. Lei mi domandava di farle sapere se avevo ricevuto le accuse contro quei gerarchi, perché se fossero andate perdute lei sarebbe stata compromessa. Allora l'ho chiamata e le ho detto soltanto: "Le ho ricevute tutte". E basta. Non credo sia rimasta soddisfatta.»

Claretta: «Viscida serpe, le spacco la testa come un cocomero»

Quando entro è nero. Mi dice subito: «Te l'avevo detto di non venire stamane. Invece no, sempre lì. E poi alla tribuna delle autorità...».

«Non è vero.»

«... a sfiorare il caso. E poi questo caso ti frega, così questa mattina ti fa trovare vicino a quella. Ed ecco il risultato. Ricevo questa lettera, senti.» Comincia a leggere tutte le offese che quella mi fa: «Ora che mi hanno indicato chi è, vedo come sei caduto. Non c'è donna più brutta, più orrenda, più volgare di quella. È vestita non so come, un orrore. La faccia cattiva e lo sguardo maligno, velenoso, dimostrano il carattere pessimo. Quando sta con la sorella, poi, fanno il paio… Se penso che hai potuto toccare una donna simile sono terrorizzata di te, di cosa ti accade. Come hai potuto toccare un orrore di quel genere… Tutti i gerarchi sono indignati. Pensano che è ora che tu la finisca. Puoi fare ciò che vuoi, ma non essere ridicolo, come lei ti fa o farà [diventare]. Sentivo uno dei politici che mormoravano su di lei mentre passava: "Neanche il mio autista la toccherebbe". E poi mi diceva un gerarca che l'altra sera all'opera si faceva notare da tutti, gesticolava, non si conteneva… Uno scandalo. Ma io, che ti dico la verità a costo di tutto, ti salverò. E adesso che la conosco non la lascerò un momento, non la mollerò finché non scoprirò la sua seconda vita, che ha. Non so come tu possa essere sceso così. Ti risparmio tutte le altre cose: sorrisetti gelati, mezze frasi che ora non ti dico. Ti riporto solo una [sua] frase e ti porterò il testimone che l'ha udita esclamare, parlando della tua gamba ammalata: "Speriamo gli venga un cancro…"».

A questa frase di troppo sono scattata come una belva, ho battuto un pugno sul tavolo e ho perduto la calma. Ho detto finalmente tutto ciò che questa viscida serpe e vecchia baldracca merita: «Vigliacca sporca femmina, le spacco la faccia e la testa come un cocomero. Infame, lurida, svergognata, o la fai smettere di insudiciare il mio amore o parto. Preferisco amarti da lontano piuttosto che il mio bene immenso venga insudiciato da queste femmine. Quel che devi metterti bene in testa è che io non sono la tua amante: sono il tuo amore, il che è una cosa ben diversa. E che tu per me sei come mio marito. Se non fossi stato tu non avrei avuto amanti, perché non vengo né dalla strada, né da una famiglia di disonorati!».

Lui mi guardava serio e attendeva la fine del mio scatto, fissandomi. Poi mi viene da piangere. Allora lui mi dice: «Calmati. Io non credo nulla, e manderò via questa donna da Roma, anche perché sta diventando un elemento pericoloso e disordinato. Nel partito mi crea noie, grane, bisogna che l'allontani. È pericolosa, crea complotti, vede canaglie dappertutto. Adesso chiamo per portar via quella roba».

Claretta: «Io non ti sopravvivo. Sono nata per te, finisco con te»

Parla di mio fratello Marcello: «Ho detto abbastanza degli esami, ma non posso dire di più, perché la mia coscienza si rifiuta di raccomandare alcuno. Sono un puro, questa è la mia forza. Tutti gli italiani sanno che io non prendo un pennino, che non si può dire nulla di me».

Telefona ad Alfieri che venga verso le sette. Mi dice: «Ho letto il suo discorso. Povero me, devo correggerlo tutto».

Malinconia: «Non voglio morire, eppure dovrò. Lo sai perché mi dispiace morire? Perché mi dispiace lasciarti. Ma dopo due anni almeno ti farai un altro amante. Sarai di un altro... E io sarò morto. È terribile».

Claretta: «Io non ti sopravvivo, ti seguo. Sono nata per te, finisco con te».

Terrà fede fino in fondo a questo suo tragico impegno nell'aprile 1945.

Mussolini: «Pensa che fra cinque anni io ne avrò 60 e tu 30. Sarai nel fiore della vita, avrai degli impulsi sessuali tremendi e io sarò vecchio. Mi farò schifo, tu mi tradirai. Ci pensi, dimmi. Non voglio invecchiare, la vecchiaia è schifosa».

Guardiamo dei libri, uno della Sibilla [Aleramo]. Dice: «Bisogna toccarsi perché porta iella».

«Chi te l'ha detto?»

«Non so, la Sarfatti...»

«Ah, allora... Andiamo via.»

Prendo il libro e m'incammino.

Ride di cuore al mio gesto: «Mi è piaciuto come hai fatto "Andiamo via", la mossa, come hai preso il libro».

Andiamo nella stanza e facciamo l'amore con ardore. Poi, ansante sul letto, mormora strane frasi [sulle donne che ha avuto a vent'anni].

21 marzo 1938: «*Quando io non parlo, la Camera è grigia e monotona*»

«Ho ricevuto un'altra lettera [*della Brambilla*] lunga due pagine dove non fa parola di te, ma prende di petto un'altra: la Margherita Rifatti, figurati. Dice che l'ha vista ieri sera ad un ricevimento. Era il centro dell'attenzione di tutti, stava con un signore di tendenze diverse, di costumi diversi, ma non politici, intendi? E che lei le ha voltato le spalle. Insomma, un mucchio di pettegolezzi. In settimana la faccio partire, con uno dei soliti mezzi. C'è un commissario addetto a questo, che le dirà di tornare a casa sua. No, non ci ripenso, oramai basta. È un elemento disturbatore e pettegolo, bisogna farla tacere. Credevo fosse contessa, invece è marchesa. Sì, racconta palle.»

Così il dittatore fa dare il foglio di via alle ex amanti troppo ingombranti.

«Che ci vieni a fare alla Camera? Quando io non parlo è grigia e monotona. Quando parlerò un'altra volta verrai. Non vado al Senato, ci andrò mercoledì. La vista di tutti quei vecchi m'immalinconisce, benché mi siano molto simpatici. Così domani si chiude [il dibattito del]la Camera, [poi vado] una volta al Senato, ed è finita questa corvée. Lei non ci sarà, perché nella lettera mi annuncia che sarà al Senato. Così stai tranquilla. [...]

Sì, se vuoi vai pure, basta che tu sia a casa alle 5. Dov'è questa modista? Dov'è questa strada? E questo negozio dov'è? Ma no, non sono geloso, te lo chiedo così, adesso addio.»

22 marzo 1938: *«Credo che vai a sbottegare, ma tu devi credere a me»*

Mi telefona solo alle 7, gli domando il perché. «Non ti ho trovato e ho sbrigato le udienze. Domani le leggerai sul giornale, ci sarà anche la foto. La mia vita è chiara. Cara, ti prego di cambiare metodo, perché è ingiusto. Se ti telefono e non ti trovo sbrigo il lavoro, poi ti chiamo e mi aggredisci. Come io credo che sei andata a sbottegare, così tu devi credere che non ho visto nessuno».

Alle 9: «Ho visto due film Luce su Vienna...».

«Ma l'avevi già visto, lo ricordo.»

«No, questo è l'ingresso [dei nazisti] proprio a Vienna. Amore, sei convinta di me? Ma questa è ingiustizia, mi dici sempre delle cose ingrate.»

23 marzo 1938: *«Mi fanno male gli stivaloni»*

«Oggi ho molto da fare, mi fanno girare come una trottola: al Partito, poi alla Milizia.»

Alle 4: «Sono tornato, ho cantato fin'ora, senti che sono senza voce. La piazza è piena di gente, guardano gli allievi che montano la guardia. Non ci possiamo vedere perché c'è questa guardia nuova. Smonterà alle sei e mezzo».

Alle 6: «Amore senti, la piazza è piena e gridano. Adesso dovrò affacciarmi. Senti...». Lascia aperto il ricevitore. Il grido della folla che chiama, e che al vederlo irrompe, spezza quasi di vibrazioni il telefono. La sua voce è lieta ma calma. «Gridano, dovrò affacciarmi ancora. Adesso vado, che dicono i miei registi? Aspetta.»

Io ascolto, la vetrata si riapre e l'invocazione ritmica si muta in grido possente e adorante. Uno, due, diversi minuti. È magnifico. Viene al telefono: «Hai sentito anche tu? Sentivi bene? Cara». Si volge dentro e dice: «Portate le fotografie! Addio, ti chiamo fra poco».

Alle sette lo prego vivamente di farmi andare da lui un poco, perché ho un folle desiderio di vederlo, tanto da non reggere. Come quando ero bambina, che correvo per le vie ad incontrarlo. Mi risponde: «Non sarà mai che io ti dia un così grande dispiacere. Vieni, ti attendo. Ma solo cinque minuti, perché mi fanno male gli stivaloni. Cosa prosaica ma vera».

Vado da lui. Entro, si toglie gli occhiali. La sua faccia è stanca, soprattutto gli occhi. Non voglio pensar male, ma sono brutti. Gli vado vicino. «Preparo il discorso.» Infatti sul tavolo c'è un foglio con uno schema in matita rossa, diviso in tre: "terra, aria, mare", e a destra gli appunti. «Lo farò in settimana entrante al Senato. Ho mal di testa qui, dammi la mano che è fresca. E poi quando porto gli stivaloni mi fa male la gamba. Quando li tolgo c'è uno strappo, non so come mai ma tutte le volte è così, ho bisogno di toglierlo presto. Perché sei voluta venire?»

«Oh, io lo desideravo.» Ma non [pensavo che fosse così] stanco e brutto.

«Come mi trovi?»

«Bello.»

«Lo dici senza convinzione. Infatti sono stanco. Ho camminato tutt'oggi. La folla aveva entusiasmo.»

«Questi arditi mi rovinano l'Asse con la Germania»

«Sai cosa cantavano gli arditi [*corpo di volontari d'assalto*] sulla piazza? "Il duce è bello / il duce è bello / ama le donne e il vin..." Tutti a ridere, allora ho riso anch'io. "È bello, è bello / ama le donne e il vin..." Dai, ancora. "Il pugnale che noi abbiamo / è di acciaio temperato / i tedeschi lo han provato / i francesi lo han da provar." Capisci che roba, tutti in coro questi arditi matti. Allora ho mandato Roncuzzi a dire al comandante di cambiare "i tedeschi" con "abissini" [nel canto]. Altrimenti mi rovi-

nano l'Asse [con i tedeschi], questi. Ma sono straordinari. Dicevano: "Quando andiamo a Parigi? Duce, noi vogliamo andare a Parigi, a marciare per la Rue", ecc. Allora un cappellano militare ha detto: "Duce, pensate che
bell'effetto il passo romano di parata per la via più importante".» Ride.

«Insomma, questi arditi vogliono fare a botte, sono
gente di fegato. Dicevano sul serio, convinti. Sai che per
abituarli gli tenevano una bomba in mano fino all'ultimo,
e poi gli sparavano all'improvviso un petardo sotto il letto
mentre dormivano? E non dovevano saltare, ma rimetter-
si subito a dormire tranquilli. Gli tirano un pugnale sul viso, e lo devono scansare al volo. Così si abituano, i nervi si
scaldano... Gente simpatica, forte.»

Si alza: «Ahi, lo stivalone mi fa male. Voglio andare a
casa, sono stanco».

Fa per accompagnarmi, quando siamo a metà si sente
un rumore strano dietro la porta. Ci fermiamo, andiamo
a vedere: nulla. Entrando nel salone buio dice: «Però,
queste sale di notte incutono un certo timore. È vero che
è pieno di poliziotti da tutte le parti, ma insomma...».

«Grazie al "marchese" di mia moglie ti sono fedele»

Torniamo verso la porta, mi dice: «Se avessi visto come si
divertivano le donne del popolo a vedere questi allievi
che facevano su e giù. Stavano qui dalle due a guardare,
fisse, curiose. Hanno il senso dell'estetica raffinato. Erano tanto carini quei ragazzi.

Sì, sono buono e innocente fino all'idiozia: 22 giorni di
fedeltà assoluta. Non credevo di essere capace di tanto. La
fedeltà spirituale, quella c'è sempre stata, ma di quella fisica non mi credevo capace. Invece lo faccio, e con orgoglio.
Non sento fatica. Resisto benissimo, non ci penso neanche.
Incredibile, ma è così. Non ho toccato più nessuna donna,
neanche mia moglie. Devi sapere che sono andato da lei

cinque giorni fa, di ritorno dall'opera. Quella sera avevo voglia di mia moglie, cioè lei aveva voglia di me, almeno credevo. Aveva un bel marchese [*mestruazioni*]. Sono entrato, mi ha detto: "Che vuoi? Ho il marchese". Allora io dietro-front, e via di corsa. E pensavo: guarda com'è fortunata Clara, non le ho fatto un corno neanche con mia moglie. Sai, aveva lasciato aperte le porte, il che significa un invito. Si vede che le era arrivato proprio in quel momento, da pochi minuti. Insomma, sono andato e sono stato fortunato. Mi sono ben guardato naturalmente dal pensare se era finto o no. Forse è un segno di decadimento...».

Sorride al mio sguardo. Poi si lamenta dello stivalone, mi bacia sul collo, sulla guancia, molte volte ancora, mi fa una carezza sui capelli tenera e forte. Vado via, sono le otto.

Chiama dopo le 9: «Ho veduto un tempo di *La grande città*,[102] dove hanno riunito tutti i pugilatori, Dempsey, ecc. E dopo una grande scazzottatura nasce un bambino, non so che relazione ci sia ma... Adesso fanno *Le montagne di fuoco*, che è? Non sai? Ho mangiato tonno e cipolle. Dimmi, non uscirai per caso dopo la mia ultima telefonata serale? Tu puoi uscire, io no. Non esci?».

«No, te lo direi. Tanto non sei geloso, quindi...»

«Sei sicura che non ti chiamo. Se ci penso vuol dire che lo fai.»

«Faccio come te, dico le bugie come te.»

«Allora tu esci...»

«Ah, bene, ci sei cascato.»

24 marzo 1938

Cena con Vitelini, pilota dei Sorci verdi. *È la squadriglia di aviatori di cui fa parte anche il figlio Bruno Mussolini. Dopo lo storico volo transatlantico Italia-Brasile del gen-*

---

[102] Film americano del 1937 con Spencer Tracy.

naio 1938, il dittatore coniò la famosa battuta: «Abbiamo
fatto vedere i sorci verdi al mondo intero».

25 marzo 1938: *«Gli ebrei nei film mostrano le oppressio-*
ni dello zar per giustificare i bolscevichi»

«[Questo] discorso ci voleva, perché il primo discorso
chiarificatore [sull'Anschluss dell'Austria] non sembra sia
stato sufficiente per i signori con le braghe in mano. E sbra-
gati. È lungo, sì, ma sono tredici anni che non faccio più un
discorso di questo genere. È necessario. Questi commen-
tatori paurosi devono finire: "Oddio, che succederà o non
succederà?". Proprio niente, stiano tranquilli. [...]
   È vero che ho una bella bocca? Sai, lo ha detto il den-
tista a mia moglie, pensa. Voglio vedere.» Va allo specchio. «È vero. A te piace, amore?» «Sono un po' stanco.
Credi che sia tutto fosforo che se ne va, quando faccio
questi lavori? A un certo punto sai che succede fra due
individui? Che la carne si abitua all'altra e non può farne
a meno. Si verifica quella che io chiamo l'acclimatazione
della carne. Anche l'ex re [*d'Inghilterra*] Edoardo VIII
non si sente uomo che con la Simpson. Che sia un vizio-
so del vino è notorio. L'altro vizio non è grave per l'Inghilterra, gli inglesi lo sono quasi tutti. Tanto è vero che
pagano il pedaggio nei collegi, al maestro, ecc. Del resto
anche in Italia, sai, non certo come in Inghilterra, ma...
Ricordo che al mio collegio c'era un biondino, si chiamava Dall'Olio, pallido, esile. Lo lavoravano tutti, andava
con tutti. Cercava pure me, ma si sbagliava. Vedevo passare questo ragazzo tutte le notti da una stanza all'altra.
Ma anche fra ragazze accade. A Bari in un collegio sono
accadute delle scene tremende. Due allieve innamorate
della stessa maestra e viceversa. Quindi liti terribili, scan-
dali. Tu mi guardi inorridita.
   Ho dovuto proibire la programmazione del film *La*

contessa Alessandra.[103] Questi ebrei la sanno lunga, fanno vedere tutte le oppressioni dello zar, e naturalmente il popolo dice: "Ecco perché il bolscevismo, allora".

Poi [ho proibito] una commedia, *Io e te*. Non si può mai stare soli, prima c'è la mamma, poi i figli, poi i nipoti... Insomma, [il messaggio è:] "Non sposatevi, che non siete mai soli". Contrario a tutti i principi della nostra politica. Niente, niente, tutta da rifare la nostra produzione letteraria, è tutta sbagliata. Anche dal punto di vista religioso, fascista. Quell'Alfieri è uno svanito.»

Claretta: «Forse non arriva a fare tutto».

«Già, forse. Se tu vedessi in Germania, non c'è un rigo che non sia ortodosso.»

«Che tristezza i vecchi senatori: sputano, tossiscono, fanno pipì»

Va al Senato, torna alle 5. Stavo dormendo, mi dice: «Ti lascio dormire amore, poi vengo a prenderti per il concerto».

Alle sette [mi] fa nascondere dietro una porta. L'arpista [Liana Pasquali] è racchia, finisce dopo cinque pezzi e lui le promette di aiutarla. Scrive un comunicato su chi ha ricevuto [quel giorno] e lo telefona ad Alfieri. Poi parla di Trieste e dice che i tedeschi non hanno mai avuto fortuna in Italia: «O hanno assimilato lo spirito italiano, o le hanno prese in maniera inequivocabile... Fin dal 1170 presero legnate dai primi stati confederati della Lombardia. Bastarono Milano, Torino e dintorni a infliggere una di quelle sconfitte all'armata di Federico Barbarossa, il quale stette poi nascosto cinque giorni in un pagliaio. Per questo non lo ritrovavano. Non prendono nulla i tedeschi: o l'amicizia come vogliamo noi, o la sconfitta. Cesare doveva sotto-

[103] Con Marlene Dietrich.

mettere tutti i Germani. Non bastava arrivare alla valle del Reno. Ah, vorrei chiedere a Dio di farmi tornare indietro quindici anni, ho ancora tanto da fare, tante cose in mente. Sono una forza della natura, quando mi scateno nessuno può fermarmi, come l'uragano, la tempesta, il terremoto. Ah, la vecchiaia è schifosa.

Oggi al Senato che tristezza: chi sputava, chi tossiva, chi doveva sempre uscire per fare pipì. Con tutto il rispetto che ho per Iddio, ha fatto male le cose: doveva dare 75 anni di vita intera e forte, poi di colpo addormentarsi e finire. Senza schifose malattie, non vederci zoppicare, strasciare. Come fai ad amarmi, ho 55 anni, un orrore. Sì, tu fai i tuoi soliti calcoli, 54 e otto mesi». Sorride. «Sono triste anche perché è una giornata bianca, non ti ho preso.»

27 marzo 1938: «*Ho letto il processo a Confalonieri*»

«In Spagna [gli italiani] sono impegnati a fondo, ci sono già 250 morti e 1600 feriti. La battaglia è dura anche perché non hanno avanzato che cinque chilometri, quindi è sanguinosa. Sono molto armati, tanto e bene. E ora sparano le ultime carte.»

Alle 10 di sera: «Ho letto il processo di Confalonieri,[104] interessante. La moglie Teresa fu una donna nobile, coraggiosa, fiera, buona e innamorata. Lui aveva per amante la Trivulzio, l'ha fatta soffrire Teresa, sì. Ma lei lo ha salvato. Riuscì a farsi ricevere dall'imperatore e mi ha stupito come ha fatto in otto giorni ad andare da Milano a Vienna con la diligenza, la carrozza. Tutta una corsa per salvare il suo Federico. Dopo lui ha compreso, si riconciliarono, capì il suo errore».

---

[104] Il patriota Federico Confalonieri (1785-1846).

28 marzo 1938: «*Bottai mi ha portato la mia pagella*»

Al mattino Mussolini va al mare con la moglie. Alle otto di sera vede Claretta.

«Guarda che mi ha portato Bottai:[105] questa mia pagella del 1897, pensa. Vedi, c'è uno zero in geografia, la media è di otto. Quel trimestre non so come mai ho avuto zero.»

Ride. «Poi questo è un tema di quando avevo tredici anni. Senti come scrivevo...» Legge con voce commossa. È veramente bello, con immagini piene di poesia: «La bambina ricciuluta dorme e ha paura, l'operaio in cerca di lavoro...». Molto bello, mi commuove. «Finisce così: "Mamma, perché soltanto noi dobbiamo aver paura?".»

Si emoziona, lo abbraccio: «Eri già tu». «Sì, ero io. A tredici anni scrivevo bene, no? E i problemi sociali, pensa un po'. Sono passati 41 anni. Oh Dio, come sono vecchio.»

Claretta: «Hai pagato il tributo, con tua moglie al mare?».

«È vero, ho pagato il tributo. Vedi che ti dico tutto? Sono stato con mia moglie. Ma quello che è tremendo è che non ho fatto che pensare a te. Con un'emozione, una malinconia, un'intensità terribile. Ti vedevo venirmi incontro, guardarmi se ero tranquillo o preoccupato... Poi Mimì che preparava l'insalata, e il posto dove si metteva al sole... E noi, il nostro angoletto d'amore. Quanto ti ho pensato. Tu fai la passeggiata lungo il mare, da dove abbiamo visto il tramonto e ti ho baciato. E ti confesso che quando mia moglie [...] io non funzionavo. È stato piuttosto laborioso, poi naturalmente ha funzionato. È stata lei, sai. Io mi sono spogliato per prendere il sole e lei... capisci il seguito. Ma che vuoi, non pensavo che a te. E [mi] dicevo: "Io l'amo proprio quella donna, il pensiero è così costante e mi emoziona. L'amo davvero". Ricordavo tutto di te, tanti episodi grandi e piccoli. Amore, sì, lo capisco che sei triste.»

[105] Giuseppe Bottai (1895-1959), ministro dell'Educazione.

Alle 9: «Ti telefono così presto perché mia moglie è andata a vedere *Tracce false*.[106] Adesso leggo. Buonanotte amore».

29 marzo 1938: *«Ho dormito sul tavolo»*

Alle 3: «No, non vado all'opera neanche se mi spaccano. Ho da fare. Non ho tempo, inutile insistere».

Alle 4: «Ho dormito sul tavolo come un miserabile disgraziato qualunque».

[Poi sta] un'ora e più senza chiamare. Sono tanto triste che piango, alle 5 risponde Mimì. È sgarbato, nervoso: «Ho preoccupazioni politiche».

30 marzo 1938: *Mussolini bellicoso, si autonomina primo maresciallo dell'Impero*

Al Senato il dittatore pronuncia uno dei discorsi più bellicosi del ventennio, vantando la supposta potenza delle varie armi italiane: «La miglior difesa è l'attacco!» tuona.

Poi, nel pomeriggio, si mostra per la prima volta al balcone di palazzo Venezia con la nuova divisa di primo maresciallo dell'Impero, carica che si è autoattribuito.

Alle 3: «Amore, tra poco parlerò al mondo. Andiamo di là, è più intimo». Lungo la via mi bacia all'improvviso sulla guancia con tenerezza: «Ieri sera, anche se la musica è stata bellissima e poderosa come tutte le opere di Verdi, ho dormito. Tu non sai i nervi, la bile che mi ha preso quando ho veduto quella [*la Carminati Brambilla*] venire nel palco vicino. Io non volevo venirci, appunto perché lo immaginavo. Lei conosce quei signori, se ne approfitta. Ogni volta che vedevo come ti guardava le

[106] Film di Sam Wood del 1935.

avrei sputato nella schiena. Ho un senso invincibile di nausea, l'avrei buttata giù dal palco, quanto la detestavo. E poi, dopo che mi ero mangiato il fegato tutto il tempo, sento che tu mi accusi. Allora ho perduto la testa. È una spudorata. Certo, non le ho ordinato di partire come per un confino, ma di allontanarsi. Ho visto rosso. Ma ormai è finita».

Siede in poltrona e legge i rapporti. Mi dice: «Piccola, non sei contenta di essere sola qui, di attendere il tuo amore, tu sola fra tutte le donne del mondo? E dopo che questo tuo amore avrà parlato, averlo fra le braccia, stringerlo, baciarlo, farlo tuo? Te ne freghi, vero?».

Mi appresso a lui, e subito passa fra noi uno di quegli attimi di vertigine che, se non ci fosse stato il discorso, avrebbe concluso. È eccitatissimo, fa dei discorsi tremendi d'amore che cerco di calmare con dolcezza: «Ormai sono trenta giorni che non ti tradisco, pensa. Le altre donne mi fanno tutte schifo, nausea. Non so come ho fatto il primo marzo, è stato un attimo di abiezione, un impulso sessuale. Sì, hai ragione, [la Brambilla] è proprio una vaccona. Una di quelle donne modellate larghe, dove non bastano... Tu capisci. Hai ragione: ci vuole poesia anche in quello. E la tua poesia è unica. È una vecchia baldracca, cagna sudicia. Come la Sarfatti, sono quelle donne che arrivate a una certa età si danno all'autista, al cameriere, al portiere. E pagano.

Non voglio che tu mi tradisca neanche dopo, devi morire prima di me. Altrimenti ti farai un amante, e io non voglio che tu sia di un altro... Basta amore, altrimenti il mio discorso corre pericolo. Fortuna che io sono tanto forte e mi so dominare in tutto».

Guardo dietro la tendina la folla che si addensa nella piazza. Ogni tanto viene dentro, mi guarda, mi sorride, mi bacia, è già tutto preso dal discorso: «Amore, sono in battaglia, battaglierò, vedi». Fa il passo di parata.

Ascolto il discorso poderoso, terribile, perentorio. Sono commossa e ammirata, è unico quest'uomo. Poi vado di corsa nel salone vicino ad attendere, assisto alla manifestazione d'amore che la folla quasi pazza d'entusiasmo gli tributa. Entra rapido, lo bacio, tremo di gioia. Si affaccia di nuovo, due, tre volte, la folla è insaziabile. Mi bacia e dice: «Sono il primo maresciallo dell'Impero».

«Non l'imperatore?»

«Amore, è poco, dici tu?» Ride. «Non aggiunge nulla a ciò che già sono, vero? Sì, hai ragione, l'ho fatto io l'impero, contro tutto e tutti, a costo di tutto. Dimmi, la mia voce era metallica, dura, decisa? Giungeva bene, vero, chiara, senza disturbi? E tu sei la mia piccola maresciaolla. Sono felice che tu sia stata qui dietro quella porta, hai vissuto la mia vita vertiginosa. Cara, piccola Waleska che attende sempre.»

31 marzo 1938: «*I giornali antifascisti m'insultano. Me ne infischio*»

«Vieni, [ferma] l'auto in via degli Astalli, capito?» Entro alle tre. «Sai che la gente comincia a partire, c'è un poco di panico per il mio discorso. Questo ti dà l'idea dell'idiozia umana, la stupidità della gente: l'hanno presa alla lettera. Fuori d'Italia sono un po' perplessi e paurosi, specialmente in Francia. Ma sfollano già. Sono contento, tanta gente inutile di meno. Sì, sono un po' turbato per tante sfumature politiche che mi sono dispiaciute, che mi hanno urtato. Sai, ombre...»

Claretta: «Dovresti essere tu solo maresciallo, lui [*il re*] che c'entrava? L'avevi già fatto imperatore».

Mi guarda un attimo, non risponde. Muove il mento in fuori, come a dire: «Che vuoi fare». Capisco che tante cose hanno offeso la sua anima grande e generosa di uomo leale e nobile. Oggi egli soffre di un qualcosa di profondo, di un vuoto che l'ha colpito intimamente. Vede che lo comprendo, ma non vuole parlarne. Dopo lo distraggo, e facciamo l'amore con tanta passione, come folli. Poi dorme tranquillo fra le mie braccia. Quindi facciamo ancora l'amore, e poi dice piano: «Sono stanco, ma felice». Si alza e, così in maglietta, dopo aver preso i giornali siede in poltrona e legge. Mi prega di prendergli gli occhiali. Legge e butta i fogli, come sempre. Lo aiuto ad infilare la giacca. Prima non riusciva ad allacciare il colletto, poi ha fatto da sé: «Ho il colletto duro perché sono andato da sua Maestà stamane». Fa un viso strano con quel mezzo sorriso suo, e non parla. «Mmmm...» faccio io imitandolo, come quando una cosa la vede storta e capisce lontano. Sorride, mi bacia, è già assente da me, va via.

Torna [dal Senato] alle otto. Gli domando se leggeva bene. Gli dico che credo non ci vedesse bene. Mi guarda sorpreso: «Chi te l'ha detto?... L'hai sentito? Sì, infatti sai cos'è accaduto? Avevano saltato tutto un periodo [nel testo scritto], ho dovuto improvvisare. E poi le parole a fine pagina dovrebbero finire con un punto, già, senza voltare. La luce era scarsissima, ma tu soltanto avrai sentito».

Alle 9 da casa: «Amore, ho molto da leggere. Tutti i giornali antifascisti m'insultano».

Alle 10: «Ho letto dieci giornali, uno peggio dell'altro. Me ne infischio nella maniera più assoluta».

Aprile 1938

Mussolini è ossessionato dalla siccità, che rovina l'agricoltura. A Pasqua firma un trattato in cui l'Inghilterra riconosce la conquista dell'Etiopia. È l'ultima occasione di politica estera equilibrata, prima dell'abbraccio mortale con la Germania nazista. Il 18 aprile (Pasquetta) il dittatore pronuncia una frase agghiacciante sugli ebrei. Il 21 inaugura l'Ara Pacis.

Ma per Claretta il vero dramma è il tradimento consumato da Benito il 2 aprile con un'ex: Alice Pallottelli. L'8 muore il principe Torlonia, padrone della villa affittata al dittatore al simbolico canone annuo di una lira. Nella quale continua ad aggirarsi l'altro incubo di Claretta: la rivale Romilda Ruspi.

1° aprile 1938: «*Sei sempre un po' confusa*»

«Sai, tuo fratello. Sebastiani si è informato, dice che fino a quel momento gli esami andavano benone. Gli ho detto di domandare le conclusioni e la graduatoria. Mi seccherebbe molto, specie se l'esame è andato bene, che lo facessero fanalino di coda. Sarebbe proprio fatto apposta. [...]

Oggi volevo andare in volo, ma il tempo è incerto. Dice Valle che c'è foschia.

Poi mi spiegherai bene quell'altra cosa. Sei sempre un po' confusa e poco chiara. In una sola cosa sei precisa, chiarissima, tremenda, perfetta e decisa. Per il resto con te non si capisce nulla. (Ride.)

Sono stanco, guardavo ora quel ritaglio di cielo e d'azzurro. C'è un'aria che è un peccato essere chiusi dentro. Vorrei volare. Valle vede sempre dei cicloni, sempre. Ogni volta che voglio volare ci sono i cicloni. L'aria è tersa e il cielo chiaro, meraviglioso, limpido. Vien voglia di uscire, vai tu che puoi. Io devo stare qui chiuso, prigioniero al mio tavolo di lavoro. Vorrei che piovesse per la campagna. Ogni giorno sono 500.000 lire di danni, questa siccità rovina tutto. Ho visto Del Croix,[107] è un uomo intelligente. Si è sorpreso perché mi ricordavo che la sua prima figlia si chiama Francesca.»

Alle 21: «Non sono passato dalla tua parte,[108] ho fatto corso Umberto, Tritone e via Arno».

---

[107] Carlo Del Croix (1896-1977), eroe di guerra, fondatore dell'Associazione mutilati e invalidi.
[108] Quando Mussolini torna a villa Torlonia da palazzo Venezia, Claretta lo vede dalla propria finestra di casa.

2 aprile 1938: *Benito la tradisce con Alice Pallottelli, lei lo scopre in flagrante*

«Compra *Omnibus* [*un settimanale*], c'è un articolo sulla principessa di San Faustino. È interessante, eh, adesso è vecchia. Vuoi vedermi? Perché? Mi pare eccessivo tutti i giorni, ci vedremo domani. Stai tranquilla, non umiliarmi, non sono un mandrillo.»

Io capisco tutto, sono tre giorni che lo sento. Mi precipito dopo cinque minuti in via Nomentana alla villa della Pallottelli.[109] La sua macchina è dentro la villa, dinanzi alla porta, la scorta è lì vicino. Mi sento impazzire, piangendo attendo che lui esca. Sta 25 minuti. Quando passa lo rincorro, lo sorpasso, rallento. Mi vede, si spaventa della mia corsa. Non torno a casa fino alle undici e mezzo. Lui telefona 10-15 volte, grida, urla, s'inquieta, soffre, si dispera con mamma e Mimi. Poi non gli voglio rispondere al telefono. Va a dormire esasperato e stanco, ma telefona però la notte. Sto male, mi sento morire, piango tutta la notte. Perché mi fa tanto soffrire? Non ne posso più.

3 aprile 1938: «*Sono un animale*»

[Telefona alle] 9. Risponde Mimi. Io sto male, non posso parlare. Si dispiace, ma non molto. Alle 10 ancora non parlo, ascolto che dice: «Non c'è senso comune a ciò che fai...». Alle 11 con Mimi grida inquieto che è inutile, tanto lui qui non ci verrà, che ha da fare, che io devo stare bene, che lui questa vita non può continuarla assolutamente, che la farà finita.

Alle 12 rispondo io freddamente. Cerca di rendere dol-

---

[109] Alice De Fonseca sposata Pallottelli, bellissima anglofiorentina amante di Mussolini dagli anni Venti.

ce la sua voce, ma è aspro e scortese. Parlo poco. Mi dice che lo faccio soffrire, che non può andare così, che sente che io la voglio finire, che ci vedremo oggi così definiremo...

Alle 2: «Vieni quando vuoi».

Vado alle 3, entro, siedo davanti a lui. È assente, ha un atteggiamento ostile e antipatico. Con molta calma lo pongo di fronte al mio dolore e al suo dovere, alla perfidia e al male che mi fa. Non è possibile continuare così: «Non posso sopportare quest'atrocità». Lui risponde: «Concludiamo, decidi, a te. Io sono nelle tue mani, fai di me ciò che vuoi. Prendimi, lasciami, come credi. Alla fine sai che mi è indifferente. Ho tanti pensieri, non posso perdere tempo con te, con queste cose. Vado incontro a dei periodi difficili in cui ho bisogno di tutta la mia calma per non sbagliare».

«Sono io che ti turbo di mia iniziativa?»

«No, è vero, la colpa è mia, ma di riflesso tuo io soffro. Ieri sera non sai cosa ho passato quando non tornavi a casa, quindi io non posso...»

«Allora devo sopportare, rassegnarmi o lasciarti?»

«No, devi avere pazienza. Ancora un poco di pazienza. E poi devi decidere.»

«Lascio decidere a te. Io non posso soffrire così, né posso sopportare, né posso tacere. Che devo fare?»

«Lasciare che io ti ami ancora. Non ho mai amato così come te nessuna donna. Ti prego di avere pazienza, non ti farò più soffrire. Sono un animale. Questa signora mi ha scritto per domandarmi di aiutare il marito e lei, dato che aveva il sequestro. Allora le ho portato 5000 lire. Sì, è vero, potevo mandargliele. Ma ci sono anche due bambini di mezzo, che lei dice sono miei...»[110]

«O del marito.»

---

[110] Uno sarebbe Virgilio Pallottelli, nato nel 1917, poi colonnello dell'Aviazione, con Mussolini a Dongo.

«*Ventiquattro minuti? È stata una cosa rapida*»

«Va bene, comunque ci sono andato. Non la vedevo da dicembre, da prima di Natale. E ho avuto desiderio di vederla. Mi andava di vederla, credo di non aver commesso un delitto. Ci sono stato dodici minuti...»

«Ventiquattro!»

«Bene, 24 allora, la cosa è stata rapida. Capirai, è una donna passata d'età. Dopo 17 anni non c'è entusiasmo, è come quando prendo mia moglie. Sì è vero, non ero obbligato, ma io sono inspiegabile anche a me stesso. Convengo di aver fatto male, molto male, e non dovevo farlo. Dopo ho provato avvilimento e disgusto, mi sono sentito nauseato. Avrei voluto non averlo fatto, ma ormai era così. Bisogna prendermi o lasciarmi, non c'è che fare.»

Rispondo come merita. Dice: «No, non è vero, è sbagliatissimo. Il mio amore non è in ribasso, al contrario. Ma tu devi darmi pace e serenità. Sì, è vero, io le tolgo a te, in questo ho torto, non dovevo farlo».

Piango forte, allora mi chiama vicino a sé. Mi fa posto al tavolinetto e mi prende la mano. Faccio per alzarmi, mi viene a riprendere e mi porta di nuovo lì, pregandomi di rimanere. Mi supplica di non piangere, a poco a poco mi placo. Mi fa portare l'acqua, per bere e prendere un calmante. Si alza, mi viene vicino, si mette in ginocchio davanti a me: «Amore perdonami, non lo farò più. Disprezzami ma amami. Sputami in viso ma amami, ti prego. E poi lo senti. Come fai a sentirlo che ti tradisco? È diabolico. Vai a colpo sicuro, come un proiettile, parti e vieni alla villa della Pallottelli. È un mistero. Ci indovini sempre, come lo senti non lo so. E non sbagli mai. Questo è un segno dell'amore. Non capisco, non posso nasconderti nulla. Ma dopo te l'avrei detto. Senti nell'aria non solo il tradimento, ma [anche] la persona, con un fiuto da sbalordire. Sono stordito e atterrito. Non dovevo farlo ma non riesco a frenarmi, è l'abitudine. Ho 54 anni».

Andiamo a sentire la musica. Non voglio stare con lui, si addolora ma è stanco, cerca un po', poi cede. Parliamo ancora sulla musica, si mette sul lato disteso. Poi fa da sé l'amore, come un ragazzo. Mi chiama: «Amore, passione mia, ti amo, nessuna è come te, bella come te...». Mi dice che il cappello sta bene, che ho una bella caviglia, belle scarpe.

4 aprile 1938: *«Tuo fratello promosso con uno splendido esame»*

«Oggi sentirò se il principe Torlonia [*nella cui villa Mussolini abita dal 1926*] sta meglio, tanto da poterlo andare a visitare. No ti prego, non ho visto nessuno, né lei né la sorella.»[111]

Alle 12: «Buone notizie: tuo fratello è stato promosso con uno splendido esame. Ancora non c'è la graduatoria, ma ha fatto benissimo. Poi per tuo zio Stefano si attende la risposta di Pennamaria, farà i dieci quadri al [ministero del]le Colonie. Tuo fratello è capitano. Già qualche cosa, sulla via di diventare generale. Vedi che penso a tutto ciò che desideri?».

Deve farsi perdonare il tradimento.

Alle 14: «C'è un'infermiera biondissima dal principe Torlonia, racchietta anzichenò».

Alle 15: «Sono contento, in Spagna i nazionali legionari hanno completamente distrutto due armate di rinnegati italiani, la Matteotti e la Garibaldi. Li hanno passati tutti. Sono quasi a Tortosa. [...] Sto leggendo i giornali antifascisti, che mi gratificano di ogni titolo: "Bandito, sanguinario". Sono contento, vuol dire che mi temono e mi considerano, perché ne parlano. Meglio essere temuti e odiati. Sono dei cretini, poi, non sanno ciò che dicono.

[111] Della Ruspi, che abita col principe all'interno della villa, in un altro edificio.

Ho letto nove giornali stranieri da cima a fondo. [...] Sì, mi hanno invitato, ma il teatro è piccolo, ti metteresti in evidenza. Non so se ci andrò, ma non credo opportuno che tu ci venga».

5 aprile 1938: *«Detesto questo cielo azzurro. Non piove da settanta giorni»*

«Devo avere un po' d'influenza. Aspettavo Ciano, ma è indisposto. Guardo questo spicchio di azzurro, azzurro in modo inverosimile, e lo detesto. Penso che sono 50 milioni di danni al giorno. I contadini pregano, fanno processioni, si disperano e perdono tutto. Se non piove è un disastro, è da perdere la testa, la campagna brucia. Non ci sono nuvole neanche a pagarle un occhio. Il grano è già quasi finito, qualcuno ci mette il granturco. Se continua così non avremo pane quest'estate. È tutto oro che va fuori. Sono fuori di me. Da tanto tempo non bestemmio, vorrei provare... È tremendo che Dio faccia soffrire questi disgraziati che lavorano tutto l'anno. L'Italia è un assurdo, un Paese ridicolo. Sono settanta giorni che c'è il sole, dal 20 gennaio. Fiumi e laghi sono senz'acqua, questo va male anche per le armi.[112] Sono furioso, se non piove siamo rovinati. Ma tu te ne freghi...»

Claretta: «No, al contrario. Ma purtroppo non c'è nulla da fare. Speriamo in Dio». [...]

«Ti ho mai letto la cartolina che mi mandò mia madre al collegio quando avevo undici anni? "Caro Benito, ti ho mandato la biancheria, tienila da conto. Non sciupare i libri. Sii buono, procura di studiare e rispetta i tuoi superiori."»

È commosso. Alle 6 vede il direttore del *Corriere della Sera*.

[112] Gli idrovolanti non possono ammarare.

«*Che orrore le rughe di mia moglie*»

Mussolini: «Non so perché le donne di 50 anni si mettono alla luce del sole. Oggi mia moglie era lì con me [*nel parco di villa Torlonia*], si è messa un giornale sulla testa e stava al sole. Le rughe che ha... La guardavo, tutta una ruga. Schifosa vecchiaia. Poi ha fatto una mossa ad un tratto allungando il viso, sembrava tutta la sua povera mamma. Orrore. Prendendomi penserà: "Guarda Benito, anche lui ha le zampe di gallina, le rughe, e invecchia"».

Claretta irritata per i tradimenti: «Discorsi inutili. Tu sei conscio della tua giovinezza. Di cui fai uso ed abuso».

Mussolini: «Mia moglie partirà l'8 aprile [*per le vacanze di Pasqua*], l'accompagnerò. Andrò fuori con lei. Vuole che io passi Pasqua [*in Romagna*]».

«Sarà romantico...»

«Tu sarai tranquilla, se vado fuori.»

«A Roma o fuori, ci vai lo stesso.»

«Potresti fare un viaggetto. Tripoli la conosci?»

«No.» [*Sempre più irritata*]

«Potresti andare a Tripoli. Io starò fuori una decina di giorni. La accompagnerò in volo e poi forse tornerò. Devo stare a Roma il 23 per il Gran Consiglio. Oppure potresti andare in Toscana.»

«Capirei partire se potessi venire vicino a te, e poi incontrarti. Ma così, non vedo la ragione.»

«Vedo che hai interesse a rimanere a Roma.» [*Fa il geloso*]

«No caro. È stato possibile vedersi la scorsa estate che eri in ferie. Adesso invece no, quindi non mi muovo da Roma.»

«L'estate è un'altra cosa. [Comunque almeno] starai tranquilla.»

«Non dovresti parlare mai, Benito, perché ti tradisci»

«È inutile che insisti, tanto lo so che quella [*la Ruspi*] la vedi sempre.»

«Sai di non credere a ciò che dici.»

«Non posso lottare contro il muro. Tientela pure, lei con tutte le altre. Un bel giorno mi stuferò, e ti pentirai di esserti giocato il mio amore.»

«Tu dici che alla fine c'è l'esaurimento.»

«Già, proprio.»

«Ma sai di mentire, che [con quella] è finita.»

«Potrei dirti tutti gli elementi che mi provano che continui, ma sarebbe troppo lungo. E inutile.»

«No, ti prego, m'interessa.»

«Allora ti dirò che non l'hai lasciata perché è furba. Si è detta: "Con le liti non raggiungo nulla. Cercando di eliminarla men che meno, perché lei è giovane e nuova. Parlandone male ci si attacca di più". Tu non dovresti mai parlare, perché ti tradisci...»

Ride: «Non dovrei mai parlare, perché sono uno sciocco. Vai avanti».

«Dunque la signora ha pensato che non le conveniva rompere, perché a quarant'anni è complicato trovare un altro amante che la mantenga. Il mondo non è pieno di ricchi. E con i ragazzi grandi, una storia e l'altra... Insomma, le conveniva prendere l'angoletto che le lasciavi, e sopportare anche me. "Io mi metto qui dentro, e lui ogni tanto mi darà una bottarella e qualche soldo. Per il resto, se voglio, posso incapricciarmi prudentemente come credo."»

«Dici che è così? Allora l'amore non c'è?»

«No caro, perché nessuna donna calcola, quando ama. Avrebbe dovuto chiederti d'aiutarla a partire, piuttosto che sottoporsi a questo mercato.»

«Sai che quel che dici è molto giusto e logico? Conosci profondamente la psicologia femminile. Sono sorpreso della tua vivacità psichica, del tuo acume straordinario.»

«Però guarda che un bel giorno me ne andrò, e ti lascerò la Ruspi.»

«No, perché io lascerò la Ruspi e le altre, e rimarrò solo per te.»

Patatrac, rivelazione.

«Sono un frescone, vero?» «Sì, caro»

Mussolini: «Dunque dimmi, m'interessa. Ti adoro, sei terribile. Infatti è vero: lei non ha mai parlato male di te. Non ha fatto come la Brambilla, che ti ha attaccato.»

«E tu la detesti.»

«Sì, è vero: la detesto. E la temo, perché [la Brambilla] è pazza. Invece devo dire che [la Ruspi] ha parlato di te quasi con affetto. Diceva: "Ti capisco, sei arrivato ad un'età che ti ci vuole la gioventù. È carina e bella, con i riccetti. Tu le vuoi bene, e direi che io non le voglio male...".»

Claretta taglia corto: «Questa è schifosa ipocrisia. Non si trovano amanti come te ad ogni passo».

«Dunque sono un frescone, vero?»

«Sì, caro. Sai che faremo? Io partirò, tu ti libererai di tutte queste femmine, e poi tornerò. Andrò all'estero.»

«Ti farò fermare alla frontiera. Io ti amo e [le donne] finiranno per estinzione. Sai, ho già fatto un cimitero.»

«Visiti le tombe?»

«Sei tremenda.»

«Togliti dalla mente che la Pallottelli non avvicini il marito. Nessun uomo è becco, e senza neanche espletare le pratiche maritali è assurdo e ridicolo.»

«Piccola, stasera sei terribile. La tua intelligenza è pirotecnica, superiore. Non capisco come fai ad intuire tutto. Mi batti, sai. Devo riconoscere che sono inferiore [...]

Stavo leggendo la storia di Napoleone. La Waleska

andò a trovarlo all'Elba, stette due giorni. Lei era folle, anche lui l'amava. Non la fece restare perché doveva tornare in Francia, ricordi? L'avevano presa per l'imperatrice, perché andò col bambino. Invece Maria Luisa stava godendosela con Naipengo il guercio.[113] Fu un errore, [Napoleone] non doveva mai sposare la figlia del vinto [l'imperatore d'Austria], non lo avrebbe mai amato. E poi c'era troppo divario, era troppo... figlia del padre.»

6 aprile 1938: *a cavallo fino al Colosseo, poliziotti impazziti*

Vanno a cavallo. «Sai, è venuto Federzoni. Mi ha attaccato uno di quei bottoni che è durato un'ora. Non vedevo l'ora che se ne andasse. Stasera voglio andare a vedere Machiavelli, ne hai voglia? Pare sia un lavoro interessante, i *Dialoghi* di Platone hanno avuto molto successo.»

Tornando dalla passeggiata sulla via Appia Mussolini, da solo, si spinge a cavallo fino al Colosseo. Poi telefona entusiasta a Claretta: «Dovevi vedere la faccia di Roncuzzi [*il questore*]: era verde, un colore indecifrabile. Non sapeva più cosa doveva fare, dove mettere le mani, ora in una tasca ora in un'altra. Aveva paura, era impazzito, e così tutti i questurini. Non ti dico la gente, i bambini che gridavano come pazzi, le donne, le auto ferme... È stato un avvenimento. Io ridevo, mi sono divertito un mondo. I questurini verdi. La mia piccola vendetta. Un'altra volta arriverò fino a piazza Venezia. È venuto Ciano, e dopo aver parlato di politica mi ha detto: "Ma che aveva Roncuzzi? L'ho incontrato nel corridoio, era pallidissimo, quasi non si reggeva in piedi". Allora io: "Come, non lo sai?". Anche lui mi ha detto che è stato un po' eccessivo, non è rimasto entusiasta come te. Perché? Roncuzzi è pal-

---

[113] Adam Albert Neipperg (1775-1829), suo amante e marito, privo di un occhio.

lido e io rido, sono cattivo? Sono un gran ragazzaccio sbarazzino, vero?».

Alle 6 entro. Legge un giornale tedesco, sul tavolo ha un grosso libro del *Decamerone*. Mi abbraccia, mi stringe forte fino a farmi male e dice: «Sono brutale, vero? Sono un selvaggio, ti stringo fino a spezzarti, cara piccola, perché ho voglia di sciuparti. Sono così libidinoso e folle di te che ti schiaccerei per terra». Continua a ridere e ad abbracciarmi fino a torcermi, mi morde. Mi bacia, mi chiede scusa e mi maltratta un poco. È desideroso e forte come una belva. Entriamo nella stanza, è un po' pallido. Mi solleva sulle braccia come fossi una bambina, fa il passo di parata. Si sveste rapido, e poi facciamo l'amore con furia ardente e folle. Io non lo corrispondo, perché sento la presenza delle altre. Il suo corpo non è mio, è più forte di me. Rimane malissimo, è la prima volta che ciò accade in me. Si mette in poltrona chiuso e avvilito. Gli dico di non vestirsi subito, perché mi sembrerebbe di essere tornati al '36. Poi gli domando se si era spogliato così. Si veste, lo aiuto, stiamo zitti. Mentre io mi vesto dice che è triste, e cita la frase latina «Post coitum...».

«Questa sera non desideravi affatto essere con me. Te ne freghi nella maniera più assoluta. Nessun entusiasmo, una freddezza e una lontananza veramente eccezionali. Ti capisco però, fra noi c'era un fantasma, un'ombra. Non dovevo farti venire qui. Sei stata come una moglie, hai pagato il tributo come una moglie.»

Andiamo di là, telefona agli Esteri e a Milano. Dice che si proibisca la corsa delle Mille miglia che ogni anno fa vittime ed è inutile, dunque si fa a circuito chiuso.

«Francia: premier ebreo, presidente della Camera negro, donne tutte puttane»

Parla con me della Francia: «Un popolo che si rispetta non dovrebbe avere un capo di governo ebreo, e un presidente della Camera negro. Non olivastro, negro come l'inchiostro. Del resto fra qualche anno la Francia non sarà più popolata da bianchi, ma da negri. Perché la natura si vendica, è terribile ma è così. Per un secolo i francesi non hanno voluto figli, e ora che li farebbero non li possono più fare, non sono più buoni. Poi le donne francesi, a meno che non siano luride, sudice e sporche come quelle del popolo, le altre un po' più su sono tutte puttane in maniera inverosimile. Viziose e puttane. Sono loro che prendono l'uomo. Devi sapere che la donna francese ama il negro. Perché non hanno l'uccello ben solido e piantato come i nostri, ma sembra che sia lungo e sottile sottile. Questo pare che le diverta di più. Sì, sono folli degli uomini negri, tutte».

Claretta: «Che schifo».

Mussolini: «E poi sono loro che cercano le avventure. Ora ti dirò ciò che accadde al figlio di un mio amico, che si chiama Volfango. Pareva dovesse sposare Edda, poi lei ha preso un'altra via. Dunque, questo ormai si trova a Parigi. Ad un certo punto, mentre passeggia su e giù, si ferma un'auto e una signora elegantissima dice: "Volete salire?". Lui pensa: "Che pasticcio ci sarà sotto?", ma poi dice: "Andiamo un po'". Questa lo porta in una casa, un pied-à-terre, e lì naturalmente fa tutto. Finito, lei prende cento lire e gli dice: "Ecco, per il vostro disturbo". "No grazie, non ho bisogno di denaro, ho preso il vostro corpo e basta." "Avevo bisogno di stare con un uomo." Questa è storia vera e vissuta, però ti dà l'idea di cosa sono le donne e gli uomini a Parigi. Ma scontano la loro vita malsana e falsa».

«Edda è esaurita.» Depressione post-parto?

Subito dopo questi deliri antifrancesi, e continuando a parlare di donne «borghesi e decadenti», a Mussolini viene spontaneo svelare a Claretta i problemi di sua figlia Edda, che neanche quattro mesi prima ha dato alla luce il figlio Marzio Ciano.

«L'Edda ha una crisi di nervi terribile. Fumava, fumava, e giocava tutto il giorno a bridge. Sono inquieto con lei, da parecchio. Perché non obbedisce: fuma, gioca, beve. Ora è tanto esaurita che le hanno impedito di portare la macchina, fumare, leggere e andare a letto tardi. Tutte cose che io le avevo già detto. Si rincretinisce a giocare a bridge, con quella compagnia di oche cretine. Le ho detto tanto: "Vivi un poco la vita del regime. Fai qualcosa di bene, avvicinati al popolo, [così] fai anche il tuo bene". No, nulla. Pensa tu, i giornali stranieri dicono che io subisco l'influenza di Edda, ascolto i suoi consigli, la vedo sempre, che è influentissima. Non la vedo da dicembre, quando andai a trovare il pupetto. Una volta venne da me a pranzo e basta, più vista. Ora era andata a Merano per guarire, è calata tre chili. Non so che fare, speriamo che passi.»

7 aprile 1938: *«Quest'estate ti porterò in motoscafo»*

«Sei fredda, assente, lontana. Non mi hai dato nemmeno un bacio ieri, neanche nei momenti... Nulla, non mi ami più, la colpa è mia. Del resto non posso obbligarti ad amarmi: l'amore c'è o non c'è, non è come una camicia che si compra, non si può forzare. [...]

Ti amo tanto, è terribile ma è così. Penso seriamente di vivere con te, sempre con te. Sto studiando il mezzo, mi sto scervellando. Che ne diresti di andare a villa Vaturi? L'hai vista anche tu? Nel centro di Roma, davanti a villa Borghese, ti piacerebbe? Potrei stare con te così, è facile. Chissà se la vendono. Andrà sul milione, già, così al centro.

Mia moglie partirà a fine maggio per il mare, mi lascerà libero di stare con te. Così faremo tutto giugno, luglio, agosto, settembre, ottobre, fino a metà novembre, di mare. Pensa cara, porterò il motoscafo, quello veloce, ho fatto cambiare i motori... Correremo, sei felice? Staremo insieme anche la notte.»

«Ho visto la Ruspi: perché le donne si dipingono così?»

«Questa mattina ho visto la Ruspi. Sì, all'angolo della strada, via Regina (Margherita). Lei sa che vado dal re, e si è fatta trovare lì. Mi ha guardato seria seria e ha fatto una mezza mossa con la bocca. Ma era tinta in modo spaventoso, tutta una macchia rossa sulla guancia, e le labbra dipinte in modo incredibile. Si vedeva da lontano, in così piena luce. Non mi ha fatto una buona impressione così tinta, mi è piaciuta niente. Perché si dipingono così, le donne? No, non le ho telefonato. Non dirmi "mentire", non usare questa parola, è grave.»

Claretta: «Senti, tu non ci vai spesso come prima, ne convengo. Ma ancora continui. Quando ti salta ci vai, è inutile dire il contrario. Se invece l'avessi mandata via da lì dentro [*villa Torlonia*] e non le avessi dato questa sensazione da padrona, avresti veduto che a quest'ora si sarebbe trovata da fare. Se avessi veramente intenzione di lasciarla, faresti così».

«Clara ti amo, e praticamente ho migliorato.»

«Sì, hai ancora delle cambiali. Con tutto che non ami i debiti. E temi il protesto, perché corri...»

«Ne ho lasciate molte, direi tutte.»

«Questa no.»

«Non l'amo, lo sai.»

«D'accordo, ma io non amo l'harem. A quei tempi io favorita le avrei avvelenate tutte.»

Ride. «Sono cattivo, è vero. Ma tu ieri hai avuto ripugnanza di me. Proprio non mi volevi. È triste e da segnare "nigro lapillo", come dicevano i latini. Non ti tradirò più. Se tu mi lasciassi non potrei farne una tragedia, perché ho la politica a cui pensare. Ma certo ne soffrirei molto. Mi cercherei una bambina, proprio una bambina che non avesse mai avuto un pensiero d'amore...»

«Allora le prendi in fasce.»

Ride. «No, quasi. Ti sarei fedele per il dolore.»

«Allora siilo adesso.»

«Ci riuscirò del tutto. No, non l'amavo la Pallottelli, non scherziamo.»

«Non ti lamentare se io fra me e te vedo questa donna.»

«Non la vedrai più.»

«Voglio bene al re, ma non sopporto la sua corte»

«Ho preoccupazioni politiche. Con il re va bene, perché gli voglio bene e anche lui mi stima molto e mi vuole bene. Detesto però gli uomini nel vano della finestra e gli uomini d'anticamera. Sussurrano e dicono, e naturalmente possono determinare una tensione anche tra fratelli che si amano. Se c'è qualcuno in mezzo che cerca di tirare i rapporti, le cose rischiano di spezzarsi. Perciò è bene che [il re] parli sempre con me. Lui sa che non gli farei mai qualche brutto scherzo. Ha 70 anni, ma è ancora intelligente e bravo.»

«La principessa era quasi nuda, le ho visto il pelo»

«Già, quella signora [*Maria José di Savoia*]. Sai, io non sono un impotente, eppure questa donna vicino a me, nuda quasi, che mi sfiorava le cosce, le gambe, che si muoveva mostrando tutto... Non mi ha fatto né caldo né freddo. Sono rimasto impassibile, distante, i miei sensi dormivano. Nulla, ti dico, nulla, il mio uccello non si è svegliato tanto così, niente. Anzi, si è rincantucciato. Più lei faceva, più lui si ritirava.»

Claretta: «È un... repubblicano».

Ride: «Sì, proprio così, sentivo che doveva dormire. Non sono riuscito ad avere una simpatia fisica per quella signora. Ti dico, alle volte era provocante. Le ho veduto perfino il pelo, quando piegava le gambe. E poi il sole, il caldo... È eccitante una donna nuda così vicino, che mi toccava sempre le gambe. Soli in una capanna, dico, io non sono di legno. Eppure ero di legno. Io non ero un uomo, ma un politico. Niente, ti dico, niente. Non mi si è mosso neanche un pelo. Lei cosa avrà pensato? Che sono impotente?».

«No: che sei furbo, e non c'è riuscita.»

«Tu dici che veniva apposta? È evidente, vero? Ma niente, niente. Era come [se lei] fosse stata un uomo. Ci sarà rimasta male.»

«Lo credo.»

«Il mio uccellino ha dormito tre volte»

«Tre volte mi è accaduto questo, che l'uccellino ha dormito ritirato e indignato. Nel 1904 a Losanna traducevo dei libri con una russa, una certa...[114] Anche la notte stavamo a scrivere bevendo caffè, e io non l'ho mai toccata, mai. Questo ha provocato il suo odio tremendo, tanto che ancora scrive libri contro di me. Sì, era brutta, molto, repellente proprio. Un'altra volta con la Sarfatti, come ti ho detto, per l'odore non feci nulla quella sera. E questa della principessa è la terza volta.»

«E la migliore.»

«L'uccello repubblicano, dici tu... Amore, ti amo. Tu sei convinta che non l'ho toccata, vero? Che ne dici, è curioso l'uomo. Dev'essere avvilente per una donna vedersi respinta o quasi. Venire per darsi, offrirsi, e vedere che l'uomo non se ne accorge nemmeno. Tornare a casa e dire: non è accaduto nulla. Credo che anche se lo avesse preso in mano, nulla.»

[114] Probabilmente Angelica Balabanoff (1870-1965), dirigente socialista.

Gli antifascisti in Spagna fanno piangere la nipote di Garibaldi

«Questa Gemma Garibaldi, avrà 50 anni. È la figlia del figlio, quindi... È sbottata in un pianto dicendo che aveva provato tanta vergogna nel leggere che la colonna Garibaldi era dei rinnegati [*gli antifascisti italiani in Spagna*]. Lo abbiamo dovuto scrivere sui giornali, perché tutti sapessero che li abbiamo sgominati, uccisi, distrutti tutti, questi rinnegati. "Ah, pensare" dice "Garibaldi vicino a Matteotti. Se mio nonno potesse vedere!" Poveretta, che si deve fare se ci sono i traditori? Lei è la figlia di Menotti, piangeva.»

8 aprile 1938: «*È morto il principe Torlonia, mio padrone di casa*»

«È morto il principe Torlonia,[115] stamane alle cinque. Ha voluto il rosario, e piano piano si è spento. Povero principe, mi è dispiaciuto tanto. Mia moglie alle sette è venuta in camera e me l'ha detto. Siamo andati a vederlo, mi ha fatto impressione. Era ancora caldo. Non lo avevano sistemato, c'era ancora per terra la bambagia e quel disordine tremendo di quei momenti, odore di vita spenta. Magro, emaciato. È terribile la morte... C'erano già tutti i parenti, Sforza, Torlonia, ecc. Sì, c'era anche quella [*la Ruspi*] che piangeva quando siamo arrivati. Mia moglie le ha detto qualcosa, non so. Sono molto mesto, gli ero affezionato. Erano dodici anni che lo vedevo. Sono suo ospite dal '26, sempre caro, gentile, poveretto.»

Telefona alle 11: «Una buona notizia per te: tuo fratello è stato promosso capitano, ed è il 14°. Certo non come

---

[115] Giovanni, padrone di casa di Mussolini al canone d'affitto simbolico di una lira all'anno.

volevi e forse meritava, avrà dato esami migliori, ma comunque non è l'ultimo. Poi ho avuto la risposta per Rondini, da Teruzzi:[116] gli faranno fare dieci quadri. Sei contenta? Sono nervosissimo. Ho i nervi tesi, non dico fino alla follia ma quasi».

Alle tre: «[*Claretta gli chiede se è andato con la Ruspi*] Fra noi è finito tutto, la tua malvagità ha superato ogni limite». Toglie la comunicazione. Gli scrivo due righe scusandomi e chiedendogli di telefonarmi. Nulla, aspetto invano fino alle sette. Allora vado giù [*a palazzo Venezia*]. Dentro c'è Rossani.[117] Attendo. Quando ha finito mi fa attendere ancora dieci minuti. Quando entro è seduto, impenetrabile, pallido e disfatto. Mi guarda avvicinarmi.

Mi dice con voluta freddezza: «Questa sera ti ho fatto fare anticamera, un'altra volta ti rimando indietro».

«Ti ringrazio di avermi fatto entrare.»

«Eh sì, capirai. Mi vieni a dire certe cose, oggi che sai cos'è accaduto. Va bene che sono un miserabile, un bugiardo, ma non sono l'ultimo degli uomini. Questo sospetto mi ha offeso profondamente, m'ha umiliato. Mi consideri proprio un mascalzone. Pensare che io oggi, con un morto lì caldo ancora, sia andato da quella donna... Senti, è il colmo. È una cosa atroce. Ho sofferto veramente della morte del principe. Dicono che questa notte aveva il sangue completamente bianco, quando gli hanno fatto una puntura. E lui ha capito di morire. Non era vecchio, aveva dieci anni più di me.»

«Amedeo d'Aosta operato ad Addis Abeba»

«Poi so che il duca d'Aosta[118] è operato d'urgenza d'appendicite perforante. Capisci, da un momento all'altro

---

[116] Ministro delle Colonie.
[117] Edmondo Rossani, ministro dell'Agricoltura.
[118] Amedeo di Savoia Aosta (1898-1942), viceré dell'Africa Orientale Italiana.

viene una peritonite e muori. Fortuna che ad Addis Abeba c'è un chirurgo bravissimo, quindi sono relativamente tranquillo. La terza notizia ingrata è che in Spagna i nostri non dico abbiano avuto una disfatta, al contrario: avanzano. Ma lentamente, faticano. Non hanno più lo slancio di prima. Capirai, è dal 6 marzo che combattono senza tregua, senza riposo. Camminano 160 chilometri e combattono. Dice il fratello del mio cameriere, che è giù, che non hanno più né scarpe né vestiti. A vedere questi legionari sembrano dei mendicanti, con i vestiti a brandelli, sudici. Eppure [con] uno spirito, un coraggio, una serenità d'animo meravigliosa. E poi ne cadono, sono anche diminuiti. Abbiamo già 243 morti. Questo bollettino che uscirà ne ha 25, capisci? Poveri ragazzi. Quel Mario Bartoli, povero figliolo, bravo, sai, intelligente. Aveva scritto un libro, *Fascismo in Russia*, veramente interessante. Lo avevo fatto entrare alla Stampa e propaganda. Era ardito, entusiasta, aveva sentito [che] c'è la prova in Spagna: "Io vado". Una bomba lo ha preso in pieno petto, l'ha squarciato. Dicono che loro si battono per il duce, per il nostro duce. Ora l'urto è più debole, sono stanchi, e li seguo con ansia.»

È commosso: «Così, queste sono le mie giornate. Oggi particolarmente penosa. Ora chissà che faremo, perché finché eravamo ospiti del principe [*a villa Torlonia*], andava. Lui diceva sempre che la villa era per me, perché ormai era storica per il solo fatto della mia presenza. Ma essere ospiti di un altro, francamente non mi va giù. Anche mia moglie dice lo stesso. Andrò via, probabilmente. Dove non so, ma forse sarò costretto. Anche quella lì [*la Ruspi*] andrà via, forse. È tanto che non la vedo, quaranta giorni. Non vorrai chiamarlo amore o desiderio, con queste distanze di tempo, quando per te non resisto un'ora senza telefonarti. Anche la carne si disabitua nei lunghi distacchi. Marito e moglie devono dormire nello stesso letto, perché altrimenti le carni si allontanano, si dimentica.

Il periodo acuto con la Ruspi è stato il '26-27-28, poi anche il '29. Abitavo ancora in via Rasella, e l'estate a villa Torlonia. L'ho veduta l'11 febbraio, sono molte settimane, il cuore è ormai chiuso. Anch'io morirò presto. Anche se vivessi fino a 65 anni tu ne avrai 35, come farai a rinunciare alla vita, all'amore. E poi, con l'educazione sessuale che ti ho dato, tu sarai nel fiore della vita. Quando venivi qui eri una bambina e mi dicevo: non sarà amore, sarà affascinata dalla gloria. Pensavo che ti saresti stancata, temevo che il contatto crudo con l'uomo ti disilludesse. Poi è avvenuto ciò che doveva accadere... E non credere che anche oggi io non pensi di averti deragliato, di averti messo in una via irregolare. Ma ti amo, non c'è che fare. E tu mi sei lontana, e quel che è tremendo è che neanche oggi sono riuscito a scaldarti».

Ha le lagrime agli occhi, è avvilito, più di una volta oggi i suoi occhi si bagnano. Andiamo di là, parliamo della casa [*che i Petacci si stanno costruendo in via Camilluccia*], non vuole intervenire per l'esenzione. Mi metto un poco al solito in ginocchio davanti a lui e gli dico: «Fammi stare un po' qui».

«Il discorso di Hitler non mi è piaciuto niente. Si monta la testa»

Mi telefona alle dieci: «Ho sentito tutto il discorso di Hitler che è durato un'ora e mezzo, e se ti devo dire la verità non mi è piaciuto niente. Ha detto fra l'altro: "Io ho fatto questa Germania, e il mio nome solo sarà ricordato", e una quantità di frasi: "Io sono il capo, tutto ciò che faccio è bene". Poi si ripeteva in continuazione. Un discorso senza capo né coda, un mucchio di cose dette e ridette. Era stanco e rauco. Niente, se lo avessi fatto io sarebbe accaduto il finimondo qui in Italia. Non mi ha fatto una buona impressione. Non so, penserei che...».

«Si monta la testa?»

«Sì, così.»

Ultimi sprazzi di autonomia di Mussolini nei confronti di Hitler, prima della trionfale visita in Italia del dittatore tedesco nel mese successivo. In questi stessi giorni Ciano tratta il cosiddetto «patto di Pasqua» con la Gran Bretagna, che verrà firmato il 16 aprile. Londra, contrariamente alla Francia, riconosce la conquista dell'Abissinia e quindi i nuovi confini dell'«impero» fascista.

9 aprile 1938: *«I nostri in Spagna non hanno mitragliatrici»*

Mussolini tiene sotto intercettazione il telefono di casa Petacci, e ogni tanto chiede spiegazioni: «Senti, chi è questo Aroldo? È un amico di Mimì e chiede sempre di te, non capisco».

«Certo, dato che Mimì è stata invitata ad andare con loro. E mamma non la manda, chiede che l'accompagni io.»

«Va bene, ma certo mi dispiace.»

Il duce fa il geloso anche nella telefonata delle tre: «Sono uscito dalla tua parte un quarto d'ora fa e tu non eri alla finestra, perché? Ho guardato. Aspetta, ti telefono ancora, viene la camomilla».

Dopo mezz'ora Claretta va da lui a palazzo.

Entro, scrive il discorso che farà a Genova. Mi dice: «Questo sole mi farà diventare pazzo, è una disgrazia peggiore del terremoto. Se continua così staremo senza mangiare, si brucia tutto».

Poi si rimette a scrivere, io leggo *Omnibus*. […]

Facciamo l'amore, ma io sono ancora sotto l'impressione delle ombre, e lui è come stanco. Poi dorme. […]

«Sono preoccupato per i nostri ragazzi in Spagna. Ora sono in una gola, fa conto come il Furlo, ma hanno le posizioni più brutte. I rossi sono sopra. Non hanno artiglierie, non hanno le mitragliatrici. Per me non la spuntano.

Dovranno mantenere le posizioni in attesa di aiuti. L'ho detto al Senato: non si può avanzare con cinque uomini se dietro non ce ne sono dieci. Mandare centomila uomini, ma con 500 mila pronti a subentrare, aiutare e intervenire, rinnovare le linee con le forze fresche. La lunga marcia e la lunga lotta estenuano il soldato, rischiano di farlo cadere, aumentano le perdite e portano all'infinito la guerra. A quello stanco deve subentrare il fresco. Questi ragazzi sono degli eroi.»

«Guarda, sono tornate le rondini. È poetico vederle la prima volta con te. [...] La Pallottelli non l'ho mai amata. La conobbi a Genova poco dopo aver preso il governo. Era nell'albergo con il marito, mi mandò un mazzo di fiori: "Un'italiana con gratitudine". Poi la vidi l'indomani nella hall, parlammo, e piano piano cominciò. Poi nel '24-25 mi accasai e dopo lei, ricordo, mi tradì con D'Annunzio. Una sera scortecciavamo un albero di villa Torlonia e le dissi: "Sai, non ci vedo chiaro, sei stata una settimana là [*al Vittoriale di D'Annunzio*], e anche tre giorni sola con lui, quindi ho il diritto di sospettare. Perciò non venire domani, perché ti faccio mandare indietro. Basta, è finita. Ti sei fatta prendere da lui". Lei non credette nulla, l'indomani venne, e io la feci respingere. Da allora per cinque anni non ne seppi più nulla. Dopo si fece viva, aveva bisogno di aiuto per il figlio, così ricominciai.»

10 aprile 1938, domenica delle Palme: *«I miei discorsi sono sempre netti, decisi, chiarissimi»*

«Non piove, e il bello è che se la prendono con me, oppure se la prenderanno con Hitler. Ma io non posso anche far piovere... Cara io ti amo, ti mangio, ti voglio dare un morsone, farti tanto male. Lascia che ti faccia male, devi avere sempre un mio segno.»

Mi legge il discorso per Genova, mi piace molto. C'è un punto che non mi va, sui tedeschi, glielo dico e lui lo segna con la matita blu. Riflette e dice: «Forse non hai torto, sai, bisognerà che lo riveda. Sì, hai ragione, però il resto va bene, vero? Ma sai quante volte li correggo? I miei discorsi sono sempre netti, decisi, regolati e chiarissimi».

Andiamo di là, facciamo l'amore con foga ed entusiasmo completo. Ansima, è senza fiato quasi, cade sul letto. Prende sonno, poco però, vuole che apra la radio. Sentiamo la musica, dice che ha freddo, lo copro con la coperta, mi rannicchio vicino a lui. Ho un crampo al piede che dura diversi minuti, dice che è la punizione per le impertinenze e le cattiverie verso di lui.

«La Ruspi mi fa pena: ha tre figli, ha lasciato il marito per me, come hai fatto tu del resto, e insomma non posso abbandonarla nella strada.»

Claretta: «È giusto che l'aiuti».

«Lei non ha mai parlato male di te, non ci ha fatto del male, è finita giusta. La mia carne si disabitua. Ho bisogno di vederla spesso una donna, e allora la mia carne si assuefà a quella carne e continuo. Ora tu hai compreso il mio segreto sessuale. Io non amo prendere una donna. La prima volta sono turbato, non so come andrà. Poi mi abituo, e le altre non le ricordo più.»

Telefona alle 9: «Amore, cara, mia moglie gioca con Romano e Anna, io leggo, Vittorio e Ola sono andati a teatro. Mi hanno detto che l'opera di ieri era una cosa mostruosa, sono andati via al secondo atto».

Alle 10: «Amore, ho fatto i solitari con mia moglie, ora va a letto e vado anch'io».

11 aprile 1938: *«Ho letto il Boccaccio»*

Funerali del principe Torlonia. Mimi è andata a vedere, e la Ruspi era affacciata al muretto come l'altra volta. Vestita in grigio con il cappello verde, con altre amiche, e rideva indifferente e padrona.

Telefona alle 4: «Ho letto una novella del Boccaccio. Quel libro grande, sì. Così mi sono ricordato i nomi delle donne del Boccaccio, Fiammetta, ecc. Leggevo questa di quel tale che, dopo averne fatte tante, lo hanno fatto santo. Sì, ci sono delle illustrazioni tremende. Qui c'è una donna nuda che porta un piatto ad uomini in tavola. No, non m'interessa. Però lo stile è divertente e interessante, sempre originale. Adesso vedrò la seconda che dice. È passato così tanto tempo [da quando ho letto il *Decamerone*] che non ricordo più». [...]

«Bottai cospiratore? Mi viene da ridere, davanti a me trema»

«Ho ricevuto mio figlio Vittorio con il direttore della cinematografia Malicone. Ora devo vedere il cospiratore B. [*Bottai*], pensa.» Ride.

Alle 6: «È uscito in questo momento il cospiratore, era venuto a portarmi un libro: *Gli uomini di ferro*, di uno che ha combattuto con lui. Lo guardavo e mi veniva da ridere: cospiratore quello lì! Rispettoso, tremante. Quella signora [*la Brambilla*] mi scrive: "Bisogna scacciare le serpi che pullulano, escono dal fango, stanno per colpirti. B. allarga sempre di più le sue reti, ha sempre più seguaci, attende di essere messo a capo delle Corporazioni e dice di essere l'unico a interessarsene. Attende il suo momento, sarà il tuo Brutus. Stai attento a quello che fai, guardati intorno, apri gli occhi, tu non vedi i tuoi nemici". Che ne dici?».

Claretta: «Avrà qualcosa contro questo qui».

Mussolini: «Strano, anche tu hai avuto la mia stessa impressione. Povero ragazzo, sono vent'anni che lo conosco: bravo, semplice, timido, rispettoso. Io ci rido su, quella è matta».

«Comunque l'apparenza non conta. Ma credo che tu conosca bene i tuoi.»

«Se li conosco! L'apparenza potrà ingannare altri, non me. La mia paura li schiaccia, li domina. Chi e come? Non scherziamo, li conosco troppo bene, fino in fondo. Sì, so tutto, abbastanza... Ma via, non diciamo sciocchezze. Andrò con Bottai a inaugurare l'Ara Pacis.»

Cinque anni dopo, il 25 luglio 1943, Bottai tradirà Mussolini, firmando l'ordine del giorno Grandi con Ciano e altri diciassette gerarchi.

12 aprile 1938: *«Sulla Spagna bisogna essere moderati»*

Chiama *Il Popolo d'Italia*: «Non sapevo che avrebbe avuto questo successo, 400 mila copie? Peccato, avremmo aumentato la tiratura. Dato che non era un mio articolo vero e proprio, ma ripreso da una rivista, credevo che suscitasse meno interesse. Pazienza. Non fate tanto chiasso per la Spagna, bisogna essere moderati. I legionari a Tortosa ancora non ci sono. E quindi non bisogna esagerare. Altrimenti si corre il rischio di vedere scritte cose antipatiche».

Claretta gli rivela di avere visto un uomo arrivare in taxi ed entrare nella casa della Ruspi. Mussolini è turbato.

«Passo molti danari a quella donna, e non vorrei che avesse un altro. Perché allora può pagare quell'altro, quello del cuore. Non mantengo una donna se questa si è fatta la sua vita. Meglio per lei. Mi lascia indifferente tutto questo. Non m'interessa più quella donna, è finita. Ma certo non voglio fare la figura del fesso. Potrebbe essere stata anche una cosa innocentissima, ma quando io mantengo una donna questa deve avere dei doveri verso di me...»

«E durante deve avere sempre dei doveri.»

«No, non interpretare così. Io ti amo. Non ho mai trat-

tato nessuna donna come te, a nessuna ho telefonato trenta volte in un giorno, nessuna è mai stata qui mentre lavoro. Non ho impulsi sessuali che per te, e questo mi
preoccupa un po', non vorrei fosse sintomo di vecchiaia.
Non potrei prendere una donna qui, impossibile, farei
una brutta figura. Anche fosse la donna più bella del
mondo, non mi sveglierei. Dove hai messo il tuo ... nessuno può metterlo.»

13 aprile 1938: «*Mi suona al violino Corelli e Tannhäuser*»

«Non piove, è inutile. Questo sole schifoso. Gran parte
del fieno è già bruciato. Molti prendono il grano che non
cresce, lo tolgono e ci mettono il granturco. Questa sven-
tura peserà sulle mie spalle per tutto l'anno, fino al rac-
colto del '39. Tutto ricadrà su di me.»

Litigano ancora per la Ruspi.

Facciamo l'amore, lui [è] passivo, capisce che ho notato che è stato altrove, allora si esalta: «Dopo un amplesso
così meraviglioso come non mai...».

«Da parte mia.»

«Io non so più che fare, che dirti, tu sospetti sempre,
non mi credi mai. L'ultima donna con cui sono stato è stata la Pallottelli, se questo non è vero vorrei che mi cadesse il palazzo sulla testa, che sprofondassi... Possibile che
debba dire queste cose?»

Fa per andarsene, poi torna indietro furioso, grida ancora, lo placo, mi abbraccia. [...] Prende il violino, l'accorda e suona. Prima un largo di Corelli, poi la *Follia* del
Corelli stesso. Poi a orecchio una romanza e il valzer della *Vedova allegra*. Passeggia per la stanza con il violino,
suona e cantiamo assieme il *Tannhäuser*. Quindi posa il
violino e slenta le corde, dicendo che è noioso rimontar-
le. Andiamo, prima di uscire mi bacia. Passando per lo
studio verde gli dico che avevo ancora desiderio. Dice:

«Anch'io. Stasera non voglio venire all'opera, perché c'è Giulia [*Brambilla*]. Ci soffro a vedere ciò che fa contro di te. Mi ha scritto pure in che poltroncina sta. Non la guarderò, non voglio fare la figura del coglione. Sì, [l'opera] è bella, lo so. Va bene, verrò, ma devo farmi la barba».

Telefona alle 8: «Non posso venire, perché Bruno e Vittorio andranno a una riunione ai Parioli e, non volendo perdere la *Turandot*, hanno scambiato il palco col turno A. Non ci andare, di' a Mimi che andremo sabato. No, non mi dispiace se vai. Cioè sì, moltissimo, torna presto. Troverai quattro poltrone. Mi è molto dispiaciuto [non venire], ti giuro sul mio onore di uomo e di soldato che non c'entro nulla. Avevo fatto venire anche il barbiere, puoi domandare a Navarra. Il mio onore vale almeno quanto il tuo, non lo metterai in ballo. Di' a tua madre che telefono ogni quarto d'ora».

14 aprile 1938: «*Ho visitato gli scavi di Ostia con Bottai*»

«Sono tornato adesso da Ostia dove sono stato con il cospiratore [*Bottai*]. Ho visitato le tombe degli antichi, le iscrizioni, le date, tutto. I poveri li mettevano in anfora, ci sono ancora. Sono triste per ieri sera, è la prima volta che vai a uno spettacolo senza di me. Ti ha detto tua madre che ho telefonato sempre? Non ho dormito, mi sono alzato almeno otto volte a fare... Hai capito? Ero nervoso per ieri sera, per te. Non ti mettere alla finestra [quando passo andando o tornando da palazzo Venezia], perché Giulia mi ha scritto che tutti lo notano e ne parlano. Oggi vedo la signora Toti. La moglie dell'eroe Toti, no?[119] Poi altre undici udienze, le maestranze e le commissioni per [la visita di] Hitler.»

---

[119] Enrico Toti (1882-1916), bersagliere senza una gamba morto scagliando la stampella contro il nemico.

15 aprile 1938: «*Niente pane a causa della siccità*»

«Per questa siccità staremo senza il pane e senza zucchero, non hanno potuto piantare le barbabietole. Alcuni contadini già vendono le bestie perché non c'è fieno.»

16 aprile 1938: «*Distruggere anche chi fugge: potrebbe tornare indietro*»

È sabato santo, giorno dell'accordo con l'impero britannico, che il regime fascista chiama pomposamente «Patto dei due imperi». Il conflitto aperto con l'aggressione italiana all'Etiopia nel '35 viene chiuso. L'ambasciatore Lord Perth e Ciano firmano a palazzo Chigi. Poi vanno a palazzo Venezia da Mussolini, che soddisfatto parla dal balcone. Ma di tutto ciò non rimane quasi traccia nel diario di Claretta, che va a palazzo nel primo pomeriggio, fa l'amore col suo Benito, e cita solo en passant Ciano e Perth.

[Mussolini] Prende un cartoncino color avana con all'angolo una mano che regge un cuore, me lo legge. È di Settimia Trevisan: «Ti dimostro che ho lasciato anche questa». Lei si definisce «povera schiava abbandonata», dice che lo segue sempre, che lo ama anche se non lo vede più. «Vedi, se è vero che le ho abbandonate tutte? Anche questa è finita. Eppure non è vecchia, ha trent'anni, me la trascinavo dietro come tante altre. A luglio l'ho lasciata per te. Tu vuoi la distruzione completa, non ti accontenti della fuga, dici che chi fugge può sempre tornare indietro.»

17 aprile 1938, Pasqua: «*Vai a messa anche per me*»

Alle 11: «Vai a messa, cara? Vacci anche per me».
Entro [a palazzo] alle 5. Mi fa vedere le pitture di Bol-

dini[120] in libro. «Lo ha mandato la vedova,[121] io non l'ho voluta ricevere. Non era necessario, [riceverla] due volte [è stato] anche troppo. Era un grande artista, vero? Belle, guarda come sono belle. Sono stato al mare con mia moglie e i bambini, mi sono fermato al caffè Duilio, ho preso un'aranciata.»

In piazza Venezia la banda suona [il nuovo] inno dell'Impero durante il cambio della guardia, lui corre alla finestra: «Senti com'è bello con le trombe». Ci mettiamo alla stessa finestra, lui a una tenda, io [dietro] un'altra. La gente è molta. Dice: «Lo farò fare sempre questo cambio, perché alla gente piace molto: è maschio e forte».

18 aprile 1938: *«Porci ebrei, popolo destinato a essere trucidato completamente»*

Telefona all'una: «Ho parlato con quella signora [*la Ruspi*]. No, non [sono andato] da lei, l'ho fatta venire al galoppatoio [di villa Torlonia]. C'è teste Ridolfi, puoi domandarlo. Le ho detto di andarsene. [Mi ha risposto]: "È una prepotenza, una crudeltà". [Dice che] tu la perseguiti e lei si vendicherà. "Non ho impedito a te di amare quella signora. È un mese – testuale – un mese e più che non mi tocchi. Io sono stata male, e adesso mi ammalo di nuovo"».

Claretta: «Quindi che vuole?».

Mussolini: «Poi ti dirò, se ci vediamo».

Claretta si precipita a palazzo Venezia.

Alle tre entro, evita di guardarmi negli occhi. Per evitare domande imbarazzanti parla della pioggia: «È una vera catastrofe […]».

Legge una rivista ebrea: «Questi porci di ebrei, un po-

[120] Giovanni Boldini (1842-1931).
[121] La giornalista trentanovenne Emilia Cardona.

polo destinato ad essere trucidato completamente. Sai, noi che siamo per loro? Cani, così ci chiamano: ... [*goym*], che vuol dire cani. Non hanno una terra perché non la vogliono, preferiscono sfruttare questi cretini che li ospitano. Traditori, si rivoltarono contro il popolo che li aveva ospitati e protetti. Puah!... Li detesto».

Poi ricomincia a parlare della Ruspi.

«Sì, questa signora stamane ha detto che lei non si è messa fra noi, che l'ho lasciata e tutti lo sanno, tanto che gli agenti mi deridono, mentre a lei fanno dei grandi saluti. [Ha detto]: "Non posso abitare là e mangiare qui, mio figlio grande direbbe che faccio la cocotte. Non ti ho chiesto nulla, non t'impedisco d'amarla, ma lasciami vivere. È un mese che non ti ricordi di me. Io faccio la mia vita, e che mi si lasci tranquilla. Mi sono ammalata".».

Claretta, ironica: «Infatti, aveva dei foruncoli sul viso...».

Mussolini: «Cosa vuoi, che le sparo? [Ha detto: "Qui a villa Torlonia] ci sto e ci resto. Diversamente, tanto peggio". Insomma, ha ragione, ha sempre agito bene, non si è ribellata. Non posso essere crudele. Non mi sento di mandarla via, non lo trovo giusto. Io l'ho lasciata. Dice che parlerà con te, e ti dirà cose che a me non dice. L'ho fatta tacere su questo. È finita così, se n'è andata e basta.»

«Perché le hai comprato l'appartamento?»

Non risponde, mi tratta male, mi offende. Dice: «Se vuoi lasciarmi, puoi farlo anche subito». Taccio. Poi dice: «Andiamo». Non replico, si irrita e si sfoga a gridi e insulti. Mi ricopre d'insolenze: «Non mi comprendi, non mi ami, è questo il modo di lasciare il proprio amante, l'amore? Senza un bacio, una tenerezza. Senza dire "Caro, come hai lavorato oggi, vedo dalle carte dell'Africa [che hai sul tavolo] e dal fatto che è venuto Graziani che hai delle preoccupazioni...". No, nulla. Non ho mai amato nessuna donna, nessuna, come amo te. Ma non vale nulla. Ti telefono ogni mezz'ora, ma stai sempre a controllare. Sono stufo, basta, voglio un po' di fiducia!».

Dà in escandescenze, non rispondo, si irrita ancora di più, dice che mi darebbe dei pugni se potesse. Piango, si calma: «Perdonami cara, sono tanto nervoso. Adesso vado a casa, mangerò qualcosa, starò meglio».

Mi telefona alle 9: «Hanno preso Tortosa [in Spagna], l'ho saputo adesso. Sì, sono molto contento. E piove, piove, adesso sto fuori, mi bagno, sono felice. No, non ho da leggere, è festa oggi».

Alle 10: «Piove a Milano, a Bologna, dappertutto. Piccola mascottina, ti amo, ora telefono a Padova e domando se piove anche lì. Sono felice, ho già dimenticato tutto ciò che ti ho detto. Sai, ogni tanto ho bisogno di sfogare i nervi».

20 aprile 1938: *«Gli antifascisti sono cretini. Quindi non pericolosi»*

«Sapessi quante ne dicono i giornali antifascisti, si scatenano contro di me. La bile del patto con l'Inghilterra, dell'avvicinamento della Francia... Sono cretini. Per questo non sono pericolosi. E me ne frego, io. Ho quasi finito di insudiciarmi le mani in questa spazzatura. Mi divertono. Non sanno che dire, poveretti, fanno pena. Ho letto molto, gli occhiali mi hanno fatto il solco.

In Spagna le cose vanno molto bene, bravi ragazzi. Ci sono molti feriti fra quelli tornati, di cui ottanta gravi, con gambe e braccia stroncate. Nessun cieco, qualcuno senza un occhio. Ma coraggiosi, sereni. Eh, sì, hanno delle artiglierie non indifferenti. Una pallottola spezza una gamba, la spappola. Hai ragione, la guerra è brutta, ma d'altronde...

La pioggia non viene, i danni sono incalcolabili. Penso che dovrò limitare il consumo del pane. Sai che vuol dire? "Non toccare né sale né pane al popolo" ma io dovrò farlo. Dovrò essere rigoroso e severo per non mandare oro fuori [*per l'acquisto di cereali all'estero*]. Ne abbiamo poco, tutti lo sanno, quattro miliardi. Si manda via a blocchi, a vagoni, è tremendo. Bisogna darne via il meno possibile. Bisognerebbe che piovesse almeno due giorni di seguito. È dal 1854 che non si verificava un fatto simile. Pensa che il Po si passa a piedi, e il lago Maggiore è sceso di tre metri. Ti dico, si aprissero pure le cateratte dal cielo quando viene Hitler, purché il popolo non soffra.»

21 aprile 1938, Natale di Roma: «*Ora ti canto l'inno dell'impero*»

Alle tre: «Adesso vado a inaugurare [l'Ara Pacis]».

Alle sei entro: «Sai, ho cantato l'inno dell'impero, e siccome non sapevano le parole hanno passato dei fogliettini». Ne prende uno dalla tasca: «Senti, ora lo canto». Lo canta due volte, svelto e lento. «Ti sembra meglio lento, vero? È più solenne. Come ti pare la musica? Che hai amore? Non stai bene? Domani sarai mia prigioniera, oggi sono stanco.»

Claretta: «Sì, lo vedo che sei stanco. Strano: domenica sei stanco, lunedì anche, oggi pure. Molto strano. Ma sai, io non voglio tributi, non ho ancora l'età del tributo, né carità. Se ne hai un'altra te la lascio e me ne vado... È già la terza umiliazione. Se ti senti poco bene ti comprendo e mi spiace molto. Ma se è per altro, non credo di essere disposta a sopportarlo».

Mussolini: «Ma no amore, non dire sciocchezze, ti amo. Sono stanco per il lavoro, forse non sto bene, ho mangiato in fretta, non so...».

Tenta di prendermi perché vede che ho capito: «Ma poi chi te lo dice che sono stanco? Andiamo, se vuoi».

«No caro, adesso proprio no. Nulla per forma.»

Tenta una carezza, vedo che lo fa così, mi scanso subito.

Mi dice: «Questo vestito che si apre davanti non mi piace, è da p...».

«Perciò l'ho messo: per venire da te.»

«Non essere cattiva. Ah, e quando hai incontrato questa tua fiamma?»

«Non *mia* fiamma, di lui. Erano otto-nove anni che non lo vedevo, ci siamo visti così per caso.»

«È giovane, è bello? Ma non potrai sostituirmi. Del resto io sono nato per essere fatto becco... Sono un vecchio canuto signore. Ma certo, io rimango solo, basta con l'amore. Chiudo con te, vai pure. Sei giovane, io sono vecchio. Che so io di ciò che fai?»

«Non lo sai? [Ma] se gli agenti che ho intorno sono come i rosoni in un capitello...»

«Sì, ma... (si riprende) Già, è strano che non mi abbiano detto nulla. Si vede che il giovane non era interessante.»

«Al contrario: soltanto il colloquio è durato due minuti.»

«È strano che tu me lo dica oggi, questo.»

«Lo avevo dimenticato.»

«Strano. Del resto è giusto. Ma io non ti tradisco più. Sono tutte finite, tutte. Non mi dicono più nulla. Non ho più alcun desiderio sessuale, il mio ... non si sveglia [...]

Sono commosso, domani sono sei anni [che ci conosciamo]. Ricordo quando venni la prima volta, ero come un ragazzo emozionato, e avevo freddo nella tua stanza.»

22 aprile 1938: *«Si toglie il cinturone e mi morde la spalla»*

Alle due Mussolini chiama la Petacci a palazzo Venezia: «Alle tre inizio, ho quindici persone da vedere, ma desideravo averti qui con me, di pensarti di là. Alle sei e mezzo ho finito [...] Adesso devo andare da Thaon di Revel.[122] Vuoi qualcosa di caldo, un cioccolato? Dimmi amore, che posso fare per questa tosse».

Torna alle sette, si toglie il cinturone. Poi, pieno d'affetto e di tenerezza facciamo l'amore con tanta forza che mi morde una spalla fino a lasciare il segno dei denti. È mortificato, siede sul letto un po' pallido e ansante: «Amore, che ti ho fatto, guarda che segno. Un giorno o l'altro ti porto via una spalla. Per poco ti rompevo il naso. Questo ti dice che sono stanco? Che non ti amo?».

Si veste, lo aiuto per gli stivaloni. Ci sbagliamo a mettere gli speroni, ride, ma è un po' buio.

23 aprile 1938: «*Fa pena anche veder morire un pesce*»

La mattina non mi telefona perché c'è Consiglio dei ministri.

Alle 2 e 40: «Cara, non ti ho potuto telefonare perché stamane i bambini erano già svegli. E poi non volevo svegliarti. Da lì [*casa mia*] non è stato possibile. Oggi con mia moglie e i bambini abbiamo veduto morire un grande pesce che sta in una vaschetta. Stava lì con il muso verso il fondo, respirava a fatica. Fa pena anche veder morire un pesce. Mentre io ero commosso, devi vedere il cinismo dell'Anna. Dice, guardando: "Un pesce di meno". Pensa, i bambini di oggi... Compra l'*Omnibus*, le memorie della San Faustino: è straordinaria, dice delle buffonate tali, fa ridere. C'è una signora che dice una gaffe, sai, di quelle! Va da un pasticciere e domanda: "Datemi una torta grande come il mio sedere"... Cioè, [*indicando l'ultima torta e parlando francese per darsi delle arie, dice*] invece che una "dernière", una "derrière"».

---

[122] Paolo Ignazio Thaon di Revel (1888-1973), ministro del Tesoro e delle Finanze dal 1935 al 1943.

Ride come un ragazzo. [...]

Telefona alle 8: «Mia sorella, l'Edvigiona tanto grossa, mi ha detto che a Tripoli mi adorano, che il grano è alto. Dicono che io gli porto fortuna, ho portato la pioggia. E ho pensato molto a te, che ho fatto male a non volerti quei giorni con me.[123] Non ammetto che tu dubiti che mia sorella sia venuta qui ora».

24 aprile 1938: *«Bravi bambini Balilla, gli ho dato la merenda»*

Sesto anniversario del nostro incontro. Telefona alle 12: «Adesso devo ricevere Ciano. Grazie amore dei tuoi fiori e della tua lettera. Oggi montano la guardia i bambini Balilla e qui c'è molta gente ad ammirarli, sarà bene che tu passi di là. C'è troppa gente ferma, può vederti entrare qualcuno, e allora sono noie».

Alle 3 entro. Guarda fuori la folla che si ferma ad ammirare i bambini: «Carini, vero? Marciano bene, sono bravi».

Fa l'amore come un selvaggio, mi chiama Gioietta, chissà perché. Mi stringe a lui e dorme. Siamo coperti con la pelliccia. Poi fa l'amore ancora, come un folle. Dopo dice: «Sono sfinito. Apri un po' la radio, sì, metti il *Don Carlos*, è bello. Mi guardi, ti piaccio? Guarda la mia carcassa...».

Gli tolgo il solito pezzetto d'ovatta dal pancino. Ride. Mi metto su di lui a cavalluccio e salto, dice che è un'ottima idea. Poi si alza, vuole andare a vedere il cambio della guardia. Legge forte un giornale francese, poi uno tedesco, e mi spiega ciò che vuol dire tutto. Gli chiedo che pensano i tedeschi dell'accordo inglese e del prossimo francese. «Già qualche parola. Certo, sai, masticano. A

---

[123] Nel viaggio in Libia del 1937.

Londra dicono che l'accordo inglese fa piacere al Führer, come al duce l'annessione dell'Austria. Buona, no? È buona anche questa: "Meglio vivere per Chamberlain che morire per Lloyd George".[124] Sai ora cosa dicono? "Se questa cosa non mi riesce, mi mangerò il cappello." Lo ha detto Chamberlain alla Camera: "Se l'accordo con l'Italia non sarà come io desidero, e per il bene del Paese, io mangerò qui dinanzi a voi il mio cappello". Pensa te, mangiarsi un cappello. Buono, no?» Ride.

Arrivano i Balilla, guarda fuori. Gli dico che penso ci sia il figlio della Ruspi a montare la guardia. Dice: «No, il grande ha 17 anni, l'altro 14... ma no, ne ha 7».

Claretta: «Ne ha dieci, è del '28».

«Sì, va bene, ma non c'è. Sai, sono contenti questi bambini. Oggi gli ho fatto dare la merenda, il pranzo nel cestino.»

Chiama inquieto: «Dite che non li facciano stare troppo sull'attenti, si stancano. E che suonino un po' di musica».

Poi, rivolto a me: «Stamane li hanno tenuti tanto in quell'attenti, che hanno cominciato a parlare fra loro. Sono bambini. Mentre invece la posizione di attenti è rigida e severa, non si deve volgere lo sguardo. Ma sai, si stancano, chiacchierano. Ecco, guarda, ora stanno a riposo. Senti la musica».

«È tremendo che tutto sia in mano agli ebrei»

La cerimonia ha termine, brontola che li hanno fatti correre troppo. Poi ordina un'aranciata per me. Prende il vaso giapponese e mi dice: «Te lo do oggi per ricordo di questo giorno, ti piace?».

Prende il programma del[la visita del] Führer, s'in-

---

[124] David Lloyd George (1863-1945), premier britannico dal 1916 al 1922, durante la Prima guerra mondiale.

quieta per i biglietti, segna. Dice: «Sono nervoso perché detesto i ricevimenti, le cerimonie». Parliamo delle condanne a morte. Dice: «Giorni fa, all'esecuzione di uno, c'erano quasi 500 donne a guardare. C'erano andate in macchina per vedere. Sai che le esecuzioni sono pubbliche, e lo spettacolo non è dei più belli. Legano quest'uomo alla sedia, il prete vicino, gli ultimi conforti, e poi gli sparano alla testa. Quindi scoperchiamento del cranio, sangue... Dopo lo slegano e lo mettono nella cassa. Queste donne hanno assistito a tutto, come avranno fatto? Sì, credo anch'io che siano ciniche. Tu non ci saresti andata, ne sono certo. Non li vorresti vedere certi spettacoli. Pensa che [*mia figlia Anna*] una volta ha veduto sgozzare un agnellino. Poverini, muoiono con lo sguardo umano, girano gli occhi dolci, fanno pena. Lei ha visto e ha detto: "Tanto gli agnelli sono nati per essere uccisi". Hai capito? Proprio bambini di adesso, duri, indifferenti. Tu invece saresti svenuta, a vedere una cosa così. Anche Mimi è diversa da te, meno sensibile».

Si alza, prende il vaso, lo incarta: «Sai, io a volte sono preoccupato delle piccole cose. Questo vaso mi preoccupa. Sono strano? Stai attenta, non romperlo, guardalo sai? Ecco, portalo così incartato, e in macchina stai attenta».

Chiama alle 9: «Amore, ho veduto quel film su Roma a colori, l'americano. Pensa che il produttore è un ebreo, quindi per 75 milioni di persone questo film non è buono. Perché non entrerà mai in Germania. Al solito, è tremendo che tutto sia in mano agli ebrei. Sì, è bello come lavoro, come foto, proprio bello, molto».

25 aprile 1938: *la futura nuora Mussolini? «Brutta, ochetta e ignorante»*

«Oggi, quando misuravo le uniformi, mia moglie, Vittorio e Ola mi hanno detto che ero imponente. Mi vedrai venerdì, c'è la prova generale alle nove. Potrai venire qui alle dodici, prima che la tolga. Se no verrai al ricevimento. [...]

Dimmi, conosci la Ruberti?[125] Bruno stasera mi ha detto: "Ti voglio parlare". Che ne dici? È brutta? O povero me.»

Claretta: «E poi ochetta e niente colta».

«Di male in peggio. E proprio io devo dare il consenso? Non so che fare. Proprio niente, allora. Ma questi ragazzi! Tu lo dici così spassionatamente, vero?»

«Certo caro, perché non dovrei dirlo?»

«Amore non parliamone più, è triste, ciò mi addolora. Che vuoi, contrastarlo è peggio, sono anni che dura.»

26 aprile 1938: *Corrado Alvaro amante di Claretta?*

«Sai che la tua poesia è stata pubblicata sul *Tevere*?[126] Ho il foglio, adesso mi procurerò il giornale. Sì, stampata con tre stellette per firma. [*Il titolo è*] "Momento", ti piace?»

Alle 12 lo vedo passare in via XX Settembre, è in auto con Starace. Non mi vede. Poco prima avevo veduto la Ruspi, molto larga e volgare, con un orribile vestito celestino, le calze marroni. Brutta e poi brutta. Ho i nervi sossopra, non posso pensare che mi tradisca ancora con quella baldracca.

Telefona alle 6: «La signora Brambilla si è fatta viva di nuovo. Ha scritto contro di te, dicendo che due giorni prima di Pasqua avresti domandato a una chiromante notizie di un certo Corrado Alvaro[127] per sapere se ti tradiva o no. Allora lei si è informata subito, dice che è un antifascista arrabbiato dell'epoca di Matteotti».

Claretta: «Sarebbe ora che questa sudicia commedia finisse, e che questa lurida femmina la smettesse di parlare

[125] Gina Ruberti (1916-1946), futura moglie di Bruno Mussolini.
[126] Giornale diretto da Telesio Interlandi.
[127] Il celebre scrittore calabrese (1895-1956), autore nel 1930 di *Gente in Aspromonte.*

di me. Le romperò la testa. Non sono mai stata da quando vivo da chiromanti, me ne guarderei bene. Né tantomeno conosco questo signore, che non sapevo esistesse prima che tu lo nominassi. E basta. Se poi tu ci credi, tienti la nave scuola».

«No amore, non inquietarti, non ci credo. È una buffona, una donna senza neanche un filo di buonsenso. Questo Corrado Alvaro è un mostro, è orrendo, un muso da cane bulldog. Orribile. Anche se lo conoscessi, non sarebbe possibile. È una stupida cattiva. Le ho fatto dire ancora che se ne andasse, partirà sabato.»

27 aprile 1938: «*Il passo dell'oca umilia i grassi*»

«Ho avuto una discussione sui passi "magri", il passo di parata, con Edda, che è diventata pallida. È violenta e vivacissima. Lei diceva che i grassi non si debbono umiliare. Io dicevo che con le pance ballanzone non è possibile. Una lite terribile: io con Bruno, lei con la madre. Poi è venuto Vittorio e ha fatto Salomone, dicendo che per la parata ho ragione io, e per il resto Edda. Edda ha paura a star sola. Mia moglie va a trovarla e le rifà la biancheria ogni tre mesi. Ha una casa disordinata, mia moglie lavora come una negra, dalla mattina alla sera.»

28 aprile 1938: «*Potrei vivere in una capanna e mangiare erba*»

I soldati stanno preparando le manifestazioni per la visita di Hitler.

«Me ne hanno combinata un'altra: pestano le uova nel passo di parata. Si fermano prima così...» Esegue, si mette davanti al tavolo e comincia a fare su e giù per dimostrare la balordaggine che fanno. Poi s'inquieta: «Domani dovrò arrabbiarmi, dovrò battere e battere, finché comprenderanno. Sai, c'è un po' di panico: tremano a fare questo passo, per non fare una brutta figura. E quindi mi pestano le uova prima di cominciare, hanno timore. E non solo: sembra un funerale come camminano. Troppo lento. Domani vedremo. No, è chiuso [al pubblico], è la prova generale. Meglio che tu non ti faccia vedere. Dovrò fermare i battaglioni, farli ricominciare. Quindi niente folla».

Prende l'orologio grande e me lo dà: «Non so che farne, sono così distaccato dalle cose della vita, così assente da tutto, che potrei vivere in un pagliaio, in una capanna, e mangiare erba. No amore, tu non sei una cosa, ti amo».

Telefona alle 9 da casa: «Sono seccato per quest'afta alla lingua. Ho mangiato un brodo, un po' di fave fresche, un finocchio e un frutto. Basta, no? Dici di no? C'è stata l'Edda, un po' di discussione per l'affare di Bruno, questa ragazza. C'è elettricità in giro, hanno il muso. Non ho tempo di pensarci».

29 aprile 1938: *Claretta vuole andare al ricevimento per Hitler*

La mattina non telefona, perché va alla prova generale della rivista [*per la visita di Hitler*]. Piove e fa freddo. Non mi ha fatto andare dicendo che non c'è gente, invece è pieno. Credo che abbia fatto andare qualcuna.

Alle tre entro, mi viene incontro scherzoso e allegro: «Questa mattina ero molto elegante. Sì, c'era folla, ma non lo sapevo. Badrona, come stai? Sei inquieta, badrona?».

Parla strano, gli fa male la lingua [*per l'afta*], la mostra e scherza: «Guardare badrona lingua brutta. Io avere mangiato troppo cioccolato come bambini golosi. E tu badrona come stare? Io essere bello? Adesso noi andare di là. Avere preso molta acqua e freddo giù in piedi nell'auto aperta a Centocelle».

Mi fa delle carezze violente e dice: «L'Anna mi ha detto: "Papà, non farmi le tue carezze, mi fai male, sei materiale". È vero? Dimmi, sono materiale?».

Claretta: «No, hai le piccole zampatine del leone».

Facciamo l'amore con rapidità.

«Ora ti farò vedere il berretto di Primo maresciallo anche del mare. Come ti pare?»

«Sei bello e mi fai una strana impressione. Imponente.»

Saluta portando la mano al berretto.

Gli dico: «No caro, non devi salutare così. Tu sei un imperatore romano, non è il tuo saluto questo».

Mi guarda: «Hai ragione. Oggi qualche volta ho salutato così in onore dell'esercito, ma non mi piaceva. Sentivo che non era adatto a me, mi confondevo».

Si toglie il cappello e sta per metterlo in testa a me, dicendo: «Tu saresti una deliziosa marresciala dell'impero».

In quel mentre aprono la porta e Apreliti viene con la magnesia San Pellegrino. Lui si spaventa che abbia veduto, e ripone subito [il cappello]. Apreliti esce.

Mi domanda: «Avrà visto? No? Sei sicura? Adesso devo prendere questa roba». La prepara, la mette nel bicchiere e suda. Io scherzo come con i bambini, e si decide. Giù di un fiato. Poi è disgustato. Prende una nespola, la succhia e via, la butta. Dice: «Fatto anche questo. È cattiva. Sono umiliato. Quest'uomo cos'è? Orrore».

Rido e scherzo. Passata la nausea, si mette a leggere. Gli dico di segnare per i biglietti. Segna per il ricevimento [*in onore di Hitler*].

«Non so ancora se potrò farti venire.»

«Sei cattivo. Sono sei anni che te lo chiedo. Me lo hai promesso, starò poco. Ti prego.»

Non risponde e legge: «Aspetta, che poi ti rispondo».

Lo lascio leggere, e giro su e giù.

«Sei arrabbiata, padrona? Allora senti: passerò su

tutti gli ostacoli e ti farò venire al ricevimento. Verrai con tuo padre e starai poco. Sarai molto gelosa, specialmente quando andrai via presto che altrimenti ti farò mandare via.»

«Chiedi scusa di queste parole, brutto.»

Mi abbraccia: «Sì, scusa amore. Ti farò venire, sei contenta?».

Maggio 1938

Hitler visita per sei giorni l'Italia (tappe trionfali a Roma, Napoli e Firenze), Mussolini entusiasta. Poi il duce visita Genova.

1° maggio 1938: *Mussolini a San Pietro con Rachele*

«Ho guardato delle manovre sulla piazza. Ho fatto venire il dottor Tuminelli per farmi cauterizzare la ferita sulla lingua. Mi fa male. Ha messo la pietra infernale, ha spinto giù, non è nulla.»

Alle 4: «Sei stata in pena? Dovevi immaginare che ero andato fuori con mia moglie. Siamo andati ad Ostia, ho pensato anche molto a te perché ero nel punto dove ci siamo incontrati la prima volta. E poi siamo tornati. Siamo passati a vedere San Pietro e poi sono venuto qui. Ti attendo, cara».

Alle 4 e 1/2 entro. Firma nel librone le fotografie e poi alcune tessere, mi fa vedere due giornali. In uno c'è una sua fotografia dell'anno X [*1932*]: «Sì, è bella, allora ero bello».

Claretta: «Sei più bello ora».

«Lo dici così, tu.»

«No, è vero. Forse perché adesso sei un poco mio.»

7 maggio 1938: «*Tedeschi esterrefatti dalla potenza del nostro esercito*»

Alle 3: «Ora esco. Accompagno Hitler alla mostra della Romanità. Tu aspetta in casa, verrai qui da me».

Alle 6: «Ho spicciato il lavoro. È tutto sbarrato, ma prova a sbucare. Non passare qui davanti».

Entro da lui alle 6 e 3/4 per i giri che ho fatto. Mi viene incontro: «Amore, non resistevo più, erano troppi giorni. La Rivista [di Napoli] ti è piaciuta? È stato uno spettacolo memorabile. I sommergibili ti hanno impressionato? Pensa, una corrente, un qualsiasi incidente, poteva accadere una cosa tremenda. Lo stesso ammiraglio Raeder[128] che era con me, un uomo coraggioso, ha detto: "Tre minuti [di immersione sincronizzata], sì, ma come sono lunghi a passare". Quando sono emersi tutti 86, senza incidenti e insieme, con quella splendida manovra, eravamo emozionati. Ero sicuro di loro, ma ti confesso che attendevo con ansia. Sono stati perfetti, Riccardi[129] è stato veramente bravo. Sono stato io che ho ordinato: "Devono passare così vicino alla [nave ammiraglia] *Cavour* che io veda se i marinai sono biondi o neri". I tedeschi sono rimasti, non immaginavano mai una cosa del genere. Erano lì con gli occhi lucidi e fissi, non sapevano più che dire. Quelle manovre erano perfette. Poi questa mattina guardavano il passo romano sorpresi e ammirati. Mi hanno detto: "Noi abbiamo messo anni ad imparare [*sic*] ai nostri soldati questo passo, voi lo avete ottenuto perfetto in pochi mesi. È meraviglioso". Non ti dico quando sono passati i cannoni, lunghissimi, e i carri armati. Sono rimasti esterrefatti dalla potenza del nostro esercito, non credevano...».

---

[128] Erich Raeder (1876-1960), capo di stato maggiore della Marina tedesca.
[129] Ammiraglio Arturo Riccardi (1878-1966), futuro sottosegretario della Marina.

«Vediamo passare Hitler che va al Quirinale»

Andiamo alla finestra a vedere passare le berline che ri-
conducono il Führer al Quirinale dopo [la cerimonia] al
Campidoglio. Dice: «Hitler non si può vedere in quelle
berline, è sulle spine. Sì, veramente c'è qualcosa che stri-
de. Ma come si faceva? Mi ha detto ieri: "Voi avete molta pazienza, molta. Io non so se ne avrei altrettanta". Ha
capito bene la situazione, sai. Vede bene, ed è lui stesso
insofferente di ciò. Bisogna adattarsi [*alla lentezza e alla
pompa delle cerimonie che coinvolgono il re*]. Oggi abbiamo riso molto, perché sai, quando non è in forma ufficiale [Hitler] è molto simpatico, ride, scherza... Con me è
sempre un po' in soggezione, devo dire, come rispettoso.
Ma io riesco a farlo ridere. Abbiamo parlato delle posizioni che farà la pitonessa di Parigi sulle conclusioni dei
[nostri] colloqui, e abbiamo molto riso. È rimasto entusiasta della mostra della Romanità, e di Roma. Di tutto è
stupito e ammirato. Anche lo spettacolo di Centocelle è
stato bello».

Torna al tavolo, dà ordini, è un po' agitato. Mi manda
di là perché chiama Sebastiani. La stanza è in luce di ri-
flettori. Mi fa entrare, mi bacia: «Attendimi amore, torno
subito».

Torna alle otto: «Ora ho mezz'ora per te». Mi abbraccia un poco, poi mi bacia ma con parsimonia, risponde al
telefono. Siede in poltrona, mi metto in ginocchio davanti a lui. Mi stringe, fa degli strani discorsi, si esalta. Poi si
alza e dice che è tardi, deve andare e non ha tempo. Ciò
mi irrita: poteva evitare di fare delle storie. Dice che ha da
vestirsi, che non fa a tempo, che telefonerà ogni quarto
d'ora da casa. Procura di cancellare l'impressione [di in-
differenza], vorrebbe fare qualcosa, mi rifiuto. È per in-
quietarsi, poi si calma.

Come prevedevo, da casa non telefona.

Esco, lui viene a piazza di Siena alle 9 e 3/4. Spettacolo meraviglioso, pittoresco, unico. Lui non lo vedo, è dentro.

Chiama alle 12 e 1/2: «Non sei rimasta bloccata? Ti è piaciuto? No, non ti ho visto. Non ho veduto nessuno, ero indietro, e nessuno mi ha veduto. Sono stanco, ti telefono prima di partire per Firenze con il Führer domattina. Questi sono giorni pesanti per me».

10 maggio 1938: «*Hitler e Goebbels sono ragazzoni simpaticissimi*»

Torna da Firenze alle 8. Mi telefona alle 9: «Sono arrivato ora perché ci siamo fermati due ore ad Orvieto. Chi era quel Giorgio con cui hai parlato? Ha 18 anni, è [un amico] di Mimi? Adesso lavoro al mio discorso di Genova».

All'una: «Ho bevuto il brodo nel thermos, ho pensato molto a te, al mare. Mi desideri tanto? Guarda che ho da fare, sarai reclusa... Va bene amore, vieni, subito però».

Alle 2 entro [a palazzo Venezia]. Dice: «Lo spettacolo [di Firenze] è stato meraviglioso, l'entusiasmo è salito alle stelle. I fiorentini hanno fatto le cose in regola. Hitler era felicissimo e ha riso molto, sì, finalmente. Abbiamo fatto un mucchio di risate, con Goebbels specialmente. [È] italiano, italianissimo, Goebbels, [ha un] senso dell'humour vivace, scherziamo. Mi raccontavano tutte le sorprese e peripezie di quando ero a Berlino. Quello con il bastone della musica che lo dava in testa al pubblico e sbagliava il momento di suonare. Al Campo di Maggio il campanaro voleva suonare senza fermarsi. Aveva ricevuto un ordine sbagliato e quindi, prussiano duro, non voleva obbedire: "Mi hanno detto di suonare fino alle 20, e suonerò fino alle 20". Noi dovevamo parlare, e questo campanone avrebbe suonato sonoramente senza smettere. Ce n'è voluto per convincere quel prussiano che l'ordine era sbagliato...

Sai, questi tedeschi sono simpaticissimi, e Hitler è un ragazzone quando è con me».

Chiude le tende dei vetri, lo annoiano aperte. Entriamo in stanza, mi bacia, mi abbraccia: «E ora di chi mi occupo, se non di te? Cara la mia piccola gioietta, vieni fra le mie braccia». Facciamo l'amore due volte. Dorme nell'intervallo, tenendomi stretta a lui e accarezzandomi.

Hitler: «A Roma i sei giorni più belli della mia vita»

«Hitler era commosso quando è partito, piangeva. Mi ha detto: "Questi sono stati i più bei giorni della mia vita, non li dimenticherò mai più. Sei giorni di sogno. Rimpiango di non aver fatto l'architetto, ho sbagliato strada".

[Gli ho risposto:] "Per il vostro popolo l'avete indovinata."

"Sì, è vero, ma non era la mia vocazione. Non dimenticherò mai queste ore."

Era commosso, le lagrime agli occhi. Sai, io avevo proibito di gridare "Viva il duce", quindi questi gridavano senza esprimersi. Dietro di noi avevano messo un altoparlante che confondeva tutto, così non si [sentiva] che l'urlo indistinto. Piazza della Signoria è stato uno spettacolo indimenticabile, si frenavano ma non ci riuscivano. A teatro guardavo severamente a destra e sinistra, quindi c'era un po' di disagio. Volevano gridare "Duce, duce", ma io li frenavo. E quindi guardavano senza stancarsi. Si sono sfogati quando ho girato solo per le vie, tornando e andandolo a prendere. La macchina non passava, "Duce, duce", ma devo dire che davanti a lui sono stati bravi. Pensa tu, i fiorentini che gridano "Hitler, Führer", ancora più straordinari che i romani e i napoletani.»

Ride: «Un ufficiale ha gridato "Duce", poi si è tappato la bocca. Io ridevo fra me, è stato molto bello».

«Ai pranzi ufficiali solo mummie vecchie, orrende»

«Il pranzo era il ritrovo delle mummie, questi pranzi ufficiali fanno star male. Donne vecchie, orrende. Sono le autorità, è vero, ma tutto deve cambiare: basta pranzi con le mummie. Se avessi veduto che orrori, e tutte tinte. Non ce n'era una che avesse avuto meno di 50 anni. Anche per l'ospite tutto ciò è nauseante, non c'era una bella donna. Io avevo vicino la marchesa Guicciardini, oltre 60 anni, un naso curvo, lungo, tutta butterata. Lui [Hitler] aveva [come vicina di tavolo] un vagone che non sapeva una parola di tedesco. Questi pranzi sono un orrore. Capisco, chi arriva ad essere autorità è vecchio. Ma non è possibile stare con la vecchiaia riunita, è demoralizzante, deprimente. Sì lo so, all'opera non erano brutte, ma io ormai ero stanco... E poi non c'era tutto questo granché.

Con il re non ci si poteva vedere, perché questi tedeschi detestano la corte. Sai che dicono? Che ringraziano i loro predecessori di averli liberati da diciotto corti, [per]ché altrimenti avrebbero dovuto farlo loro. Sono duri e franchi, senza peli sulla lingua. Passando per la stanza del trono hanno detto: "Levate quella sedia o metteteci Mussolini". Hitler si trovava a disagio. Capirai, è figlio di un imbianchino... È un rivoluzionario. Ogni volta che era preceduto da uno di questi cosi in oro perdeva il buonumore. D'altronde che vuoi fare, sono stati giorni di manovre, di tensione, una situazione strana, lo so. Ah, sì? Il popolo applaudiva quando vedeva me sullo schermo, e il re no? Racconta, è interessante.»

Gli dico che al cinema e dappertutto [si inneggia] al duce e basta, al re nulla. Dico che ho veduto Hitler sorridere solo vicino a lui, e lui avere le lune.

«Ho dovuto nascondermi dietro la siepe»

«Sì, avevo le lune la mattina della rivista. Ne avevo molte, tu l'hai capito. Ho dovuto stare mezz'ora ad attendere dietro la siepe che [il re e Hitler] giungessero. Il pubblico mi aveva visto, gridava, ed io dovevo nascondermi. Ad un tratto è venuto da me Starace, dice: "Sono furioso".

"Perché, che avete?"

E lui: "Si deve vedere il fondatore dell'impero nascosto dietro la siepe? È il colmo, il colmo".

"Calmatevi" gli ho detto io, che devo sempre moderare questa gente. Ma era proprio fuori di sé. E poi sai, stare dietro Hitler, era seccato. [I tedeschi] erano anche seccati che nella tribuna ci fossero le donne. Dicevano: "In una rivista militare le donne stanno in un'altra tribuna, non con i capi. Questo dà un senso di frivolità, le donne non c'entrano nelle cose militari".

Ero nervoso anche perché non si capivano, il re gli parlava in francese. Tu pensa, già lui [Hitler] non ne sa una parola, meno che l'italiano. Ma [il re] parlava francese, che Hitler li odia a morte. Puoi immaginare lo stato d'animo.»

12 maggio 1938: «Avevo 14 donne, ne prendevo quattro per sera»

«Amore, oggi non sono tranquillo, ho paura di andare a cavallo. Non vorrei qualche sorpresa. Ci sono le corse, [Rachele] passerà proprio di lì, potrebbe dire: "Andiamo a vedere papà a cavallo", e così patatrac.»

Nel pomeriggio Claretta va a trovare Mussolini a palazzo Venezia, ma nell'appartamento privato trova un passante di cinghia marrone femminile.

«Non capisco cosa possa essere, qui dentro non c'è stato più nessuno dal primo marzo della Brambilla, te lo giuro sul Vangelo» dice. Si fa il segno della croce, si dispera, mi prega, mi abbraccia, mi prende sulle ginocchia. «È molto strano, sospetto che ci sia qualcuno che lo fa apposta. [...] Se tu non avessi tanto sofferto, non sarei riuscito ad essere solo tuo. Il pensiero di essere soltanto di una donna mi era inconcepibile. C'è stato un periodo che avevo quattordici donne, e ne prendevo tre-quattro per sera, una dopo l'altra. Una sera alle 8 la Rismondo, alle 9 la Sarfatti, alle 10 la Magda,[130] e poi all'una una brasilera terribile che, se non ci fosse stato uragano e tempesta che facevano cadere un pezzo di muro, quella sera mi rovinava. Questo ti dà l'idea della mia sessualità. Non ne amavo nessuna, le prendevo perché mi piacevano, mi andava. Se tu non avessi puntato i piedi e non avessi tanto sofferto, forse ancora faresti il turno come prima, che pure ti amavo. [...]

Amore, perché non vuoi credermi? Sei terribile. Sì, è vero, ho preso mia moglie l'altra sera alle undici. È venuta da me [*dormono in stanze diverse*]. Sai che il cinema è finito presto, mi ha detto: "Vieni di là". Sono andato e mi ha preso. Tu capisci, vero? Senza che spieghi. Perciò, pensa se dopo essere stato con te, e poi con lei, io ieri avevo voglia di cercare altro. Sì, è vero che il fisico può farlo, ma devo fare anche altre cose. La tua sensibilità percepisce l'ora, e il momento, e come... È tremendo.»

[...] Mi fa tenerezze, carezze, poi facciamo l'amore senza fiato. Si getta sul letto e mi dice: «Guardami, guarda il mio corpo che ti piace. Adoralo, un giorno sarà disfatto».

«Ti dan noia gli agenti con cui ti controllo?»

Si addormenta, mi rannicchio vicino a lui, poi si desta: «[...] Più di tutte [*mi piaceva*] la Rismondo, ma aveva anche lei qualcosa che mi disgustava a volte. La più fine era la Grange, ma era vecchia: adesso ha quasi 60 anni, pensa. Tutte mi hanno tradito, avevano l'amico. Né le amavo

[130] Magda Brard Borgo (1903-1998), pianista bretone.

né mi amavano, lo dicevano. No, tu sei la mia amante deliziosa».

Poi facciamo l'amore con forza, che mi fa male dalla gioia.

«Amore, è tremendo quanto ti amo. Cara piccola bambina, una volta o l'altra ti farò tanto male, perdonami. Adesso devo andare, viene Bottai. Mangio un po' di frutta.»

[...] Sto con lui a guardare il giornale vicino alla sua sedia. Lo bacio sulla nuca, nel collo, alle orecchie. Si turba. Poi telefona a Milano e a Ciano. Dice che l'affare della risposta al telegramma di ringraziamento del Führer da parte del re è stata una buffonata: «Ti ringrazio di avermi ringraziato, e non finisce più». Legge tutti i rapporti. «I tedeschi dicono che Firenze ama il duce fino al fanatismo.»

Claretta: «Come me».

Sorride, poi s'alza e dice: «Amore, non venire a Genova per una sfacchinata, preferisco saperti a casa e telefonarti. Troppa gente, troppo movimento, confusione. È meglio che ascolti per radio, come sempre. Non avrò un attimo di tempo, neanche per fare pipì. Ho detto che volevo vedere tutto ciò che hanno fatto, quindi il programma è vastissimo e impegnato. Il guaio è che domani non potrò telefonarti dalla nave, e sarà doloroso non poterti parlare. Sono geloso di te e ti tengo chiusa in prigione. [Gli agenti in borghese] ti danno noia? Altrimenti li levo. Sono discreti? Del resto io che so che fai tu in casa? So ciò che fai fuori».

13 maggio 1938: *«Quando ti avrò fatto la casa mi lascerai»*

Il duce è in vena di autocommiserazione, vuole esorcizzare la vecchiaia.

«Tu sei giovane e ora, quando ti avrò fatto la villa, mi lascerai. Cioè, mi terrai per calcolo. Io invecchio, tu sarai giovanissima e dirai: "In fondo gli ho dato la mia giovinezza, è giusto che lui mi dia una casa. Ora siamo pari". Ti farai un amante giovane, capelluto, gagliardo. E poi dirai: "Scusa caro, sai, devo andare da quel vecchio. Si accontenta, ora non ha che dei capricci. È noioso, lo so, ma tanto ti amo". Lui ti lascerà venire, tu starai con me e ti farò schifo.»

Claretta: «Che discorsi nauseanti».

«Ti nauseano, ma è così. Sei già nel decadere dell'amore, mi ami molto meno. Ricordo le tue lettere da Portovenere piene di poesia, di luce. Allora mi amavi con lo spirito, il tuo amore era puro. Mi consideravi del tutto diverso, unico. Mi tenevi in alto, mi veneravi. Ora mi consideri come uno dei tanti, capace di tutto per te... Sono sceso nella tua considerazione. Ora sono orgoglioso di esserti fedele, e non è un giorno, sono settanta già.»

«Pochi.»

«È vero, ma molti per me. Ti amo, stasera avrò una grande malinconia. Quando ci sarà la luna e tutte le grandi stelle penserò tanto a te. Adesso devo andare [a Genova], parto alle due [*in nave da Anzio*]. Ridolfi nell'ansia di partire ha fatto una marronata: ha spedito tutti i bauli con la roba, tanto che non so come vestirmi, e ho dovuto chiedere in prestito a Ciano padre una sciarpa, un collare dell'Annunziata e altre chincaglierie. Cose queste che mi divertono moltissimo...»

Guarda l'ora, e la guarda spesso.

«Amore, guardo l'ora perché ho cento unità che mi attendono. Non posso fare ciò che voglio.»

Mi bacia a lungo teneramente, un bacio che sfinisce.

«Fermati se vuoi al bivio Cisterna-Littoria e attendimi lì. Io passerò, ti vedrò ancora. Non è strapazzo, no?»

Attendo dalle due, alle due e 1/4 spunta la sua auto. Sono scesa dalla mia e sono sul ciglio perché mi veda. Egli si sporge dopo che Ridolfi mi ha indicata, e fa fermare le auto. Spalanca lo sportello ed è per scendere. Senza riflettere mi precipito di corsa. Lui rientra, siede indietro, mi guarda. È tanto commosso, non dice che: «Compra dei mazzolini di ginestre dai bambini». Io lo guardo, lo guardo, e non so parlare. Prendo le punte delle sue dita sul sedile, le stringo. Sono in piedi presso il vano dello sportello che Ridolfi regge, dopo essere sceso. Ci guardiamo, i suoi occhi sono lucidi, non sa che dire. Forse mi vorrebbe con lui, è un attimo che vale una vita. La commozione ci impedisce la voce. Dico solo se posso seguirlo.

Mormora: «Troppa gente dietro. Devo andare, è tardi».

Stringe le mie dita, mi guarda. Gli occhi rilucono. Mario chiude. Lo guardo ancora che cerca di darsi un contegno dietro al vetro. Poi, mentre si mette in moto, si volge, mi fissa, alza una mano con cenno affettuoso. Mi sorride con uno sguardo luminoso ed emozionato che mi fa tremare il cuore. Resto attonita mentre l'auto si allontana e piango di ansia, di gioia, d'amore, d'emozione. Egli mi ama, mi ama, tanto da non ragionare, da non controllarsi. Amore, Dio lo accompagni.

14 maggio 1938: *«Qui a Genova un'accoglienza magnifica»*

Ore 10 da Genova: «Avete sentito l'arrivo? Eppure lo hanno trasmesso. È stato bello ieri».
«Uno dei momenti più belli della mia vita.»
«Eravate così commossa che non avete saputo che dire. Sì, anch'io. È stato molto romantico, vero? Molto poetico, bello.»

Alle 10 e 30: «Tra poco esco. [L'arrivo in porto è stato] molto bello. Rombo di cannoni, sirene. Rombo di tutto. Sono già in chincaglieria. Fortuna che quando parlo non faccio gesti. Tra poco sentirete la mia voce».

Alle 11 sento il discorso, impressionante. La sua voce giunge metallica, dura e bellissima. Il discorso è come sempre chiaro ed esplicito.

All'una: «Hai sentito? Come giungeva la mia voce? Chiara, bene? L'Edda mi ha mandato un telegramma dove dice: "Magnifico. Il più mussoliniano dei discorsi di Mussolini". Strana donna, sempre la stessa. La commedia di ieri sera ti è piaciuta? C'era gente [a teatro]? Con chi sei andata?».

Alle 2: «Cara, adesso esco. Non ti ho telefonato prima perché ho lavorato. Sai che non lascio mai indietro il lavoro. Qui davanti il popolo tumultua. No cara, nessuna evasione, non sarebbe possibile. Ti penso molto».

Alle 8: «Cara, dove sei stata? Quale cinema? Dove? Con chi? A che ora? Io ho fatto un pomeriggio intenso. Questo popolo è magnifico, entusiasta, pieno di slancio. Veramente è stata ed è Genova la Superba. Ho veduto cose bellissime, ministri, ho girato molto. Adesso vado a mangiare una macedonia di frutta e un brodo».

Alle 10: «Ho dovuto affacciarmi al balcone un'infinità di volte. Se ascolti, la piazza è piena di folla che non accenna ad andarsene, e se continua a gridare dovrò affacciarmi ancora. È una frenesia, un delirio. È un popolo intelligente. Hai sentito come sottolineavano il discorso quando ho parlato della Francia, un vero ululato e fischi. Già, per gli accordi con l'Inghilterra, non so se l'hai notato, ho detto: "Speriamo che durino". Non ti dico il calore, l'affetto è veramente commovente. Non si calmano, è un uragano. Sono a letto, lo sai? E tu? Mi piace telefonarti così. La mia stanza è bella grande, hanno avuto la delicatezza di metterci un ritratto di mia madre. C'è poco servizio di polizia, la folla è libera di gridare, di muoversi. Sono molto disciplinati. Stanno sui marciapiedi, gridano ma stanno a posto. Senti come gridano, se continuano dovrò rivestirmi».

«C'è un rumore strano.»

«Sto aprendo un tiretto, sai sono antichi. No, cara, niente ombre, non devi neanche pensarlo nella maniera più idiota. Sono al palazzo del governo e in viaggio ufficiale, in questi casi la mia condotta è assolutamente irreprensibile. Puoi stare tranquilla.»

15 maggio 1938, domenica: *«La riviera sembra un sogno»*

Genova. «Oggi andrò per la riviera [ligure]. Dovrò inaugurare diverse cose.»

Alle dieci di sera: «Cara, sono tornato ora. Giornata pesante, hai sentito dal giornale radio. La folla, l'entusiasmo, non ti dico quanto c'è voluto. La riviera sembrava un sogno, una visione, qualcosa di fiabesco, di irreale. Come quella sera al Foro, ricordi?».

16 maggio 1938, *Genova: «Strane le donne in tuta»*

«Quando vado in visita ufficiale mai, in vent'anni, ho lasciato dietro di me un pettegolezzo. Tengo al mio prestigio, questa è forse la mia forza. L'unica signora che ho veduto è stata la moglie del prefetto. Ti prego di rispettare la signora, se vuoi essere rispettata. Sono stato a visitare i cantieri e le officine. Sono meravigliosi, uomini e anche donne in tuta. Le donne fanno una strana impressione vestite così. Finiscono per abbrutirsi, con tutto quel fracasso, la polvere. Questa gente è forte, sana, brava. Sono contento, un po' stanco, faccio chilometri su e giù. Mi hanno chiesto le foto i camerieri, un cuoco che è bravissimo, peccato che mangio poco. Ho fatto dare la paga agli operai anche [per] sabato e domenica. Alle famiglie numerose ho fatto regalare 250 lire ognuna. Fra poco vado via, devo vedere la camionabile. Tu che fai? Dove vai? Con chi? Sei fedele, vero? No, non devi dire "Troppo", non è mai troppa la fedeltà.»

Alle 8: «Adesso prendo il treno che mi riporta a te».

17 maggio 1938: «*Duce, grazie per il lettino e il minestrone*»

Alle 9: «Sono arrivato a casa alle 8, ho fatto il bagno, la barba, poi sono venuto qui. E il mio primo pensiero è per te».

Alle 2 entro: «Ho veduto questa nuova generazione, che è come la volevo: forte, bella, sana, dalle piscine alle palestre. Meravigliosi, dai 14 ai 20 anni. Veramente bella gioventù. Sono entrato in una scuola mentre la maestra faceva lezione e parlava del viaggio del microbo nel corpo. C'erano disegni del corpo umano con tutte le cose fuori, stomaco, fegato. La maestra ha detto: "Devo continuare la lezione?". "Sì, continuate pure." Ma queste ragazze hanno cominciato a dire: "Macché microbo, basta col microbo", e hanno iniziato a gridare "Duce, duce." Poi sono passato in un edificio per le bambine, dove in ogni sala una di loro mi ha fatto un discorsetto. Una mi ha detto: "Vedi duce, è molto bello la sera andare a dormire in questo lettino morbido e soffice, e pensare che sei tu che ce l'hai dato". Poi nel refettorio un'altra dice: "Duce, questo cibo buono, queste cose sei tu che ce le doni. Oggi abbiamo il risotto e qualche volta ci danno il minestrone", e così di seguito. Sono stati fanatici, deliranti.

Devi vedere che piscine meravigliose [a Genova], altro che questa nostra. Una coperta, due scoperte, con tribune per assistere ai tuffi e alle gare. Non tanto le ragazze, quanto i giovani sono belli, solidi, muscolosi e agili. Bella gioventù. S'intende dal lato estetico, della razza. Le officine, perfette».

Legge una rivista francese.

«Sono proprio porci, questi francesi. Pensa cosa dicevano: che gli italiani, per dimostrare il loro malcontento per la venuta di Hitler, cantavano sottovoce la *Marsigliese*. Pensa tu che roba... Dei cretini, gentaglia.

Oggi vedo [la marchesa] Antinori, quella che era venuta da Berlino. Sì, è vero, sono appena due mesi [dall'ultima udienza], ma ora ritorna da Malta e riparte per Berlino. Non viene per altro, e fai bene a non domandarmi di più. Non m'interessa minimamente, non l'ho mai toccata neanche così. È solo per ragioni che hai capito, mi viene a dire cose interessanti e niente di diverso, credimi.»

Andiamo di là. Si è dimenticato le rose e vuole andarle a prendere. Sistemo la stanza, perché hanno fatto le pulizie ed è tutta sossopra. Torna con le rose, che metto nel vaso sulla mensola. Poi facciamo l'amore, lui con entusiasmo ma non troppo forte. Forse era un po' stanco. Mi vuole vicino a lui, mi stringe forte anche dormendo. Poi dice: «Sono pieno di sonno, perché queste notti non ho dormito. La prima notte sulla [nave da guerra] *Cavour* non era possibile per il rumore tremendo, scuote tutto. Poi nella prefettura mi avevano preparato una stanza napoleonica, e i mobili turchi. Il comodino strideva e fischiava ogni volta che lo aprivo. Credo l'abbiano sentito al piano di sotto, tanto che poi l'ho lasciato aperto. Erano mobili presi da qualche rigattiere, probabilmente. Quindi grandi rumori e scricchiolii. Questa notte ho dormito in treno, faceva un tale fracasso nelle gallerie che il sonno se ne andava».

«Le genovesi non hanno dato in escandescenze, come in Sicilia»

Torna alle 7: «Amore, di là facevo un pensiero grave. Desidero che tu abbia un bambino. Così ti rimarrà qualcosa di mio, lo guarderai e dirai: "È mio, è suo". Accada quel che accada, voglio un bambino da te. Cara deliziosa bambina gelosa, amo le tue gelosie. Adesso vedrò questa signora, e ho voluto che tu fossi qui [dietro] ad attendermi per stare più tranquilla».

Guardando una foto di soldati [a Genova] su un giornale dice: «Non sono stato molto contento, erano stanchi, avevano fatto il servizio di polizia del mattino. Per il passo di parata non si può essere così stanchi. Non si può battere a terra il calcagno con forza, non si può fare come dico io» [dice] con rabbia, quasi che si pestasse la testa del peggior nemico.

«Ma tu non mi senti, pensi ad altro, non mi segui. Io lo so a che pensi: a villa Torlonia. Cara piccola gelosa. Non la vedo né la vedrò [*la Ruspi*]. Ti telefonerò ogni quarto d'ora, ogni dieci minuti, stai tranquilla.»

Parla ancora di Genova: «Figurati, c'erano venti soldati di guardia. Tutti i moschettieri nei saloni. Due agenti, uno per la barba, l'altro per servizi, e Ridolfi. Non ho veduto gente extra, altro che quelli che m'hanno offerto la lanterna di Genova d'argento, e la prefettessa. Hanno un bambino di quattro anni. I prefetti sposano sempre tardi, già, hai ragione. Le genovesi sono molto corrette, molto a posto. Non hanno dato in escandescenze. Gridavano, sì, facevano degli strilli, battevano le mani. So, a quel che dice Alfieri, che dicevano: "Com'è bello, che occhi, che sorriso...". Ma non hanno fatto come in Sicilia, che si gettavano ai miei ginocchi e si buttavano sotto le macchine per dare suppliche. Pensa, solo cento suppliche in una città di 700 mila persone, di cui diciannove lettere di sentimento, d'affetto. Ma le donne non hanno né scritto né inviato fiori. Erano fanatiche ma corrette, fiere. Non ci sono state quelle scene veramente brutte della Sicilia. Qui solo una bambina mi ha dato una lettera, e un carabiniere l'ha buttata indietro con i soliti bei sistemi della polizia. Le donne stavano dietro ai fascisti, e dove non c'erano i cordoni gridavano, saltavano, mi tiravano baci. Ma non ne ho colpa. Amore, adesso vado a casa, dove sono l'Anna e Romano. Mia moglie, è strano, che vuoi farle?, è andata sola».

Telefona alle 9 e 1/2: «Ci sono qui Vittorio, Ola, la Agosti e la Rosina che il marito è partito per una caccia in Finlandia, starà via un mese. Che ne pensi tu, di questo marito che parte per un mese dopo due di nozze? Trovi strano? Fai come l'Edda che dice: "Ai miei tempi non accadeva". Non so se scherza o dice sul serio».

18 maggio 1938: *«Gli italiani non si fanno i fatti propri. È un gran difetto»*

Vanno a cavallo.

Arriva all'una, gli vado incontro. È bellissimo, lo sa e lo vede dal mio sguardo. È scontento dell'erba alta e dice a Ridolfi di cercare un altro campo. Dice: «Amore, senti questo vento che odora di fieno. Possiamo andare due ore per i prati. Senti l'allodola come trilla. Davvero sono bello? Lo sono per te. Ormai vivo quasi tutta la mia vita fuori dal lavoro con te. Non ho desiderio che di te, dei tuoi amplessi. Sono preso dalla tua carne, sono folle di te. [...] L'erba è troppo alta, è un martirio per queste povere bestie: avere sotto il muso quest'erba e non mangiarla».

«È come esserti vicino e non poterti baciare.»

«Credo che nessuno in Italia e al mondo pensi che io sia qui con te, con il mio amore al sole, in questa grande aria. E tutti, credo, vorrebbero essere al tuo posto.»

Claretta non nota l'egocentrismo di Mussolini.

«Sai, oggi mi annoia andare alla Camera, ma non posso farne a meno. Devo cibarmi tutto il discorso [del ministro] che ho già letto due volte. Ma devo andarci, perché sai come sono questi ministri. Se non ci vado dicono che è caduto in disgrazia. E poi anche per metterci un po' d'interesse, in queste sedute: il duce non è venuto, non era interessante. [...]

Penso che andrò a Forlì. Ci sono anche delle ragioni politiche: non voglio ricevere i congressisti della Chimica, né i tedeschi dell'altro congresso. Dato che l'hanno chiesto non posso fare una sgarberia, e non ho voglia di ricevere nessuno. Basta con gli stranieri. Quindi, se sono partito, sono fuori e basta. Poi non voglio fare accordi con la Francia, e perciò me ne vado. Qualche piccola assenza ci vuole, fa bene. Sabato mattina ho il [comitato del] grano, poi il 28 c'è il [Gran] Consiglio, e il 29 il solito saggio che tu sai. Quindi dovrò essere a Roma.»

Gli dico che se lui va fuori io starò a Rimini, vicino a lui. Se potrà vedermi bene, altrimenti pazienza.

«Ottima idea. Però non farai qualche birbonata in albergo. Voglio che tu venga con tua mamma.»

Mussolini vede qualcuno che li guarda passare a cavallo.

«Quelle tre persone sui binari mi irritano. Gli italiani sono indiscreti, non si occupano dei fatti propri. È un gran difetto.»

19 maggio 1938: *«I ministri dall'ombelico in giù non m'interessano»*

Alle 11: «Non ti ho telefonato perché ho avuto la manicure».

Alle 12: «Vai al nono km della via Flaminia. Puoi fare anche il ponte, quello che abbiamo fatto molte volte insieme. Trecento metri più in su troverai un soldato, io verrò verso l'una».

Dopo ripetuti giri trovo il marmittone, e molto ma molto più in giù i cavalli e Ridolfi, che è umido come l'erba per l'attesa. Il cielo è grigio, a tratti piove. Dopo dieci minuti arriva lui. Scende agile e monta, soddisfattissimo del terreno ampio, senza sassi e con colline, scese, salite. [...]

Alle 5 entro nel vano del telescrittore perché è pieno di gente, e lui ha già cominciato. Alle 7 e 3/4 viene di là. Mi sono addormentata sulla poltrona per traverso, con le gambe sul bracciolo, e sono tutta indolenzita. Ride della posizione, mi bacia e mi fa le tenerezze. Poi facciamo l'amore, ma è un po' stanco.

«Se continui a parlarmi di quella, ci andrò stasera. Tu turbi la mia vita politica, questo influisce anche sul lavoro. Ti dico che passerei sul ventre di mia madre, che a nessuno ho mai permesso di disturbare il mio lavoro. E se questo amore dovrà disturbarlo, non ti vedrò più. Non ho più desideri sessuali per altre donne, sono vecchio.»

Claretta: «Non è vero affatto, sei giovane e sessuale, un mandrillo».

Ride: «Queste donne, sono loro che spargono questa voce. La Sarfatti mi scrisse un biglietto per pregarmi di ricevere un giornalista straniero, cosa che non faccio più dall'episodio della Magda [*Fontanges*], che fece lo scalpore di sparare sull'ambasciatore [*francese in Italia*]. Da quel giorno non ricevo più uomini né donne straniere. Quindi [*la Sarfatti*] mi ha scritto due mesi fa. Io naturalmente non risposi neanche. Allora lei mi riscrisse dicendo: "Va bene, so che adesso voi siete tutto preso dalla giovinetta...". Pensa, anche lei ora lo sa. P... Quindi parlano. Credo che sia stata Giulia [*Carminati Brambilla*] a fare molto baccano. Parte finalmente sabato, e ne sono contento perché cominciava ad annoiarmi anche dal lato politico. Si vale della sua posizione di vecchia squadrista, ma ormai non è più tempo di revolverate. Ma ascolta Clara, se anche lo sapesse tutta Roma, se anche il milione e 200 mila abitanti ne parlassero, a me non importerebbe assolutamente nulla. Io ti amo e ti terrei egualmente, anche se lo sapessero tutti gli italiani».

Parliamo poi di Starace e della biondina giovane che stava alla Camera con la madre. Lui dice: «A me i gerarchi ed i ministri dall'ombelico in giù non m'interessano. Mi riguardano dall'ombelico in su: cuore, mente, coraggio. Purché naturalmente non facciano scandalo o cose indecenti».

Accenna al fatto di Pierisa.[131] Dice che impedì a Starace di continuare a promettere fotografie sui giornali, e che lui come mastino fedele disse: «Avete ragione, lo farò».

---

[131] Pierisa Giri (1908-1975), soprano del Carro di Tespi, finanziato generosamente dal suo amante Starace.

20 maggio 1938: *«Forse mi intercettano le telefonate»*

«Cara, ti prego di non domandarmi mai più, e specialmente per telefono, di che genere è il mio lavoro, chi vedo, e in particolar modo di che carattere sono le riunioni. Hai capito di avere sbagliato? Non voglio render conto del mio lavoro, specialmente per telefono. Non so se i miei telefoni siano sotto controllo. Può essere, è possibile. Quindi puoi immaginare se è possibile che tu mi faccia queste domande [...] Io lavoro come un bue, tu non mi ricompensi con nessuna gentilezza. Sono proprio diventato un idiota, un cretino. Così non va, devi rispettare il mio lavoro.»

Passeggia su e giù, lo lascio sfogare, tanto è inutile difendersi.

«Non sono il dittatore, io sono uno schiavo. Non sono padrone neanche a casa mia. Ho gli agenti sempre anche in casa, per uscire devo passare davanti a loro. È noioso, sai, tutto il parco [di villa Torlonia] è pieno. Devi sapere poi che non ho serrature, non posso chiudermi in camera. Mancano le chiavi.»

Cerco di abbracciarlo, mi scansa, è andato con i nervi, non si tiene più. Dice che vuole andare a casa, è stanco, stufo di tutto. Vado via con il cuore stretto di ansia e di pena.

Telefona alle 10: «Ho letto le mie lettere di quand'ero ragazzo. Non le faccio pubblicare, sono troppo intime. Sono strane e originali, certo ero già io. In una dico: "Sono stufo, stufo di tutto, di casa, di Forlì, di vivere in questo vecchio mondo. Ho bisogno di un nuovo mondo che riuscirò a creare". Sì, sono interessanti, lo so. E andrebbero a ruba. Sono molto incerto».

21 maggio 1938: *«La Cecoslovacchia è destinata a morire»*

Alle 9: «Non parto [*per Predappio*], perché le cose non vanno come dovrebbero».

Il negoziato per l'accordo con la Francia è sepolto dopo l'aggressivo discorso di Mussolini a Genova. Anche quello con l'Inghilterra mette in difficoltà Chamberlain che l'ha firmato. E Hitler minaccia la Cecoslovacchia.

All'una e mezzo arriva al campo della Grottarossa. Freddo tremendo, c'è vento gelato. Facciamo trotto.

«Amore, se hai freddo smettiamo subito. Passerà, adesso vedrai che verrà il sole. Resisti?»

Le rondini ci sfiorano senza paura, saltano rapide. Cerchiamo di scendere nelle vallette per evitare il freddo violento.

«C'è qualche movimento preoccupante in giro, l'atmosfera non è molto tranquilla, per la questione dei ceki con i tedeschi. I tre milioni di tedeschi vogliono ritornare con i loro. La Cecoslovacchia è un piccolo Stato formato da tutti: polacchi, svedesi, tedeschi, francesi. I ceki sono i meno. E [Hitler] dove li mette tre milioni [di tedeschi]? Certo non se la prenderà tutta, questo no. Ma il pezzo dei tedeschi... Prende la roba sua. Del resto i piccoli Stati sono destinati a morire. È finito il tempo, oggi vivono le grandi Nazioni. Mentre i francesi non facevano figli, i tedeschi ne fabbricavano a ripetizione. E dovevano espandersi necessariamente. No, non è ingiusto, perché la Cecoslovacchia è venuta fuori da vent'anni. È uno Stato sbucato fuori così, non ha storia. Comunque non si può impedire ai tedeschi di tornare con i loro. Questa è un'idea sbagliatissima di tutti gli italiani. Tra 50-100 anni sarà la medesima cosa.

I tedeschi non hanno fortuna in Italia. Sono stati sempre battuti. O si rassegnano a italianizzarsi fino a dimenticare la loro lingua, o devono stare lontano. I tedeschi da noi le hanno sempre prese, perciò è inutile che ci si mettano. Sì, potranno tentare, ma inutilmente. E poi non è il tedesco che ci ha portato alla guerra. L'italiano dovrebbe ricordare la storia. I tedeschi, anzi i prussiani, ci hanno aiutato nel 1865. Senza di loro non avremmo né Venezia, né Roma. Se non fossero stati gli austriaci a rompere le scatole e ad imbrogliare, a seccare, loro non ci avrebbero fatto la guerra [nel 1915]. E quando loro saranno 800 milioni, anche noi lo saremo. Ci sarà sempre un popolo italiano che saprà difendersi, e che li sconfiggerebbe...»

«*Guarda mia sorella Mimì con occhio diverso, da maschio. Sono perplessa*»

Continuiamo al passo. Rallentiamo lungo un fossato dove è tanto verde. Fra gli alberetti canta un usignolo con dolcezza infinita, lo ascoltiamo commossi. Viene Mimì, lui si sofferma a parlare e la guarda con occhio diverso, da maschio, come prima mai. Rimango un po' perplessa. Infatti dopo, riprendendo la passeggiata, ha uno strano atteggiamento d'uomo che pensa di poter piacere, di avere ciò che vuole, e altri pensieri che qui non scrivo. Sorride malizioso. Poi pensa che io lo abbia capito, e galoppa saltando piccoli fossatelli.

«Oggi non ho tempo di vederti, ho troppe cose, devo vedere Ciano con l'ambasciatore di Polonia [*Wisochy*] che si congeda, e poi quella giornalista tedesca. È una donna che si adopera assai per l'Italia e, dico la verità, ci è utile. Ma questo viene notato in Germania, ora cominciano a sospettarla, e bisognerà che glielo dica. Come si fa a dire a una donna, specialmente quando ti rende dei servigi utili: "Guardate che voi state sulle scatole ai vostri gerarchi, non vi vedono bene"? Eppure sarò costretto a dirlo, per evitare noie. È brava. Massiccia, dura, fa molto per noi. Mi dice tutto, è più per noi che per il suo Paese. Non scherzare cara, se scherzi rido, ma se dici sul serio mi offendo. Ah, bene!...

Adesso amore passo per la Camilluccia, così vedo il terreno [della tua nuova villa], e poi giro per il Trionfale. Tu passa per la Salaria.»

Scende agile da cavallo e va via verso la Cassia.

Alle 4 telefona: «Ho visto il terreno, è bellissimo con quei pini. È vicino al binario del tram, vero? Non ha proprio nulla a che vedere con l'Opera Balilla. È anche dietro, oltretutto. Sì, hai ragione, questa è una vera prepotenza».[132]

Alle 5: «Compra le memorie della San Faustino [sul settimanale *Omnibus*], è l'ultima puntata. Parla del suo incontro con me... Dice delle cose gentili, ti piaceranno. Cara, aveva 60 anni allora». Ride.

Alle 5 e 3/4: «Hai letto? Che ne dici? Simpatica, vero? Vedi com'ero bravo, com'ero corretto».

Claretta: «Aveva sessant'anni...».

«Non vuoi proprio darmi nessun merito, sei terribile.»

22 maggio 1938: *«Sì, sono stato con la Ruspi il 21 aprile»*

Firma le foto per i caduti [nella guerra di Spagna]. «È triste» dice «ma se sapessi di che conforto per le famiglie è questa mia fotografia. Nel dolore hanno un senso d'orgoglio. Alcune madri mi scrivono telegrammi e lettere commoventi e nobili, fortissime. E non è che lo facciano per posa, perché rimangono qui, non saranno pubblicate. Quindi è proprio fede in qualcosa di più forte e più grande che li sorregge nel dolore: la Patria.»

Legge la lettera di un vecchio fascista per la morte del figlio, e un'altra di una vedova per il figlio di 22 anni. Fanno piangere.

«Adesso le donne dicono tutte: "Oh, come sarebbe bello avere un baby, che gioia avere un bambino". Mentre prima non li volevano, ora ne vanno orgogliose e li desiderano. Perché io lo voglio, tutte si affrettano a far-

---

[132] I Petacci sono stati accusati di essersi fatti dare il terreno dall'Opera Balilla, l'ente che assiste l'infanzia.

ne. Perché lo desidero io. Tutta questa corrente favorevole si è svegliata ora. Adesso mi spiego perché, anche a Genova e Firenze, ogni signora si presentava a me dicendo il numero dei figli. Come spieghi che li chiamano "baby"?»

Ride perché le canzono parlando con l'erre moscia.

«Ma per me che li chiamino anche così, basta che li facciano.»

Riprende a scrivere. Gli domando che film Luce ha visto la sera prima. Non ricorda, poi pensa un poco: «Chiedi un grande sforzo alla mia memoria... Ho veduto *Ciampino*».

«L'avevi già visto.»

«Sì, ma un'altra fase. Poi un'inaugurazione del re, Genova, Berlino...»

Gli domando di Bruno.

«È molto avvilito, perché mia moglie non vuole questo matrimonio.»

«Ma com'è la ragazza, tu la conosci?»

«Ho visto una foto, la trovo un po' racchietta. Mia moglie dice che è troppo tinta.»

«È ridicolo, tutte sono tinte, le donne. Anche Ola l'ipocrita [*moglie di Vittorio*].»

«Ah sì? Anche sulle guance. Tu no però, vero? Bene. Quindi dici che è una ragione stupida. Ola è furba, lavora sempre con mia moglie in guardaroba, con quell'affare che si legge sempre sui giornali come réclame. Credo che lo faccia per accattivarsi la suocera. Bruno è proprio cotto, non so che farci.»

Andiamo di là, è pieno di slancio affettuoso. Facciamo l'amore, ma è un po' fiacco. Poi dorme e lo copro con la giacca di volpi. Poi facciamo l'amore di nuovo con gioia.

Dice: «Ti sono fedele dal primo marzo, non ti ho tradito che una volta con la Pallottelli. Quella signora [*la Ruspi*] non l'ho più vista...».

Lo faccio ridere, dimentica i particolari, s'imbroglia, gli tiro fuori la verità: l'ha vista ancora il 21 aprile. Sono certa che è stato anche il 20 maggio. Lui nega risolutamente. [Poi però] dice: «La tua psicologia è sottile e finissima. Mi prendi in castagna e mi fai cantare. Ti farò dell'Ovra [*la polizia segreta*], accidenti, sei terribile. E come ridevi, come ci hai saputo fare. Ci sono cascato come un merlo. Però ti dico tutto, come vedi. Non mi conviene mentire. Sono andato a darle i denari per la villeggiatura. Voleva prendere un quartierino ad Ostia per i ragazzi. Le ho dato ben diecimila lire. Non quelli, sono soldi periodici. Questi a parte.

Le ho detto: "Basta cara, è ora che tu ti faccia una vita".

Lei ha detto: "Me la farò".

Non gliela facevo, non funzionavo, e allora mi ha fatto quella faccenda».

Romilda Ruspi: «Non sono più buona neanche come pr...»

«Poi ha detto: "Non sono più buona neanche come pr..., è proprio finita. La mia carne non ti dice più nulla".

Solite scene. Già l'avevo vivisezionata quella mattina al sole [*il 7 aprile*], mi aveva fatto un'impressione orrenda. Dopo anche, era brutta. Insomma, hai ragione. Ma non amo le tragedie. In questo mese ti sono stato fedele. Forse ha capito che mi ha fatto questa brutta impressione, ma da allora non si è fatta più vedere. Tu sei terribile, cara. Mai avuto una donna come te, sei straordinaria...

Ora non ridi più? Sei una calcolatrice, e io uno stupido. Finisco sempre per confessare. O tu forse hai uno scopo in ciò, lo fai per crearti un alibi. Basta, praticamente è finita. Non amo le tragedie, e desidero togliermi queste donne con un certo silenzio. Piano piano le allontano tutte. Tu mi fai raccontare delle cose che non esistono, non ci ho fatto nulla...»

Cerca di riparare. Non parlo, sono avvilita.

«Amore non piangere, ti adoro. Sono cattivo, picchiami, fammi male, puniscimi, ma non soffrire. Io ti amo, penso tutto il giorno a te, anche mentre lavoro, non vedo il momento di telefonarti. Dovresti dirmi "Sei un birichino" e darmi le totò sulle mani e basta.»

«Se facessi solo così mi farei schifo.»

Alle nove vado via, non gli do un bacio, nulla. Esco, la macchina non funziona. Lui guarda dietro al vetro. Gli agenti spingono, lui s'inquieta, manda a dire di piantare l'auto e prendere il taxi.

23 maggio 1938: «*Mando la Ruspi in vacanza a Pesaro. No? A Viareggio, allora*»

Alle 9: «Sono intempestivo? Come hai dormito?».

«Puoi immaginare.»

«Mi dispiace. Anch'io non ho potuto dormire. Ti amo, amo solo te. Ho mandato i cavalli a Grottarossa, così prenderemo un po' di sole e staremo insieme.»

Gli dico che ho capito perfettamente che non la lascia [*la Ruspi*], che è legato, e che quindi dovrò abituarmi a sopportare. Che lui ne è anche geloso, perché non vuole mandarla altrove che non sia Ostia.

«La manderò a Pesaro, sull'Adriatico.»

«E perché non a Rimini?»

«E dove allora?»

«Ci sono tante spiagge sul Tirreno.»

«Dove, ad Anzio? A Viareggio?»

«Va bene tutto.»

«Bene, la manderò a Viareggio. Non scherziamo, non mi dispiace affatto. Soltanto mi costerà di più.»

Comincia a piovere, metto sulla testa un suo fazzoletto.

Sorride: «Sembri una contadina romagnola, stai bene così».

Telefona alle 3: «Sto leggendo il libro della Colonna Sermoneta,[133] è veramente interessante. Ascolta, ti leggo...».

Alle 6: «Un tedesco mi ha parlato del regalo che ci farà Hitler: gli strumenti più belli e perfetti che esistano per l'astronomia. Vedremo la luna alla distanza di 44 chilometri. Noi facciamo la costruzione e loro gli apparecchi. Ci vorranno cinque anni. Che ne dici di vedere la luna così vicino? A me non piace, dev'essere brutta. Meglio da lontano. Sembra trasparente, è bella».

Claretta, amara: «È meglio l'illusione della realtà, molte volte».

«Amore, cattiva, sono inquieto con te. Perché mi hai detto di quel signore con due bambine che ti ha parlato, e non mi hai voluto dire chi era.»

Insomma: per Mussolini la miglior difesa, anche in amore, è l'attacco.

Alle 7:40: «Vieni, ti attendo. Devo vedere ancora Cobolli Gigli».[134]

Alle 8 entro. È stanco, mi viene incontro: «Questi sono i disegni e le foto del tedesco. I berlinesi sono molto spiritosi. Gente piena di spirito e di umorismo, simpaticissimi, oltre ad essere uomini coraggiosi e forti. Tanto che in guerra, quando c'era qualcosa di rischioso o di difficile, li chiamavano e li trovavano sempre pronti. Il berlinese è un misto di razze: il fondo è slavo, poi metti un pizzico di francese. I francesi che emigrarono a Berlino ci rimasero e fecero famiglia. Quindi metti un po' di slavo, il pepe francese, lo spirito berlinese, mischia tutto e viene fuori un uomo di grande spirito e svelto. È un errore credere i berlinesi pesanti, massicci. Sono scintillanti e vivacissimi».

[133] Principessa Vittoria Colonna di Sermoneta (1880-1954), moglie di Leone Caetani, amante di Umberto Boccioni.
[134] Giuseppe Cobolli Gigli, ministro dei Lavori pubblici. Suo nipote Giovanni sarà presidente della Juventus.

Torna indietro per mostrarmi che aveva veduto Guarneri.[135]

Telefona alle 10 e 1/2: «Mia moglie è tornata. Vado subito a letto, così non porgo tributi...».

24 maggio 1938: *«La Ruspi non vuole andare a Viareggio»*

Telefona alle 11: «Vado alla manifestazione [*l'inaugurazione della mostra del Dopolavoro*]».

All'una: «Hai sentito tutto [*alla radio*]? Il mio pensiero era rivolto costantemente a te. Hai sentito anche i balli romagnoli? Belli, pieni di forza».

Alle tre entro [*a palazzo Venezia*]: «Amore, ho giurato di dirti tutto, anche le cose sgradite. Ti dico la verità, ascolta. Oggi ho telefonato alla Ruspi e le ho detto: "Avrei piacere che andassi a Viareggio". "Impossibile" ha detto "perché i miei due ragazzi non passeranno [a scuola]. Perciò dovrò essere vicino a Roma per le ripetizioni. Comunque non disturberò i tuoi amori con la riccetta." Vedi, ho fatto ciò che dovevo, ma non è stato possibile. Vuol dire che ti dimostrerò che quest'estate non la vedrò. D'altronde, non posso obbligarla...».

Io scatto: «Questa sudicia commedia mi esaspera. Tientela, ma non prendermi in giro. Ne ho abbastanza. È inutile recitare, so e capisco».

Faccio una di quelle mie girate famose. Andiamo di là, lui ascolta immobile seduto in poltrona. Non so più ciò che dico, so che lo sferzo. Lui cerca di calmarmi e dice: «Ti amo, perché fai così, ho fatto male ad essere sincero, ascolta: andrà via, farà ciò che voglio io, ha tre figli...».

Io seguito, fintanto che sono sfogata. Poi mi sento male. Prendo acqua e zucchero. Mi guarda perplesso: «Non t'inquietare amore, ti adoro».

[135] Ministro degli Scambi e valute. «Quel ministero è un centro massonico, il Duce ne è convinto» scrive Ciano il 21 maggio 1938.

25 maggio 1938: «*La stanza dello Zodiaco è sempre tua*»

Telefona alle 9: «Amore, da oggi la stanza dello Zodiaco [*a palazzo Venezia*] è a tua disposizione dal mattino alla sera, puoi venire quando vuoi».

26 maggio 1938: «*Porto calzini scompagnati, nessuno si occupa di me*»

«Ho telefonato alla Ruspi e le ho detto di andare in un'altra spiaggia. Ha fatto un po' di difficoltà, dicendo che aveva fissato già l'appartamento [*a Ostia*], che non sapeva se ne avrebbe trovato un altro, ecc. Le ho detto: "Guarda che questo è un mio desidero assoluto". Ha risposto: "Va bene, andrò a Pescara domani a cercare questo appartamento, a Francavilla o altrove". Le ho detto anche Viareggio, ma lei mi ha risposto che non saprebbe cosa dire in mezzo alla società dov'è il marito. E con tre figli le secca, non vuole chiacchiere. Non ha torto. Anche mia figlia non ci andrà più per questo. Comunque non si è molto ribellata. Ha detto che costerà di più, le ho risposto di non preoccuparsi. Poi ha aggiunto: "Ho capito che la mia presenza quest'estate vi molesta. Perciò state tranquilli, che me ne andrò... A Pescara o lì vicino". Le ho detto che per le ripetizioni [*ai figli*] non si preoccupi, troverà dei prof ovunque. E basta, nient'altro. Non sei contenta? Ammetto che tu non debba essere contenta al cento per cento, ma almeno al cinquanta. Non ti va? Ma come devo fare? È meglio telefonare che vederla, e in qualche modo devo pur comunicare. Dirlo alla sorella che glielo dica è complicato e lungo. Insomma, questa cosa è diventata quasi amministrativa. Dovresti essere contenta, non ti capisco. Mi dovrò occupare ancora di questa signora, almeno per un po'. Comunque ho fatto ciò che volevi, a Ostia non ci starà. Dice che ci andrà nel mese di giugno se non riesce a disdire la casa prima, e con il primo luglio andrà via da Roma.»

All'una e mezzo: «Cara ho finito, vuoi che vada a casa?» [Ha una] voce strana. «Ho ricevuto le ragazze di Bolzano che mi hanno quasi soffocato, non riuscivo a liberarmi. Mi hanno fatto una grande ovazione, sì, quasi abbracciato. Ma erano tutte bambine.»

«Non dire bugie.»

«Ma ti amo, non m'importa nulla. Stai tranquilla, eviterò di andare fuori e di pagare tributi [*andare a letto con sua moglie*].»

Telefona alle 6: «Amore, sono tornato adesso. Sono stato fuori: Anzio, Littoria, Aprilia... Tutte le strade dei laghi, dove sono sceso. Ho fatto una lunga camminata al sole, e ho pensato molto a te».

Alle 7 entro perché c'era Angelo Gatti,[136] l'accademico. «È bellissima quella strada, ho veduto tante ginestre, ho comprato tante fragole. Ma tante, sai, per fare un po' di carità. Ne avevamo prese per sette lire da due donne, allora ho detto a mia moglie: "Dagliene dieci". Non mi avevano riconosciuto, poi mi sono corse dietro e hanno detto: "Quelle fragole le abbiamo vendute al cliente, queste le regaliamo al nostro duce". Per dirti, il popolo mi ama. Non erano obbligate a venire di corsa a darmi altre fragole, no? Una ragazza con gli occhiali coglieva ginestre con un uomo, ha detto: "Guarda come cammina elegante il duce". Ho pensato: se c'era Clara, te lo dava lei l'"elegante". [...] Nessuno si occupa di me. Hai visto, ieri avevo i calzini scompagnati, uno differente dall'altro. Che vuoi farci.»

Prende una rivista e legge una storiella sulla Tanzi. Ride ad una mia risposta, aggiunge che il direttore della rivista era stato il suo amante. Legge forte un brano buffo e ride.

---

[136] Angelo Gatti (1875-1948), militare e scrittore.

«Amore, dammi un bacino, dammene un altro. Mi piace tanto lavorare accanto a te, sentire il tuo calore. Sembra che siamo due studenti che si preparano. Non ti fa male il culetto qui sopra? Mettiti qui, su questi giornali.»

Claretta: «Sulla [*pila intitolata*] sicurezza collettiva?». Ride. «Sei fine, e anche intelligente.»

Firma le fotografie. Dico che una è bellissima, il suo mento sembra una prora. Guarda se stesso e si compiace della foto.

Si fa strano, nervoso. Guarda l'ora, è urtato. Sistema in fretta tutto, dice che ha l'Edda a pranzo: «È molto che non vedo mia figlia, sono preoccupato della sua salute. Verrà anche Galeazzo. Prima la vedevo più spesso. Adesso non più tanto».

Credo che sia inquieto perché gli ho detto che ho saputo che la Ruspi è andata a Genova. Si fa buio, mi manda via di fretta. Io sono più nera di lui. Dice: «Devo andare, sono le 8 e venti, c'è l'Edda e voglio mangiare. Ne avrò il diritto, no?».

27 maggio 1938: *«Sono stato a Viterbo in aereo. Che bella la vita di paese»*

Alle 7:35: «Amore, ora vado in volo».

Alle 11: «Il tempo era cattivo, ho dovuto volare con la bussola. Sono uscito dalle nubi sopra Viterbo, e mi sono precipitato sul campo. [In città] sono rimasti molto sorpresi, mi hanno fatto un'accoglienza veramente simpatica ed entusiasta. È bella e dolce la vita di campagna, di paese. Stavano tutti tranquilli, sereni, placidi. Dopo pochi minuti il caffè si è riempito di gente commossa, sorpresa e urlante. Una vecchietta mi ha voluto baciare. Poi ho ripreso il volo sempre sotto le nubi, a quota 500 metri».

Alle 2 da casa: «Amore, ho una grande paura sai, mia

moglie è nel parco, in giro per la villa. Non potevo fare a meno di dirti che ti amo. Ho ansia, tremo come un ragazzo. Oggi ti amo tanto, forse perché sono stato fra le nubi».

Alle 8 vado, dentro c'è Thaon de Revel. Lo vedo passare, sono nascosta nel fondo della sala. [Mussolini] ha il viso abbattuto, gli occhi pesti. Mi mostra una fila di udienze, sedici. Alle quattro aveva ricevuto la marchesa Di Bagno. Gli domando di lei. Dice: «Ha un figlio di 34 anni, dunque puoi immaginare l'età. Poveretta, è nella miseria più nera. È una discendente diretta di Gioacchino Murat. Queste famiglie sono destinate a crollare. Che pena l'umanità. Pensa che questa povera donna ha avuto il figlio ammalato per quattro anni di dissenteria e gastriti. Mi diceva quasi piangendo: "Non ho più nulla, a volte dobbiamo saltare il pasto. Mio marito faceva delle traduzioni, non ci vede più, a 70 anni ha dovuto smettere. Io traducevo dei romanzi d'appendice francesi. Sono stati proibiti, e così anch'io sono rimasta senza lavoro. Mio figlio doveva prendere un impiego, ma c'era un ferito della rivoluzione e io, naturalmente, mi sono tirata indietro".

Vedere questa vecchietta stanca, pulita, decente, decorosa, piena di dignità e così misera... È venuta a propormi di comprare candelabri, collane e cose antiche di valore. La miseria è penosa, a quell'età specialmente. Naturalmente comprerò tutto, aiuterò questo ragazzo a mettersi a posto. Ma queste famiglie di professionisti e piccola nobiltà soffrono la fame. C'è più miseria di quanto non si veda [...]

Hai ritirato la macchina? Quando la prendi almeno sarà in ordine? Perché andremo in Romagna... Questo mese ti sono stato fedele. È forse la prima volta in vita mia, ma è così. Tu non mi credi perché te l'ho detto tante volte, ma questa è la volta vera».

28 maggio 1938: *«La Ruspi andrà a Viareggio»*

«Ho telefonato a casa Ruspi, mi ha risposto la Renata [*sorella di Romilda*]. Mi ha detto che questa mattina alle sette e mezzo la sorella è partita per Viareggio, a cercare una casa o una pensione. Non dire che m'interesso di lei. M'interesso di sapere che non faccia difficoltà, voglio essere sicuro che parta. Desidero che almeno luglio e agosto stia fuori.»

29 maggio 1938, domenica: *«Il figlio della Ruspi non assomiglia a lui»*

Alle 11: «Adesso ho la premiazione. Tu intanto puoi uscire, perché poi devo ricevere ancora Alfieri e Ciano. Potresti venire dalle tre alle quattro, poi arriva a prendermi Starace alle quattro e tre quarti. Vai a messa».

Vado a messa qui vicino. C'è la sorella della Ruspi e il figlio piccolo, che non somiglia affatto a lui. Poi c'è una signora con un vestito verde e gli occhi neri. Avrà quarant'anni, bella ma matura. Ha il cappello verde con una veletta marrone dietro. Dev'essere stata molto bella, e lo è ancora. Sento che è stata una sua amica. La guardo per non dimenticarla, lei si allontana. Non so se si è accorta che la osservavo.

30 maggio 1938: *«Il coito del toro è uno spettacolo grandioso»*

«Sono andato al Senato a inaugurare quella lapide, poi a porta Metronia per la posa della pietra. Oggi andrò a vedere il [nostro] podere con mia moglie. Potrai venire lungo la strada ad incrociarmi se vuoi, così ci vedremo. Quando vuoi che vada a vedere i contadini? Di giorno di lavoro, no? Non potresti uscire per venire lungo la via di Ostia?»

Claretta non va. Al pomeriggio visita Mussolini a palazzo Venezia, fanno l'amore, poi Benito racconta:

«Il toro è un animale spaventoso. Lo spettacolo del suo coito è da vedere, per farsi un'idea della natura... Si accosta alla vacca, le salta con le zampe anteriori sulla schiena e le pianta quest'asta lunga quasi un braccio. In pochi secondi tutto è finito. Avviene con muggiti, soffi, gemiti tremendi. Dopo scende subito, immelanconito, abbacchiato come se lo avessero bastonato. Si lascia prendere come un agnello e portare dentro la stalla, mesto e buono. La natura è straordinaria. Nel momento è terribile, subito dopo è quieto. La vacca sta lì immobile, tranquilla, non so se prende parte. Bisognerebbe domandarglielo». Ride. «Ma certo non si ribella, lascia fare. Vedere queste due masse di carne potenti e ansanti è uno spettacolo grandioso. In Romagna lo chiamano "il salto", perché pare proprio un salto. Tam! Sulla vacca, e via. Oggi l'ho accarezzato sul muso. È buono generalmente, se non s'infuria. Bisogna dargli la vacca, si placa. È legato con delle catene enormi e corte al muro, come inchiodato perché non prenda lo slancio e non strappi via tutto. Mangia tanta fava. [...]

Non è tanto grande il podere, ci sono pioppi alti che lo delimitano al confine verso il fiume. Ho trentadue bestie. Ho fatto fare una casa per questa gente, che è romagnola. Sono diciotto persone, era un anno che non ci andavo. Ho trovato molti bambini, c'è anche una sposina incinta di sette mesi. Mia moglie si è messa subito in mezzo a loro a raccontare le cose di Romagna. E questi: "Ah, la nostra Romagna, non la vedremo più". Stanno bene, la casa è bella, la stalla pulita: sembra una stanza, ci si potrebbe dormire per come è bella.

Con tutto che non gli manca nulla, mi hanno rubato 34 quintali di frumento. Non avevano ragione di farlo perché hanno ciò che vogliono, non gli controllo nulla. Mangiano, vendono, fanno, all'infuori di quel poco che portano a me, Edda e Vittorio: polli, uova, insalata. Tutto il resto è loro. Pensa che fornisco a Roma 180 litri di latte al giorno. Eppure con tutto ciò hanno rubato. È triste, brutto. Ridolfi e mia moglie, infuriatissima, volevano cacciarli via. Io li ho fatti lasciare. Hanno passato una bella paura, oggi stavano tutti col cappello in mano. C'erano dei bei bimbi, una pupa di quattro anni bionda come una spiga con due occhietti azzurri. Stanno bene, è bella la campagna.»

31 maggio 1938: *«La Ruspi è diventata cattiva»*

Alle 9: «Ho veduto quella signora [*la Ruspi*] poco fa al galoppatoio. È venuta di sua iniziativa. Si è presentata perché dice che era tornata da due giorni [da Viareggio]. Io non le avevo telefonato, e voleva riferirmi su ciò che aveva fatto. L'ho trovata molto aggressiva, dura e ostile. Aveva una trasformazione netta. Non la conoscevo sotto questo aspetto, mi ha fatto un'impressione sgradita.

Mi ha detto molte cose antipatiche. Cose acri contro te, tua sorella, e anche Marcello. Ha detto che sei una donna cattiva e calcolatrice, che tutta Roma ti conosce, che stai con me per interesse. Che io me ne accorgerò e mi pentirò amaramente di averla trascurata...

Ha detto: "Vedrai cosa ti capiterà, ti mangerai le labbra. Quella donna t'incanta e poi ti lascerà". Dice che sai il fatto tuo. Mi ha urtato parecchio. Ha detto: "Io me ne andrò e le lascerò libere. Così saranno contente. Che ho fatto io? Le sorelle...", e giù altre cose contro Mimì.

Insomma, non era più la donna nel cantuccio, umile, tranquilla, sottomessa, che si accontenta del posticino. Arrogante, offensiva. Lo stesso Ridolfi ha detto: "La signora era piuttosto dura". Gesticolava, tanto che lui stesso se n'è accorto. Sono ancora un po' turbato, ti confesso. No, non ha fatto delle vere e proprie minacce, ma ha fatto capire di essere molto cattiva. Tu non credi?».

«Tiene troppo ai tuoi soldi per fare delle miserie.»

«Mi ha sorpreso, come tutte le cose che non si prevedono. Non la conoscevo così. Sì, è giusto ciò che dici tu: ha tirato fuori il veleno. Però ha sbagliato. Che vuoi, ogni tanto nella vita si sbaglia.»

All'una: «Ho saputo che questa faccenda della casa [*la nuova villa Petacci alla Camilluccia*] si è risolta in modo soddisfacente. Tutto è a posto, allora. Tuo padre è stato contento? Hai veduto [il suo] articolo?[137] Bene, vero? Il mese di maggio è passato senza variazioni [*tradimenti*], lo devi credere sul mio onore di soldato. Ti dico che sono fiero di questo, mi sembra impossibile ma il mese di maggio sono puro. È veramente un record, sai».

Nel pomeriggio Mussolini vola a visitare la miniera di stagno inaugurata l'anno prima, per ragioni autarchiche, a Campiglia Marittima (Livorno).

Torna alle sette e telefona: «Ho fatto un volo bellissimo. In principio c'era un po' di ballo, ma poi sono sceso a 2500 metri e l'aria era calma, quieta. Sembrava di scivolare. Ho pilotato sempre io, ho detto al secondo di allontanarsi. Ho pensato molto a te quando sono passato sopra ad Orbetello.[138] Ho detto: "Che faceva qui quella piccola, come viveva?". Ricordi, ti telefonavo anche quando c'era tuo marito e tu rispondevi tremando».

Giugno 1938

L'8 giugno Mussolini parte per una vacanza di due settimane in famiglia, a Predappio e Riccione. Claretta si piazza

---

[137] Pubblicato sul *Messaggero*.
[138] Dove Claretta visse da sposata.

*nel Grand Hotel di Rimini, ma i due amanti si possono in-
contrare assai di rado. Mussolini si annoia ed è geloso. Detesta soprattutto le serate danzanti dell'albergo, durante le
quali teme che Claretta faccia nuove conoscenze. Intanto,
l'Italia si conferma campione del mondo di calcio. E Hitler
preme per un patto di alleanza anche militare.*

1° giugno 1938: «*Battevi i piedi come una capretta*»

Stamane nulla, non ha telefonato. Sono triste.

Alle 2 da palazzo: «Sono qui. Vieni, comincio alle
quattro ma ho piacere che tu sia vicino a me mentre lavoro».

Alle 3 entro. «Amore, ho una giornata tremenda ma ti
ho fatto venire perché ho il cuore pieno di ombre. Siamo
in giugno, è il mese che [l'anno scorso] forse mi tradivi...
Dimmi, mi hai tradito? Tu eri dietro la porta che battevi
i piedi come una capretta, poi sei uscita e dicevi: "Oh
Dio, oh Dio, mi sento morire, sto male, sto male, muoio",
e sei svenuta. Abbiamo chiamato il medico, non ti ri-
prendevi. Ho tanto sofferto quei giorni, e soffro nel ricordarlo.»

Mi tiene vicino, poi dice: «Amore, non potevo resistere senza vederti. Oh, che ho detto, queste sono cose che
alle donne non si devono mai dire, ho fatto male».

«L'hai detto al tuo amore.»

«Adesso ti accompagno di là. Guarda che lista [di udien-
ze]. Ma finirò presto, alle sette credo.»

Andiamo di là lungo via [Plebiscito]. Mi dice: «No,
non ho più visto la signora [Ruspi], non le ho dato ancora i soldi. Prenderò l'abitudine di metterglieli in un libro,
verrà a prenderli qui. No, di là, naturalmente. E tu starai
qui dentro quando ciò avverrà. Almeno ora è finita e lo
sarà completamente quando andrà fuori. Almeno fino a
settembre starai tranquilla. No, non verrà [a trovarmi da

Viareggio a Rimini], ci sono sette ore di viaggio, ha i ragazzi fuori. E poi io non voglio, basta. Mi ha detto cose
antipatiche: che tu e tua sorella siete due civettone, che tu
mi metterai più corna di quanti ricci hai in testa. Mi sono
[così] irritato che ho spronato il cavallo e via, l'ho piantata. Anche perché il tono acre del discorso poteva essere notato dai soldati che erano lì».

Entriamo, dice: «Togliti il rossetto, che voglio baciarti
[...] Dal 21 aprile non ti ho tradito né ho voglia di farlo,
neanche con mia moglie. Adesso andrò fuori, un po' di riposo mi ci vuole, un po' d'aria natia mi farà bene. Sono
otto mesi che non vado in Romagna, sento che mi manca
qualcosa. Starò lì un mese e ci vedremo, faremo delle pas-
seggiate nei dintorni, al castello di Gradara. Cara, ti adoro, ora vorrei farti così come ad una bambina sulle guance...».

Fa carezzine svelte con un verso strano, come «titiri-
ti»: «Alla Anna faccio così».

Ride, mi abbraccia: «Ti amo tanto che sono instupidi-
to di te. Questo è il più grande successo per una donna.
Dire [del suo uomo]: "È stupido d'amore". No cara, non
prendo tutte le donne che vengono qui, ne andrebbe della mia dignità».

Suona il violino e arriva l'Edvigiona

Mi mette la testa sulla spalla: «Ecco la tua piccola spalla
che adoro. Come sto bene così. Sono vecchio? Pensa che
fra due mesi ho 55 anni, che orrore. E quando avrò 70 anni tu ne avrai 40. Che schifo che farò. Allora mi prenderò
una bambina platinata».

Claretta: «Ah, platinata».

Ride: «Ci vedremo, non credo che resisteremo venti
giorni senza, in qualche modo faremo. Ho bisogno di mare, ma ho bisogno di vederti. Voglio vivere sempre con te,
giorno e notte, chi lo sa se sarà possibile un giorno.

Quando avrai la tua casa, fra quindici anni ci farai venire il tuo amante, starai con lui nella casa che ti avrò fatto io, e dovrai essere molto orgogliosa di questo. Ricorda questa mia profezia».

Mi bacia e va via. Sono le 4. Attendo, e alla fine suono il violino. Entra alle 7 che sto suonando: «Bene amore, mi fa piacere. Ancora, suona ti prego, non vergognarti, suona, sì, il *Cigno*, lo ricordi?».

Ascolta in silenzio, mi guarda, approva, chiude gli occhi. Siamo in penombra, è quasi un sogno. «Brava amore, è bello questo pezzo.» Prende il violino e lo suona un po' lui. Entrando mi aveva detto: «Ho finito, ma adesso devo vedere una signora». Sorride. «Mia sorella, l'Edvigiona, che pesa tanti chili, è sempre più pazza e mi porta un mucchio di suppliche, poveretta, è tanto cara, le voglio molto bene.»

Mentre poggio il violino mi prende, mi gira e mi bacia a lungo e forte sulla bocca. Poi un po' pallido si allontana ed esce dopo avermi sorriso ed essere tornato indietro a baciarmi ancora. Attendo di là nella stanza accanto.

Alle otto apre la porta. Ha il musetto lungo. «Amore vieni... L'Edvigiona mi ha portato un mucchio di suppliche, vedi? Adesso chiamo Navarra che le porti a Sebastiani. Mettiti là nel vano della finestra. L'Edvigiona è sempre più grassa.»

«Il re va al posto mio alle celebrazioni per i vent'anni della battaglia del Piave»

Entra Navarra, lui gli dà la roba, poi torna indietro e sale sul piedino di marmo.

«Amore, oggi sono stato dalle dodici all'una a parlare di una cosa importante, che mi ha dispiaciuto molto. Dovevo andare a Padova, Treviso e Venezia per la celebrazione della battaglia del Piave, battaglia si può dire voluta da me. Tu eri bambina, non ricordi, non sai cosa ho lottato e fatto per la guerra, e poi per farne rispettare le vittorie e i diritti. Quindi spettava a me andare, come avevo stabilito. Invece questa mattina il re mi fa telefonare che ci va lui con tutti i prìncipi. E allora io non ci vado. Anche Starace, incazzatissimo, stamane diceva: "Adesso come farò a convincere i federali e tutti quelli che sapevano e attenderanno già in delirio, e il popolo che attenderà".

Dovevo andare anche a Venezia sulle navi, spettava al ministro [delle forze armate] dell'aria e del mare andare. Ma hanno deciso così, e lasciamo fare. Anche Starace dice di non andare insieme [al re]. È una condizione di disagio, perché il popolo applaude me. E poi non amo fare il secondo brillante. Perciò ci vada lui, io sto a Riccione. Tu sai che non amo esibirmi, non mi piace. Ma qui ci tenevo, perché è una celebrazione che mi spettava. È anche la mia vittoria, che sarebbe stata più splendida se non ci fosse stata la sconfitta di Caporetto, ma pazienza.

Sì, mi dispiace, [perché] do un colpo di carica al popolo. Dice Starace: "Quando voi andate in una città, questa gente subisce la vostra spinta, la vostra scossa, è delirante. Per un anno è caricata, lavora felice e di lena".

Ha detto Del Croix: "Mi hanno fatto sapere che dovrò parlare [al vostro posto]. Ma ciò che dirò non sarà certo ciò che avreste detto voi. Le vostre parole rimangono, le mie passano. Una vostra frase è luce nuova. Abbiamo fatto un giro con Starace e Buffarini.[139] Starace diceva che avrebbe penato a placare la delusione".

Quando vanno loro non c'è entusiasmo, è una visita di protocollo, tutto è freddo. Nessuno si commuove, pensano a me e saranno molto delusi. Ci andrò quando vado a Trieste.[140] Mi dispiace, ma in due no. Basta ciò che è sta-

[139] Guido Buffarini Guidi (1895-1945), sottosegretario e ministro degli Interni.
[140] Per il ventennale della liberazione.

to per il Führer. Hai ragione, non devo fare il ministro al seguito. Mi mancherebbero le code e un bel cilindro. Poi si crea quello stato di sorpresa per cui il popolo si domanda: "Ma se viene il re, non viene il duce. Ce n'è uno di troppo". Capisci, è una situazione imbarazzante. D'altronde è così, non c'è che fare.»

«*L'imperatore doveva essere Mussolini*»

«Ma il re è molto bravo, e io gli voglio bene. Mia moglie era fra la folla, seduta su un predellino di taxi [alla proclamazione dell'Impero], e diceva che nel popolo c'è stato un attimo di esitazione quando io dissi: "Il titolo d'imperatore..." La folla è rimasta sorpresa e poi delusa. Uno ha detto: "Doveva essere lui l'imperatore", hai capito? No, zitta...»

E mi chiude la bocca con la mano, mentre sorride perché ripeto che l'imperatore è lui.

«Pazienza, detesto le persone di corte. Non ne parliamo più, è morta.»

Uscendo vedo delle rose rosse sul bancone. Rimango male. Domando: «Di chi sono?». Nessuno risponde. Solo Taddeo dice che le hanno portate le americane che ha ricevuto.

Telefona alle 10: «Amore, ho veduto un film Luce. Ho tardato un poco. Ti prego di credermi. Ti giuro sul mio onore di soldato, di uomo, di capo del governo, che sono andato al cinema qui sotto».

Chiude il telefono. Richiama subito.

«Senti, non tollero che tu possa dubitare della mia parola di soldato. Se lo metti in dubbio, se osi far questo, accadrà l'irreparabile. Non tollero. Non ho visto nessuno, non sono stato di nessuno, solo al cinema. Sono furibondo.» E tac.

Alle 10 e 1/4: «Mi credi? Bene. Alla mia parola devi credere, se non credi è come una coltellata nel cuore. Grazie amore. Non so nulla delle rose. Domanderò a Navarra. Non so proprio, ti giuro. Sì, ti capisco e mi dispiace. Domani lo saprò».

Alle 10 e 3/4: «Ti giuro che non so nulla delle rose. Non le ho mandate via, no, ti avrei detto. Amore, ora vado a letto, non vorrei che mia moglie mi sorprendesse, accadrebbero delle belle scene».

3 giugno 1938: «*Mia moglie ha saputo che la Ruspi è dentro villa Torlonia*»

Alle 11: «Non ti ho telefonato perché mi avevi disgustato ieri sera...».

Non era vero, glielo ricordo. «... E ho avuto da fare. Poi ti devo dire che è successa la frittata. Mia moglie ha saputo che quella signora [*la Ruspi*] è dentro la villa. Si vede che qualcuno parla. La cosa è andata così, se t'interessa saperlo, altrimenti non te la dico.

Sono andato a cavallo come al solito, poi tornavo verso la villa e mia moglie veniva verso di me con un'aria molto poco rassicurante, in apparenza serena. Così le ho detto perché non impara ad andare a cavallo, e lei ha risposto: "È ridicolo, alla mia età". Poi sono entrato per cambiarmi, perché oggi sono vestito di bianco, e la cameriera mi ha detto: "La signora è venuta al galoppatoio, vero? Bisogna che lei stia molto attento, perché sa molte cose. Ha saputo che veniva al galoppatoio la sorella della segretaria [*del principe Torlonia*], poi ieri ha detto: Da quando ho saputo che la sorella della Ruspi è qua dentro non ho più pace".

Naturalmente alla cameriera non ho detto nulla, solo: "Cosa sono queste storie?".

Starace mi ha fatto fare un lunghissimo giro fino alla Camilluccia, bisognava attendere per il segnale, per le radio, ecc. Insomma ero piuttosto seccato, pensavo a te che attendevi. Ero annoiato di tutto, e credo che l'abbia capito perché si scusava.»

«Ho visto Rachele in bagno e mi è passata la voglia»

«Sono stato con mia moglie fino alle due e tre quarti, anzi ti dirò che avevo un vago desiderio, ma quando sono andato di là e l'ho trovata... Non indovini? Nel bagno, e allora è caduto tutto, niente, finito. Avevo voglia, poi è passato, sono sincero. Amore ti adoro, non desidero che te. Deliziosa bambina ribelle, vieni sul mio grande petto, rifugiati, stringiti a me che sono il tuo gigante innamorato. Dio quanto ti amo! Sempre di più. Sempre come un pazzo.»

Dice che ha riscosso un entusiasmo straordinario, pare sia stato un delirio. Mi bacia il viso, il collo, la testa, gli occhi, è una furia di baci, di strette, di carezze, con le due mani sul viso. «Tra quelle centomila persone per me non c'eri che tu, solo tu, mio delizioso amore fremente.»

5 giugno 1938: «Radiocronaca idiota. Più o meno del solito? Allora idiota normale»

Telefona alle 12: «Hai sentito la radiocronaca [della cerimonia]? Mi ha detto Ciano che era particolarmente idiota, è vero? Né più né meno del solito? Allora idiota normale». [...]

Alle tre entro. È presso la finestra. «Sì amore, sono vestito così [*in divisa*], ti piaccio? Una volta mi hai trovato sconveniente, ricordi? Quando tornammo insieme in macchina da Riccione. Mi guardasti e i tuoi occhi rilucevano. Il tuo cuore veniva verso di me come un triangolo, la cui punta era verso il mio cuore. Mi amavi allora. Quel giorno che prendemmo Santander [*26 agosto 1937*] mi guardavi con gli occhioni sgranati e mi dicevi: "Come sei bello". Volevi litigare, ma poi pensasti che ero troppo bello per inquietarti con me: "Non posso bisticciare con un uomo così bello". Ho bisogno di piacerti assolutamente, sono vecchio.»

8 giugno 1938: «*Fai il primo bagno nella meravigliosa ter-ra di Romagna*»

Mussolini è andato in vacanza. Dalla Rocca delle Camina-te (Forlì) telefona a Claretta che lo ha seguito, e si è instal-lata nel Grand Hotel di Rimini.

Alle 9: «Amore, questi giorni devono essere la tua sa-lute. Devi ritornare un fiore, così luglio e agosto saran-no mesi meravigliosi. Sì, sto bene amore. Puoi immagi-narlo, ancora niente tributi. Adesso vai al mare. Oggi fai il tuo primo bagno in questa meravigliosa terra di Ro-magna. Oggi è proprio il caldo sole di Romagna. Tutta la terra è piena di odori, ti sono vicino e ti penso tanto. Ti adoro. Comincia a rodermi il tarlo della lontananza. An-ch'io non gliela faccio. Giovedì sera sarò a Riccione, ve-drai che in qualche modo faremo. Ho sempre paura di telefonare».

«*Arriva il re. Tu pensa a me, al tuo leone, al tuo lupo*»

Alle 2: «Amore, hai fatto il bagno? Com'era l'acqua? Non mi disse tua madre nella lettera che sei la donna più feli-ce del mondo? Adesso [mia moglie] è a vestirsi, viene il re alle sedici. Io non esco, viene lui. Questa notte ti ho pensato molto. Pensa al tuo leone, al tuo lupo, sì, al tuo lupo. Ti adoro».

Alle 18: «È stato qui il re. Gli è molto piaciuto lo splen-dore di questa Rocca, non faceva che ripetere: "Bello, bel-lo". Pensa che si vede dal Falterona fino al mare, tutta questa prodigiosa terra. È andata bene, era contento e soddisfatto.

Tu cos'hai fatto? Hai anche dormito? Se dormirai tut-to tornerà a posto. Questa mia aria in poco tempo ti ri-darà la vita. Mangia e dormi, vedrai come starai bene. Ora esci un poco. Vai a prendere aria, o al mare o in au-to, esci, così mangerai. Ti dico amore, e in questa parola racchiudo tutta la nostalgia, il desiderio, l'ansia, la tenerezza che ho per te. E tu sei brava? Quanta gente c'è? Addio cara. Ora viene Starace, mia moglie è a Predappio, torna subito».

«La casa è piccola, i nervi sono alle stelle»

Alle 21: «Amore, non sono tranquillo. Sono in ansia. Ti prego non angosciarmi questi giorni, non turbarmi. Che hai? Chiama il medico, tuo padre. Stai attenta a ciò che mangi. Non so se potrò telefonare ancora, lo sai che è difficile. E a Riccione sarà ancora più difficile perché la casa è piccola, non ci sono i bambini, siamo sempre in due, i nervi sono alle stelle. Non uscire prima che ti abbia telefonato».

9 giugno 1938: *«Quattro giorni che manco da Roma, e già le cose non vanno»*

Rimini. Alle 11: «Questi quindici giorni devono essere per te di pace e di salute. Io partirò nel pomeriggio non so a che ora, non ce la faccio a starti lontano, almeno potessi telefonarti con tranquillità. Mia moglie è andata ad una cerimonia. Ho delle piccole preoccupazioni politiche, sono quattro giorni che manco da Roma e già le cose non vanno come dovrebbero. È inutile, non ho diritto ad avere un po' di riposo. Ieri sono stato sempre qui, è venuto due ore Starace».

11 e 1/2: «Amore, vai al mare. Mia moglie tornerà fra poco, non sono tranquillo. Adesso lavoro. Dalle sei alle sette passerò con il motoscafo. Mettiti al molo, così ti vedrò. Mi sembra un secolo».

Alla sera lo attendo al molo [di Rimini], passa su un motoscafo lento. Mi guarda senza sorridere. Saluta la gente che lo riconosce, si allontana. Non ho veduto amore nei suoi occhi, era uno sguardo astratto e distratto. La sera non telefona mai, non posso dormire e sono molto stanca di quest'attesa snervante.

10 giugno 1938: *«Ho i nervi a pezzi, devo vederti»*

Telefona da Predappio alle 9: «Ho immaginato che non hai dormito. Anch'io non ho preso sonno. I miei nervi si spaccano. Oggi ho bisogno di vederti. Non posso parlare, [mia moglie] è giù a sistemare un materasso. La mia tensione è tale che sto male. Fra preoccupazioni politiche e l'ansia di te, non reggo più. Oggi farò una passeggiata in barca a vela. Sì, vado al mare».

Alle 2: «Non ho visto nessuno, ho fatto il bagno solo. Soltanto quando sono passato di corsa, per evitare la folla, mi hanno acclamato. C'è pochissima gente, per fortuna. Ho preso il pattino, sono andato al largo. Alle dieci ho fatto il bagno. E tu? Con chi? Ti ho pensato molto. Vieni in pattino? Ma certo. Tra le 6 e le 7 se posso ti telefono ancora».

Incontro in mare, sul pattino a Rimini

Alle sei prendo un pattino [con Mimi] e vado al largo. Lui arriva in barca a vela con un motopeschereccio. È in pantaloncini corti e torso nudo. Sta con due marinai. Appena mi vede bordeggia un poco e dice indifferente: «State qui voi? Che fate in mezzo al mare così lontane dalla riva? Siete in villeggiatura qui?».

Gira il timone e lascia ai marinai. Cammina sull'orlo, viene a prua e mi guarda sgranando gli occhi, atteggiando a bacio le labbra. Con il corpo fremente verso di me, quasi volesse abbracciarmi. Il suo volto è tutto una luce d'amore.

Poi assume un atteggiamento indifferente. Dice: «Siete incoscienti, è pericoloso essere così lontane con il pattino. Tirate una corda, vi condurrò io alla riva. Siete due pazzerelle».

Mi tira la corda, io tengo il capo. Slegano le vele e attendono di tirare la rete. Lui è accucciato con la schiena verso di me. Cerca di non guardarmi. A tratti si volta e mi fissa. Domando quanto tempo hanno messo.

«Questa è una domanda che non si deve fare. La navigazione a vela non ha tempo, è nel vento: lo dovreste sapere. Quando si arriva si arriva. I pesci non so se ce ne sono, provate a domandarglielo.»

È irrequieto. Vorrebbe fare, fare. Si ferma, si accoccola, è nervoso. Si cammina, io sempre per la corda. Poi vuole tirare su la rete per vedere che c'è. Solo granchi e piccoli pescetti, erano pochi minuti che stava dentro. Con un bastone schiaccia tutti i granchi e getta al mare i pesciolini. Fa una strage sul barcone di legno. Gli dico che sembra un lupo di mare. Sorride. Poi dice ancora: «Guardate come siete lontane, siete proprio pazze. Ora vi lascio andare perché devo tornare a Riccione. Addio».

Aveva anche domandato di papà e mamma per mascherare. Si allontana, e finché è possibile i nostri occhi s'incontrano. Noto la sua ansia nel seguirmi fino a riva.

Alle 9 di sera chiama: «Sei stata contenta? Ero molto inquieto perché avevo timore che eri così lontana. Sono stato in ansia, è pericoloso, non devi farlo, sei così fragile. Se si rovescia il pattino o il mare ingrossa, non ti salva neanche Gesù Cristo. Sono nervoso, sì».

Benito geloso, teme che Claretta balli in albergo

«Non ti pare che quei marinai ti trattassero con troppa confidenza? Guardavi me, non ci hai fatto caso? E dimmi, perché parli tedesco? Se non sbaglio non sapevi neanche una parola di tedesco. Chi hai conosciuto? Con chi parli? Con chi hai fatto amicizia?... È molto strano, tutto ciò. [...]

Non dire sciocchezze, io non vedo nessuno. Sono qui legato come una belva.» Grida. «Non farmi gridare. Dimmi chi hai conosciuto. Non fare la sciocca, ti avverto. Prendo il treno, vado a Roma, ti pianto sai... Chi ti ha insegnato il tedesco? Parla, che fai, niente? Ballano anche, vero? Cosa sai tu se sono geloso, cosa sai?»

Grida: «Non fare l'idiota, hai capito?».

È nervoso, dentro ribolle l'ansia e la paura, la gelosia erompe.

Richiama alle 10, voce ironica: «Cara, ti esorto a non allargare il cerchio delle tue conoscenze, perché questo potrebbe nuocerti. Se vengo a sapere qualcosa ti avverto che parto immediatamente. Ci sono uomini interessanti? Proprio nulla t'interessa?».

12 giugno 1938, Rimini: *«Mia moglie vede un film dei De Filippo»*

Alle 3: «Non ho potuto telefonarti, [mia moglie] è stata sempre qui intorno. Oggi spero di vederti a Cesena. Se continua così vado a Roma, non posso stare senza neanche parlarti. Il servizio [di sorveglianza] è di un rigore incredibile. Sono molto gentili ed educati, sai, scacciano la gente a calci. Questa mattina ho liticato [*sic*] con mia moglie e sono uscito alle undici. Mi ha detto che sono noioso, incontentabile, che non mi va bene niente... Ha i nervi tesi, io più di lei. Così le ho risposto male e mi ha detto, non so se davvero o per ischerzo: "Bene, se non ti va divorziamo". Spero che questa sera rimanga alla Rocca. Non posso dire niente, perché farebbe l'opposto. Rosica sempre lo stecchino ed è nervosissima. Devo usare prudenza per non rovinare quest'estate [in cui potrò stare solo] a Roma. Andrò verso le sei, non stare senza fazzoletto in testa. Copriti bene. Poi torna qui, che se resta fuori usciamo un poco. Guarda di non farti fregare la macchina a Cesena, mettila in un garage...».

A Cesena mi arrampico su un cancello, mi graffio un braccio, lo vedo, lui non mi vede. È un po' assorto e distratto, ma ride ed è sereno. Non mi sembra molto teso. È abbronzato e bello. Sono avvilita e stanca, non ho veduto i suoi occhi.

Alle 9: «Mia moglie è al cinema a vedere *In campagna è caduta una stella*.[141] Mi hai visto? Dov'eri? Ti ho cercato e non ti ho veduto, com'ero? Bello? Non ho pensato che a te, e in qualche momento mi accorgevo di essere assolutamente distratto. Ti sentivo e mi dicevo: "Ma dove si è cacciata?". E dopo dove sei andata? Sono passato sotto il Grand Hotel [di Rimini], la tua stanza è l'ultima verso l'angolo? Allora l'ho vista, chi era quell'uomo alla finestra? Ah, tuo padre. Infatti, mi pareva fosse lui. Ho avuto un po' un urto al cuore».

Claretta: «Amore, non avere ombre inesistenti».

Mussolini: «È sicuro che mi hai tradito, hai fatto venire qualcuno da Roma. L'albergo è sempre misterioso, e quei due dormono nel tuo piano. Come non lo sai? Perché non vai a Roma? La vita d'albergo non è adatta per te. Tu sei facile a fare conoscenze. Adesso che fai? Tu non sai cosa soffro a saperti in un grande albergo. Non mi era mai accaduto di soffrire così. Non devi conoscere nessuno. Vai a letto presto. Non farmi inquietare. Ti amo, ti ho sempre telefonato da Berlino, da Genova, da Milano. Quanta nostalgia di te, quanto desiderio. Ho paura, sento un rumore...».

Alle 10: «No, nulla, era il solito cameriere che accendeva la luce. Oggi, sai, [mia moglie] è venuta piano piano con le scarpe di sughero. Ho fatto appena in tempo a togliere la comunicazione. Cara, che tensione, non

---

[141] Film dei fratelli De Filippo.

resisto. Credevo andasse fuori e anzi, per convincerla le ho detto: "Credevo di averti visto per la strada". E lei: "No, non parto". Devo tacere per non compromettere il resto. Amore vai a letto, dormi presto. Come ti ha trovato tuo padre?

Domattina vado alla Rocca, ho una riunione di ministri. Perché vuoi sapere l'ora? Ah, bene, ti telefono dall'una alle quattro. Spero che lei rimanga fuori. Dovrà restare lì 4-5 giorni per sistemare le stanze. E poi dovrà andare a Roma a prendere i ragazzi, e anche credo per controllare se la... Hai capito?[142] Amore, allora ci vedremo. Potrai controllarmi fino all'ultimo minuto».

13 giugno 1938: «*Soffro d'insonnia per la prima volta in vita mia*»

Rimini. Attendo [una telefonata] fino alla sera con ansia. Alle 9: «Amore, finalmente. Dopo la riunione sono andato con mia moglie in giro per la mia terra. Ho visitato i dintorni, scuole... Non ho potuto telefonarti. Eri tu sulla terrazza [dell'albergo]? La macchina la portavo io, mi pareva di aver visto la tua testolina, cara. Se ti degnassi di leggere i giornali sapresti che ho fatto oggi. La tensione è tale che sono tre notti che non dormo. Soffro d'insonnia, cosa che non mi era mai capitata in 55 anni di vita. Ho un'ansia atroce, ho bisogno della tua carezza fisica. Proprio fisica, che mi distenda un po' i nervi. Vorrei che ti distendessi accanto a me e mi cullassi. Buonanotte amore, vai pure a passeggio se vuoi [...] Ti desidero, non senti la mia voce sorda, piena di te? Finirò per fare una sciocchezza, non posso più stare senza vederti».

[142] Mussolini non può neanche nominare la Ruspi con Claretta.

14 giugno 1938, Rimini: «È fuggito un traditore»

Alle 10: «Questa mattina sono triste e amareggiato. C'è un traditore, è fuggito. Ho la bocca piena di cenere. Pensare che lo avevo beneficiato, aiutato. Prendeva diecimila lire al mese. Ah, la miseria umana è grande! Sì, mi fanno male queste cose. Miserabile traditore».

Si tratta probabilmente di Emilio Settimelli (1891-1954), scrittore futurista, fondatore del fascismo, che poi finirà al confino a Sorrento per cinque anni. Ciano scrive (11.6.38) che Settimelli è fuggito in Francia da Montecarlo, ma che lì dovrà prima o poi tornare: «Spero che un ratto con motoscafo sia possibile. Non merita riguardi».

Alle 5: «Sono venuto su per fare un po' di moto. Avevamo da prendere un film delle Olimpiadi. Non so che ci trovi di strano».

Esco e giro per incontrarlo. Sul piazzale alla fine della passeggiata passa verso le sette. Ha la moglie al fianco. Mi vede e si gira due volte a guardare. Lo seguo a distanza, quando piega per Riccione a destra io taglio a sinistra, infilo veloce una traversa e mi trovo di fronte a lui quando passa. Mi guarda, la moglie ride. Io sono con occhiali e fazzoletto. Lui è serio. Lungo la via lo avevano riconosciuto e applaudito tutti felici.

Alle 9 telefona, strano e distante: «Mi hai veduto? Sì, anche prima. Ma come hai fatto? Stai attenta a non correre troppo. Mia moglie ha detto: "Per poco quelle due tedesche non c'intruppavano, che stupide! Una aveva sulla testa un tuo discorso". Capito? Vi ha preso per tedesche [*Claretta e la sorella Mimì*]. Sono stato poco».

Claretta: «Già, il tempo per telefonare alla Ruspi».

Mussolini: «No».

«Sì.»

«No.»

«Non mentire, sento e so che le hai telefonato.»

«Ebbene, è vero. Le ho telefonato. Non credo di

aver fatto molto male. Le è morto il cognato e volevo sapere com'era andata. Pensavo approfittasse di questo per ritardare la partenza [*per Viareggio*]. Intendo che se ne vada, perché desidero tornare presto a Roma. È stata una telefonata banale e semplice, non inquietarti. Le ho detto poche parole: "Non tardare a partire, parti lo stesso". E lei mi ha risposto: "Sì, stai tranquillo, queste morti e questi lutti mi hanno alquanto sturbato. Anticiperò la mia partenza, vado via domani. Ti lascerò in pace con la tua Regina". Le ho detto: "Non fare la buffona...".»

Claretta: «Non è vero!».

«Sì, insomma, le ho detto di non dire sciocchezze. Non me ne importa più nulla. Era molto distratta e lontana. Ma vuoi perdonarmi? Sì, è vero, ho fatto male [a telefonarle], potevo farne a meno. Sei più calma?»

Esplodo, sono fuori di me: «È una sporca commedia, tientela, non mi meriti, sono stufa!».

«Sei stanca di me? Ne hai abbastanza, vero? Hai trovato di meglio, già, la vita in albergo è movimentata, varia. Hai trovato qualche giovane bello, gagliardo, robusto...»

«Ti farebbe comodo? Sono stanca della Ruspi e di tutti i tuoi tradimenti, non posso più neanche sentirne parlare.»

«Ti prego di perdonarmi.»

«Il perdono non distrugge il fatto.»

«Sì, lo so. Ma ora penso che non dovevo farlo. Non le ho dato importanza, volevo sapere com'era morto. Mi ha detto di un colpo, ha avuto una lunga agonia. Poi ha fatto testamento. Avevo mandato le condoglianze attraverso Sebastiani alla moglie. Sì, forse bastava, ma ho pensato che lei forse non sarebbe partita. Perdonami cara. Ti prego di essere buona, sono avvilito quando mi tratti così male. Sei stanca, vero? Ti pentirai, perché io ti amo. Troverai un omaccio qualunque, ma non me.»

15 giugno 1938: «*Ho sognato: mi uccidono con due colpi di pistola*»

Predappio. «Ho fatto un brutto sogno. C'era una cerimonia, ho sentito degli spari, mi sono alzato sulla vettura per vedere che cos'era accaduto, e mi hanno sparato due colpi. Pam pam. Uno nella testa, uno nella schiena. Sono caduto giù sulla macchina. Ho inteso proprio i colpi, tanto che mi sono svegliato. Cosa credi che possa significare? Del resto se fosse così sarebbe una bella fine, che ne dici? Ho proprio sentito i colpi, ho inteso l'urto e sono caduto. L'altra notte avevo già sognato due bisce. Una ero riuscito ad ucciderla, l'altra no. Già, è vero: è il traditore.

Non resisto più senza vederti: oggi uscirò in motoscafo e faremo una passeggiata, accada ciò che accada. Adesso vado al mare, vai anche tu. Forse mia moglie va alla Rocca, spero che rimanga su. Se fosse, ci vedremo in auto.»

Alle 2: «Mia moglie è qui a pochi metri, non so se potrò telefonarti ancora. Tu trovati al mare, vieni in pattino».

Alle 6 prendo il pattino e vado in mare. Lui arriva con il motoscafo e finge di vederci per caso... «Come siete lontane. Gliela fate a tornare a riva?»

Mi guarda e sorride. Io dico di fare un giro. «Sì, venite, possiamo fare un giretto al largo.»

Montiamo, mi metto vicino a lui. Mimì accanto. «Tu sei sudata, Mimì, siedi.» Mi guarda di sfuggita. «Sono le sette meno un quarto. Andiamo fino a quelle barche? Corriamo un poco. Com'è bello, vero? Non resistevo più senza vederti. Come mi trovi? Sono ancora degno del tuo amore? No, perché sono vecchio, sono settantenne.» Ride. «Non guardarmi così che mi confondi. Io sai sono timido. Mi guardi come non mai. Mi ami? Io grido qui, al cospetto di questo mare e di questa natura e del mondo: "Amo Clara". Amore, non è bella questa gita?»

Il diario si interrompe per una settimana.

22 giugno 1938: *«Ho sofferto l'insoffribile»*

Parto alle nove [da Rimini] e arrivo alle due a Roma con la testa che scoppia per il caldo. Alle sei [anche] lui arriva a Roma [*in aereo*], mi telefona: «Ho trovato Ciano che aveva da comunicarmi qualcosa d'importante. Ti attendo».

Alle 7 entro, sta telefonando. Mi tira un bacino mentre mi appresso al tavolo. Poi mi prende la mano, mi bacia il braccio e lo tiene stretto sul cuore. Fissa un appuntamento con il Duca d'Aosta.

«Amore, ho un tale desiderio di te... Sei freddina, perché, che hai? Sei stanca? Sì, lo pensavo che [il viaggio] era lungo per te. Ma non sei stanca per amare me, vero? Andiamo di là.»

Facciamo l'amore con slancio e passione, completo. Siamo sfiniti e senza parole. Ho l'impressione che sia freddo: mi guarda molto, mi studia, o per ritrovarmi o per criticarmi. Non so. Mi domanda molto di chi ho conosciuto, del tedesco con la moglie: «Hai parlato con lui? E avete parlato sulla terrazza [delle camere], così poco divisa? È venuto anche in camera tua forse. Chissà chi me lo dice. E poi siete anche andati al cinema insieme una sera, è vero? E tutte le sere vi siete trovati insieme fuori e la moglie non sapeva l'italiano. Era più alto di me e più giovane, 27 anni, certo. Oh, ma le donne quando vedono una coppia parlare è il momento che si mettono in mezzo. E poi chi altro hai conosciuto? Che ti ha detto quando è partito? E l'altro? E alla spiaggia? Non hai ballato?

Ah basta, sai, basta, non starò mai più venti giorni così senza vederti, ho sofferto l'insoffribile. Un'altra volta prenderai una casetta e potrò venirti a trovare. No amore, [in questi giorni] non ho preso che mia moglie, una sola volta».

23 giugno 1938: *Mussolini fa una scena tremenda, colpisce la sedia, calcia i giornali*

A palazzo Venezia. «Oggi ho una lista [di udienze] che non finisce mai. Vuoi un libro? Tieni, prendi *Anna e Bruno*,[143] giornali non ne ho. Sono un po' teso, quando manco qui succedono pasticci. È inutile, non posso allontanarmi da Roma. I miei collaboratori non ci si ritrovano più. Non sono buoni a spicciare le cose più semplici, si fermano. Vengono da me per problemi che io impiego due minuti a risolvere. Naturalmente do sempre ragione al più audace.»

Andiamo di là. Si toglie la giacca. Facciamo l'amore con tanto slancio, e completo. Dopo si sdraia e dice: «Accendi [la luce] amore, voglio che mi vedi. Dopo tanti giorni guarda il mio corpo, se ti piace ancora. Sono dimagrito? Ti pare? Cara piccola, ti guardavo perché mi piaci, e perché erano tanti giorni che non ti vedevo.

Certo che se dovessimo vivere in due, sai, sarebbe duro e impossibile. Oramai dopo quarant'anni bisogna che ci siano i figli. Infatti stasera ho fatto venire Vittorio e Ola [a casa] per fare un po' di movimento.

Non so che farò domani, sì, andrò al mare. Se non ci vado mia moglie penserà che non ci vado perché non posso andarci con chi voglio. Credo che una volta dovrò andare. Domani si potrebbe combinare una gita in motoscafo. Tu verresti in pattino e potremmo stare due, tre, quattro ore sul mare. [...] Andrò presto, alle otto, le nove, non so. Perché ora fai il muso? Non vado con nessuno. Come puoi pensare che con mia moglie, i miei figli, a Roma, io porti una donna lì. È vero, se volessi lo farei. Ma non voglio».

Si esalta e fa una scena tremenda, dando dei colpi alla sedia, calci ai giornali, dicendo delle parole tremende che non trascrivo. Cerco inutilmente di placarlo, è una furia scatenata senza più freni. Mi spavento e mi viene da pian-

[143] Di Romano Bilenchi (1909-1989).

gere. Non riesco a calmarlo. Si monta, si sfoga. Vado via piangendo, lui dice che vuole andare a casa, che è tardi.

Telefona alle 9: «Cos'hai da dirmi? Così non può andare, non è più amore, questo è veleno e mi accorcia la vita. Sono stanco. Ti avverto che la terza volta che scatterò così, tu non entrerai più in palazzo Venezia. Sì, convengo che non mi hai detto nulla, ma alle otto ho i nervi massacrati, esausti, e tu non devi altro che sorridere. Non sento di dirti nulla, tutto sarebbe ipocrita. Devi essere più dolce, più affettuosa, più accogliente, non posso vivere in questo modo».

26 giugno 1938: «*Ciano dice che ci sono pescecani a Ostia*»

Alle 2 arriva al mare [*nella tenuta reale di Castelporziano*]: «Oggi fa un caldo feroce. Andiamo a fare il bagno».

L'acqua è fredda e calda, ha correnti gelate. Andiamo un po' al largo, poi tornando dice: «Ho sentito dire da Ciano che ieri hanno veduto dei pescecani a Ostia, e sono scappati tutti. Chissà se è vero. Comunque non è allegro. Questa era la paura della principessa di Piemonte: i pescecani».

Torniamo nella capanna, mette l'accappatoio e poi mangiamo. È felice del timballo di maccheroni. Domanda chi lo ha fatto e lo mangia volentieri. La radio trasmette la radiocronaca della mattina. Ascolta lieto che sia buona, e sorride al passo di parata che si sente bene. Si commuove alla *Cantata del legionario*, anche io.

29 giugno 1938: *Mussolini riceve i campioni del mondo di calcio*

Al mattino Mussolini riceve i calciatori della nazionale, che dieci giorni prima hanno vinto i mondiali battendo 4-2 l'Ungheria a Parigi. Poi corre al mare da Claretta e Mimì, dove trascorre il resto della giornata.

30 giugno 1938: *Benito arriva al mare in moto*

Alle 12 arriva al mare in motocicletta. Solito ragazzaccio. Gli vado incontro, è sorridente e felice. «Hai veduto? Che arrivo trionfale. Sono montato a San Paolo. Non è dignitoso? Non ti piace l'idea?»

Entriamo [nel capanno] e saluta Mimi con molto entusiasmo. Poi la musica suona un ballabile, e ha voglia di ballare. Io lo prego di no, perché mi sento male. Si ferma ansioso e mi guarda: «Amore, sono molto in pensiero. Sei così pallida, che hai? Distenditi, riposati».

Si mette il costume e poi siede vicino a me sul divano: «Stai meglio, vero? Ieri hai preso una piccola insolazione. Ti ho fatto stare troppo al sole. Sono un brutale, troppo forte per te. Tu sei fragile, fine».

Va al mare e fa una nuotata di mezz'ora fino alla seconda boa. Torna incappucciato nell'accappatoio e mi guarda perplesso. Lo seguo e mi metto all'ombra, incontro a lui. «Sto così bene qui, tutto nudo al sole. Non stare tu, vai indietro.» Vado a prendergli le mutandine. Si veste e andiamo a mangiare. Va a leggere i giornali nello stanzino, mi attira a lui, mi bacia e poi facciamo l'amore come folli. Mi dice: «Hai trovato il modo di legarmi a te, sono folle di te, nessuna ha mai fatto come te». Passeggiamo verso la riva tenendoci per mano. Parliamo poco. Tornando fa una corsa fino al capanno. Siede e legge i giornali che sono arrivati. Si veste, lo aiuto a mettersi i calzini e il resto.

«Gli inglesi scrivono che mi sono salvato da un attentato. Cretini»

Poi pensa, pensa. Quando chiedo a che, comincia a gridare dicendo: «Gli italiani sono dei fessi. È bene che anche loro sappiano come stanno le cose con gl'inglesi. I quali sono degli ipocriti, come sono sudici i francesi. Diceva una nota che mi sono salvato da un attentato che mi avrebbe fatto un ufficiale, perché ho la corazza d'acciaio. Puah! La corazza d'acciaio. Sì, me la prendo perché sono stupidi e carogne. La corazza! È vero che sono troppo cretini, ma questo dimostra come e quanto mi odiano. Gli italiani dimenticano che i guai più grandi ce li hanno dati i francesi. E che, viceversa, i prussiani ci hanno aiutato. Chi ci ha odiato sono gli austriaci, che ci odiano tuttora, a morte. Il bello è che [erano] Italia e Prussia contro Austria. Gli italiani non conoscono la storia. Gli italiani con la coda [*del tight: i "borghesi" filobritannici*], quelli che hanno le formiche sulle mura del cervello. Dovranno conoscere come stanno effettivamente le cose con l'Inghilterra. Nel trattato [*di Pasqua, aprile 1938*] loro prendevano l'arrosto e noi il fumo. Perché questo riconoscimento dell'impero [italiano] è una buffonata, ormai l'hanno riconosciuto tutti. Di fatto anche loro, perché hanno tolto il console accreditato in Etiopia. Era ridicolo tenerlo presso un Negus [*Haile Selassié*] che non c'è più. Ma ancora non hanno fatto nulla.

Io ho ritirato le truppe dalla Libia come avevo detto, ventimila uomini. Ho cessato la propaganda in Palestina e altrove, la radio Bari... Che ora ho ripreso, naturalmente. Tanto che gli arabi dicevano, e con ragione: "Mussolini ci ha abbandonato". Io sono un giocatore che raddoppia la posta, ma gioco lealmente. Loro no. Ora ho ricominciato, certo. Era inutile dire che gli accordi erano fatti. E qualche cretino ha gridato "W l'Inghilterra". Non bisogna dimenticare quel che hanno fatto, che la loro politica è falsa e sporca».

«Non mi cambierei un'unghia con un romeno»

«Non parliamo poi dei francesi, con i quali non ci può essere amicizia. No. Sono latini, ma che latini. Come si dice dei romeni, io non mi cambierei un'unghia con un romeno. Latini in che modo? Ma sia, ma sia. C'è ancora molto da fare, troppo. Vorrei avere 40 anni, non per la vita ma per la politica. Per fare di questa Italia un'autentica potenza, e di questi italiani degli uomini saldi e veramente degni di me, del partito e dell'idea. Ah, Dio! È vero che sono forte, ma quanto potrò avere ancora? Fossero almeno quindici anni. Potrei fare molte cose.

Il passo romano non va giù a quelli che non lo possono fare: le mezze cartucce! E non lo facciano, non è necessario. Questo non toglie che sia bellissimo e forte. Non lo facciano, ma è inutile dire che è brutto. È per gli uomini forti e senza pancia. Questi continui piagnoni, brontoloni, cretini. Vorrei radunarli sulla piazza e parlargli come so fare io. Se dicessi qualcosa di questo in un discorso, sai quanti arrossirebbero.»

Alla sera alle Terme [di Caracalla] c'è la *Gioconda*.[144] Sono dietro di lui, voltandosi mi vede. Poi non si può più girare, è nervoso. Va via alla fine del terzo atto, io pure.

A mezzanotte e mezzo telefona: «Amore ti ho visto, eri dietro, non potevo girarmi. Bellissima la musica, ma troppo lunga».

Luglio 1938

Claretta e Benito vanno al mare a Ostia tutti i giorni per metà giornata. Mussolini sta a palazzo Venezia solo di primo mattino e nel tardo pomeriggio. 4 luglio: discorso della trebbiatura ad Aprilia (Latina). 15 luglio: pubblicato il Manifesto della razza*, primo atto della persecuzione antisemita: «Gli ebrei sono estranei e pericolosi per il popolo italiano». Ultima settimana del mese: vacanze a Predappio e Riccione per Mussolini, a Rimini per Claretta.*

[144] Opera di Amilcare Ponchielli.

1° luglio 1938: «*Che ridicoli i gerarchi grassi*»

«Sono andato a vedere i gerarchi che facevano le corse e i salti. Quelli magri andavano bene, ma gli altri era da ridere. Mi sono divertito molto.»

Arriva al mare all'una. Sono nervosa e tesissima, ho sognato il tradimento. Sto sul divano, mi viene vicino. Fa per baciarmi, lo allontano due volte, tre. Rimane male, non parla, non chiede perché. «Ho lavorato come una bestia. Guarda, ti porto la nota [*l'elenco delle udienze*], vedi che anche oggi ho da fare. Perché non credi, non hai fiducia? Non so che dirti, sei cattiva.»

Si allontana, non ci parliamo più. Si sveste, mette il costume, gira per lo stanzino, spera di parlare. Non lo guardo, è crucciato, mi osserva a scatti. Va a fare il bagno, brevissimo. Torna subito, gira intorno. Io dura. Mi bacia due volte sulla guancia. Nulla. Va a prendere il sole, io vado a spogliarmi. Si veste, va con il musino lungo e triste al pattino. Dopo un po' lo seguo e siedo vicino a lui. Silenzio.

«Vieni a mangiare?»

Claretta: «No, non ho fame».

Va a mangiare, Mimi lo aiuta. Poi rientra e chiede se può leggere i giornali vicino a me. Scrive il discorso che farà sulla trebbiatrice [*il 4 luglio ad Aprilia (Latina)*]. Riesce, e di corsa fa tutta la spiaggia. Al ritorno fa una terribile scena, gridando e insultando. Va fuori di sé, non si placa, e così continuiamo a bisticciare.

Facciamo pace, lui scrive sempre. Fa il bagno, tornando lo asciugo. Va via alle sei dicendo che questa è una brutta giornata: «Mi dispiace cominciare male il mese».

2 luglio 1938, sabato: «*Mettevano fave dentro al pane*»

Al mattino ha avuto il Comitato del grano. Vado al mare, lui viene alle due. Mi guarda, guarda il mare: «Vedi che ora ho fatto? Ho finito all'una, ma poi ho dovuto rivedere tutte le carte che avevano preparato. Avevo disposto per la stampa perché tutto fosse in ordine, e viceversa al solito era tutto sbagliato. Avevano fatto delle piccole listine stenografate che erano ancora dal traduttore, e che poi sono state rimesse insieme. Immagina che pasticcio, il lavoro di dover ricongiungere le striscioline. Ho dovuto occuparmene io. Gli ho detto che non sono affatto organizzati».

Intanto si spoglia, e continua: «Volevano portarmele qui alle tre, ma ho preferito aspettare. La discussione [al comitato] è stata interessantissima, adesso il popolo sarà contento. Faremo un tipo di pane unico, e poi il tipo a meno prezzo con il venti per cento di granturco. Poi naturalmente ci sarà il pane più fine che costerà di più: all'olio, al burro, ecc. C'erano mugnai che facevano lo scherzo di mettere fave dentro al pane. Il venti, trenta per cento di fave, quelle che si danno ai somari. Pensa che qualcuno ne ha messo il 50 per cento. Immagina tu che contiene questo pane. Senza togliere gli altri pasticci e impedimenti. Si sono approfittati. Poi il popolo si era spaventato che facesse venire l'ulcera. Dicevano che massacrava lo stomaco. Forse non avevano tutti i torti. Comunque anche questa storia è finita, ora saranno contenti».

Dopo il bagno ascoltiamo *Una furtiva lagrima* cantata da Gianni Volpi, e consideriamo che la canta male. Ricorda anche lui che la *Bohème* cantata da Volpi fu un disastro. Mangia con appetito e aprendo la bottiglia va fuori il vino, ridiamo. Poi dividiamo la galantina. Facciamo l'amore con forza, ma non completo. Poi si addormenta pesante.

Chiamano per [portarci] i giornali, saltiamo tutti e due. Brontolando che hanno interrotto il suo sonno si alza e va fuori, che c'è aria. Mangia la frutta e si mette a leggere. «Attendo con curiosità la risposta di Londra alla nota che ho inviato per chiedere che definiscano la situazione. Che intendono fare? Io ho seguito i patti [*del 16 aprile 1938*], loro no. Se c'è qualcosa la sputino subito, che non ho voglia di attendere. Se credono di prender tempo si sbagliano di molto, perché io lavoro. Ritirerò i volontari dalla Spagna solo se lo faranno anche loro.»

Poi parla di Starace: «Ha i nervi scoperti, ha risposto male a tutti. Se non si monterà la testa è il più potente dopo di me. Forse è nervoso perché è stanco, non è più un bambino. Alla Camera hanno da dire sui suoi capelli neri. Forse chi li ha bianchi vuole vendicarsi di chi non li ha».

Legge la sua biografia, la vita in cella

«È molto buono quel libro di Yvon De Begnac, interessante, scritto bene. Lo farò pubblicare.[145] È il periodo dal 1910 al '15. [De Begnac] è un ragazzo d'ingegno, non so come abbia fatto a pescare tutte queste cose, perfino il nome dei secondini. Eravamo in sei nella cella, per cinquanta giorni sono stato così. Uno aveva ucciso una vecchia, un altro era un ladro di cavalli e un terzo un truffatore soprannominato Conte di Montecristo. Sì, una bella società di brave persone. Dopo leggevo, ma i primi tempi non potevo. Giocavamo a carte, a dama. Il secondino si affacciava al finestrino e diceva: "Ué, guaglio', stateve queti". Facevamo tutto insieme, ci si abituava. Io dicevo: "Voltatevi dall'altra parte", e allora rispondevano: "È inutile voltarsi, tanto si sente". "Va bene" replicavo "ma non si vede."»

«Nazisti antireligiosi, è un lato molto antipatico»

«Ieri è venuto Bottai e mi ha detto cose molto interessanti su Berlino e i tedeschi. Che sono molto simpatici verso

---

[145] Diventerà *Taccuini mussoliniani*, ristampato dal Mulino nel 1990.

l'Italia. Che la domenica e le feste partono lieti e ridenti, si buttano per i monti e la campagna, e poi tornano ubriachi e ubriache. Gli innamorati sono assolutamente indifferenti alla presenza della gente: si baciano e si accarezzano in pubblico in quei barconi che portano da una riva all'altra. Ci sono delle scene che raggiungono il fanatismo verso Hitler. Si riuniscono in circoli dove un ragazzo legge, come fosse Bibbia o Vangelo, qualche frase di Hitler. Poi con misticismo volge gli occhi al cielo e dice: "Il Führer ha detto che non esiste che la religione del sangue, noi siamo legati dal sangue...". Scene strane, Cristo è ebreo, ecc. Ma non riusciranno a demolire la religione. [Bottai] dice che le chiese sono vuote o quasi. Sì, questo è un lato antipatico, molto antipatico.»

Alla sera sento che ha veduto la Ruspi. Al telefono parla della fidanzata di Bruno, che è stata a cena da loro: «Non dev'essere molto intelligente, è discreta, passabile. Begli occhi neri, bei capelli scuri, un viso fine... Che vuoi fare, ormai si è impuntato, così abbiamo fissato anche la data [del matrimonio]».

L'indomani confessa che questa sera mi ha tradito con la Ruspi.

3 luglio 1938: *«L'emozione ha fatto venire il marchese alla Ruspi»*

Lungo via Marmorata vedo la Ruspi in auto con la sorella. Vado indietro per vederla bene, mi fa una smorfia. Comprendo che è venuta per lui. Sono fuori di me. Proseguo di corsa. Arrivo e subito dopo viene lui. Entra [*nel capanno a Castelporziano*], il suo fare è incerto. C'è molto vento, mi dice che ha avuto tanto da fare. Il suo sguardo sfugge.

Dopo aver salutato un po' troppo Mimi mi dice: «Devo dirti una cosa. Ieri sera mi ha scritto la Brambilla che parte. È più pazza di sempre, una lettera di dodici pagine. Ha accluso questa foto dell'amica di Starace scrivendoci sopra, come vedi: "Questo è a posto". Poi mi ha scritto la Pallottelli dicendomi che è nella miseria, che non sa come fare, e mi ha chiesto una somma così piccola che penso veramente che faccia la fame. Il marito l'ha lasciata in una triste situazione. Allora le ho telefonato e mi ha risposto il ragazzo: "La signora è partita per Fabriano alle otto". Così non le ho neanche parlato, e non ho potuto darle nulla. Adesso non so come farà. Amore, non l'ho vista. No, non ho più nulla da dire. Non c'è altro».

«Ho detto alla Ruspi: sarà per un'altra volta»

Allora scatto e gli dico della Ruspi. Lui nega. Lo attacco con violenza, nega sempre, mi esaspero.

Dice: «Non è a Roma».

Poi: «Doveva venire oggi, me lo ha scritto, ma non l'ho veduta».

Poi: «Le ho telefonato stamane per sapere come stava. Sei fortunata, perché mi ha detto che l'emozione le ha fatto venire il marchese [*mestruo*]. Quindi le ho detto: "Riparti che è inutile, sarà per un'altra volta"».

Insisto per [sapere] la verità e gli dico io come si sono svolte le cose. Mi guarda sorpreso e stupito, si tradisce. Continua a negare, alla fine conferma confessando: «Sì, le ho telefonato dietro una sua lettera da Viareggio. Ha detto che veniva a Roma il tre, e così ieri sera sono andato da lei. Mi ha detto: "L'emozione mi ha fatto anticipare, guarda". Ha preso un fazzoletto, lo ha messo fra le gambe e me lo ha mostrato pieno di sangue. Sì, ti confesso che ci sono dei gesti che ripugnano, ed è stata volgare. Mi ha fatto un brutto effetto. Così non c'è stato nulla».

Claretta: «No, ti ha fatto un lavoro».

«Ebbene il lavoro sì, e ora ti ho detto tutto. Le ho telefonato stamane dalle nove alle dieci e le ho detto di andar fuori. Parte alle sei di stasera. Mi ha detto anche cose ingrate: "Divertiti con lei al mare, passa bene il tuo tempo, me ne vado per lasciarti tranquillo, perché tu possa essere sereno, ti pentirai...". Aspra e scortese. Le avevo imposto di non uscire, mi aveva promesso di stare tappata nascosta. Invece è uscita, è una spudorata. Ma non verrà più. E se ti ha fatto una smorfia la sconterà. Non sono schiavo di nessuno e non amo che te. Sono un animale, non so come spiegarti. Hai ragione di disprezzarmi. Mi hai detto delle cose tremende, ma preferisco la tua violenza all'indifferenza. Sì è vero, ho bisogno di essere amato dal tuo amore fresco, puro, esclusivo, dalla tua giovinezza, dalla tua lealtà. Ti amo, e sono pentito di essere caduto ancora. Hai ragione... No, non mi accosto, fai di me ciò che vuoi, sono pronto a subire ogni cosa, sono colpevole. Ti faccio soffrire, se non riuscirò a cambiare sarà meglio che ti lasci la libertà di vivere senza lottare con me. La mia natura è questa, sono una bestia, resisto e poi cado. Ho fatto una marchetta, è come se avessi preso una puttana. No, hai ragione, era meglio un'altra, ma l'ho chiamata, così... Puniscimi, picchiami.»

Passa un'ora, due. Do stoccate e poi silenzi, cerca di avvicinarsi, lo scanso. Non sa che fare, è triste e perplesso. Mimì è partita, lui si mette a leggere i giornali, io sto sul divano. Viene a sedersi per terra accanto a me, mi chiede perdono. Mi promette di venire in una chiesa a giurare che non le vedrà più. Con testimoni, [dice] che lui crede in Dio e perciò lo manterrà. [...] Mi legge il discorso che farà domani, mi sorride, mi chiede se va.

Alle sette partiamo, lo seguo sulla strada di Ostia fino a casa. Alle otto telefona, gli dico che andrò al *Mefistofele*. Ripete quattro volte: «Mi dai un grandissimo dispiacere».

Mussolini va a prenderla in auto alle nove, stanno insieme fino alle undici. Continua a parlarle cercando di di-

scolparsi, giurandole che la ama: «Ti porterò in chiesa, e sono vent'anni che non ci entro».

4 luglio 1938

Mussolini partecipa alla trebbiatura ad Aprilia (Latina).

5 luglio 1938: «*S'inginocchia e congiunge le mani*»

All'una arriva al mare, io dormo. Parla con Mimì, dice che è pentito. Mi viene accanto, s'inginocchia, dice che mi ama, mi adora, che lo devo perdonare. Mi fa tenerezze e smorfie, dice che ha tardato per il prefetto che doveva combinare la gita a Trieste. [...] Quando mi alzo s'inginocchia dinanzi a me e congiunge le mani con un fare dolce di bambino. Mi chiede di perdonarlo, non lo farà più. Scherza un po' con Mimì dicendo che sono cattiva. Poi ci stendiamo al sole e dorme. Va via alle sei. Ha udienze con il duca di Genova, l'Aeronautica e [il ministro] Guarneri.

6 luglio 1938: «*Ho proibito il film* Waleska»

Pomeriggio al mare. Mi legge il perché della proibizione del film *Waleska*,[146] mi cita qualche frase. Gli dico scherzando che sono andata a ballare, s'inquieta e non vuole mangiare, dice che va a Roma. Mimì gli dice che non è vero, è turbato. Poi mangia, ascolta ridendo le descrizioni di Mimì sulla Sarfatti, si finisce sulla Ruspi, si rabbuia, poi va a leggere i giornali. Durante il pranzo è stato molto affettuoso, dopo mi sono messa a dormire, il sole è caldo. An-

---

[146] Con Greta Garbo.

diamo dentro, fa un mucchio di smorfie, di storie, fino a
che facciamo l'amore. È avvilito per la mia freddezza, andiamo subito a passeggio lungomare, non parla. Dopo pochi metri esplode tutta la mia stanchezza, la mia ribellione, la mia nausea. Cerca di rispondere con dei gridi, capisce di sbagliare, mi dà ragione.

7 luglio 1938: *passano tre aerei bassissimi lungo la riva*

Andiamo in acqua. Dopo un po' che siamo a nuoto vedo
da lontano tre apparecchi bassissimi che vengono lungo
la riva. Quando sono presso virano e puntano sulle nostre
teste. Credo siano forse a meno di cinque metri dall'acqua. Ho il cuore che si ferma al pensiero di un attentato,
e cerco di tirarlo verso la barca. Vediamo i volti dei pilo-
ti. È molto seccato, ride delle mie paure: «Non devono
volare così bassi, farò un'inchiesta, non è permesso. Confesso che mi avevi impressionato, cara piccola, è l'amore
che ti spinge a temere. Hai ragione, poteva anche essere».
Vuole andare in pattino senza berretto: «Anch'io come Mimi. Perché lei sì e io no? Che ho fatto io? Mimi è
sempre speciale». La corrente è forte, le onde alte e larghe. Fatica molto, il vento è freddo ma il sole è caldo,
scotta, e il riflesso è violento. Quando torniamo si sente
male, ha uno sturbo di sole. Si piega sul divano, mi spavento. È pallido, quasi cenere. Vorrebbe giocare a palla,
glielo impedisco e si sdraia di nuovo.
«Sono seccato di vedere gente, di ricevere persone. Non
ho voglia di ricevere nessuno. La Marina aspetterà, Cavagnari[147] anche. Si arrangi, io mi sento male. Non ho diritto
a un po' di riposo? Lavoro come una bestia.» Si riprende,
alle sette va via.

[147] Domenico Cavagnari (1876-1966), sottosegretario alla Marina.

8 luglio 1938: «*Sei incosciente, impulsivo, bestiale*»

Claretta: «Sei incosciente, impulsivo, bestiale, abitudinario. Un cane, gatto, mandrillo». Ride, mi fa ripetere tutti gli aggettivi e li conta sulle dita: «Quanti me ne hai detti. Davvero sono così? Forse non hai torto. Sono veramente incosciente? Ma non in politica, vero?».
«In questo no.»
«Ecco, grazie. Mi hai capito un poco. Ma sei crudele, mi disprezzi. Fai male a disprezzarmi così, io ti amo.»

9 luglio 1938

C'è il principe di Piemonte [*Umberto*] in fondo alla spiaggia. Lui non lo sa.

12 luglio 1938: «*Sarò ancora discusso fra sessant'anni*»

«[Quando morirò] non voglio commemorazioni, discorsi. Nulla. Sarò discusso ancora fra sessant'anni. Non voglio monumenti. Solo una pietra quadrata due metri per due con una M grande nel centro, da un lato 1883 e dall'altro [la data della morte]. Io lo so quando morirò, lo so. Ma tu fai bene a non farmelo dire. Non devo dirlo, non si può. Tu soffrirai molto, poi ti tranquillizzerai e racconterai di me.»

13 luglio 1938: «*Pirelli aveva da giustificarsi*»

«Il cielo è grigio, ma andiamo lo stesso al mare. Se piove torniamo indietro.»
Arriva all'una: «Ho qualche buona notizia. Tuo zio verrà promosso assieme ad altri. Tuo fratello è sistemato, perché

Sebastiani ha fatto in modo che Cavagnari riguardasse la pratica, e dato che ci sono stati dei precedenti per il terzo anno, lui farà il terzo anno. Tuo padre è andato ieri da Sebastiani e ha chiarito tutto. Questi poi sono per tua madre, perché vada fuori. Che hai, non sei contenta? Credevo di averti portato buone notizie. Ma vedo che te ne freghi. Pazienza, ho fatto male.

Questa mattina c'è una battaglia importante su Valencia, i nostri sono impegnati a fondo. È una città difesissima, se la perdono sono fritti. Li seguo con ansia e ho detto a Galeazzo che mi mandi le nuove qui fuori. Attendo. Noi abbiamo 60 mila uomini e due cannoni, è una vera e propria guerra di terra».

Dice che Pirelli[148] lo ha tenuto molto ieri, aveva da giustificarsi. Poi ridiamo delle storie [*barzellette*] sugli ebrei. Quindi parla di Vienna: «Un disastro. Al solito esagerano, forzano la mano. C'è scontento e ribellione proprio nei nazisti. Hanno tolto la capitale e l'hanno trasportata a Graz, un villaggio. Fanno male, non resistono così. Tutto sbagliato».

Dopo mangiato si sdraia, sente il varietà [*alla radio*], ride.

15 luglio 1938: *«Dimmi che vuoi fare l'amore»*

Dalle 8 alle 10 va a Nettuno (Roma). Arriva al mare all'una, è pieno di riviste. Dice: «In due ore e mezzo ho sbrigato tutti i rapporti, che ne dici?». Entra nello sgabuzzino, si spoglia, mi domanda di Marcello e mi risponde subito male scattando. Esco e rientro quando tace. Mi dice: «Vittorione sta molto male, sai? Ho telefonato due volte a mia moglie [a Predappio] stamane, se continua così

---

[148] Alberto Pirelli (1882-1971), figlio del fondatore dell'azienda di famiglia Giovanni Battista, industriale e diplomatico. «In un'intercettazione britannica spande fiele contro l'autarchia» (*Diario di Ciano*, 26.11.1937).

parto in volo e vado a vedere. Ha sempre la febbre alta, 40, anche più. Ha chiamato un medico da Bologna, e forse dovranno fare l'operazione. Non so se abbia un ascesso».

Legge i giornali. «[Stamane] ho visitato questo impianto, già traggono dieci tonnellate al giorno di ferro. Quando arriverà a cento potremo costruire dei sommergibili. Nettuno è un brutto paesucolo, sembrano negri, non mi piace.» [...]

Legge le riviste. Gli dico che... [ho voglia di fare l'amore], e lui: «Vedi, tutto si sveglia al solo parlarne. Io ti desidero, andiamo fuori però, al sole. Fra le dune, vuoi? Devi dirmelo sempre, desidero che tu me lo dica, mi fa piacere».

Andiamo al solito posto fra la sabbia e facciamo l'amore, fiacco e stanco. Non ha proprio voglia. E neanche ieri. Non capisco. Dormicchia, quando si sveglia gli domando chi ha visto la mattina. Fa una scena violenta che descriverla è poco. Alla capanna mi spinge sul divano e piango disperatamente, disgustata e triste. Lui niente, dopo si commuove un po' e mi dice: «Non farmi essere un volgare facchino, non ho mai detto a nessuna donna ciò che dico a te. Sono mortificato».

16 luglio 1938: *«I tre figli della Pallottelli sono ammalati»*

«È partita tua madre? Le donne, sempre disorganizzate... Vittorio sta molto meglio, l'ascesso si è rotto da sé, ha sputato sangue e pus. Marcello che fa? Si mettono d'accordo? Bene, sistemano le cose, questo è importante. E dimmi, tua madre ha fatto tutto il pagamento? Bene, così ora sei proprietaria [di casa]. Bisogna fare il mutuo, non per me ma per la gente, capisci. Sono contento che tu abbia qualcosa. Io sono nemico di avere beni, cose, tenute, ma ciò non toglie che sia contento che li abbiano gli altri.

Adesso qui c'è la lettera della Pallottelli che dimostra come non le abbia più telefonato, né l'abbia veduta. Leggi.»

Legge lui: «La signora dice che Duilio [*il figlio picco-lo*] è ammalato grave, anche Adua [*la figlia*] è stata ammalata, e Virgilio [*il primogenito*] lo è ad Addis Abeba. Che è molto triste e disperata, attende il destino che gli dà la vita, altrimenti glielo dica francamente che saprà soffrire in silenzio...». Mi dice: «Bisogna credermi, dunque, almeno al 50 per cento. Non dico al cento, ma credermi un poco».

Mangiamo. Non parla, ascolta la radio e canta con la radio. Legge i giornali, poi facciamo l'amore. Dice: «Mi piaci tanto che ho paura che questo amore diventi fin troppo sessuale». [...]

Parla della battaglia [in Spagna], poi scatta contro Sforza:[149] «Si deve vedere un collare dell'Annunziata [*massima onorificenza reale italiana*] che scrive quegli articoli schifosi contro l'Italia? Era ambasciatore in Francia, mi disse che avevo sbagliato circa una questione e lo destituii. Stette in Italia fino al '34, andò a Parigi. Pensa che è cugino del re. Eh no, ci sono cose che bisogna mutare, che il popolo non vede volentieri. E poi quello, ti ricordi quel traditore? [*Settimelli, cfr. il 14.6.1938*] Sono riuscito a farlo tornare in Italia».

17 luglio 1938: *Romilda Ruspi: «Le due streghe Petacci ti hanno stregato?»*

«Questa mattina a cavallo al galoppatoio è venuta la sorella della Ruspi e mi ha detto che lei era venuta a Roma. Mi vuol parlare e vedere. Le ho risposto che le avrei telefonato, e da palazzo l'ho chiamata. Ti riferisco il dia-

---

[149] Carlo Sforza (1872-1952), ministro degli Esteri prima e dopo il fascismo.

logo. Le ho detto: "Cosa sei venuta a fare? Perché sei a Roma?".

E lei: "Perché non gliela faccio più, non posso più stare a Viareggio".

"Perché?"

"Perché voglio venire a Roma e andare a Ostia dove ho la casa. Non voglio essere bandita da Roma. Voglio scorrazzare avanti e indietro, girare per tutta la città quanto e come voglio, in barba alle sorelline [Petacci]. Prenderò un appartamento fuori [da villa Torlonia], andrò via, ma voglio venire a Roma il 10 agosto. Le due sorelle ti hanno talmente stregato, le due streghe, che non mi vuoi neanche vedere?"

Ho risposto di non dire sciocchezze, che la sorella è una sola.

E lei: "Ciò che fai è ingiusto, ti sono stata sempre fedele, così ricompensi una fedeltà di anni?".

Le ho detto: "Va bene, parti entro oggi e torna fuori. Quanto alla spesa non devi pensarci tu, non ti preoccupare".

Ha insistito ancora per vedermi, ho rifiutato, si è messa a piangere al solito e ho troncato. Ti giuro sulla tomba di mia madre che non l'ho veduta. E basta, non insistere per non farmi pentire di aver parlato.»

«Duilio Pallottelli ha una forte dissenteria»

«Poi ho chiamato la Pallottelli, le ho detto: "Cos'ha Duilio?".

"Ha avuto una forte dissenteria, credevo di perderlo. Ha vomitato tutta la notte, senza medici, senza cure, solo. Ho passato dei brutti momenti. Anche Adù è stata male, ma di meno. Adesso vorrei portarli al mare a Pesaro. No, per ora ce la faccio. Vorrei venire il primo agosto a Roma."

Le ho risposto che sto fuori.

"Allora non posso venire."

"Te lo dirò io."

"E come sta la statua?"

Sì, perché devi sapere che lei si picca di avere delle tendenze artistiche, quindi la statua sarei io, che dice perfetto. Le ho risposto che sta bene. E lei: "Ma non è più per me", e si è messa a piangere a dirotto. Allora le ho detto: "Bene, stai tranquilla, conduci al mare i bambini, addio". E questo è tutto. Ora ho vuotato il sacco, e sono contento perché mi sono tolto un peso. Così non mi prenderai in castagna. E ti prego, non andiamo a disturbare i monti che riposano.»

Dopo il bagno si mette con il popò all'aria come sempre. Parliamo d'amore. Mi dice: «Che me lo dicano le altre che sono bello non m'interessa. Lo devi dire tu che sei giovane e fresca. Per te, devo essere bello e ben fatto. Tu m'interessi, non le altre».

Dopo pranzo facciamo l'amore, ma fiacco. Poi dorme. E di nuovo faccio io l'amore a lui.

«Porci francesi, li bastoneremo»

Legge le solite cartelle, è nervoso, i francesi lo hanno irritato: «È un popolo schifoso. Tutto ciò che dicono contro di noi è pestilenziale. Ci odiano a morte. Il francese è un Paese di lazzaroni, un'accozzaglia di razze e di gentaglia, un rifugio di vigliacchi. Non rispettano che il popolo che li ha battuti in guerra. Rispettano l'Inghilterra perché li ha sconfitti. Temono e hanno un sacro terrore della Germania perché li ha bastonati. E temono gli spagnoli perché gli stessi generali di Napoleone le presero da loro. Le disgrazie di Napoleone cominciarono proprio con la Spagna, perché i generali cominciarono a bisticciare fra loro. Questi porci di francesi ci temeranno quando noi li bastoneremo. Allora comprenderanno chi è l'italiano. Non ci sono che loro, di grandi, di artisti, di geni. Puah, sono esseri spregevoli».

Camminiamo nella bassa marea e ci fermiamo a guardare i granchi. Dopo pensa agli ungheresi e a ciò che dovrà dire [*l'indomani, incontrando il ministro degli Esteri dell'Ungheria*]. Poi mi sgrida perché ho interrotto un pensiero.

«Italiani, vigliacchi pezzenti col culo pieno di paura»

Esplode gridando: «Ah, questi italiani, io li conosco bene, li vedo nelle viscere. E so che sto sullo stomaco a molti. L'entusiasmo è un'apparenza. La verità è che sono stanchi di me, che li faccio marciare. Perché vogliono sedere, che hanno le morroidi [*sic*]. Vogliono invigliacchirsi, vogliono fare un poco i vili. Dicono: "Ma quando te ne vai, che vogliamo ritornare ad essere quei vigliacchi pezzenti che eravamo prima, che ci possiamo sedere con il culo pieno di paura e di comodo".

Molti, sai, molti tireranno un grande sospiro di sollievo e diranno: "Finalmente possiamo fare i vigliacconi scopertamente, possiamo diventare magari una colonia dell'Inghilterra. Possiamo vivere sotto l'egida di questa grande, potente Inghilterra". Ah, lo conosco bene io questo popolo che ancora è servo, questa gente infida e falsa, questi arricchiti che temono di perdere la pacchia. Non mi faccio delle illusioni, io sono un matto per loro, e nella guerra d'Africa ero matto tre volte. Vorrebbero godersi in pace i danari, senza correre, lavorare. Senza i miei potenti calci negli stivali, senza il mio ritmo veloce e forte.

Il guaio è che gli italiani sono divisi in due categorie: quelli che discendono dai liberti, dagli schiavi, e quelli che discendono dai patrizi. Quelli degli schiavi convivono con le negre in Abissinia, deflorano una negra di tredici anni. Uccidono per rapina una vecchia negra e due venditori ambulanti per pochi talleri. Questi sono i liberti. L'altro giorno ho fatto fucilare quattro sardi che avevano ucciso una vecchia. Ho dato ordine che assistessero tutti i notabili [etiopi], i quali hanno detto: "Il governo di Roma è molto forte, è vero, ma questi bianchi non sono migliori di noi".

Questa è la civiltà che portiamo giù. Siamo stati costretti, per lavorare, a mandare giù tutti, anche la feccia guasta. Sono stato io che ho impedito che lavorassero le strade assieme ai negri. Che non capivano e dicevano: "Tu stare schiavo bianco"».

«Nessun inglese disoccupato va a lavorare nelle colonie. Pederasti»

«Gli inglesi dicevano: "Fra tutti questi neri, chi è l'italiano?". Capisci? Già, loro sfruttano milioni di uomini nelle colonie, e non mandano che un ufficiale alto e biondo che si chiude nel bungalow. Lavorano gli indigeni. In Inghilterra ci sono due milioni di disoccupati, ma nessuno di loro pensa minimamente di andare nelle colonie. Vivono mantenuti dallo Stato che gli dà venti lire al giorno, e vanno a prendere il sussidio. La Francia è piena di disoccupati inglesi che ci vanno per turismo. Gli danno franchi o sterline. Sì, questa sfruttatrice [*l'Inghilterra*] non fa che vivere alle spalle di 450 milioni di uomini che lavorano per 40 milioni di inglesi. Dei quali qualcuno è in colonia, e fa il peterasta [*sic*]. Ciò non stupisce, perché in Inghilterra questo è all'ordine del giorno. Anzi, c'è un'università, il college di ..., da dove è uscito anche Eden, che forma una classe a parte, dove parlano un altro inglese, e sono tutti *peterasti*. I giovani pagano il pedaggio ai grandi, è legge. E ci sono degli italiani che sarebbero lieti di vivere in questa ombra. Parassiti e sudici. Ma io farò ancora molto. La nuova generazione salverà l'Italia.»

18 luglio 1938: «*Se c'era un puttaniere, ero io*»

«Oggi sono un selvaggio. Ho una tale forza ed energia che se ti tocco ti spezzo. Ti rompo in due.» Mi abbraccia. Prende il sole, si mette nudo come gli arabi. «Hai fatto proprio una strage. Se c'era un puttaniere, sai, ero io. Tu hai estinto l'harem, non c'è che la favorita che sei tu. Avevo donne in ogni angolo, le ho allontanate tutte. Non ho che un desiderio e un impulso sessuale: per te.»

20 luglio 1938: «*Io lavoro, ma non raccolgo i frutti*»

Arriva al mare all'una: «Ho lavorato molto. Volevo sbrigare anche i giapponesi, ma non ci sono riuscito. Stavano dal papa. Ho ricevuto tutti stamane per rimanere qui fino alle otto, e invece... Sono nervoso per l'articolo di un giornale americano che certamente è stato consigliato. Dice troppe cose che si sanno qui. Gli americani sono meno fessi di quel che sembrano. Dice che io lavoro, ma non raccolgo i frutti. Che io ho fatto l'impero, ma la corona la porta chi non c'entra. Vorrebbero dire che sono un fesso. I soliti mezzucci di chi non può parlare qui e agisce fuori, per dire delle infamie».

24 luglio 1938, Rimini: «*Avevo una rivoluzione nello stomaco*»

Mussolini raggiunge per una settimana la famiglia in vacanza fra Predappio e Riccione. Claretta lo segue stando a Rimini.

Chiama alle 10 dalla Rocca [delle Caminate]: «Ieri non ho potuto telefonarti, avevo una rivoluzione nello stomaco: ho mangiato pesche calde, forse poco pulite».

Alle 4: «Non ho potuto telefonarti, [mia moglie] è stata sempre qui. Ora è a ricamare, o che so io, a innaffiare siepi. Non sta bene, ieri ha avuto degli svenimenti. E tu che fai in albergo? C'è gente interessante? Ballano, vero? Io non esco, fino a sabato. Non mi muovo da qui neanche se viene il Padreterno. Ora vado a dar da mangiare ai polli».

Alle 21: «[Rachele] è di là che sta facendo un solitario. Sono poco tranquillo. Che fai tu? Ballano? Fino a che ora?».

25 luglio 1938, Rimini: *«Non sono riuscito a uccidere una biscia»*

Mussolini si sente solo e prigioniero alla Rocca delle Caminate. È geloso di Claretta che sta al Grand Hotel di Rimini, dove si danza ogni sera.

«[Ieri alla radio] ho sentito un atto di una commedia che parlava di montagna, di sciatori, e ho pensato molto a te. Hai ballato? Sto lavorando, ho già ricevuto Farinacci. Con chi vai al mare? Tuo padre non fa il bagno?»

Alle 6: «Amore, c'è un avvenimento. Sono andato in giardino, c'era una biscia, ho cercato di ucciderla, non ci sono riuscito. Mi ha un po' impressionato. Se sapessi come sono triste senza di te».

26 luglio 1938, Predappio: *arriva Ciano senior*

Alle 10: «Ho ricevuto due ministri. Viene Costanzo Ciano [*padre di Galeazzo*] a pranzo, così mia moglie sarà occupata e potrò telefonarti con calma. Verrà il cinema domani sera, organizzo anche qui la mia vita».

28 luglio 1938, Rimini: «*Domani è il mio 55° compleanno.
Qui è triste, soffro tanto*»

Non telefona fino alle 5: «[Rachele] mi è stata tutto il giorno alle calcagna. Non mi ha lasciato un momento fino ad
adesso. Le ho messo una pompa in mano per andare a innaffiare in giardino. Sono appena andati via Valle e Pariani.[150] Ho bisogno di te, di vederti, di parlarti» [...]
  «Domani è il mio compleanno. L'anno prossimo, se vivrò, starò a Roma. La melanconia di qui è terribile. Sì, è
bello passare questo giorno nei luoghi dove sono nato. Ma
è anche triste. Come i 55 anni di domani. Se tu fossi qui
non sarei così triste, non soffrirei tanto. Sarebbe un'altra
cosa. Ma non vederti, non telefonarti, è troppo.»
  Alle 9: «Sei vestita in abito da sera? Sei molto scollata?
Non darmi dispiaceri, la mia vita è cristallina».

29 luglio 1938, Rimini: «*D'Annunzio ha scritto male di me*»

Alle 4: «Ho dormito un'oretta all'ombra dei cinque cipressi. Non sono lontano da te, appena 40 chilometri.
Hai ragione, si può essere vicinissimi e lontani, ma io sono con te, come se tu fossi qui. Ti dimentichi di dirmi che
tre signori hanno chiesto di ballare con te? [*Mussolini fa
controllare Claretta da agenti in borghese nell'albergo*] Sto
leggendo alcune carte intime di D'Annunzio. Devo dire
che ci sono alcune cose poco simpatiche per me. Ma i
suoi messaggi sono talmente grandi e affettuosi che si
perdona anche questo. Sì, non mi conosceva. Qualche errore di giudizio. Ho terminato di leggere quel libro, *Un
uomo in mare*.[151] Bellissimo. Specialmente le ultime pagi-

---

[150] Generale Alberto Pariani (1876-1955), capo di stato maggiore e sottosegretario alla Guerra.
[151] Di Paolo Cesarini (1911-1985), Vallecchi 1938.

ne, in cui parla dell'amputazione. Sono un capolavoro. Ho fatto alcune osservazioni sulle negre, sui bianchi che prendono troppe negre. Sì, lo riporterò giù, così lo leggerai anche tu».

30 luglio 1938: *pattini e donne frenetiche a Riccione*

Vado alle 10 a Riccione. Lui è in mare, circondato da pattini e donne frenetiche. Lo vedo salire in motoscafo e allontanarsi. Attendo al molo, lo vedo. Lui no. La gente grida e applaude, passa con la moglie.

Telefona alle 3: «Amore, dov'eri? Quanto ti ho cercato, e non ti ho veduto. Ho sofferto, [mi] dicevo: "Ma dove sarà, vedrà che la cerco?". Hai visto che ti cercavo? Oggi ci vediamo, andiamo in motoscafo. Non posso venire in macchina perché sono in divisa, non posso girare. Vai dopo il molo a sinistra, molto in giù. Io parto alle cinque e un quarto. [Ora] mia moglie si fa i capelli».

Alle cinque e mezzo arriva rombante il motoscafo. Accosto il pattino. [Mimi ed io] montiamo su. Mi guarda con tenerezza infinita. È sciupato, un po' pallido. Anch'io non mi sento bene. Mette subito in moto, e via di corsa verso il largo. È felice e commosso, dice: «Amore, sei felice? Stai vicino a me. Cos'hai fatto, mi hai tradito, vero? È molto bello passare il primo giorno con te. La mia condotta è stata irreprensibile, ti voglio obbedire. Lo sai, Mimi, che adoro tua sorella e non voglio più farla soffrire?».

Mi bacia sulla spalla, mi sfiora le labbra, mi dice che la mattina del 29 si è svegliato gagliardo... Il che dimostra la sua forma, e che mi desidera come un pazzo.

Telefona alle 22: «Ho negli occhi la visione di te, di tutta quella luce, dei tuoi occhi. Ti giuro non ho veduto nessuno, la manicure è vecchia, non mi ha scritto nessuna».

Agosto 1938

Per tutto il mese Claretta e Benito continuano a vedersi quasi ogni giorno nella spiaggia di Tor Paterno, all'interno della tenuta reale di Castelporziano, perché Rachele non è a Roma. Tradimenti con la Ruspi e la Pallottelli.

4 agosto 1938, Roma: «*Gli ebrei dicono che è la mia giovane amante a spingermi alla lotta antisemita*»

«Questa mattina ho veduto la sorella della Ruspi e le ho dato i denari perché li spedisse. Mi ha detto che [Romilda] è molto triste, non vuole più rimanere a Viareggio. Le ho detto che si dovrà cercare un appartamento lontano da qui, molto lontano, non a cento metri. Poi le ho chiesto del fidanzato, come si chiama, e le ho detto di sbrigarsi. Si sposano in ottobre, è un magistrato. Indovina come si chiama? Metello, pensa un po'. Non voleva dirmelo.

A palazzo ho telefonato alla Ruspi e le ho detto: "Ho parlato con tua sorella e le ho dato dei denari perché tu rimanga a Viareggio".

Ha risposto: "Voglio venire a Roma".

"No, rimarrai a Viareggio, almeno fino al termine di questo mese."

"Ma io voglio venire a Ostia... Non vi darò fastidio."

"Tu andrai a Ostia in settembre, e basta."

Le ho telefonato perché avevo capito dalle frasi della sorella che da un momento all'altro veniva a Roma. Non verrà, gliel'ho proibito.»

«*Vendetta semita: Hitler pederasta*»

«Ho ricevuto una nota dalla polizia che a Venezia corre voce fra gli ebrei che la lotta antisemita io l'ho iniziata e fatta per l'influenza della mia amante giovane che è anti-semita per la [pelle], non solo lei ma anche il padre, dottore del Vaticano. Pensa che perfidia. Sì hai ragione, è stata la Rifatti [*Sarfatti*], credo anch'io. Tanto più che a Venezia il centro ebraico è forte e ha i suoi parenti. Hai ragione, è una vendetta della Rifatti.

Tu non sei stata mai antisemita. Anzi, abbiamo avuto delle discussioni appunto perché li hai difesi dicendo: "Poveretti, lasciali vivere, che colpa ne hanno di essere ebrei". Questa è una vendetta semita, come fecero per Hitler: tirarono fuori la storia che era pederasta. Falso.»

Lezione di storia del maestro Mussolini

Facciamo un giro lunghissimo in barca. Andiamo lontano e poi abbandoniamo i remi alla corrente. Così, cullati dalle acque mentre il sole scende, parliamo. Mi parla della razza: «Anche Augusto era razzista, mentre Caracalla, figlio di un'africana,[152] non lo era e ha dato la cittadinanza agli africani.[153] Il popolo romano è stato un popolo forte, fino alle guerre puniche è stato splendido e potente. Dopo, con la vittoria in oriente, è penetrata la ricchezza, i profumi, le donne, e lentamente si sono infrolliti. Prima educavamo i ragazzi alla guerra, facevano dodici anni di soldato e le donne avevano cinque, dieci figli. Il capo era proprio pater familiae, tutti lo ascoltavano e lo rispettavano. Dopo sia i prigionieri che le donne guastarono il romano. Furono specialmente le greche.

I romani ignoravano la ricchezza. Quando i contadini si videro piombare in casa tutto quell'oro, dissero: "Ma allora nel mondo c'è qualcosa di più bello". Gli uomini divennero libidinosi di queste sapientissime e corrotte femmine bellissime, le donne per imitarle non vol-

[152] Svarione di Mussolini: Giulia Domna era siriana.
[153] Non solo: a tutti gli abitanti liberi dell'impero.

lero più figli, e molti altri vizi si diffusero. Lo stesso Cesare si invaghì di Cleopatra, e poco mancò che perdesse la testa.

Nego però nella maniera più assoluta che Cesare fosse pederasta, come ha voluto insinuare un suo acerrimo nemico. Che fosse attivo con qualche ragazzo può essere, del resto non ci facevano gran caso a questo, ma passivo no, lo escludo. È un'accusa indegna, un uomo come Cesare è troppo forte per farlo. Un uomo che va a cavallo in dieci giorni da Roma a Ginevra non può essere un pederasta».

«Sono razzista dal 1921, non imito Hitler»

«Io ero razzista dal '21. Non so come possano pensare che imito Hitler, non era ancora nato. Mi fanno ridere. La razza dev'essere difesa. Ormai in Italia non ci sono quasi più differenze, quello di Bari sposa una toscana, una lombarda sposa un romano, e via di seguito. Nella mia stessa famiglia sono tutti di diverse regioni. Questa prevenzione delle regioni è superata e la razza è buona, anzi migliore.

Bisogna dare il senso della razza agli italiani, che non creino dei meticci, che non guastino ciò che c'è di bello in noi.» [...]

Scendiamo, lui è buio. Si veste in fretta e si scansa, non vuole che lo aiuto per la maglietta, neanche per la camicia. Si gira per non farsi vedere davanti, fa mille movimenti sospetti. Al che lo interrogo cercando di vedere. Si mette le mutandine e poi fila al bagno senza rispondere. Dopo siede sul gradino della capanna, fa l'indifferente e mi dice: «Quando andiamo a vedere il terreno [*della tua nuova casa*]? Perché hai il muso? Posso spogliarmi quando vuoi, vuoi che mi spogli?». Fa l'atto. «Ma è ridicolo, vero?»

Allora apro le mutandine e prendo la canottiera. Sull'orlo c'è una macchia strana, fra sangue e rossetto, pulita con l'acqua. Lo guardo; non sa che dire.

«Lo sapevo, per questo non volevo che vedessi, perché mi sono accorto questa mattina che avevo questa macchia, e non so cosa sia. No, non inquietarti, ti prego no, Clara. Guardami negli occhi, mi viene da piangere, da quando è morta mia madre questo non mi accadeva. Clara perdonami, ti giuro che non ho preso nessuna donna, né mi sono fatto prendere. Amore. Mi viene da piangere. Non ho veduto nessuna dal 2 luglio, che ho toccato la Ruspi.»

8 agosto 1938: «*Siamo solo un tubo digerente*»

Si preoccupa perché al mattino va al gabinetto, è il suo dramma, questa cosa lo avvilisce, non riesce a farsene una ragione: «Ma tutti lo fanno? Anche tu? Anche le donne dei film? Anche Beatrice e Dante? Hai ragione, se non si fa si muore. Ma perché poi? Ma allora l'organismo dell'uomo non è che un tubo digerente!».

9 agosto 1938: «*Rachele è villana con la fidanzata di Bruno*»

Pensa, con il solito comico disgusto, alla purga e alle sue conseguenze: «Nostro Signore doveva farci diversamente, non doveva farci le budella. Doveva crearci facendoci vivere d'aria, oppure che tutto il cibo venisse assorbito senza bisogno di emetterlo. [...]

Ho parlato con Bruno. Mia moglie continua ad essere villana e scortese con quella ragazza [*la promessa sposa*], non fa che umiliarla, non le risponde al saluto. È cattiva e brutale. Non comprende la miseria, lei che stava al servizio di un maresciallo per tre lire al mese, e che una volta ruppe una zuppiera e stette sei mesi senza stipendio. Non dovrebbe umiliare le persone, non ricorda ciò che ha sofferto e passato. È crudele far soffrire un figlio come fa lei.

Ieri sera ho fatto sfogare Bruno, così ho saputo che le ha presentato i genitori di lei e che non li ha neanche invitati a sedersi. In fondo lui [*il futuro consuocero*] è un alto funzionario e la moglie è la sorella di un ex ministro, quindi non sono da buttar via. E poi cosa vuol dire questo atteggiamento idiota e villano, mentre questi due sono per sposarsi a ottobre. Non si può infelicitare la vita di due esseri, si amano, lasciali fare.

No, è cattiva mia moglie, e in ogni circostanza si rivela. È cattiva anche con la servitù.

Quando si dice Eccellenza, donna Rachele, non si dovrebbe dire una donna senza carità, ma una donna che ricorda e fa del bene. No, niente. Ha fatto soffrire quel ragazzo, lo ha fatto singhiozzare, non si deve fare così. Ha vent'anni, è bravo, ha fatto due guerre, due voli importanti e pericolosi».

«Edda comprometterà Galeazzo. Io posso fucilare chiunque»

«Tanto mia moglie che l'Edda sono una delusione. Sono ancora molto inquieto con l'Edda, c'è quella povera piccola tanto cara, un amore di bambina che sta ancora in clinica ed è sola.

Ah, basta! O la smette o sono capace di fargliela smettere io, sai. Non temo perché è mia figlia, sono capace di colpirla e ben duramente.

Non si cura affatto della casa, è sempre in viaggio, i bambini non si sa dove sono, non si occupa minimamente di loro, li tiene abbandonati nelle mani di questa tedesca e fa vita della gran signora, fa la contessa, in mezzo a questo mondo di fessi, a quest'incretinimento internazionale. Prima a Capri, poi all'Abetone, adesso a Venezia.

È stata una grande delusione per me l'Edda. Speravo che si sarebbe interessata del partito, che sarebbe arrivata dove la miseria è più forte a soccorrere, a far del bene. Lei avrebbe potuto toccare nell'intimo del popolo ed aiutarmi come nessuna. Invece si è rimbecillita con questi snob. Sempre in compagnia di Delia Di Bagno, che è la sua ombra sfruttatrice. Finirà per comprometterla, perché il mondo sparla e quest'amicizia esagerata viene notata e commentata male. Ma sì, è l'amante del marito, di Galeazzo. Tanto che si mormorava negli ambienti romani: "Si sono scambiati i due Galeazzi". Una volta che erano all'opera tutt'e due con i mariti, la gente diceva: "La partita a quattro".

No, non va. Finirà per compromettere anche l'avvenire del marito, perché quando io sento odore di scandalo passo su tutti, non vedo né parenti né amici: taglio e via. Tanto potrei fucilare chiunque in Italia, che nessuno oserebbe parlare.»

Parole agghiaccianti e profetiche: nel gennaio 1944 Mussolini farà fucilare il genero Galeazzo Ciano.

10 agosto 1938: *«Ho speso molto per la Rocca delle Caminate»*

Mare. Mussolini parla della propria morte, che reputa imminente: «È bello morire d'estate, io voglio morire d'estate. Mi hanno detto che ci sono dei terreni dove il corpo viene divorato dalle bisce. Io non voglio questo, e ho già provveduto: mi sono fatto fare una specie di casetta in cemento».

A Mimi dice: «L'amo tanto Clara, che penso di vivere con lei alla Rocca [delle Caminate]. È bella la Rocca, anche dentro, ci sono molti appartamenti. Ci ho speso molto, sai. Mi è costata un occhio della testa, perché quando i buoni cittadini me l'hanno regalata non c'erano che le mura. Tutto il resto l'ho dovuto fare io».

14 agosto 1938: *mille lire al mese per Claretta*

Mi dà le cartelle di banca per 20 mila lire affinché io aumenti il mio mensile: «Così avrai mille lire al mese senza colpo ferire. E poi ho portato queste per i guardiani. Gliele dai tu? Sei contenta di questo reddito? E la [casa sulla] Camilluccia quando sarà pronta? Speriamo presto».

Ci sediamo sulla spiaggia. Parla della leonessa:[154] «Era bellissima. Quando entravo nella gabbia, pam, si alzava sulle zampe posteriori, mi metteva le anteriori sulle spalle e cominciava ad affondare gli artigli. Poi io con un colpo la mettevo giù di lato. C'era sempre gente a vedere, molto spaventata, le donne strillavano quando la vedevano sollevarsi. La tenni con me in via Rasella. È strano: fece amicizia con una cagnetta, andavano d'accordo, dormivano anche insieme. La dovetti mandare via perché puzzava, si sentiva per tutta via Rasella. Anche dopo sei mesi si sentiva ancora. Mi dispiacque.

No, in quel periodo non venivano molte donne. Era il '23-'24, veniva qualche volta la Sarfatti, la Ceccato. La Cortesi? Me la ricordo per un episodio buffo, si ruppe il letto. Ero all'Hotel Savoia. Non era lo slancio, fu un dispetto di qualcuno».

15 agosto 1938: *Mussolini soccorre un aeroplano*

Claretta e Benito vedono un aeroplano che fa un ammaraggio d'emergenza di fronte alla loro spiaggia.
Fa telefonare subito all'aeroporto per avvertire. Ercole [*Boratto, l'autista*] va a vedere. Lui guarda, poi scatta: «Vado anch'io, non posso stare qui inerte mentre della

---

[154] La leoncina Italia, che il proprietario di un circo equestre gli aveva regalato negli anni Venti.

gente pericola. Non m'importa di rischiare, non temo nulla. Addio, non temere».

Fa tutto il lungo tragitto di corsa, poi entra in acqua. L'aeroplano è verso la riva, bisogna impedire che le onde lo spacchino. Lui prende i cavi, lega, fa avanti e indietro. Gli ufficiali appena lo vedono si spogliano e saltano in acqua. Ordina che si facciano uscire i passeggeri: uno per uno li portano a riva sulle spalle. C'è anche una donna. Dopo il primo istante di sbalordimento tutti gli uomini, una decina, si spogliano ed entrano in mutandine in acqua. Seguo con il binocolo. Poco dopo tutti sono salvi e l'apparecchio è fissato.

Dopo un'ora e più ritorna indietro. Arriva da me, mi annuncia che la donna era bruttissima, è felice di ciò che ha fatto. Dice che erano pallidissimi e tremanti, la donna piangeva. Mi abbraccia, ride, mi bacia.

17 agosto 1938: «*Notizie dalla Ruspi e dalla Pallottelli*»

Arriva al mare all'una: «Amore, vuoto subito il sacco. Ho veduto la Renata [*sorella della Ruspi*] questa mattina. Mi ha detto che la sorella viene a Roma o domani o sabato sera, che le sta cercando l'appartamento nel quartiere Salario e che posso avvertire pure mia moglie che la sorella va via di lì [*villa Torlonia*], perché lei si sposa. Dice che andrà subito ad Ostia, e non tornerà a Roma che quando avrà trovato l'appartamento.

Poi, seconda cosa, ho detto alla signorina del telefono di sentire se il 498 rispondeva. Dopo un po' mi ha chiamato e mi ha detto che il 498 ha risposto, che la signora [Pallottelli] è a Pesaro con i bambini presso la famiglia Barletti mi pare, ecco tutto. Ero un po' preoccupato perché non mi faceva sapere nulla da 18 giorni. Ecco, vedi che ti dico tutto».

24 agosto 1938: «*Ho preso la Ruspi alle otto e tre quarti*»

Ha una faccia stravolta, il disgusto mi soffoca.

«Vuoto il sacco, [la Ruspi] è venuta al galoppatoio [di villa Torlonia]. Mi ha detto: "Ci sei riuscito a mandarmi via dalla casa dove stavo da tanti anni, sei contento? Non ho che 2000 lire, ti prego di aiutarmi, ecc. Poi non vuoi venire l'ultima volta qui nella casa?". Allora ho lasciato i cavalli e sono andato. L'ho presa alle 8 e 3/4. Finito. Del resto tu stessa avevi detto che ti togliessi dall'incubo, non volevi che ti dicessi la verità? Non sei contenta ora?»

Taccio. Lo guardo, abbassa gli occhi e cambia stanza, si vergogna. Tutto il resto della giornata io taccio. Lui chiama il motoscafo. Passa vicino alle barche da pesca, vediamo i delfini. Rientriamo.

Telefono a casa, mamma sta poco bene. Piango, lui mi consola: «Non piangere, non è nulla vedrai. Piangi anche per me? Sono un miserabile, ho fatto male, sono da riprovare, hai ragione. Ma non volevi sapere la verità? Certo è vero, non elimina il fatto».

Rispondo finalmente che lui si giuoca e distrugge il mio amore, che tutto ciò è schifoso. Mi sfogo, lui ascolta un po' pallido, non risponde. Poi si difende dicendo: "Mettiti dalla parte di questa donna che non mi ha fatto nulla di male, che abbandono soltanto perché mi va, che ha tre figli, che chiede un cantuccio di tanto in tanto".

Dico che sono vecchie storie, e che comunque se la tenga, io lo lascio fare. Resta male, non sa che dire, non vuole che io sopporti.

Oltre al tradimento mattutino, Claretta sa che Benito la notte precedente è uscito ed è rientrato tardi. Gli chiede dov'è stato. Lui prima nega, poi confessa: sempre dalla Ruspi.

Claretta non ci crede, sospetta che ci sia una nuova amante. Insiste.

Mussolini: «Tu vuoi che dica ciò che vuoi tu, ma non è

vero. Sono andato dalla Ruspi in via Belluno perché non potevo andare a casa di lei, che c'era il fidanzato della sorella. Questo ti può essere testimoniato dalla scorta e da Mario [l'autista], che se vuoi interrogo. Ho fatto e poi sono tornato a casa. Ecco, ora ti ho detto la verità. Clara non mi lasciare, tu hai questo compito di farmi sentire giovane, di darmi il tuo amore. Cosa posso fare per te? Dimmi, non stare così. Dovrei vivere con te, allora non ti tradirei più, starei con te giorno e notte. Non ti prometto nulla, non so cosa avverrà. Piano piano l'eliminerò. Credimi, ti amo. Se tu fossi incinta sarei l'uomo più felice, e allora tutta la mia vita cambierebbe». Continuiamo fino alle 11 che scendo, Mario mi guarda con pena. Telefona subito, dice che è in ansia che io lo perdoni, che è triste di farmi male, che è cattivo e miserabile.

25 agosto 1938: *«Dodici anni con la Ruspi»*

Sto male. Lui vicino, strano, nervoso. [Dice che è stato con la Ruspi] dodici anni, vita intima, pranzo insieme al mare tutti i giorni, non [solo] amante, ma vissuto insieme. È la donna con cui è stato più responsabile della sua vita. La sera a villa Torlonia, poi andò in via Spallanzani, poi in largo Ponchielli. Paziente, mai scene di gelosia. Adesso non l'ama più, non gli piace più, la lascia perché mi ama.

Poi passeggiata, tramonto: «Ti amo, perdonami amore, io amo te». Ha le lagrime agli occhi. Va via alle 7.

26 agosto 1938: *«Vuole un bacio, non glielo do»*

Alle 10: «Sono tornato adesso [dalla parata militare]. Sono molto soddisfatto, le truppe marciavano benissimo. Sei pronta per andare al mare?».

Arriva all'una e mezzo. Sono andata a passeggiare, mi fa segno da lontano. Vado incontro. Ha brutti occhi. Poi vuole un bacio. Non glielo do. Dice che ho torto, che sbaglio. Poi cerca di attirarmi, io nulla. È avvilito.

28 agosto 1938: *«Italiani schifosi in Africa»*

Al mare. Legge, poi scatta: «Ogni volta che ricevo il rapporto dell'Africa ho un dispiacere. Anche oggi cinque arrestati perché convivevano con le negre. Ecco: uno della Sardegna, uno di Napoli, uno di Cesenatico, però questo non lo credevo. Ah! Questi schifosi d'italiani, distruggeranno in meno di sette anni un impero. Non hanno coscienza della razza, non hanno dignità. Questo è il retaggio dei liberti. Roma non è stata rovinata dagli orientali ma dai liberti, che si ribellavano e davano noie continue.

Pensa che un italiano ha razziato in una tribù etiope quattro fanciulle negre e le ha portate a casa sua, ha fatto l'harem. Un giorno è dovuto partire e le ha lasciate lì. Sai cos'è accaduto? Tutta la tribù si è rovesciata nella casa, hanno liberato le ragazze e ucciso tutti i bianchi che erano lì. Il governatore che ho dovuto destituire, Pirzio Biroli,[155] si sceglieva le meglio e le teneva con sé. Dietro il suo esempio tutti facevano lo stesso, tanto che la tribù si è ribellata. Ciò dimostra che non ci rispettano più. È così che si distrugge un impero.

Senza contare poi ciò che accade di queste donne in certe tribù. Per esempio le arabe, dopo che sono state con un bianco, le uccidono perché sono indegne di stare nelle tribù, sono contaminate.

---

[155] Alessandro Pirzio Biroli (1877-1962), generale.

Ci sono già quattro case di tolleranza dove si possono togliere il capriccio, mentre i negri non possono prendere le bianche. L'ho proibito adesso, perché fino a poco tempo fa lo permettevano. Queste cose il papa non le sa, ignora che nascono una percentuale di meticci cretini e malati, i quali hanno la ribellione nel sangue, non essendo di alcuna razza».

30 agosto 1938: «*Non si deve parlare del nostro amore nei caffè o dalle sarte*»

Al mare. Mi legge una telefonata avuta con la Tanzi. Lei gli dice che si sa chi è la sua amante, e che tutta Roma ne parla come di una donnaccia perché ha marito, che lui meritava di meglio.

«Qui c'è atmosfera di scandalo, di pettegolezzo. Si comincia a sapere troppo, e questo nuoce all'amore. Non dovresti venire dove vado io, oppure metterti in mezzo alla folla, dato che basta ci sia una sola persona che ti riconosca perché ti indichi. Voglio che tu sia la donna del mistero, che se anche si sa che tu sei la mia amante, non se ne sia sicuri, che allora l'amore perde il profumo. Io tengo al mio prestigio, quando pericola tronco. Lo sa già mezza Roma, è pur vero che Giulia [*Brambilla*] ha parlato, e che tutte queste donne fanno can-can, ma è anche vero che noi non ci nascondiamo.

Io ti amo, lo sai. E voglio che questo nostro amore non sia una cosa pubblica, di cui si parla nei caffè o dalle sarte. La Tanzi non la vedo dal 14 febbraio del '36, e ti dico subito perché. Il fatto che avesse una madre proprietaria di una casa di comodo, e uno zio socio e non so che altro con lei, non parlava in suo favore. Ma, a parte ciò, è una scrittrice, ed io ne avevo già abbastanza della Sarfatti. Il più grande errore della mia vita. Averle permesso di scrivere un libro su me è al di là di ogni comprensione, non so come abbia potuto legare per sempre il nome di quella donna al mio. Nella storia passerà come mia biografa.

Quanto alla Tanzi, mi disse quel 14 febbraio: "Sarebbe interessante scrivere qualche cosa su di te". La guardai e le dissi: "Tu non potresti scrivere altro che ti ho esiliato per tre anni nel Piemonte, e che ti ho veduto poche volte. Non avresti nulla di interessante da raccontare". Le dissi che ero già stato abbastanza sputtanato dalla Sarfatti. Fra me pensai: "Questa è una nemica", e l'allontanai. Da allora non la vidi più.»

Settembre 1938

Mentre matura la crisi in Cecoslovacchia, con la pretesa di Hitler di prendersi i Sudeti tedeschi, Mussolini procede con le leggi antiebraiche. Il 13 va a Predappio (e Claretta a Rimini), poi fa un lungo giro di discorsi nel Nordest, dal 19 a Trieste fino al 26 a Verona. Infine parte per la conferenza a quattro (Germania, Gran Bretagna, Francia, Italia) di Monaco di Baviera sui Sudeti.

1° settembre 1938: *«Claretta è una donnaccia»*

Al mare. Mangiamo. Mi legge una telefonata della Tanzi preludendo: «Non so poi cosa pretendesse da me questa donna». Lei dice che si sposerà, andrà fuori di Roma, ha molti corteggiatori, si deciderà per un federale. Ha capito che lui è finito, ha un'altra donna, la riccettina, che è uno scandalo, che non sono brutta ma non adatta a lui. Dicono che sono intelligente ma era meglio lei, sono una donnaccia, che lei lo lascia alle serve e puttane, e che non ne vuole più sapere, che è stanca di pensarci, peggio per lui, se ne accorgerà, ecc. Dice che questo federale è un ago da suola, e per lei occorre un ago da ricamo.

Mi guarda un poco, poi straccia la telefonata e dice: «Tutto ciò non ha che un risultato, quello di farti amare di più. Più ti maltrattano più ti amo e sono tuo. Queste donne sono furiose, ti odiano, ma io le detesto».

Alle 6 va via perché ha molto da fare, dei disegni di legge e vedere dei ministri.

2 settembre 1938: «*Purificare la razza, far lavorare gli ariani*»

Al mare. Mangia, e intanto parliamo degli ebrei: «Non gli sarà fatto nulla di male, ma non devono togliere il pane ai nostri. Loro devono fare la loro vita, commercio e basta, senza invadere i nostri campi. Guarda quanti professori, quanti insegnanti. No, troppo. Hanno la pensione, non vanno sul lastrico. Devono fare come tutti gli stranieri che sono in Italia [e che] non hanno cariche, lavorano per conto loro. Lo scopo è purificare la razza e far lavorare gli ariani ai posti sfruttati da loro. Ti dà l'idea del mio razzismo il fatto che nel 1929, all'inaugurazione dell'Accademia, dichiarai che mai e poi mai si sarebbe fatto un accademico ebreo. E per risalire ancora nel 1923, quando nei miei discorsi li attaccavo ferocemente. Ho commesso un errore [*stare con la Sarfatti*], ma questo non dice nulla. Quella era una donna, e le mie relazioni non compromettono né cambiano la mia via. È stato un errore e lo riconosco, specialmente aver permesso che abbinasse il nome al mio [*nel suo libro*]. Ma anzi questo dimostrerà che non ho mai subito neanche l'influenza di una relazione amorosa. E poi, l'ho amata? Non la tenevo con le altre, e dal 1930 è finita».

«Gli ebrei puzzano, per questo con la Sarfatti non ci riuscii»

«Sai ciò che mi accadde la prima volta [con la Sarfatti] in quell'albergo [di Milano] dove si sentiva l'orologio della chiesa di San Gottardo che segnava tutte le ore e i quarti. Sembrava una campana d'argento. Le sette, dan dan. Le sette e un quarto, dan dan, e io ero lì a sfrugugliare senza riuscire a fare nulla. Tanto che dovetti smettere. Trovai una scusa lì per lì, un malore momentaneo, e così uscimmo. [Neanche] la seconda volta riuscii. Non potevo per l'odore, l'odore terribile che hanno addosso. Forse dipende dall'alimentazione, o che so io. Comunque non riuscii a fare nulla. Macché amore, [la Sarfatti] è stata una fanatica, come tutti gli ebrei. Diceva: "Meglio essere l'amante di un capo di governo che di un fesso qualsiasi".

Una sera, quella sera della lite che durò diverse ore, le dissi a bruciapelo: "Per voi io sono un goym", cioè cane. Mi guardò impallidendo. Io avevo letto dei libri ebraici e avevo anche studiato la razza, che è divisa anche in loro. Parte vengono dalla Spagna, dalla Turchia e parte dal Nord, c'è differenza. Allora lei sbiancò e disse: "Che significa?".

Noi siamo goym per loro. Ci sfruttano e ci odiano, sono dei senza patria, dei senza Dio. Oggi sono polacchi, domani turchi o francesi. Stanno dove torna conto a loro, e ti spremono. Sono una razza maledetta, sono deicidi. Hanno voglia a dire che il nostro Dio lo abbiamo preso a loro, ho risposto che loro lo hanno rinnegato e ucciso perciò non era dei loro, altrimenti lo avrebbero riconosciuto. Non era della loro razza, e lo hanno ucciso.

Non farò loro alcun male, devono vivere separati da noi come stranieri. Tutti quelli che avranno fatto cose buone saranno lasciati stare: i combattenti, quelli che vorranno cambiare nome. Non li rovino, li divido. Tu comprendi, vero?»

«In via Rasella ero un chiavatore»

Viene vicino e dice: «Guarda, guarda questo tuo gigante, toccalo, guarda questo petto grande e villoso, questo ragazzaccio cattivo. Ho detto che sono un chiavatore: è vero, lo ero. Non prendo più donne, ora sono casto a confronto. Quando stavo a via Rasella era veramente un casino, prendevo quattro o cinque donne al giorno. Le ricordo quasi tutte, la Mercedes che era così brutta da mettere spavento. Mi ha scritto l'altro giorno, sta ai fasci a Milano.

Ora sono casto: sono restate due donne, la Ruspi e la Pallottelli, che liquiderò definitivamente.

Dal 23 agosto non mi sono più interessato di quella signora, si farà viva naturalmente. Lo prevedo, perché avrà bisogno di mettere in ordine la casa in largo Tartini e busserà, ma io non mi faccio vivo».

4 settembre 1938: *«Uno sforzo sessuale notevole»*

Al mare. Lui le legge un'altra telefonata intercettata in cui la Tanzi la ricopre d'insulti e calunnie. Poi ascoltano un discorso di Hitler alla radio. Infine, l'argomento preferito di Claretta: le ex amanti di Mussolini.

«Tutte le hai sbaragliate, e te ne sono grato perché queste donne in fondo costituivano uno sforzo sessuale notevole. Queste due praticamente non contano più. La Pallottelli ormai è finita, fisicamente è proprio da non tenersi più. Prima era bella, passabile, ma ora poveretta... Non ci sono che questi due figli che dice siano miei. L'altra basta, è finita, e sta morendo anche la pietà.»

9 settembre 1938: «*Edda dice che rompo le scatole agli italiani. Cretini borghesi, ora piangono per gli ebrei*»

«L'Edda non ha risposto al telegramma di auguri che le
avevo inviato. Non so perché. Si è imborghesita forse, anche lei è diventata una contessa e non mi approva. Dice
che scoccio le scatole agli italiani con troppa frequenza.
Le risposi: "È questo il mio compito, rompere le scatole
agli italiani fino all'impossibile".

E lei: "Ci sei riuscito in pieno".[156]

[Edda] si è abituata a stare bene, non vuole seccatu-
re. Come questa zavorra, il peso morto della borghesia
che ci portiamo dietro: quella dei caffè e dei biliardi, il
pubblico dello stesso tavolino per vent'anni, e guai se ci
trova un altro, sarebbe capace di uccidere chi gli prende il posto cui è abituato. Ah! Questo cretino borghese
che non vuole essere disturbato. Io lo capisco, ma lo detesto. È questa la zavorra che impedisce di rinnovarsi.
Ora tutti piangono per gli ebrei: "Ma che hanno fatto,
ma perché, poveretti, che pena...". Fino a ieri li avrebbero fatti a pezzi, erano usurai, strozzini, ladri. Oggi sono le vittime, e piangono. Gli italiani vili dal cuoricino
tenero si commuovono e accolgono questi ebrei che
vanno a piangere nel cuore dei cristiani. Senza poi contare che ancora non gli è stato fatto nulla, non sanno che
accadrà, i professori non sono stati ancora destituiti. I
provvedimenti sono stati presi subito per gli ebrei stranieri. Qui loro tremano, corrono, vendono e comprano
gioielli, ma di sicuro non sanno nulla, la loro sorte non
la conoscono. Io non li uccido, desidero che vivano la
loro vita all'infuori della nostra, che siano divisi da noi.
Nello Stato ma per conto loro, come stranieri. Farò loro le scuole, il commercio glielo lascio.»

---

[156] Opinione condivisa dal marito di Edda: «Gli italiani perdonano chi fa loro del male, ma non chi li scoccia» (*Diario di Ciano*, 9.12.38).

«L'ebreo Coin, che nome è? Italiano forse?»

«Sono contento che Coin abbia venduto [*il grande magazzino*], credo l'abbia preso uno di Novara. Mi dispiaceva quel palazzone con quel nome, Coin, che nome è? Italiano forse? No. Non capisco perché questo tremare, correre, fare. Vorrei consigliare agli ebrei stranieri di non fare chiasso, perché se mi irritano io mi scateno e sono come un treno: una volta lanciato non si ferma più, e allora farò il rullo compressore, lancio la macchina e guai!

Ho fatto un comunicato che qui noi abbiamo 80 mila ostaggi, e perciò non si muovano, non facciano un passo.

È il borghese, lo schifoso borghese che non può soffrire il passo di parata perché è un'innovazione, si lamenta di dover dare del voi, brontola per gli autobus, bestemmia per le divise in ufficio. Il solito cretino borghese. Non dovevamo avere il passo di parata, noi che siamo l'esercito della disfatta di Caporetto. Il nostro esercito doveva passeggiare, quando tutti gli eserciti del mondo hanno un loro passo.

Ci siamo risollevati, è vero. Ma è stata la parte nobile, quella pura, che ha risolto la situazione, non il borghese bastardo. Il borghese che parlando dell'impresa dei Sorci verdi,[157] una delle più belle cose mai realizzate, dice: "Sì, bello. Ma quanta benzina hanno consumato tre apparecchi, tre motori l'uno, sai quanta spesa". Pam! Un pugno in faccia al borghese porco. E quello che dice quando un [principe] romano si uccide per volare. Io dico: "Bravo, era un coraggioso, un forte, ha rischiato per un'idea". Il borghese dice: "Ma chi glielo ha fatto fare. Poteva farne a meno, era ricco". Questo perché, invece di

---

[157] Trasvolata oceanica cui partecipò anche il figlio di Mussolini, Bruno: cfr. 21.1.1938.

fare l'imbecille smidollato per via Veneto, aveva il coraggio di volare, di rischiare. Ah, questo popolo è ancora tutto da rifare. Ma ci riuscirò a modellarli come voglio, questi italiani. [...]

No, non ho avuto desiderio di vedere quella signora [la Ruspi], e non ci ho neanche pensato. Bisogna che passi almeno un mese prima che senta desiderio. È spenta ogni attrattiva sessuale. Questa volta credo che supereremo i 50 giorni.

Sua sorella è stata fidanzata quattro volte, poi tutto è andato a monte. Me li presentò. Uno, mi sembra un dottore in agraria, era un bel ragazzo con un paio di stivaloni, forte, robusto... Dopo un po' di tempo, sparito. Adesso vedremo con questo Metello.»

10 settembre 1938: «*Non venire a Rimini, è da spudorati*»

«Ho ricevuto una lettera nella quale si dice che ti fai accompagnare dalla polizia, che sei brutta e tarchiata, che faccio la figura del ridicolo, che ho una villetta (qui sorvola) dove t'attendo.» Teme che veda l'indirizzo, strappa la lettera.

È turbato, rispondo come devo. Poi mi dice: «Ti prego, non facciamo il supplemento serale alla mia fatica. Queste donne è logico che si scatenino, ed è bene non dargli argomento. È vero che abbiamo rischiato presi dall'amore, e non me ne pento, ma ora dobbiamo essere più prudenti. Così penso sia bene che tu non venga a Rimini. Il mio istinto di bestia mi dice che è meglio evitare. Ti prego, per salvare il nostro amore, di non venire. Durante la stagione lo capisco, ma ora i bagni sono finiti, non ci sarà più nessuno. Dopo cinque minuti che sono fuori, tutta la Romagna sa del mio arrivo. E il giorno dopo viene la mia amante? I romagnoli mi perdonano molte cose, ma di essere spudorato no».

11 settembre 1938

*Mussolini parte per la Romagna. Si salutano al telefono. È
tranquillo, dice che la Romagna è stupenda e che può raggiungerlo. In casa con lui ci sono la nuora Ola (moglie di
Vittorio) e i bambini.*

12 settembre 1938

Tutto il giorno neanche una telefonata. Silenzio assoluto.
Alla sera telefona De Sanctis, dicendomi di non partire
domani. Alle 10 mi richiama per dire di attendere una telefonata l'indomani dalle 10 alle 11.

13 settembre 1938: *crisi in Cecoslovacchia*

Mi telefona da Predappio alle 10: «Ieri non ho potuto telefonare assolutamente. Mi è dispiaciuto molto. Parti domattina. Va bene, oggi. Ti telefono stasera. Cose molto
gravi, molte preoccupazioni, non posso parlare. Parti».

Parto per Rimini alle quattro, alle nove sono lì.

Chiama alle 10: «Cara, come vi sentite? Siete contenta?
Vi do del voi per cominciare, così. Sei molto fredda. Ah, sei
stanca. Bene, ora vai subito a letto. Ho molte preoccupazioni, le cose sono veramente gravi. I nervi vanno meglio,
ma lo sai ciò che si passa. Sono momenti tragici.

Questa notte si dovrà decidere all'una. Speriamo che
non debba tornare a Roma. Addio amore».

14 settembre 1938: *«Cedere tre milioni di uomini a Hitler»*

Telefona a Rimini dalla Rocca alle 12: «Amore, la situazione è sempre più tesa e difficile. Hai letto la nota? È l'unica

soluzione: meglio cedere tre milioni di uomini che sacrifi-
carne dieci. Non credo valga la pena. Speriamo che mi dia-
no ascolto. Questa notte c'è stato un conflitto fra tedeschi e
polizia cecoslovacca con morti e feriti. Le cose non vanno
bene. È difficile telefonare, sono sempre in ansia».

22 settembre 1938

*Claretta ha la sensazione che Mussolini sia andato con la Ru-
spi. Lo capisce da alcuni suoi comportamenti, ma non glielo
dice. Anche perché il dittatore dal 19 al 26 settembre è impegnato in un giro di discorsi nel Triveneto: Trieste, Udine, Treviso, Padova, Belluno, Vicenza e Verona. Si celebrano i
vent'anni della vittoria nella Prima guerra mondiale.*

24 settembre 1938

Ore 10. Discorso da Padova. Alle 5 da Belluno.
   Telefona alle 8: «Hai sentito i discorsi? E i fischi? A
Padova c'erano 300 mila persone».
   *La fa chiamare da Ridolfi perché lui stava male per dei
dolori alla pancia, e si è messo a dormire.*

25 settembre 1938

Discorso a Vicenza. Poi Verona. Mi chiama da Verona.

26 settembre 1938

*Mussolini è ancora a Verona. La fa chiamare da Ridolfi per-
ché non ha fatto in tempo a telefonare, ed è dovuto uscire.
Le fa dire che tornerà in giornata a Roma.*

Telefona alle 23 e 20: «Cara, sono a Roma. Le cose vanno a rotta di collo, non potrebbero andare peggio. Non ho molte speranze».

27 settembre 1938: «*Chamberlain è simpatico*»

Non si possono vedere perché Mussolini, con la minaccia hitleriana di invadere la Cecoslovacchia, ha ben altro a cui pensare. Però la chiama spesso, da casa. Si fa mandare il testo del discorso del premier britannico Chamberlain, che alla radio non è riuscito a sentire.

Alle 10: «Amore, ho letto il discorso. Ci sono dei punti strani e in contraddizione. Dice che cerca la pace, non vuole la guerra, ma se un popolo forte vorrà dominare allora la faranno. Non capisco. Queste traduzioni sono sempre un guaio. Per il resto è simpatico».

28 settembre 1938

Da quattro giorni non si vedono, perché Mussolini ha molto da fare. Le comunica che oggi dovrà partire per la Germania. Si rivedranno al suo rientro. Alle cinque ultima telefonata. Si salutano. Lui parte dalla stazione di Roma per Monaco di Baviera alle sei.

29 settembre 1938

A Monaco salva la pace e il mondo. Non telefona perché non fa a tempo. L'Italia freme d'amore e d'entusiasmo, lo attende.

30 settembre 1938

Arriva a Roma alle 18. Bandiere, gioia, trionfo. Urli di piazza Venezia, carica di folla. Alle 7 mi telefona.

Ottobre 1938

Mussolini racconta felice a Claretta i retroscena della conferenza di Monaco, in cui ha svolto un ruolo da protagonista. La pace è salva. Per un solo anno, però.

Intanto, i due amanti si vedono al mare fino al 18 ottobre. E il 29 ottobre si sposa Bruno Mussolini.

1° ottobre 1938: «*Alla conferenza di Monaco tutto merito mio*»

Telefona all'una e mezzo: «Amore, non voglio mangiare. Ti ricevo puro, senza cibo. Ti attendo, non resisto, vieni subito, dimmi che lo desideri. Andrò di là ad attenderti, vieni presto. Senza cibo, tutto teso nel desiderio di te».

Alle due entro, mi attende al buio su una poltrona: «Amore accendi, sono qui, non mi vedi». Mi abbraccia, mi bacia come un folle. Con le labbra unite cadiamo sulla poltrona. Mai ci siamo amati così. Forse la prima volta, ma ora è più perfetto. Abbiamo le vesti giù, facciamo l'amore due volte. Mi dice piano: «Ho sofferto lontano da te, ti amo. Ora mi alzo, perché alle cinque devo vedere Badoglio. Cara, non sto in piedi, quasi non ci vedo.

Le accoglienze di Monaco sono state fantastiche, e il Führer molto simpatico. Hitler è un sentimentalone, in fondo. Quando mi ha veduto aveva le lagrime agli occhi. Mi vuole veramente bene, molto. Mi avevano preparato un appartamento nel palazzo del Principe. Ma non ci sono potuto andare altro che per un momento al mattino,

413

mentre stavo per telefonarti. È entrato quell'ungherese, un ragazzo simpaticissimo che venne anche in Libia, entusiasta dell'Italia e di me. A colazione sono andato dal Führer nella sua casa. Sai, abita ancora in una casa comune, con altri inquilini. C'è una levatrice al piano di sotto. Cosa di cui Hitler non ha bisogno, perché non ha moglie (ride). C'è un professore, e anche un operaio. Una casa modestissima, normale. Eravamo una ventina fra nazisti e fascisti, molto bene. Hitler ripete sempre con le lagrime agli occhi: "Ah, Italia, Italia, com'è bella".

"Ma voi" gli ho detto "potete venire a visitarla anche in incognito. Quando ritornerete potrete stare un mese a Firenze."

Si è commosso: "Voi non sapete il fascino su me della vostra arte. Io dovevo diventare un artista".

"Ma anche la vostra politica è un'arte, e difficile."

"Sì, è vero, ma il mio sogno era fare l'artista."

Goering[158] è simpaticissimo, sempre più grosso, enorme. Ingrassa sempre di più, il fedelissimo Goering. Poi c'era Goebbels, il quale non è stato come il solito: era nervoso e non eccessivamente entusiasta, contrariamente a quando venne qui. Certo, sempre gentile. Ma credo che la sua buona stella sia in declino.

Daladier?[159] Simpatico, sì... (a mezza voce) Chamberlain è ammirevole. Pensa, un uomo di settant'anni che alle sei parte da Londra e dopo tre ore di volo arriva in Germania, poi in auto fino al posto stabilito. Dopo le lunghe sedute snervanti, alle due era ancora fresco. Non si sarebbe detto che era in piedi da prima delle sei. Ha mangiato in albergo in venti minuti, è tornato senza riposarsi. Soltanto all'una ha chiesto di assentarsi un attimo, forse aveva bisogno di fare qualcosa... Ma è molto bene, diritto, robusto, vivace».

---

[158] Hermann Goering (1893-1946), ministro dell'Aviazione, successore designato di Hitler.
[159] Edouard Daladier (1884-1970), premier francese.

«*Non sapevano da che parte cominciare. Se non c'ero io...*»

«Avevo preparato tutto, loro non sapevano da che parte in-cominciare. Se non portavo un memorandum che loro hanno ascoltato e poi approvato come dicevo io, non avrebbero fatto nulla. Erano sprovvisti anche d'idee. Non sanno le lingue, con il traduttore non si finiva mai. Così ho preso il comando, e ora all'uno, ora all'altro, domandavo e ripetevo. Sì, [erano] molto deferenti. Il bello è che mi si ri-volgevano sempre con: "Duce, duce". Diceva Daladier: "Sa [*sic*] va bien comme dit le duce". E Chamberlain: "Yes duce"... Sempre così, né monsieur, né mister, né chef de gouvernement.

Hitler è un sentimentale, ma ha degli scatti di una vio-lenza che solo io riuscivo a frenare. Faceva faville, freme-va, si conteneva con sforzo. Io invece, l'imperturbabile. La discussione ad un certo punto continuava, allora ho detto: "Signori, qui è quasi l'una. Siamo al primo di otto-bre, e non dimenticate che oggi devono entrare le truppe [*tedesche in Cecoslovacchia*]. Non si è ancora risolto nul-la. Bisogna decidersi, e rapidamente".

Così si è concluso. Ero sempre io che li riportavo al punto, si sperdevano nella discussione. Chamberlain è ammirevole, però: non era quasi niente stanco. Alle due era vivacissimo e pronto, un po' esaurito ma presente. E ha voluto ripartire, non si è riposato in albergo, mentre Dala-dier sì.

Mi guardavano con curiosità e attenzione. Hitler ha per me una vera adorazione. Quando gli ho fatto sapere che desideravo che rimandasse di 24 ore l'entrata delle truppe gliel'ho fatto dire dall'ambasciatore Attolico,[160] non ho parlato io direttamente con Hitler. [Che riman-dasse] non la mobilitazione – questo si diceva – ma l'in-gresso delle truppe, cioè la guerra.

---

[160] Bernardo Attolico (1880-1942), ambasciatore a Mosca e poi a Berlino.

Hitler ha risposto: "È proprio Mussolini che lo vuole?".
"Sì" ha detto l'ambasciatore.

È rimasto un po' perplesso, e poi subito: "Se lo vuole
Mussolini va bene, lo farò".

Mi ha dato una prova di amicizia straordinaria. Non
avrebbe ascoltato nessuno. Quando la macchina è lancia-
ta non si trattiene. Infatti ha detto: "È difficile contenere
un esercito quando è lanciato, ma se lo vuole il duce sarà
fatto".»

*«Ormai le democrazie devono cedere il passo alle ditta-
ture»*

«Mi è venuto incontro, Hitler, abbiamo fatto il viaggio
insieme. Ormai le democrazie devono cedere il passo
alle dittature. Noi eravamo una forza sola, avevamo un
significato, rappresentavamo un'idea e un popolo. Lui
con la camicia bruna, io in camicia nera. Loro così,
umiliati e soli. Ti sarebbe piaciuto davvero, essere lì a
vedere.

Amore, ti ho molto pensato. Specialmente quando
passavo dinanzi a quegli alberghetti sperduti fra le piante, solitari e nei posti più pittoreschi. Perché è bella Monaco, sai, è poetica, selvaggia.

Certo, giornata snervante, [ma] io ero fresco e calmo.
Chamberlain molto fine. Hitler beveva il tè e ogni tanto
fumava. A un certo punto ho detto: "Signori, è inutile voler evitare di parlare dei piccoli Stati. Non possiamo far
vedere di sistemare la questione sudetica soltanto perché
c'è dietro le spalle [*dei Sudeti*] una potenza [*la Germania*]. Anche le piccole minoranze hanno gli stessi diritti".
Questo dente se lo devono cavare, è inutile farsi venire
una guancia grossa così. Ed è ingiusto rimandare una
questione così delicata. Anche loro subiscono prepoten-
ze e soffrono. In Polonia e in Ungheria devono avere gli
stessi diritti dei sudetici. Chamberlain e l'altro volevano

scansare l'argomento: "Ne parleremo, non occupiamoci di ciò".

E Chamberlain: "Duce, per questo non ho mandato, devo rivolgermi al Parlamento".

"No, caro Chamberlain, questo lo regoliamo adesso che siete incaricato di trovare la migliore soluzione al fatto. E quindi anche il destino dei popoli sarà risolto."

Così per mezzo mio abbiamo risolto che si faranno i plebisciti, e che se fra tre mesi queste questioni non saranno risolte ci riuniremo ancora. Ho trovato la maniera di metterli d'accordo su tutto. Alla fine ci siamo salutati con semplicità.

La vittoria è ormai delle dittature. Questi regimi vecchio stile non vanno più, sono creatori di disordine. Uno solo deve essere al timone, e comandare. Oggi la Germania è la più grande potenza del mondo. Sono ottanta milioni di uomini che bisogna pensarci, prima di attaccarli. La colpa è stata di Versaglia [*il trattato di Versailles, 1919*]. Non avrebbe dovuto umiliare così un popolo vinto. La reazione era logica, questi sono i risultati. Noi non abbiamo nulla da temere. Comunque è meglio avere degli amici come i tedeschi, che in fondo sono molto migliori degli altri, e più leali. Dovevi vedere con che affetto, simpatia e devozione mi hanno accolto ovunque lungo la strada. Hanno compreso anche là che l'artefice della pace, l'unico che poteva far desistere Hitler da qualsiasi movimento, ero io. Lo smacco della politica rossa è insormontabile. No, è falso, non abbiamo mai mangiato insieme a Daladier e a Chamberlain. Sempre fra nazisti e fascisti, e mi sono trovato benissimo.»

«Il re è fuori moda, nessuno lo può più vedere»

«[Tornando da Monaco] a Firenze, il re è venuto alla stazione. C'è stato un momento di grande imbarazzo, perché ad un tratto dalla folla si è levato un grido potente, tremendo: "Viva l'Imperatore!". Il re storce la bocca. Io rimango così, senza sapere che dire. Sai, quei momenti di imbarazzo che non si sa come colmare. Attendevo la soluzione, e per fortuna qualcuno ha intuito la situazione e ha gridato: "Savoia, Savoia!". "Meno male" ho respirato io "hanno capito che era un guaio." Certo non ha fatto un bel viso il re. [È stato un] incontro freddo freddo, sai. Ormai questi re sono passati di moda, sono già giù. Nessuno li può più vedere, sono un di più. Vale l'uomo per sé, per ciò che fa. Queste figure tramontano. In Germania avevano ventidue dinastie, li odiano soltanto a sentirne parlare. Ma come Hitler, che se si fosse messo contro l'esercito in quel momento di Röhm [nel 1934] sarebbe crollato, io all'inizio se mi fossi mosso contro il re mi sarei trovato imbottigliato, tutti contro. Oggi è un'altra cosa, potrei fare ciò che voglio.»

«Ho dato sessantamila lire alla Ruspi, troppo»

«Non ricordo mai questa donna [*la Ruspi*] altro che quando mi fa chiedere dei denari. E devo dire che ne spende parecchi. Dovrò mettere un freno, perché io non li rubo. Non prendo dal governo neanche un pennino vecchio, e tutto quel che ho me lo guadagno, è frutto del mio lavoro. Quindi non è giusto, le ho dato 45 mila lire soltanto per Viareggio e poi dieci o quindicimila per la casa di via Ponchielli. Insomma, è troppo. Spende moltissimo, sì, credo anche per i vestiti. Tu sai che al denaro non do peso, ma esagera. [...]

Non parliamo di donne in questa stanza così piena di te, del tuo profumo, del nostro pazzo amore, dei nostri terribili amplessi.»

«*La prima pugnalata nella schiena a Chamberlain*»

Mi manda a guardare il telescrittore, scatta alla notizia che il ministro della Marina inglese [*Duff Cooper*] si è dimesso. Dice: «La prima pugnalata nella schiena a Chamberlain. Si vede che voleva la guerra, forse la moglie ambiziosa voleva vedere in lui un nuovo Nelson. È brutto, questo. Comincia la reazione che cerca di offuscare la bellezza [*degli accordi di Monaco*]. I vigliacchi sono ovunque. Quel cinico di Clemenceau[161] voleva uccidere venti milioni di tedeschi per sterminarli, per compensare la differenza, perché i francesi non fanno figli. La Francia è destinata a morire, dovranno prendere truppe di colore. È una nazione arida, sarà popolata di mulatti. Perché, le tedesche hanno belle guance e le francesi no?»

2 ottobre 1938: «*Tremendi, i mutilati nella guerra di Spagna*»

Arriva al mare all'una: «Ho tardato perché mi sono dovuto affacciare. La piazza era piena. C'erano dei mutilati dalla [guerra di] Spagna, tremendi: braccia, gambe, uno spavento». Comincia a spogliarsi. «Come mi trovi, Mimì? Sono dimagrito, vero? È la passione per questa piccola che adoro.»

Poi parla di demografia: «Anche noi saremmo 50 o 60 milioni se nel '24 non ci fosse stata una stasi, un arresto di fertilità. Non volevamo figli, ma ora ci siamo ripresi. Raggiungeremo [i tedeschi], non saremo mai molti di meno. Tra qualche anno loro saranno cento milioni e noi sessanta, se non più. Il più grande successo l'ho avuto con le donne del popolo, le madri che piangevano riconoscenti di aver salvato i loro figli».

[161] Georges Clemenceau (1841-1929), premier francese fino al 1920.

3 ottobre 1938: «*Il film* Maria Waleska *non offende Napoleone*»

«Ho avuto la manicure, che mi ha fatto delle magnifiche mani. Hai letto sul *Piccolo* la notizia del fidanzamento di Bruno? Chissà cosa dirà mia moglie. Non ho il coraggio di telefonarle. Non è la prima volta che mi fa scene al telefono, e non mi sento di discutere. Stasera mi fanno vedere il film *Maria Waleska* [*con Greta Garbo*], dovrò giudicare se si può dare o no. Dicono che ridicoleggia la figura di Napoleone, lo mette in camicia, lo fa vedere uomo qualunque...»

Claretta: «Non credo che sarà andato a letto con la Waleska in speroni e stivali».

Ride: «No, è vero, ma pare che lo prendano in giro. Gli americani fanno di tutto per distruggere l'alone di bellezza degli uomini grandi».

Telefona da casa alle 22:30, dopo averlo visto: «Nulla di tremendo, non mi pare tanto grave».

4 ottobre 1938: «*Ebrei, razza spregevole*»

Mattina al mare. Vuole andare in moscone a fare un giro. Prima parliamo della questione ebraica: «Tutti gli italiani in questi giorni hanno un loro ebreo da difendere. Capisco. Uscirà fuori uno scandalo così grosso, ma così grosso che farà allibire questi difensori di una razza spregevole. C'è coinvolto proprio un notissimo ebreo. Rimarranno tutti sorpresi. Vedranno di cosa sono capaci gli ebrei, queste vittime. Se credono che mi rimangi ciò che ho detto e mi ritiri indietro, è il momento che prendo lo slancio come una locomotiva e sfascio, distruggo tutto ciò che trovo dinanzi a me».

8 ottobre 1938: «*Questo papa è una calamità*»

«Tu non sai il male che fa questo papa alla Chiesa. Mai papa fu tanto nefasto alla religione come questo. Ci sono cattolici profondi che lo ripudiano. Ha perduto quasi tutto il mondo. La Germania completamente. Non ha saputo tenerla, ha sbagliato in tutto. Oggi siamo gli unici, sono l'unico a sostenere questa religione che tende a spegnersi. E lui fa cose indegne. Come quella di dire che noi siamo simili ai semiti. Come, li abbiamo combattuti per secoli, li odiamo, e siamo come loro. Abbiamo lo stesso sangue! Ah! Credi, è nefasto.

Adesso sta facendo una campagna contraria per questa cosa dei matrimoni. Vorrei vedere che un italiano si sposasse con un negro. Abbiamo veduto che anche i matrimoni con i bianchi stranieri portano, in caso di guerra, alla disgregazione delle famiglie. Perché l'uno e l'altro coniuge si sentono in quell'attimo assolutamente per la propria Patria. Perché l'hanno nel sangue. Di qui naturalmente l'impossibilità d'accordo, e le famiglie a rotoli. Lui dia pure il permesso, io non darò mai il consenso.

Non sai le miserie che mi fanno, a parte quelle di non nominarmi mai sull'*Osservatore* e di non aver fatto parola di Monaco. Ha scontentato tutti i cattolici, fa discorsi cattivi e sciocchi. In breve, è nefasto. Quello dice: "Compiangere gli ebrei", e dice: "Io mi sento simile a loro"... È il colmo. Già, tutti i papi che si chiamarono Pio furono una disgrazia per la Chiesa. Pio VI [*subì la rivoluzione francese*], Pio VII prese gli schiaffi da Napoleone. Pio VIII non fece in tempo a crear guai perché visse poco. Pio IX la repubblica di Roma. Pio X la grande guerra. Questo guarda che ti combina. Perde tutto il mondo, e ora rischia di distruggere tutto anche qui. Ah, è una vera calamità. Io come cattolico devo dire che peggio di questo papa in questo periodo non poteva capitare.»

9 ottobre 1938: *«Porci ebrei, li ucciderò tutti»*

Al mare. Legge e commenta: «Canaglie!». S'inquieta, dà grandi pugni sul tavolo. Scatta, sbuffa, è nervoso. Poi va addirittura in bestia: «Ah, questi ebrei, li distruggerò tutti. Ora dicono che sono stato clemente perché Roosevelt in un suo messaggio mi avrebbe detto che, se non evitavo del male agli ebrei, lui avrebbe mandato via tutti gli italiani. Ah, per Dio! Se avessi ricevuto un simile messaggio, lo avrei stracciato in faccia all'ambasciatore. Ma intanto, vedi che roba. Sono stato buono, paziente. Non li ho colpiti troppo, e loro... Sono dei veri porci. Leggi, leggi qui. Canaglie... Ma io li ucciderò tutti, tutti».

Claretta: «Sarebbe l'errore più grande e la macchia più scura su di te».

Mi guarda: «Vedranno loro il sette di novembre cosa farò. Si consolano. Sono stato troppo buono. Era logico, se ne sarebbero approfittati».

Continua a leggere e piano piano i nervi crescono. Quando arriva ai giornali francesi va fuori dai gangheri: «È inutile, inutile illudersi. Non potremo mai andare d'accordo con i francesi, sono dei lazzaroni, porci, gentaglia. Fanno schifo, scrivono articoli degni della loro stupidità. Intanto questo giornale non entrerà più in Italia. È un popolo finito, nauseante».

Continua a segnare [gli articoli con la matita], ora in bleu ora in rosso. Preparo il pranzo. Lo chiamo, viene verso la tavola furioso e scatta: «Detesto mangiare, questo è stato il mio incubo tutta l'estate. Non voglio mangiare. Troppa roba, troppa. Lo sai che non voglio. Mi sarebbe bastato un panino, una sciocchezza qualunque. E poi mi secca mangiare e lasciare. Sì, è vero, mangio in fretta. Mangiare così ha fatto male a Napoleone, e gli causò in gran parte la malattia. Ma io non sono Napoleone, non ho fatto le guerre che ha fatto lui e non sono più grande di lui».

Insisto nel dire che è più grande, e lo è infatti. Non risponde. Poi: «Va bene, ma ecco, io non ho potuto mostrare le mie qualità in guerra, perché non ci sono state. L'Africa sì, è vero, ma...».

Non prosegue, si volge e va a leggere. Il suo sguardo è duro. Si lamenta che la radio è stupida. Mi viene vicino, si spoglia, si mette al sole. «Cara, fammi dimenticare, riprendimi dalla politica per un poco. Non voglio pensare alla politica, solo a te.» Facciamo l'amore con violenza, prima un po' piano, dopo più forte. Poi dorme tranquillo come un bimbo. Lo veglio. Si alza per mangiare la frutta.

«Andrò in Romagna martedì. No, stai sicura che [mia moglie] non viene. Lasciami fare, conosco i miei polli, le mie pollastre e le mie galline.»

11 ottobre 1938: *«Ebrei rettili, italiani schiavi»*

Al mare. «Questi schifosi di ebrei, bisogna che li distrugga tutti. Farò una strage come hanno fatto i turchi. Del resto ho confinato settantamila arabi, potrò confinare cinquantamila ebrei. Farò un isolotto, li chiuderò tutti là dentro. Oppure li distruggerò come fece Pontini, che gli domandarono che cosa dovevano farne di tutti quegli ebrei. Disse "Distruggerli", e ancora oggi è considerato un grande. Sono carogne, nemici e vigliacchi. Non hanno un po' di gratitudine, di riconoscenza, non una lettera di ringraziamento. La mia pietà era viltà, per loro. Dicono che noi abbiamo bisogno di loro, dei loro denari, del loro aiuto, che se non potranno sposare le cristiane faranno cornuti i cristiani. Sono gente schifosa, mi pento di non aver pesato troppo la mano. Vedranno cosa saprà fare il pugno d'acciaio di Mussolini. Li distruggo. Intanto ho sospeso tutti gli agenti di cambio. Poi non potranno fare trucchi, perché da oggi non potranno più fare neanche il commercio. [Quelli che già lo] fanno li lascio, ma gli altri no, basta. È l'ora che gli italiani sentano che non devono più essere sfruttati da questi rettili.»

«Distruggerei anche quattro milioni di italiani»

«Questi pietosi e vili italiani. Sto studiando da trent'anni perché una parte degli italiani sia così vile. Discendono dagli schiavi. Quanti schiavi avranno preso delle donne. In fondo sono passate soltanto cinquanta generazioni, mica tante poi. Ed ecco che questo sangue schiavo si ridesta. Ci sono almeno quattro milioni di schiavi italiani. Se avessero un segno in testa li distruggerei tutti, li sterminerei. Sono la zavorra e la vergogna della Nazione. Sono gli eterni piagnoni, quelli che non sopportano di mutare abitudini. Ora piangono per i poveri ebrei. Non si fa nessuno però la domanda: se ci fossero 44 milioni di ebrei e 500 mila cristiani, cosa ne farebbero di noi? [A] cosa ci ridurrebbero. Che ci chiamano goym, come i gentili. Già, gentili! Cosa ci farebbero. Questo i pietosi non se lo domandano. Vorrei vederli. Preferiscono farsi succhiare il sangue da questi senza patria che ci odiano. Che ci maledicono e dicono: "Saluta il duce, ma dentro maledicilo e ricordati che è un goym". Ah! E osano lamentarsi che non potranno più fare il soldato. Dicono che è una diminuzione, un'umiliazione. Mentre si lamentano rialzano la cresta. Sono stato troppo buono.

Domani uscirà una nota dell'informazione diplomatica che parlerà chiaro. E poi vediamo tutti quelli che hanno detto che ho avuto paura di Roosevelt. Buffoni, carogne, puah! Senti, senti che dicono. Leggi qui... Porci! Già, tutti hanno un loro ebreo da difendere. Toh, guarda, anche la Tanzi è ebreofila. Mi esalta. Quando si arriva ad essere elogiati dai propri nemici si è finiti. Sono stato un debole. Ma vedranno, altro che Hitler. Che [*sugli ebrei*] ha fatto un discorso bellissimo che approvo. E lo dirò.

Non mi conoscono. Sono una locomotiva, una volta lanciato non mi fermano più. Hanno fatto male a mettersi contro di me, molto male. La pagheranno.»

Passa ai giornali francesi, altro scoppio d'ira: «Senti questi schifosi di francesi. E gli italiani li amano. Li preferiscono ai tedeschi, questo popolo rosicchiato dall'alcool e dalla sifilide. Trenta milioni di smidollati e vili. È un popolo che va distrutto. Bisogna che lo battiamo, abbasserà la cresta. Non c'è possibilità di accordo. Una valanga di 120 milioni di uomini [*tedeschi più italiani*] li distruggerà in breve».

«Nella prossima guerra tutti si batteranno»

Appena undici giorni dopo il suo «trionfo» di Monaco, dove si è vantato di avere evitato la guerra, Mussolini fa già il bellicoso.

«Quel porco del ministro della Marina inglese, che voleva la guerra insieme a Eden ebreo, ha detto: "Mi vergogno di essere inglese". Hanno fatto delle miserie tali a Chamberlain da fare nausea. L'accoglienza del Parlamento è stata quasi glaciale, lo hanno attaccato, umiliato.

Questi sono i guerrafondai ebrei che gridavano "Viva la guerra" per le vie di Parigi. Sono i capi del movimento di guerra che vogliono la distruzione dei cristiani, e stanno dietro a mangiare quattrini sul sangue dei cristiani. Se ci sarà una guerra ho già individuato gli uomini dietro le persiane. Non ce ne saranno, li farò fucilare uno ad uno. Avevo già chiamato Bocchini[162] e gli avevo chiesto se era pronta la lista. In questa guerra tutti si batteranno, anche le donne lavoreranno. Basta con gli imboscati. [...]

Garibaldi sempre contro i francesi ha dovuto batter-

---

[162] Arturo Bocchini (1880-1940), capo della polizia.

si. I tedeschi tendono al mar Nero, alle grandi pianure, lo stesso Hitler lo ha detto. Sono dei selvaggi, [ma] non ci vengono qui, stai tranquilla. Poi non conviene ai tedeschi mettersi contro di noi, perché faremmo il blocco Francia-Inghilterra-Italia. E quindi si sarebbe da capo. Credimi, è un bel popolo forte e sano, tranquillo e ordinato. Gli italiani non sanno nulla, vorrei capire come fanno ad amare i francesi, superbi, ambiziosi e presuntuosi: "Chez nous"...

Preparo il discorso per il 4 novembre. Non improvviso che i colloqui. I discorsi a centomila uomini li preparo per tempo, li penso da prima.»

13 ottobre 1938: «*Starace dice che questa è la divisa che mi sta meglio*»

Al mare. «Mi sta bene l'aquila rossa, ti piace questa divisa? Dice Starace che è quella che mi sta meglio. Che ne dici? È vero che sono bello? Era tanto che non me lo dicevi più. Io sono bello per te, soltanto per te. Oggi ti amo. La grande tragedia di tutte le donne è stata quella di non potermi comprendere. Tu ci sei riuscita un poco, cerca di riuscirci del tutto. So che è difficile, sono una natura molto complessa. Sembro lineare e semplice, invece sono mutevole.»

Va nel camerino a spogliarsi. Mi metto la sua giubba, ci sto dentro due volte. Metto anche gli stivaloni, ci casco dentro. Ride: «Vatti a guardare allo specchio, sei bellissima caro soldatino. Se fossi l'imperatrice avresti il tuo reggimento. Adesso andiamo a fare il bagno».

Alla radio suonano Wagner: il preludio di *Lohengrin* e il *Tannhäuser*. Si commuove talmente che gli si riempiono gli occhi di lagrime: «Meraviglioso, è vero che a volte è noioso, ma una pagina di questo compensa tutto». Poi fa il bagno, prova a nuotare, ma l'acqua è gelata.

17 ottobre 1938: «*Ho fondato Ostia, ora Fregene*»

Il mare è magnifico. Arrivo alle 11, appena mi vede mi corre incontro, anche io a lui, ci abbracciamo, mi bacia: «Hai malinconia perché è l'ultimo giorno? Ma arriverà presto quest'altr'anno».

Fanno un giro sul motoscafo Mascottina *(nome in onore di Claretta).*

La scia è splendente, quasi un sogno. Lui dice: «È tutto così bello da essere irreale. Questa gita è veramente incantevole. Non si vedono navi né barche, il mare è nostro. Andiamo finché non si vede più la terra, lontano. Vedi, la linea sparisce: è tutto cielo». Poi mi spiega i venti e la bussola.

Torniamo, vede Ostia: «Non sembra una città, vista da qui? L'ho creata io. Non c'era neanche una casa nel '28. L'ho chiamata io "Lido", per dare ai romani il mare. Non è bella? È la spiaggia più lunga d'Italia. Adesso faremo anche Fregene, perché fra poco la popolazione di Roma arriverà ai due milioni. Non entreranno più, qui. Fregene è bellissima, ma bisogna che ci pensi io. Tutti quelli che si sono messi in questo affare sono andati in galera. Volevano guadagnarci con le truffe. Adesso faremo l'autostrada, è necessaria anche per sfollare un po' qui».

Incontro con i pescatori in mare: «Loro mi amano, gli intellettuali fanno storie»

Quando siamo prossimi alla riva spunta un bragozzo. [Ci] passiamo di fianco, i marinai scattano, agitano le mani, salutano romanamente. Alzano immediatamente la bandiera all'albero maestro, gli fanno cenno di tornare. Sorride e torna. Vogliono darci del pesce, se accosta. Allora gira il motoscafo, fa una lunga manovra e tira anche lui la fune. Un pescatore in un tentativo di attracco salta dal bragozzo sul motoscafo. E lui salta nel barcone, dove sono i pescatori alti, robusti, abbronzati.

È tranquillo, padrone di sé, disinvolto, sceglie il pesce e lascia cento lire per una piccola cesta. Poi sorridente guarda gli uomini negli occhi e risale nel motoscafo. Io tremavo. Loro lo pregano a gran voce di provvedere ai loro bisogni. Uno cerca di trattenerlo chiedendo la tessera del partito. A un pescatore che si sporge prende il braccio, e questo trema come un bambino, sudando di emozione. Restano in piedi commossi e salutano, mentre uno lancia un'altra cesta di pesce per omaggio.

Dice: «Domani tutta Anzio sarà piena di ciò. Questi pescatori diranno: "È venuto il duce a bordo, e aveva vicino una signora tanto bella". Fra un anno parleranno ancora di questo. Farò ottenere loro quel che desiderano. Sono gente semplice, di tutte le parti: Napoli, Marche, Toscana. Forse sono state poche cento lire, ma non avevamo altro. Siamo sempre in tempo a mandarle, è vero. Quanto pesce sarà? Tre chili? Bene, credo che è pagato bene. Perché hai tremato? Non avevo alcun timore, non ci avevo pensato [*a un attentato*]. Il popolo mi ama, è mio. Sono gli intellettuali che mi fanno le storielle, ma il popolo è sano. Sono bravi, fanno una vita dura. E poi ho una tale forza da sapermi difendere».

Torniamo, scendiamo a terra. «Di questo pesce sei contenta? Chissà cosa dirà tua madre, poche volte si mangerà un pesce così fresco. Hai una ghiacciaia?»

Ci cambiamo, prende i giornali, legge. Mi chiede perché sono triste: «Perché è l'ultimo giorno, perché non ho desiderio di te?».

«Proprio così.»

«Ma domani torneremo, voglio stare ancora qualche ora con te al sole. E poi consolati, adesso c'è il monte [*Terminillo*].»

Facciamo l'amore. Va via alle tre perché ha [un incontro al ministero del]le Corporazioni.

Sorpresa: anche la Ruspi dalla sua finestra guarda passare Mussolini

Alle 8:40 esce dalle Corporazioni.[163] Sono lì, mi vede, sorride, gli vado dietro passando per largo Ponchielli. Dal lato di via Spontini vedo la Ruspi affacciata, con la luce dietro. Mi vien male. Anche lei alla finestra. È tremendo.

Mi chiama alle 9: «Ho già mangiato. Adesso vado a vedere l'ultimo [cine]giornale del mio viaggio».

Alle 9 e 1/2 richiama: «Allora, cos'hai veduto? Vorrei che mi cadessero gli occhi se sapevo di questo [*che la Ruspi lo guarda dalla finestra mentre torna a casa*]. Non so mai quale itinerario mi fanno fare, e tanto meno ho pensato a questa possibilità. Non sapevo che fosse lì o altrove. Non so neanche che quello è largo Ponchielli. E poi ero con Starace, non potevo certo fermarmi».

18 ottobre 1938: *rivista della Polizia*

Vado alla rivista [della Polizia]. Lo vedo giungere, è bellissimo sul cavallo bianco, imperiale. Quando si ferma dinanzi alle tribune per la sfilata mi vede. Ogni tanto si volta a guardarmi. Alla fine mi passa davanti e fa un mezzo galoppo. Il cavallo è fremente, vivacissimo. Mi guarda un po', fa un mezzo sorriso e poi prosegue lungo la linea delle tribune fra gli applausi.

Alle 11 mi chiama. Pensa ad un'altra cosa mentre parla, lo sento: «Com'ero? Davvero? Ero bello sul cavallo bianco? Ti ho veduto subito e ti ho anche guardato, cara. Hai veduto com'era strano il cavallo, non stava fermo un momento».

Alle 12 arriva al mare, è molto bello in divisa nera. La sahariana gli sta bene. «La gente che diceva? Alfieri, che

[163] In via Veneto, attuale ministero dello Sviluppo economico.

era fra il corpo diplomatico, mi ha detto che erano tutti ammirati del mio cavallo e di come lo domavo. Dicevano che non si poteva ribellare, e mi trovavano giovane e forte. L'addetto francese fumava, e questo mi seccava molto. Non ammetto che in mia presenza e in una cerimonia si fumi.»

19 ottobre 1938

Mussolini parte per la Romagna.

20 ottobre 1938: «*Mi sento già morto*»

Telefona dalla Rocca delle Caminate alle nove di sera.

«La melanconia di questa Rocca è indescrivibile. Non ti ho telefonato perché volevo vedere quanto tempo avrei resistito senza farlo. Ho avuto molti momenti liberi, ma mentre ti pensavo intensamente non ho voluto telefonarti. Non essere raziocinante. Avresti dovuto studiare matematica. Non volevo parlarti, era come distruggere un sogno. Sono andato a visitare la tomba di mio fratello. Sono oppresso da una tristezza infinita, mi sento come se fossi già morto. Quando percorrevo il viale dei cipressi mi sembrava di portare il mio cadavere sulle spalle. Mi era venuta una strana curiosità, volevo fare aprire la tomba per vedere cosa c'era dentro. Tutto è così grigio quassù, così triste. La mia malinconia è atroce. Fa così freddo.

Pensavo che oggi tutti quei legionari gloriosi avrebbero voluto vedere me ad attenderli. Glielo avevo promesso. Dissi loro: "Voi ora partite [*per la Spagna*] in segretezza, ma ritornerete come trionfatori". E io sono qui, invece che ad attenderli, a guardarli negli occhi. Ho ascoltato [la cerimonia] per radio. Loro credevano di trovare me, per questo hanno combattuto. Questi eroici ragazzi magnifici... [Mia moglie e i ragazzi] stanno al cinema, c'è *Felicita Colombo*.»[164]

21 ottobre 1938: *«Ho vissuto tre secoli, mi sento decrepito»*

Da Predappio: «Non resisto lontano da te, mi manchi tanto. Ancora più di giugno. Oggi sono stato in qualche paese qui attorno con mia moglie e i bambini. Mi è accaduto un fatto strano. Ho fatto dare a una donna 300 lire, poveretta, e mentre gliele davo lei ha detto: "No, non prendo denaro da chi non conosco". Allora mi sono fatto riconoscere, e lei ha detto: "Ma io non vi avevo mai veduto così da vicino", e naturalmente si è commossa. Tu vedessi la miseria di quella gente. Eppure non voleva soldi. Stavo con un maglione e un cappellaccio calato sugli occhi, non mi riconosceva nessuno. Ho bisogno di averti vicino, altrimenti mi sento decrepito. In questo salone ci starebbe benissimo la mia camera ardente».

Claretta: «Perché non hai pensato che ci starei bene io?».

«Oh, cara, se ti vorrei qui vicino a me... Non farmi mai più partire da te. Chiudi gli occhi: mi vedi? Vedi il tuo gladiatore, il tuo atleta? Dimmi che non sono vecchio. Leggendo tutte le mie carte mi spavento. Pensa che ci sono ancora da pubblicare sette volumi di scritti e discorsi. E duecento articoli da rintracciare. Sarebbe un peccato perderli. La mia attività in un certo periodo dev'essere stata vulcanica. Io ho vissuto tre secoli.»

[164] Film di Mario Mattoli.

24 ottobre 1938: «*Mia moglie ha tanto livore dentro*»

Mussolini è tornato a Roma.

«Sì, ho fatto un bel volo. [Mia moglie] è venuta con me, i ragazzi verranno alle quattro del pomeriggio. Sono passato sulla tua casa. Potrai essere mia prigioniera dalle tre alle sei.»

A palazzo Venezia: «Amore, togliti il rossetto e baciami [...] Sì, ci sono stato [*a letto con mia moglie*]. Sabato, mi pare. O ieri, non ricordo. Quando si arriva a una certa età non ci si dovrebbe più prendere. Io avevo atteso, nella speranza che le venisse qualche impedimento. Invece nulla. È stata lei, è venuta allo studio. Credevo di fare meglio ad attendere dei giorni, speravo di cavarmela. Invece... Mia moglie ha certi nervi, sai, certi nervi che non ti dico. Sopporta ormai questa cosa perché lo deve fare. Ma il livore che ha dentro lo dimostra così».

Facciamo l'amore con violenza e poi, dopo nanna, ancora. [...]

«Mia moglie sopporta, ma questo matrimonio [*del figlio Bruno*] non le va giù. Sposarsi così presto [*Bruno ha vent'anni*]... Vittorio è andato a Berlino, c'è stato dieci giorni e non ha inviato neanche una cartolina, neanche una telefonata a [sua moglie] Ola. Come se non esistesse. E Bruno farà altrettanto. Ho un po' di malinconia, anche questo ragazzo se ne va. Sì, è vero che rimane sempre, ma la famiglia è slegata. Non è più la stessa cosa, non vive più con noi. Mi dispiace più di Vittorio. Così restiamo in due. Sì, ci sono i bambini. Dice mia moglie: "Almeno per dieci anni non si parlerà più di matrimonio". Chissà se anche Romano seguirà le orme di Bruno: sposerebbe fra otto anni. E anche l'Anna potrebbe sposare a diciotto [anni]. Così fra otto anni altri due matrimoni. Ti ricordi sulla neve? Quest'anno Romano era gentile e affettuoso, specialmente con Mimi. Ha mangiato con voi, tutto. Rideva con te, sono contento. E poi non ha mai detto nulla a mia moglie: furbo, eh! Mia moglie, quando è nel gruppo delle sue donne – cinque o otto, quante sono – dice lavorando: "Li vogliono sposare, i Mussolini... Se ne accorgeranno, di che razza sono. Li conosco bene, stanno fresche. Io invece sono dei Guidi, è diverso". Sì, è vero, gliene ho fatte tante. Come, tu difendi mia moglie? Ma questo è un oltraggio.» Ride.

«Pensa che due giorni dopo che eravamo insieme mi ha trovato in tasca le foto della Bianca.[165] Immagina un po'. Io le dicevo: "Ma cara, amo solo te".»

Claretta: «Ciò che dici a me».

«Amore, per te la mia fedeltà spirituale è assoluta.»

Lo guardo e lo prego di tacere. Gli dico che so tutto, che prima di partire per Forlì è stato con la Ruspi. Che mi sono resa conto di tutto, e ormai non me la prendo più. Lo lascio fare, ho capito. Lui si avvilisce. È pallido: «Tu non mi ami più. Certo, sono vecchio. Dovevo aspettarmelo. Ciò che mi dici è gravissimo e tremendo. Non lo dimenticherò facilmente...».

Claretta: «Interpreti tutto a rovescio. Sono stanca delle donne che hai, non di te».

«Sento sfuggire il tempo come l'acqua nelle mani»

Ha gli occhi pieni di pianto: «Sono ai tre quarti del cammino, so già quanto mi manca alla meta. Non c'è da farsi illusioni, è come essere arrivati a Ostia Scavi [*penultima fermata della ferrovia Roma-Ostia*]: quanto manca per Ostia? Avrei bisogno ancora di trent'anni per realizzare i piani che sono già pronti nella mia mente. Sento sfuggire il tempo come l'acqua nelle mani. Sì, anche Dallolio ha 85 anni,[166] ed è il mio più prezioso collaboratore. Ma stasera

[165] Bianca Veneziana, amante di Mussolini fino al 1930.
[166] Alfredo Dallolio (1853-1952), generale, commissario per gli armamenti.

ho veduto che è vecchio, ha avuto un'amnesia. Non ricordava, e poi mi ha detto: "Scusate, avrei bisogno di cinque-sei giorni di riposo". Arriverò io a quell'età? A volte mi vedo già morto, la folla che gira attorno al letto e guarda. La gente dirà: "Com'è possibile, quest'uomo era così forte, energico, pieno di vita, robusto, infaticabile, [ed] è lì freddo, finito"».

Mentre parla è a metà della sala con la schiena volta al tavolo, le gambe piantate un po' larghe, il mento in avanti. Lo abbraccio impedendogli di continuare.

«No cara, è così. Non ho il tempo per trasformare come vorrei questa Italia e questi italiani. La giornata ha poche ore per me, ho paura di non arrivare. Questa è la mia tragedia. Tu non hai responsabilità politiche, grandi cose da fare, un mondo da riformare. Sei una bambina, e io mi sento vecchio.»

Gli sono vicina e dimentico tutto ciò che mi fa soffrire. Mi prende il viso fra le mani, mi bacia a lungo.

Mi chiama alle 10 da casa: «Amore, stanno di sotto a vedere i regali [*per il matrimonio di Bruno Mussolini*]. Sì, sono belli. Quale, quel pacco che avevo sul tavolo? Una truss [*sic*] da sera molto bella». Era del re, accompagnata da una lettera di suo pugno.

25 ottobre 1938: «*Non c'è più poesia, slancio, entusiasmo*»

Al mattino nulla, ma ha avuto il direttorio del partito. Gli scrivo.

Mi chiama alle 2: «Ti ringrazio per le lettere. Però la conclusione è che non mi ami più. O almeno non come prima di certo. Mi hai detto: "Non c'è più poesia, slancio, entusiasmo". Sono molto triste. Non ho capito? Spiegati allora. Va bene, va bene».

Alle 3: «Amore, ho ricevuto una lettera della figlia della Sarfatti».

26 ottobre 1938: «*La guerra rende magnifico l'uomo. Chi diventa cieco, chi zoppo...*»

Alle 12: «Ho finito ora con i legionari di Spagna. Ti attendo amore, vado di là».

Alle 4 entro, dorme come un bambino. Mi accuccio piano vicino al letto, sedendo sul tappeto, e guardo nella penombra la sua mano meravigliosa adagiata, socchiusa, con le dita che emanano forza anche in riposo. Dorme profondo, si desta e mi parla pieno di desiderio. Facciamo l'amore con forza, completo.

«[Questa mattina] ho parlato per un'ora senza interruzione, rapidissimo. Sono stato mordace, feroce, frizzante, vivido, tanto che Alfieri ha detto che sono stato sfavillante. Fra l'altro ho detto: "Molti secoli fa, quand'ero socialista...". Mi hanno guardato stupiti, poi hanno compreso. Comprendono dopo, quando sono già avanti. E ridono in ritardo. Sì, [il discorso] è stato ripreso da due stenografi, ma rimane inedito. Non si conoscerà che fra sedici anni, così come hanno atteso sedici anni per conoscere l'ordine di movimento della marcia su Roma. Insomma, sono stato brillantissimo, erano tutti elettrizzati. Sono rimasto commosso da questi 700 ufficiali magnifici, facce dure, forti, uomini splendidi. La guerra fa bene all'uomo, lo ritempra. Chi era cieco, chi senza un occhio, chi zoppo, eppure ridevano sereni, come niente fosse. La lotta è necessaria all'uomo. Hanno visto la morte da vicino per mesi, l'hanno sfiorata, sono forti, se tu vedessi che facce, che occhi. Ho detto loro delle cose che li hanno commossi, emozionati. Come quel discorso di Eboli, ricordi, che nessuno doveva dire nulla. E poi si seppe che avevo detto: "Metteremo in ginocchio il Negus, spezzeremo la spina dorsale della Società delle nazioni, piegheremo la Francia, l'Inghilterra...".»

Va via bellissimo.

29 ottobre 1938: *il figlio Bruno Mussolini si sposa*

Matrimonio di Bruno. Sono andata anch'io a vederlo, e ho preso tant'acqua da fare una doccia. Lui è arrivato sottobraccio alla sposa, e ha il volto disfatto. Ho naturalmente una pessima impressione. Attendo la cerimonia, mi fradicio. Noto una signora bruna vestita con un abito arancione e un cappello marrone. Bella ma non fine, molto volgare. Attende ansiosamente. Gli agenti le fanno strada, la lasciano in prima fila. Quando lui esce, nel volgersi la vede. La guarda un attimo, le sorride. Poi, prima di montare in auto, ancora. Mi dicono che è la moglie del colonnello Pessuti, ma poi sembra di no. Comunque ho i nervi fino al cervello.

Entro alle 7, è stanco. «Mia moglie è stata durissima verso quella ragazza. Non le ha rivolto la parola tutto il tempo, nemmeno questa mattina quando si vestiva, con tutte le donne intorno. Poi, quando siamo andati a San Pietro, tutta la gente ad applaudirmi, e io che facevo così [fa un gesto con la mano]: "Ma non sono io che mi sposo". La sposa aveva freddo e la madre mi ha detto: "Bisogna capirla, sapete, non ha nulla sotto il vestito, ed è seta. Così l'abbiamo impellicciata". Mentre salivamo il padre di lei scivola sull'acqua e cade. Poveretto, credo si sia fatto molto male ad un ginocchio. Emozione generale. A un certo punto tutti cercavano qualcosa: il padre di lei che si era perduto non so che. Sono andato via prima e sono venuto qui. Ho detto a mia moglie che andavo a prendere una carta importante per farla vedere al ministro tedesco.[167] Alle due e un quarto sono andato via, e alle due e tre quarti ero qui. Non avrei avuto neanche il tempo [*di vedere la Ruspi*]. Mi dispiace che tu dica che non te ne importa nulla. Tu non sei la mia amica, e neanche questa tremenda parola che dici: "La mia mantenu-

[167] Joachim von Ribbentrop (1893-1946), ministro degli Esteri.

ta". È terribile cara, non ripeterla più. Le altre sono così, non tu che sei il mio amore.»

«Quando mi rimonterà il desiderio la prenderò di nuovo»

«È dal 18-19 ottobre che non so nulla di quella signora [*la Ruspi*]. Passano settimane durante le quali dimentico la sua esistenza. Adesso mi devo ricaricare. Vedi come sono brutale: ti dico che quando mi rimonta il desiderio – e rimonterà – la prenderò di nuovo. Sì, sono fatto così. Non ricordo neanche quando l'ho presa e come. Lo ammetto, convengo con te che ciò può essere avvenuto, ma quando non lo so. Non ricordo le ore che vado al gabinetto. Questa per me è una funzione che dura cinque minuti, e alle volte mi chiedo perché lo faccio. Ma non lo so.»

Ride, poi scatta: «Nessuno mai in tanti anni di governo e di vita mi ha inflitto offesa più atroce, nessuno mi ha mai dato del mentitore. Possibile che proprio tu [lo faccia]? Se non mi ami più, se ti rassegni, io ti lascio. Sì, è vero, ho telefonato alla Pallottelli, ieri o l'altro ieri. Le ho domandato se era tornata a Roma. Mi ha detto che il figlio Duilio è molto malato, che ha preso la meba [*sic*]. Quindi entrerà in un ospedale. Che Duilio è a scuola e Adua, sempre bellissima, è a casa. Deve avere dei guai seri, ma non vuole dirmeli. Oh, quella poveretta è proprio finita. I bambini sono miei. Infatti. Così. Era da luglio che non la vedevo...».

Claretta: «Allora l'hai vista!».

Ride, è preso in castagna, cerca di negare: «No, non l'ho veduta, le ho telefonato. Sai, sono distratto, penso ad altro. Tu sei col fucile spianato, cogli ogni mio errore. Ma non l'ho veduta».

«Il parroco mi ringrazia per aver reso storica la sua chiesa»

«Questa giornata mi ha sfinito. Mi spiace che Bruno sia andato via. Oh sì, anche a Torione [*Vittorio*] caro voglio bene. Ma per Bruno ho più tenerezza. È ancora un bambino. [Si è sposato] troppo presto, poteva attendere. Ma sono cinque anni [che stanno assieme]. Adesso anche Bruno non c'è più. Guarderò il solito posto, a capotavola: sarà vuoto. Una grande malinconia. Sì, è vero, torna. Ma non è la stessa cosa, non è più mio. La famiglia è smembrata, fra poco rimarremo soli. Il parroco di San Giuseppe[168] mi ringraziava di avere reso storica la chiesa [*scegliendola per il matrimonio*]. Gli ho risposto: "Adesso c'è una sosta, poi toccherà all'Anna...".

Mi diceva l'Edda, che è venuta a prendere dei libri: "Che ha quella ragazza, sempre triste?". "La causa è tua madre, non vedi che non le ha rivolto la parola tutto il giorno? Non l'ha neanche guardata, è cattiva." Oggi l'Edda è stata simpatica. Mi dicevano che aveva messo la rivoluzione di allegria in quei dieci giorni che era stata fuori. È magrissima. A tavola ne ha fatta una delle sue. Ha detto: "Mai io non la mangio questa roba così minuta, cos'è? Portatemi un piatto di spaghetti". Sapessi quanto mangia, quattro volte al giorno. Eppure è magrissima. È strana, quella donna. [...]

Tu scherzi: gelosia [*da parte di Rachele verso la nuova nuora Gina*]? Ma è possibile questo? Essere gelose del figlio? Non credo, però... A tavola avevo voglia, guardando i piatti, di dargliene uno in testa. Sai che spettacolo. Lei [mia nuora], poverina, cercava di parlare: nulla. Di attirare l'attenzione: niente. In macchina nel tragitto mi ha detto quasi piangendo: "Vi ringrazio di quello che avete fatto per me. Se non eravate voi, non avrei mai sposato Bruno. Ormai sono cinque anni che facciamo l'amore, non ci sono più misteri fra noi: ci amiamo. E sarei stata molto infelice". "Fallo felice" le ho detto io.

"Farò tutto il possibile" e si è messa a piangere "mi dispiace tanto della mamma." "Vedrai" ho detto "poco a

168 Accanto a villa Torlonia, sulla Nomentana.

poco ci riuscirai. Cerca di esserle vicino, di prenderla un poco." Me lo ha promesso. Ma mia moglie è stata di una crudeltà assoluta. [...]

No, non mi sento di andare a teatro, non mi attira più. Né il lirico né la prosa. La sera sono stanco, e mi secca essere nel palco così. Prenderò il palco per la famiglia, tanto più che Bruno è molto amante della musica. Ma io ci andrò pochissimo, a meno che non ci siano delle cose molto belle. Se tu ci vuoi andare, se ci tieni, vai pure. Non posso impedirti di divagarti. Così andresti con Mimi? Bene, due [donne] sole al teatro. Ma sì, vai pure. Tu non mi ami più, la tua indifferenza è glaciale. Fai male. Io ti amo. Ma se vuoi, vacci.»

Alle 9 di sera: «Cara, sono andati a vedere *Biancaneve e i sette nani* al cinema Medioevale».

30 ottobre 1938: *«I vecchi rincretiniscono dietro alle giovincelle»*

Alle 12: «Che ha detto Mimi della *Francesca?*[169] La critica era così così, fra le righe si capiva che era tutta una montatura. Adesso vedrò Farinacci. Sei stanca? Ti riposerai fra le mie braccia».

A palazzo Venezia: «Oggi mia moglie mi ha detto delle frasi strane: "Ti hanno raccontato di quel generale vecchio che si è sposato una donna più giovane di lui di trent'anni? Pare impossibile come questi uomini, quando invecchiano, si rincretiniscano dietro alle giovincelle. È incredibile". Che ne dici? Non ci vedi qualcosa sotto? E poi sono vecchio, io? Sono rincretinito? Non avrà alluso?

Amore, ti penso tutto il giorno, anche quando non vorrei. La mia vita è un tumulto continuo. Al mattino appena

---

[169] *Francesca da Rimini*, opera di Riccardo Zandonai.

apro gli occhi il mio pensiero è Clara. Che farà Clara? Dorme, mi sogna...».

«Le salme dei caduti in Spagna sono un'ipoteca»

«Una vedova di guerra mi ha chiesto il ritorno a Roma della salma del figlio caduto in Spagna. Ma io non ho fatto tornare nessuna salma. Il soldato che cade sul campo consacra con il suo corpo la terra che ha difeso, la nutre della sacra fede per cui è morto. Lascia un segno indelebile dell'ideale per cui è caduto. E in particolar modo nessuno dalla Spagna, perché ogni pezzo di terra che ricopre un soldato è un'ipoteca, un segno del valore. Se noi togliessimo dalla Spagna i tremila caduti per la causa fascista, domani potrebbero anche negarci questo sacrificio. Lei si è commossa e mi ha detto: "Duce, comprendo, e lasciate pure mio figlio dov'è caduto. Sentirò che quel piccolo pezzo di terra è suo. Ho ancora quattro figli maschi, anche questi sono vostri. Ve li offro". [...]

Tutto quello che ho lo guadagno col sudore della fronte. Non prendo un soldo dal governo, e pago mille lire al giorno di tasse. Tutto frutto di diritti d'autore, articoli del giornale, ecc. Anche il ministro delle Finanze è rimasto [sorpreso]. Quella donna [la Ruspi] è una spugna, credo che spenda tutto dalla sarta. Esagera: le ho dato ventimila per tre mesi, e lei ne voleva mille in più. Che miseria. Quella scena mi ha disgustato.»

Facciamo l'amore.

31 ottobre 1938: «Spogliami, ho il torso villoso»

Alle 2: «Sono tornato ora, è stato bellissimo. Sembravano tanti soldati allineati sul forte. E anche le donne, tutte in divisa, molto bene. Le senti queste fanfare? Piazza Venezia è piena di soldati. Sono un po' nervoso perché mi sono perduto la busta degli occhiali dov'è il tuo anello e le spilline di Loreto. Spero di ritrovarla, ne sarei veramente addolorato».

Entro alle sette. È bellissimo vestito da maresciallo. Gli dico: «Sei imperiale. Mi intimidisci. Chiudi la tendina». Ride di cuore: «Mi piace questo tuo parlare telegrafico. Ma ora baciami. Ti piaccio? Dice Ciano che così vestito sto benissimo. Guarda il berretto: sono duro, molto, vero? Spogliami, vedimi così come sono per te: il gladiatore dal torso villoso, che ti stringe e ti ama. Ho visto Ciano per quasi un'ora, gli dovevo parlare perché va a Vienna. Poi Alfieri e Tassinari.[170] Vedevo oggi quegli ufficiali tondi come bottiglie con pancia. Sono pigri, sonnolenti, stanchi. Il giorno che sarò morto tutti tireranno un sospiro di sollievo: "Sì è vero, Mussolini era grande, ma non ci lasciava un momento tranquilli, mai. Sempre desti, pronti. Ora potremo finalmente poltrire". Non dico che saranno felici, ma certo dormiranno [...]

Chi ti ha dato quell'anello? Davvero? Non voglio che tu porti cose che io non ti ho regalato. Non metterla [*la Ruspi*] sempre sul piatto. Può essere che io arrivi anche a mantenerla senza farle fare delle marchette.

Questi giorni ho tanto da fare. Domani [*il comitato per*] l'autarchia. Dopodomani i Morti. Poi la Vittoria».

Novembre 1938

Claretta e Mussolini continuano a vedersi alla spiaggia di Castelporziano fino al 17 novembre. Dal 7 al 9 vengono promulgate altre leggi razziali contro gli ebrei. Mussolini si scaglia contro il Vaticano, che difende i matrimoni misti. Vorrebbe addirittura denunciare il Concordato del 1929.

[170] Giuseppe Tassinari (1891-1944), ministro dell'Agricoltura.

1° novembre 1938: «*Biancaneve meglio di Greta Garbo*»

Alle 2: «Ho avuto [*in udienza*] 14 persone. Ho dovuto vedere anche un cavallo che ha saltato 2 metri e 44 d'ostacolo [*ai campionati nazionali del 27 ottobre a piazza di Siena*]. Sono sceso quasi mezz'ora in cortile dove me li avevano portati, il cavallo [*Osoppo*], il cavaliere e l'ostacolo. Il cavallo nulla di speciale, piccolo, le gambe posteriori più lunghe. [*Il capitano Gutierrez*] che lo montava non peserà più di 40 chili. L'ostacolo è spaventoso, ha battuto ogni record. Poi ho visto Limoni, il regista di *Francesca da Rimini*. Tu che fai oggi? Io vado al [*ministero del*]le Corporazioni. Perché non vai a vedere *Luciano Serra pilota*,[171] così mi darai il tuo giudizio».

Claretta va di fronte al ministero.

Alle 8 lo vedo passare in via Veneto, sorride.

Alle 10: «Sono stato a vedere *Biancaneve e i sette nani*: bellissimo, fantastico. Mai credevo possibile una cosa così bella. Non c'è più bisogno di Greta Garbo, di attori, quando si riesce a fare uno spettacolo di questo genere. Devi vedere che colori, che tinte, che disegni! E poi la fantasia di quest'uomo [*Walt Disney*] è straordinaria nel creare le cose strane: piante, fiori, uccellini... magnifico».

Claretta sospetta una bugia, perché Biancaneve *era già stato visto dai Mussolini il 29 ottobre.*

Mussolini: «Non voglio che tu metta in dubbio [la mia parola]. Hanno ridato il film per me, perché valeva la pena vederlo. Poi ho lasciato lì mia moglie, perché se veniva via con me alla fine del film temevo di non poterti telefonare».

Alle 10 e 3/4: «Sono tornati i ragazzi e mi hanno detto che mia moglie sta a vedere ancora un film, così sono tranquillo».

---

[171] Film con Amedeo Nazzari, sceneggiato da Roberto Rossellini.

2 novembre 1938

Mussolini va da solo al mare. Il giorno prima c'è stata sua moglie, e lui teme che nella capanna abbia trovato traccia dei molti giorni passati con Claretta. La quale lo accusa di averci portato qualche altra donna, e lui si arrabbia. Poi fanno pace.

[*Alla sera*] telefona alle 9: «Ho veduto due film Luce. Mia moglie è giù che vede *Ragazze alla sbarra*. Non so, è un film di cui ho visto poche battute. Dev'essere sciocchino. Oggi [al mare] non ho fatto che ricordarti, che vivere di te. Perfino quando mi sono bagnato i piedi ho pensato: "Se fosse qui lei me li asciugherebbe"».

3 novembre 1938: *«Scrivere i discorsi è complicato»*

«Ho finito di scrivere il discorso per domani.[172] Non è facile. Non si può dire né poco né troppo. È piuttosto complicato. Ho corretto e preparato.»

4 novembre 1938: *ventennale della Vittoria*

Vado alla manifestazione in piazza Venezia. Nella tribuna c'è la Sarfatti.[173] Me ne infischio, ma un po' mi turba l'idea che quel rudere sia stata sua. Più in là c'è una signora sottile, bionda, alta, con grandi occhiali neri. Mi mette un po' in sospetto. Mi guarda, e lui quando passa al ritorno guarda lì e sorride. Non so se a lei.

La cerimonia è bella per le bandiere che riempiono la piazza sotto il sole. Lui ride con Badoglio ai piedi della scalinata, ma mi irrita che debba attendere l'arrivo dei so-

---

[172] Ventesimo anniversario della vittoria nella Prima guerra mondiale.
[173] Che presto abbandonerà l'Italia per le leggi antiebraiche.

vrani. Mentre è lui l'Imperatore. Non mi piacciono gli inginocchiatoi rossi sull'altare della Patria, è come una profanazione. Né mi piace la musica che è fuori posto, con melodie di opera. Molte cose che mi irritano. Finita la cerimonia lui passa sotto le tribune, bellissimo. Poi lo ascolto dal Balcone nel suo potente discorso. E all'uragano degli applausi.

All'una telefona: «Ebbene dov'eri, che non ti ho veduto? Sai che non posso guardare in giro. Com'ero? Il discorso ti è piaciuto? Molte cose ti hanno seccato? Forse qualcosa di me?

No, non conosco donne bionde, alte, sottili. E tanto meno direi a una donna di mettersi gli occhiali neri. A te l'ho detto perché è un'altra cosa. La signora Pessini, figlia di un industriale, anzi moglie del figlio, non la ricordo neanche più. Mi sono dimenticato anche di averla conosciuta. Giuro sul mio onore che non so più che esista, non ci penso come non penso alle unghie dei miei piedi. E poi ti dico francamente che ho talmente paura delle tue scene, e ne ho così a sufficienza, che piuttosto che farmi una nuova donna mi taglio i testicoli. A parte che ho 55 anni e non posso più correre le avventure. Bisogna che anch'io mi rispetti un poco. Già sono abbastanza ridicolo con te. Se fra noi finisse tutto non avrò mai più un'amante. Prenderò delle prostitute. Me le farò portare proprio da un bordello, le pagherò, e via. Ogni volta una nuova. Basta, basta con le cose lunghe. La Ruspi dal 18 ottobre e anche prima non la vedo. Prima che si ricarichi la sveglia passerà del tempo. Per tenere desto un amore ci vuole molta accortezza e intuito, cosa che in genere manca alle donne».

«I medici italiani sono dei vigliacchi»

Siede e lavora. Scrive una nota contro i medici: «Ho indetto un concorso per l'Africa. Davo alla partenza 15 mila lire, tremila al mese, libertà di professione, e dopo un anno altre 15 mila. Sono partiti soltanto in quattordici. Quindi non credo più alla miseria e alla fame dei medici. Sono dei vigliacchi, timidi. Dovevano essere trecento, ne partono quattordici».

Telefona a Teruzzi. De Bono vuole pubblicata una lettera che contesta un verbale di Balbo: «Ah, questo De Bono, monarchico e invecchiato. Mi disgusta, sempre scontento. Certo Balbo insorgerà, dirà che ha ragione lui che ha scritto mentre gli avvenimenti [*la marcia su Roma*] si svolgevano. Infatti lo stile sconclusionato e disordinato dimostra che scriveva su una botte. E ciò che afferma De Bono oggi, dopo sedici anni, è sbagliato. Come può ricordarsi ora di prima? Non trovi anche tu che è più credibile uno che scrive sul momento e sul posto, invece di uno che ricorda? Ah, la vecchiaia, io la detesto la schifosa vecchiaia. È la disintegrazione di tutte le molecole, la fine. Non c'è più giudizio, serenità. Certo che farò come intendo io, ma comunque sono questioni noiose».

Parliamo del re, gli dico che la sua è una diminuzione, [dover] dire alla fine del discorso «Saluto...», perché lui è l'Imperatore e quindi non deve abbassarsi, ecc. Parlo a lungo, mi ascolta con interesse. Alla fine mi guarda un po' perplesso. Non commenta. Mi dice: «A me puoi dire tutto, purché non parli fuori di qui di queste cose. Vorrei fare come Hitler: stare in campagna, e ogni tanto venire a sorvegliare il lavoro. Non ce la faccio».

5 novembre 1938: *la sua ex cameriera sa di Claretta*

«Ho ricevuto una mia ex cameriera, Maria, che adesso è impiegata alla Maternità. [Vuole] il solito sussidio. Poi mi ha domandato il permesso di dirmi una cosa, e arrossendo: "Sapete cosa si dice per le strade? Che avete una giovane amante figlia di una personalità del Vaticano". Le ho risposto: "Solite chiacchiere, fantasie". Comunque questo dimostra che le cose circolano, ed è grave. Non concludo nulla e non me ne importa nulla. Non mi pare [che con questa cameriera fossimo in] tanta confidenza. È stata tre anni in casa nostra. Spero che non vorrai pensare fino a questo punto. Ah, bene. La mandò via mia moglie, disse che si occupava troppo di me. Mi aveva comprato un paio di pantaloni, questo fu il delitto. Insomma, se si occupano troppo [non vanno bene] perché c'è troppa premura. Se no, sono trascurate, non sanno come fare. Perciò la mandò via. Era una brava donna. Non avevo alcun obbligo di dirti che era venuta, né di raccontarti i particolari, perciò mi devi credere. Certo che se piuttosto che andare e venire tu piantassi le tende qui [a palazzo Venezia] sarebbe meglio, che ne dici? Così si eviterebbe il passeggio.»

Dolori di suocero

«Pensa che mia nuora [*neosposa di Bruno*] non ha mandato neanche un rigo di grazie, né un saluto [dal viaggio di nozze]. Sono molto seccato e sorpreso, dopo ciò che bolle in pentola neanche una parola. Poi naturalmente ci sono i commenti di mia moglie, che dice: "Certo, adesso tanto è una Mussolini, che importa il resto". Lei sta sistemando la casa, il nido, farà trovare tutto in ordine. Quindi dimostra buona volontà. Ha saputo che lei ha telefonato ai suoi, quindi aveva il tempo. Anche nei miei riguardi, molto male. Sono veramente spiacente.»

6 novembre 1938: «*Gli ebrei sanno della Sarfatti e si vendicano*»

Palazzo Venezia. Sfoglio la rivista *Vita femminile*. Spiega che gli è stata mandata dalla [*direttrice*] Ester Lombardo (sua ex amante), con una lettera d'accompagno che leggo.

Lui legge giornali antifascisti, indica un libricino dove è scritto: «È noto che Margherita Sarfatti è stata l'amante e la confidente del duce».

«Vedi? Gli ebrei ne sono a conoscenza, e si vendicano come possono.» Gli dico che questa donna passerà alla storia come un suo grande amore. Mi risponde: «Tu passerai come *il* mio grande amore». Facciamo l'amore con affetto intensissimo, si addormenta. Poi lo facciamo di nuovo con grande sforzo, forse ha un po' di febbre.

Non so come veniamo al solito discorso. Gli dico che so che [la Ruspi] dorme a villa Torlonia, e che a casa ci sta solo il giorno. Nega, dice di non saperlo: «Le ho preso e pagato tanto l'appartamento perché non stesse lì. Dice di avere paura di mia moglie, quindi non so come pensa di starci».

Claretta: «So che devo fare la mezzadria, sono rassegnata. Però non prendermi in giro». Gli dico del commendatore[174] e della macchina. Mi dice turbato: «Ma il fratello è commendatore, è a capo dell'Agip. Quindi la macchina è a nome suo. Perciò nulla. Ti garantisco che se avesse un amante mi farebbe piacere». Ma ho compreso che della Ruspi è ancora geloso.

Si mette a leggere: «Questo Nitti[175] schifoso. Ancora parla, e in che modo. È ora che taccia...».

In un giornale tedesco trova una sua foto molto bella: «Vedi, loro sanno trovare quelle belle. Da noi non le sanno scegliere».

Claretta: «Certo, questa è un po' prussiana. Sembri un tedesco».

La guarda: «È vero. Ma loro sostengono che io sono prussiano. Hanno pubblicato un libro nel quale dicono che nel 1400 c'era un Mussolini nelle loro armate». Ride. «Questa cosa non la vedi volentieri, vero? Ti irrita, non la vuoi sentire.»

---

[174] Visto entrare a casa della Ruspi: anche Claretta ha informatori.
[175] Francesco Saverio Nitti (1868-1953), premier nel 1919-1920.

«Certo, tu sei un Cesare. Cosa vanno a pescare.»

«Eppure vorrebbero trovarmi prussiano. Dicono che sono italiano per sbaglio.»

Legge ancora. «Questo porco di Ludwig[176] dice che bisogna dare il premio Nobel a Benes.[177] Altro errore della mia vita, questo ebreo Ludwig. È venuto da me per lo meno venti volte, per scrivere in un italiano... Hai letto?[178] Scritto male, e con molto astio. Un errore. Come quello della Sarfatti, non me lo perdonerò mai. Fortuna che dal '34 con quella signora ogni rapporto è cessato.»

Ascolta commosso [alla radio] *Ah non mi ridestar* [*dal Werther*], e mi tira un bacino. Posa la testa sul mio petto e lo cullo come un bimbo. Si alza, comincia a vestirsi, si china e mi bacia un piedino. Sorride: «Non suoniamo più il nostro violino, come mai?».

«Questa mattina mi sono seccato perché Starace mi ha detto: "Non dovete tenere il berretto aperto verso il pubblico, ma chiuso". Mi ha irritato, come tutte le cose che non sono fatte bene come vorrei.»

Guardo un magnifico aeroplano in piccolo che gli hanno regalato, dei cantieri di Monfalcone.

7 novembre 1938: «*Romano dice che ha visto lo stivale nella luna*»

«Sono andato a Pescara, ho visitato la casa di D'Annunzio. Il volo è stato meraviglioso, il Gran Sasso è imponente, com'è bella la Maiella. Quanti monti ci sono in Italia, che bello volare, 4000 metri! Ti ho pensato molto, sono passato sul nostro Terminillo. Il Gran Sasso è pieno di neve, il Terminillo no. Ho pilotato sempre io solo, cosa

---

[176] Emil Ludwig (1881-1948), giornalista e biografo.
[177] Edvard Benes (1884-1948), presidente cecoslovacco dimessosi dopo la conferenza di Monaco.
[178] *Colloqui con Mussolini*, di E. Ludwig, 1932.

che ha fatto andare in bestia Starace. Gli ho detto che non è possibile sentire sempre il pilota accanto. Non si ha più l'impressione di saper volare, così li ho spediti via dicendo che almeno in volo volevo esser solo.»

Alle 9 di sera: «Amore, ho fatto venire un film per poterti telefonare: *Prigionieri alla sbarra*. Ne ho visto un atto. Adesso leggo *Barbarella*, certe lettere di D'Annunzio a questa Barbarella.[179] Hai veduto la luna? È tutta coperta, è strano. [*C'è un'eclisse.*] I bambini non avevano mai visto [la luna] così, sono entusiasti. Dicono che è il sole che fa faville. Romano dice che ha veduto lo stivale nella luna».

Alle 10 e 3/4: «Amore, vado a dormire. Stai tranquilla, ti spiattello tutto in faccia dall'a alla zeta, pur di non subire la tua inquisizione».

8 novembre 1938: «*Il mio monumento a Tripoli non mi piace*»

«Amore, dicono che se due che si amano si baciano durante un'eclisse, non potranno lasciarsi per tutta la vita. Se lo sapevo sarei uscito ad ogni costo, avrei trovato il modo.» Alle 5 e alle 6 chiama, risponde mamma, non ci sono. Alle 7: «Dove sei andata? Ma che fai, dove vai, quando? Questo tuo modo di fare non mi va, che tu giri sola, queste uscite misteriose. Non ti capisco, e d'altronde non ti voglio capire».

Alle 10: «Il mio monumento a Tripoli non mi piace affatto, il tuo bozzetto era migliore. Mi hanno fatto con il cavallo indietro».

---

[179] Elvira Natalia Fraternali Leoni (1862-1949).

9 novembre 1938: «*Mi spiace non essere andato dalla Ruspi*»

«Mia moglie è partita, tornerà fra qualche giorno. Non credevo di dovertelo dire. Sono pentito di non essere andato da quella signora [*la Ruspi*]. Avevo desiderio di vederla. Insomma, sono quattro mesi [che non la vedo], e tu non meriti che io sacrifichi e dia umiliazioni alle persone. È una mia vecchia amica, avevo piacere di vederla. Poi tu avevi capito, ho pensato che eri in giro come un falco, e così quando Mario [*l'autista*] è tornato l'ho rimandato indietro. Ho telefonato alla signora, le ho detto che non potevo più. Ha risposto: "Al solito, poi dici che non è vero che sei pazzo di quella stupida". Ha cominciato ad insultarti, ho abbassato [la cornetta]. Testuale, non ammetto dubbi. Non ho voluto darti dispiaceri. [Ma] ti dico la verità, sono brutale: mi dispiace non esserci andato.»

10 novembre 1938: «*Ho giocato con i bimbi ai francobolli: dov'è Cuba? Dov'è l'Uruguay?*»

Arrivo al mare alle due. Gioca alle bocce, non ha il coraggio di guardarmi in faccia. Proseguo con Mimi verso il capanno. Lui segue dopo un po'. Si dà atteggiamenti di chiasso e di allegria, saltando e correndo dentro e fuori. Dice a Mimi: «Facciamo il bagno? Credi che non abbia il coraggio? Non lo abbiamo fatto fino al 7 novembre l'anno scorso?».

Corre in acqua fino al ginocchio, poi correndo torna indietro e dice: «Ti amo, lo sai? Sono contento di averti detto la verità, mi sono scaricato la coscienza. Era dal 18 luglio o giù di lì che non l'avevo veduta, e forse se lei non avesse mancato di tattica come tutte le donne che si vedono allontanate... Mi ha parlato male di te, e allora non ci sono andato. Avevo desiderio, ma all'ultimo momento ho avuto scrupolo. Ho detto: "Perché devo dare questo dispiacere a Clara?". E poi oggi sono stato con lei».

Mi bacia con forza sulla guancia, però non mi guarda in viso. Si mette il costume, saltella nell'acqua che evidentemente è fredda. Esce ed è pallido. Lo copro. Dice: «Bello, bello, questo freddo mi ha fatto bene, mi tonifica i nervi. Amore ti amo, sono uno scombinato ma ti amo. Mimi, ora dico davanti a te che amo Clara, e che sono felice di avere avuto questa vittoria l'altra sera. Il desiderio era tramontato. Al mattino mi andava, [ma] alla sera, dopo essere stato con te... Veramente era un po' grossa. E poi la signora, invece di usare delle parole adatte e accoglienti, ha risposto male. È stata inopportuna e sciocca, come tutte le donne che si sentono perdute. Se ti avessi trovato in casa [*al telefono*] non so se ci sarei andato. Non credo, perché poi io la sera non esco volentieri. Ho giocato con i bambini ai francobolli e l'Anna mi ha tenuto molto occupato nelle notizie geografiche: "Dov'è Cuba? Dov'è l'Uruguay?". Così mi è passato di mente e sono uscito. Ora mi sento male. Forse avevi ragione tu, non dovevo fare il bagno. Mi sento tutto sturbato. Corro, così passerà».

«*Non potrei amare la sorella della mia amante*»

Gli consiglio di sdraiarsi, cosa che fa: «Vieni vicino a me amore, ascolta. Ho molto migliorato il mio stile da due anni in qua. Quella processione di donne che veniva a palazzo Venezia è cessata. Non vieni che tu. Fuori non sono rimasti che due residui, la Ruspi e la Pallottelli. Di novità, stai certa, nulla, ne ho il sacro terrore. Sono talmente impaurito di te che non ho più il coraggio di fare le cose. Ho avuto il desiderio di vedere i bambini, che la Pallottelli dice sono miei. Infatti ricordo un particolare di Duilio: nel momento dello spasimo lei mi ha tenuto per le braccia. E dopo un mese mi disse che era incinta. Era aprile, quindi forse è vero. Comunque, povera donna, è veramente una vecchia ciabatta. L'altra lo sai, anche quella si spegne. Avventure non ne ho perché sono rimasto scottato dall'ultima, quella di Parigi [*la Fontanges*], che raccontò tutto con una spudoratezza tutta francese. Fra le altre [cose], che quando la buttai sul letto le mutandine fecero uno strappo con un rumore curioso. Tu ti disgusti, vero? Certe cose non ti piacciono, lo so. Così come dopo la mia sincerità mi detesti. Ma tanto mi detesti egualmente. È vero che l'amore ha il sesto senso. Tu senti o dalla mia voce o dallo sguardo o da qualcosa di indefinito che ti sto combinando un cattivo scherzo. Quindi non riesco a fartela. Perciò è meglio parlare. È un impegno morale che ho preso verso me stesso, e dal quale non derogherò. Quindi ti dirò tutto. È anche più semplice, egoisticamente. Così non ho preoccupazioni...».

Silenzio. Parlo poco, non ne ho voglia. Lui mi guarda, chiedo il perché.

«Ti guardo perché mi piaci. Perché ho voglia di guardarti a lungo. Non posso forse guardarti? Ti amo. Sai, l'altra sera Ita la chiacchierina mi ha detto: "Duce, non sapete? Sono a Roma da due mesi. Mio marito è al Vittoriale".

No, non potrei mai amare la cognata di mio figlio, sarebbe impossibile. Benché tu mi disistimi profondamente, io pure ho della moralità e un senso della famiglia assolutamente onesto. Ci sono cose che mi sarebbero inconcepibili: amare una mia cognata, o la sorella di una mia amante. Queste cose ripugnano alla mia costituzione sana di autentico e sano contadino. Qualcosa in me si ribella, non potrei fare come D'Annunzio. In certe cose sono profondamente morale: ho pagato 20 mila lire di nafta per il viaggio di mia moglie.

La questione sessuale è un'altra cosa. Non gli ho dato mai soverchia importanza. Ne ho avute tante, e di molte non ricordo più neanche la fisionomia. Ora ti amo, e il resto non conta.»

Ebrei: «*Basta matrimoni misti*»

«Oggi abbiamo trattato la questione degli ebrei. Certamente sua Santità solleverà delle proteste, perché non riconosceremo i matrimoni misti. Se la Chiesa vorrà farne, faccia pure. Però noi, Stato, non li riconosceremo, e saranno come amanti. Di conseguenza, nemmeno i figli. Tutti quelli che si sono fatti cattolici fino ad oggi, e quindi i figli, rimarranno come adesso. Dalla data stabilita in poi non si ammetteranno più. Capirai. Diversamente si farebbero tutti cattolici pur di potersi sposare, e allora la questione della razza non avrebbe ragion d'essere. Questo il papa non lo vuol capire, quindi faccia come crede. Io non ho altro sistema. Ora avrò la risposta. Farà le solite proteste, e noi andremo avanti come dobbiamo.»

Benito innamorato perdona il figlio Bruno

Andiamo a passeggio. Mi fa vedere dove aveva fatto i segni al nostro posto preferito, per ritrovarlo un altr'anno nel caso che il mare trasformasse la spiaggia: «Vedi amore che era vero. Sono venuto qui, ho fatto questi tre scalini e poi ho messo un bastone».

Continua il discorso, mi parla di Bruno: «Neanche una cartolina, nemmeno un saluto [dal viaggio di nozze]. Questa sera sarò un po' sostenuto, perché ha veramente mancato. Se non era per me, non si sarebbe sposato. Mia moglie è ancora dura e arcigna. Si è piegata per me. Lo so che Bruno non scrive mai. Credo che diventerà analfabeta se andrà avanti così, se pure sa scrivere. Ma lei...

Tu dici? È vero, proprio il sogno delle fate, il principe azzurro. Perché non ha sposato soltanto un Mussolini, ma anche un bel ragazzo forte e intelligente, che ha dato prove di valore e coraggio. Quindi [mia nuora dovrebbe essere] doppiamente felice. E poi è tutto pronto, non deve pensare a nulla. Mi dice Irma che la nuova casa è bellissima. Trova tutto fatto, con la bacchetta magica. Non vorrei che non comprendesse. Un rigo, un telegramma poteva scriverlo. Ma questa sera le farò comprendere».

Telefona alle 9: «Sono andati al cinema. Lei molto vivace e contenta, lui raggiante. Lei mi ha detto che quando sarà una buona cuoca mi vorrà a pranzo. Sono felici. Mi ha chiesto scusa e ha dato la colpa a Bruno, dicendo che lui le aveva impedito [di scrivere], perché io non leggo lettere».

11 novembre 1938: *«La figlia della Pallottelli ha la febbre a 42»*

«Mi ha telefonato la Pallottelli, mi ha detto che la piccola Adù ha la febbre a 42 gradi, non sa che ha ed è disperata. Le ho detto se voleva che l'andassi a trovare, mi ha risposto di no. Sai, è un viavai di dottori. Non bisogna essere crudeli nella vita.» Io gli avevo detto di andarla a trovare!

Vanno al mare, fanno l'amore.

12 novembre 1938: *«Sono contento che tu abbia i capelli bianchi»*

Al mare. «Stamane ho telefonato a quella signora [*la Pallottelli*]. Il medico ha diagnosticato un'infiammazione al rene [alla bimba]. Per questo non poteva orinare e ha la febbre. Voglio informarmi chi è questo medico, perché mi sembra strano che una bambina di quattro anni possa avere un'infiammazione al rene.

La Mostra è interessantissima. Questi tedeschi, cioè questi altoatesini, comincio a prenderli per il loro verso, dalla parte del pelo. Erano considerati cittadini di seconda categoria, e quindi tendevano verso Berlino. Adesso invece tendono verso l'Italia. Sono rimasti entusiasti, non avevano idea di cosa fosse l'Italia, Roma. Sono attoniti. A piazza Venezia ha sfilato un battaglione che va in Africa. Hanno fatto il passo di parata perfetto, molto bravi. Bei ragazzi.

Sono molto contento che tu abbia dei capelli bianchi, questo m'induce ad amarti ancora di più. Devi invecchiare di almeno dieci anni per venirmi più vicino.»

Canzona Mimì che chiede di spostare il tavolino, le rifà il verso. Poi saltella intorno al cibo come un bambino. Quindi corre nell'acqua che dev'essere gelata, perché scatta e si strofina. Ma è felice. Lo richiamo perché ho paura che si faccia male. Alla radio c'è *La Bohème*. Dà la pesca a Mimì che ne va pazza, poi mi guarda e si commuove alla musica. Ha le lagrime agli occhi e va di là. Lo raggiungo, finge di leggere i giornali. Si commuove sempre di più fino ad alzare gli occhi per non far scivolare le lagrime. Lo abbraccio stretto, piango anch'io. Andiamo a fare una passeggiata su e giù per le dune. Mi domanda del papà, del Vaticano, dei successi degli articoli. Si preoccupa di sapere se le porcherie gliele fanno in conseguenza del nostro amore.

«Bruno non deve sapere che sto al mare con una donna»

Dorme. Mimì chiama disperatamente per avvertire che c'è Bruno. Corro incontro a Mimì. Lui sente, si alza inquietissimo e ci avviamo correndo verso la capanna. I suoi commenti sono sfavorevoli e furiosi circa l'opportunità, il tirare troppo la corda, il rischiare di mandare tutto a rotoli, il suo istinto...

Dice: «Sono molto seccato. Non volevo che Bruno, per quanto potesse immaginare, venisse a scoprire che sto al mare con una donna. Non amo farmi prendere in flagrante. È stata un'imprudenza, una follia, non si pensa a nulla. Forse è stata la moglie [di Bruno] che ha voluto venire...».

Mimi torna dicendo che Bruno era andato direttamente a Tor Paterno a caccia, senza minimamente pensare di fermarsi. Nessuno quindi gli aveva sbarrato la strada. Allora si rianima. Dice che è felice di non avere inflitto quest'umiliazione al figlio, e si veste in gran fretta. Decidiamo che io vado prima e passo di sopra. Alle quattro scappo con Mimi. Lui ride felice dicendo che ho un bel ....

15 novembre 1938: «*Non mangio, ho male al pancino*»

«Mandatemi i rapporti al mare: stampa, Africa, interno.»

Claretta sente al telefono Mussolini dare ordini. Lo raggiunge al mare.

Mi viene incontro: «Cara, il tuo cacciatore ha preso due palombacci. Ecco lì il corpo del delitto. Li ho squarciati. Non sei contenta? Sì, [il fucile] è scarico, stai tranquilla, guarda. Oggi non mangio perché ho male al pancino. Questa mattina…».

Claretta: «Tu hai visto la Ruspi».

Rimane sconcertato. Mi guarda e ha gli occhi bugiardi: «No».

«Sì.»

«No, non l'ho veduta.»

«Sì, l'hai vista.»

«No» si riprende «ho veduto la sorella, mi ha detto che si sposano il 21 dicembre e che domani fanno il giuramento. Ma, come l'altra mattina, neanche oggi una parola della sorella, cosa che mi ha stupito. Te lo giuro sul mio onore di soldato: non ho veduto la Ruspi Romilda. Dal 18 ottobre la mia fedeltà è assoluta.»

Mussolini divorzista: «Il marito di mia nipote è impotente...»

Mussolini racconta di sua nipote Rosina che a Firenze si è separata dal marito impotente: «Dev'essere tremendo per una donna, ma soprattutto per un uomo. Già, perché la donna se ne trova un altro. Invece l'uomo rimane così... Comunque tutte queste cose mi convincono sempre di più che una situazione di legame eterno oggi non può più sussistere. Bisogna trovare il modo, in qualche caso, di liberare queste persone infelici insieme, e di dar loro la possibilità di crearsi una nuova vita, se vogliono. Non è umano né logico. Adesso con un nuovo papa imporrò almeno cinque casi di divorzio. Lo facciano loro. Li trovino anche loro se credono, ma è necessario lasciare uno spiraglio per questa gente che sbaglia strada. Anche in questo bisogna assolutamente modernizzarsi. Oggi i tempi sono cambiati, bisogna assuefarsi. È logico, vero?».

«... e il suo amante è un mascalzone antifascista»

«Questa cosa di Rosina mi turba profondamente. Gliel'ho detto chiaro che Paganelli [*il suo amante*] è un mascalzone. Certo che, se non si trova nulla a suo carico contro il partito, è logico che io non possa tener dentro un uomo soltanto perché è l'amante di mia nipote. Brutto, brutto che mia nipote abbia fatto questo proprio con un antifascista. E ne è innamorata, perché piangendo lo ha difeso e ha chiesto grazia per lui. È brutto che mia nipote si sia innamorata di un confinato politico. Non è escluso che si sia lasciata trascinare, perché una volta le trovarono la valigia piena di giornali antifascisti francesi. Lei tornava dalla Francia, e certamente li portava a lui. Quei giornali in Italia non possono entrare. Lui ha finito per portarla alle sue idee, lei lo difende a tutto spiano. Lui lavorava al *Popolo*, ma è passato al *Mondo*. Mi ha voltato le spalle, ha cambiato colore. Ma quel che è più grave, quando ci fu l'attentato contro di me nel '26 disse: "Peccato che Lucetti abbia sbagliato il colpo, la bomba doveva squarciarlo".

Il marito non l'ho voluto ricevere assolutamente, anche lui è un brutto figuro. Credo ci sia qualcosa di poco chiaro in quell'individuo. È losco. Mia sorella è impazzita del tutto, dice che le vuole uccidere, così almeno andranno in Paradiso. Le figlie non la possono vedere. In tutta questa tragedia il vero tragico sono quelle tre bambine abbandonate in mano alla cameriera.»

«*Chissà che i Romani non siano passati di qui*»

Si alza, finiamo una lunga passeggiata lungo mare. Sguazzo [nell'acqua] fino al ginocchio. Raccogliamo le conchigliette. Tiriamo i sassi a rimbalzello nell'acqua, è inquieto che lo batto. Dice di essere felice così, all'aria libera, vicino a me che sono il suo amore. Fa il bagno, lo attendo a riva. Non ha freddo, lo asciugo con forza. Poi va a giocare alle bocce. S'inquieta con se stesso perché perde, è distratto. Poi legge. Gli vado vicino e mi dice di accostarmi, di stare come sempre in ginocchio dinanzi a lui. Mi bacia, facciamo l'amore. Poi andiamo a fare le corse per le dune. Vorrebbe portare il fucile, io non voglio. Se lo mette con la cartucciera a tracolla, sembra un selvaggio. Poi obbedisce. Corriamo.

Si ferma sulla cima d'una duna e dice: «Guarda amore, non è bello quest'orizzonte vasto? I pini, tutte queste tonalità di verde. E le nubi leggere. Dune millenarie: chissà che anche i Romani non siano passati di qui. Forse si amavano come noi ci amiamo. C'è in tutto il mondo qualcuno più felice di noi? Questi 44 milioni di abitanti, chi [di loro] penserebbe che noi siamo qui vicini in questo splendido sole, davanti a questo mare meraviglioso, e che ci amiamo. Sono buono dal 18 ottobre, devi incoraggiarmi».

Telefona alle 10 di sera: «Ho veduto due film Luce: la

firma di Ciano a Vienna, l'entrata degli ungheresi, la rivista dell'11 novembre».

16 novembre 1938: «*Vaticano, miserabili ipocriti: un bianco non può sposare una negra*»

Al mare. «Sai che a casa Reale hanno proibito di salutare romanamente ad un cameriere romagnolo che lo faceva? Lo hanno redarguito, dicendo che non si saluta più così. Immagina io. Adesso penserò...» Lavora e scatta tremendo: «Ah no! Qui il Vaticano vuole la rottura. Ed io romperò, se continuano così. Troncherò ogni rapporto, torno indietro, distruggo il patto [*il Concordato del 1929*]. Sono dei miserabili ipocriti. Ho proibito i matrimoni misti, e il papa mi chiede di far sposare un italiano con una negra. Solo perché questa è cattolica. Ah no! A costo di spaccare il muso a tutti.

[Il Vaticano] va d'accordo con l'Ungheria, Paese dov'è consentito pienamente il divorzio. Il Reggente[180] è religiosissimo, va in chiesa, eppure nel Paese si divorzia. Ci andavano anche gli italiani per divorziare.[181] Quindi è proprio verso l'Italia che [il Vaticano] fa tutte queste miserie. Contro di me, per irritarmi. Nell'*Osservatore Romano* c'era un trafiletto che diceva: "Sua Santità ringrazia commosso il diletto figlio Sovrano per il telegramma...". Questo per far notare che io non avevo scritto. Ma il papa non sa che sono stato io a dire al re di fare questo ringraziamento. Ho telegrafato: "Scrivete così a S.S.". Mi fanno delle miserie disgustose. Invece di ringraziarmi, di aiutarmi, di essere grati che ancora sono in piedi. Sono della brutta gente. Ma non credano di

---

[180] Ammiraglio Miklos Horthy (1868-1957), capo di stato ungherese fino al 1944.
[181] Ci andrà anche Claretta, il 29 dicembre 1941.

spuntarla con me. Non acconsentirò mai che un bianco sposi una negra, solo perché è cattolica. Allora tutti, giapponesi, cinesi, potrebbero fare lo stesso. E verrebbero fuori quegli incroci orrendi, terribili, che mi portò a vedere Federzoni. Credimi, sono uno spavento. Mi farò ridare quelle foto, vedrai che mostri. No, la razza la difendo».

«A morte i film americani cretini che costano milioni»

Continua a lavorare, poi scatta ancora contro i borghesi: «Abbiamo detto all'America di far passare i [loro] film [in Italia] per venti milioni o anche più, ma attraverso la linea dello Stato, e non per le case [distributrici] diverse che truffano. Hanno rifiutato, perché non è a loro vantaggio. Credono che l'Italia sia la loro colonia da sfruttare per i film. Se gli italiani sapessero che con il [transatlantico] Rex partono milioni di lingotti d'oro per pagare dei film i quali per la maggior parte sono cretini e affatto utili al popolo... Tanto che nel padovano si sono verificati dei casi di autentico stile gangster. Se gli italiani sapessero che si vuotano le casse dello Stato per questi sfruttatori, griderebbero: "A morte il film americano".

Ma queste sono cose che io non posso dire. Quando mi fanno delle sanzioni me ne frego, e rispondo: "Vogliamo che passiate i film per la strada che io intendo. No? Bene, teneteveli. Non sappiamo che farcene". Me ne frego di Roosevelt e dei suoi accoliti quando ci sono di mezzo gli interessi della Nazione. Questi borghesi... Troppi, troppi. È inutile, ci sono troppi discendenti di schiavi. Una signora diceva ieri: "Come faremo senza i film americani? Non potremo andare più al cinema". Cretina. Vuol dire che vedremo i [film] francesi, gli inglesi e i nostri. Sapremo pur fare qualche cosa. Se vorranno accettare le nostre condizioni entreranno, ma per tanti milioni e non più.

Quando venne Guarneri[182] e mi mostrò il debito e i lingotti che viaggiano per l'America, ho dato un pugno sul tavolo e ho detto: "Basta con questo sfruttamento, basta, sacramento". A noi l'oro serve per fare cannoni, non burro. I borghesi invece preferiscono il burro».

17 novembre 1938: «*Anna tortura Romano*»

Al mare. «Ah, quell'Anna è tremenda. Romano è la sua vittima, e le dice: "Anna, basta di torturarmi, altrimenti poi finisce che scoppio". E lei risponde: "Quanto sei fesso!". Bambini moderni. Gliene combina di ogni genere a Romano, è tremenda quella bambina.»

Mangia con appetito e ascolta ridendo il fiasco del film di ieri sera, *L'orologio a cucù*.[183] Dice: «Oretta Fiume [*la protagonista*] è racchia e brutta». Gli domando come lo sa. Dice di averla veduta nelle prime battute del film. Mimi legge la critica, lui ride ancora.

20 novembre 1938: «*Gli ebrei approfittarono dell'assenza dell'imperatore Adriano*»

«Ho ascoltato il discorso sulla razza di Pombeni. Sono inquietissimo. Ha fatto l'apologia degli ebrei. Ha dato dati storici che già si conoscevano, ammettendo che [l'imperatore] Tito ha avuto per amante la giudea Berenice. L'ha quasi subito abbandonata. E se fosse stato un po' più erudito avrebbe anche detto che, quando Adriano si allontanò da Roma per guerreggiare, gli ebrei fecero la rivolta, approfittandone. Ha detto un mucchio di cose inopportune. [...]

[182] Ministro delle Valute.
[183] Con Vittorio De Sica.

461

Ho telefonato alla Ruspi, perché erano trenta giorni che non ne sapevo nulla. L'ho trovata molto aggressiva. Mi ha detto che è stanca, che vuole sapere a cosa attenersi, che è ancora giovane, ha diritto alla vita. E che quindi mi devo decidere.

Roma è piena del pettegolezzo, io sto perdendo il mio prestigio. Forse quando mi guardano in viso pensano altro. Sono ridicolo, e ti dico: o siamo più prudenti e teniamo più nascosto il nostro amore, o preferisco finire. Facciamo come dico io, o non ci vedremo per diverso tempo.»

22 novembre 1938: «*Anche i film italiani sono un disastro*»

«Ho visto il primo tempo di *Sotto la croce del Sud*:[184] un disastro, proprio niente. Non c'è che una donna che fuma sempre, non parla e mette un disco. Lo dirò domani ad Alfieri: questo cinema non va, tutto va cambiato.»

25 novembre 1938: «*Tante ragazze sono meglio di mia nuora Gina*»

Alle tre entro a palazzo Venezia. Facciamo l'amore senza eccessivo slancio. S'inalbera che non sono come al solito, perché è stato con la Pallottelli. «Tu sai che ti amo. Desidero soltanto che il nostro amore rimanga segreto. Oggi c'erano a pranzo gli sposi. Ho fatto apposta io l'invito alla Gina per affiatarla con mia moglie. Sì, non c'è male. Ma insomma, [Bruno] poteva prendersi anche un'altra donna. Ci sono tante ragazze in giro meglio di lei. Ma anche lei finirà come Ola. Ormai ha raggiunto il suo intento. Si

---

[184] Film italiano con Doris Duranti.

è sposata un Mussolini, e cosa vuole di più. Quindi del resto non le importa nulla.»

27 novembre 1938: «*È la prima domenica che non stiamo insieme*»

Domenica, il tempo è brutto, piove a dirotto. [Mussolini] è a letto con tosse e raffreddore potente. Alle nove di sera mi fa telefonare da Irma [*la cameriera*], che dice che nel pomeriggio non è stato per niente bene. Ci sono stati i figli a leggergli i giornali.

Sono stata male tutto il giorno. Mai passata una giornata così. È molto strano che non abbia potuto fare quattro metri per telefonarmi. L'ansia mi logora. È la prima domenica che non stiamo insieme.

29 novembre 1938: «*Aprono sempre la porta mentre ti telefono*»

«Amore, vuoi venire oggi verso le due? Mi sento tanto male, ma ho da fare. Aprono sempre la porta mentre ti telefono, non posso mai parlarti come vorrei.»

30 novembre 1938: «*Tunisia e Corsica all'Italia*»

«Dovrei stare a letto, ma devo andare alla Camera. Altrimenti troverebbero chissà cosa di grave, per lo meno un attentato.»

Alle 5: «Hai sentito tutto [alla radio]? Che te ne pare? Hai sentito quando gridavano "Tunisia e Corsica" [all'Italia]? Sto malissimo, non voglio che tu mi veda così, non sono il tuo gladiatore. Sono un orrore, in uno stato pietoso».

Dicembre 1938

Il 18 Mussolini va in nave in Sardegna per inaugurare la nuova città di Carbonia (Cagliari), le cui miniere forniscono carbone «autarchico». Torna entusiasta. A Natale trascorre una settimana a Predappio, ma torna a Roma il 31 per festeggiare il Capodanno con Claretta.

1° dicembre 1938: *«Non posso passare per un vecchio rimbambito»*

«Gira una voce per l'Italia: che sarei ormai in decadimento perché ho una giovanissima amante, figlia di un noto medico romano, e questo nuocerà alla mia salute. Abbiamo portato in faccia a tutti il nostro amore, e il mondo si vendica. Tu hai 26 anni e io 56, orrore, 56. Ne andrà di mezzo il mio prestigio. Ora ad ogni cosa che accadrà diranno: "Si è rammollito perché ha l'amante giovane". Se tu avessi 40 anni non accadrebbe. Non mi pento di ciò che abbiamo fatto, anch'io l'ho voluto. Ma dovevamo essere più prudenti. Non sono un uomo comune, sono esposto a tutti i frizzi, a tutti i colpi. Un amore sputtanato non è più amore, ma una commedia. Adesso vedrai le conseguenze, anche contro tuo padre. Non posso permetterlo. Abbiamo agito da bambini, ora basta. Sono molto umiliato. Naturalmente toccano il lato debole: l'età. E io non posso passare per il vecchio rimbambito. È tremendo ma è così: i miei 56 anni nessuno me li può togliere, per quanto io sia forte.»

3 dicembre 1938: *«Tributo, cambiale o capriccio?»*

«Hai domande? Fammele, dimmi.»
Claretta: «Tributo [*a tua moglie*], cambiale [*alla Pallottelli*] o capriccio [*con la Ruspi*]?».

«Nessuna delle tre. Non ho visto né telefonato ad alcuno. E non ci ho neanche pensato. Sei sempre tu a farmi pensare a questo.»

«Davvero? Anche il 18 novembre, vero?» [*l'ultima volta che Mussolini l'ha tradita, con la Pallottelli.*]

«Non mi ricordo. Ah, sì. Va bene. Adesso vado a casa. Non c'è nulla di vero, nulla.»

4 dicembre 1938: *Italia-Francia 1-0*

Domenica. «Sono stato ad Ostia con mia moglie. Mi ha detto: "Noi facciamo un giro, vieni?". Quindi sono andato al mare. Ti attendo [a palazzo Venezia], usa il solito sistema.»

Quando entro alle quattro mi viene incontro e mi fa una carezza: «Amore, come stai? Hai la febbre? Mi dispiace, non sarà nulla. Sto ascoltando la trasmissione della partita,[185] senti che baccano. Da questa mattina ho un grande desiderio. Forse tu non lo potrai avere causa questa febbre, e non potrai soddisfarlo».

Non gli rispondo. Lo guardo, si alza un po' perplesso. Passeggia un po', poi dice: «Andiamo di là a sentire? No, aspetta, è finita. Meno male che è finita bene.[186] Sono contento che fischino. Questo darà l'idea ai francesi di non essere né amati né rispettati dagli italiani. Del resto è un popolo che in un certo senso ammiro. Perché loro non rispettano che i popoli dai quali sono stati battuti: tedeschi, inglesi, spagnoli. Adesso li batteremo e li umilieremo, così rispetteranno anche noi. Devono finalmente vedere che non è vero che i popoli s'inchinano dinanzi al più grande Paese del mondo. La loro superbia sarà causa della loro catastrofe. Andiamo di là».

---

[185] Di calcio, alla radio da Napoli: l'amichevole Italia-Francia.
[186] 1-0 per l'Italia, che replica così la vittoria per 3-1 contro la Francia ai Mondiali di Parigi sei mesi prima.

Strada facendo mi attira a lui: «Cara, ho un folle desiderio. Dimmi, lo soddisferai?».

Si toglie la giacca e siede in poltrona: «Vieni vicino a me, amore, dimmi tutto, ti ascolto».

Gli dico l'impressione che non mi ama più, che ha una cosa nuova, che cerca di allontanarmi. Ma io non mi rassegno e preferisco lasciarlo piuttosto che umiliarmi ad un giuoco così sudicio. Che dica la verità.

Reagisce: «Ascolta cara, io ti amo come prima se non di più. Giuro sulla mia dignità di uomo e la mia carica di capo, sul mio onore di fascista, sulla memoria dei miei morti, che non ho nessuna donna nuova. In modo assoluto, né in mente né in realtà. Quanto alle vecchie, non ne sono rimaste che due: la Pallottelli e la Ruspi. La Pallottelli la vedo ogni morte di papa e ormai è come la Sarfatti, è proprio finita. Ci sono dei legami di indole famigliare. La Ruspi, come dici tu psicologa, la tengo per senso di possesso. Ma ora sono moltissimi giorni che questo non accade: esattamente quindici che non telefono a quella signora e non ne so nulla... Non mi ricordo, non tengo segnate le date. Mi farò un taccuino apposta, se credi. Anche quella basta, ormai non tira più, la carne è sfatta, sciupata. Lei dice che accetta tutto, mi ama. Allora io dico: "Stai ad attendermi. Ti metto la cintura di castità e non potrai farti prendere da un altro. Solo da me".»

Claretta: «Ti interessa».

«No, non l'amo più. È possesso. È una cosa mia. Dato che la mantengo, non voglio che si dia ad altri. Poi, sai, è relativo, perché passano tanti giorni che prima che la sveglia sia carica ce ne vuole. Adesso è scarica.»

«Lo credo.»

«D'altronde, cara, devi pure pensare che io ho delle serie preoccupazioni, delle gravi cose da pensare.»

Si esalta: «Non posso essere sempre disposto [*a fare l'amore con te*]. Sono 38 anni che metto a dura prova il mio sistema nervoso. Sono esaurito, non sono più quello di una volta, ho i nervi stanchi. Per questo ho bisogno di un amore buono e dolce che mi conforti».

Non parlo, è meglio.

«Piccola, ancora non puoi comprendere né sai quanto ti amo.»

9 dicembre 1938: «*Sono come Napoleone*»

«Sto leggendo il *Contromemoriale di Sant'Elena*.[187] Anche Napoleone mangiava molta verdura. Non poteva sopportare neanche uno spiraglio di luce, si destava subito. Anch'io sono così, dico sempre alla cameriera che chiuda bene tutto, poiché mi sveglia ogni piccolo chiarore. Hudson dice che una volta non consegnò un libro a Napoleone perché parlava del suo splendore passato, perciò non voleva amareggiarlo con quei ricordi. Pensa che carogna. Napoleone mangiava volentieri carne di montone, e mangiava molto in fretta. Una volta, volendo un cappotto nuovo, non trovò il verde che voleva lui, e allora preferì far rivoltare quello che aveva. Hudson conclude: "Così l'uomo che dominava il mondo girava con il cappotto rivoltato". Carogna...»

Alle 10 di sera chiama da casa: «[Ora] sto leggendo un libro di lettere di D'Annunzio ad un'amica romana. L'ha amata per quattro anni, ma aveva anche altri rapporti. Già, come tutti gli uomini. Io non scrivo mai lettere, me ne guarderei bene. Da vent'anni non ho mai scritto, perché sarei sicuro che finirebbero per le strade. Si dice: "Quando stai per scrivere ad un uomo tagliati una mano, e per una donna tagliale ambedue". Non mi fido e non credo a nessuno. Non lo farei mai, tutte le donne sono uguali. Non parlavo di te...». Ma ormai la scusa era inutile.

---

[187] Di Hudson Lowe, governatore britannico dell'isola, Bompiani, 1938.

10 dicembre 1938: *«Sì, i figli della Pallottelli sono miei. La bimba è la più bella di Roma»*

«Ieri sono andato dalla signora Pallottelli dalle due e un quarto alle due e cinquanta. Ho veduto i bambini, e sono contento di avere constatato che sono miei. Quando li ho stretti fra le braccia mi sono commosso. La piccola è bellissima, la più bella bambina di Roma. È deliziosa, somiglia molto all'Anna. Tu vuoi sapere tutto, e io te lo dico. Non parli, perché? Non dici nulla. Non volevi la verità? Poi abbiamo parlato di te, e c'è uno scandalo.»

Attacco la comunicazione. Piango come non ho mai pianto. Tutto crolla. Il suo cinismo è ripugnante.

Richiama dopo un quarto d'ora: «Scusa, hai tolto tu la comunicazione? [La Pallottelli] dice che tutti a Roma sanno di questo, che sono ridicolo perché sono vecchio. E che la [vedova] Respighi sa persino della [tua casa alla] Camilluccia».

Mi ribello come meritano simili infamie. Lo esorto a continuare con questa donna e a lasciare me, che non ama né rispetta.

«Non piangere, via. Sì, capisco, ma ti ho detto tutto. Perciò non sei contenta? C'è un gran pettegolezzo in giro, dovremo parlarne. Lo sa tutta Roma, lei non lo dice per cattiveria.»

Claretta: «È una vecchia vipera che si scaraventa contro la mia presenza per rabbia e invidia».

Alle 8: «Ti amo. Sono sempre lo stesso. Nulla è cambiato in me».

Dice che stasera non va a teatro, ma che io ci posso andare. Alle 9 telefona, sono a teatro, risponde mamma. Parlano a lungo. Le domanda per ben cinque volte perché sono andata. Quando mamma gli ha detto che ero bella è stato zitto, senza respiro. Poi lei gli ha detto: «Vi prego, non fatela soffrire, vi vuole tanto bene». Si è commosso.

11 dicembre 1938: *«Cosa sei venuta a fare? Io ti polverizzo»*

Silenzio assoluto tutta la mattina. Scrivo un biglietto, nulla. Il pomeriggio, silenzio. Allora alle quattro vado nella stanza ad attenderlo. Alle 5 entra: ha gli occhi fondi, cerchiati. Mi chiede: «Cosa sei venuta a fare? Tutte le cose nella vita hanno un loro ciclo. Lo dicevi anche tu. Non ti amo più, basta, sono stanco. Non posso diventare ridicolo per te».

Rispondo come merita. Mi ascolta, mi guarda perplesso e sorpreso. Piango molto, e lui non se ne incarica affatto. Mi dice solo: «Non piangere, basta ora. Tu non hai che una colpa: quella di essere giovane. Ma io ti distruggo, piuttosto che perdere il mio prestigio. Non solo ti lascio, ma ti polverizzo...».

Grida, è fuori di sé. Ha i nervi tesi, mi maltratta. Credo che il veleno di quelle donne sia veramente troppo, e lo prende in pieno. Non rispondo, sono stordita, mi sembra di non amarlo più.

Alle 9 telefona come niente fosse: «Gliela fai a stare senza la mia voce?».

12 dicembre 1938: *«Da oggi alle due ti amo come poche volte ti ho amato»*

«Stasera ho un pranzo con seicento operai. Adesso uno mi viene a spiegare come si fa la benzina dai fichi d'India. La miseria aguzza l'ingegno. Da oggi alle due ti amo come poche volte ti ho amato.»

13 dicembre 1938: *«Non sono vecchio, in declino? Grazie cara»*

«Amore, sono contento che ho potuto constatare come ci sia dell'esasperazione in ciò che hanno detto [*su te e me*].

Solo cattiveria... Oggi ho una giornata pesantissima: 17 persone [in udienza].»

Alle 10 di sera: «Mi sono cibato di tutti i giornali antifascisti che mi cucinano in tutte le salse. Mi rivoltano in tutti i sensi. Però non dicono nulla delle cose che sai [*i pettegolezzi su Claretta*]. Sono contento. Ma c'è qualche traditore in giro, si dicono troppe cose. Il *Corriere della Sera* dice che ieri ero bellissimo e di ottimo umore, ridevo lieto: "Nella ineguagliabile giovinezza, straordinariamente giovane e intelligente...". Dimmi, è vero? Non sono vecchio? Non sono in declino? Cara, grazie. Aspetta che do un calcio ai giornali, senti (esegue). Adesso faccio i miei soliti cento passi, poi vado a letto».

19 dicembre 1938: «*Quella contessa ha cinque nomi. Troppi, per essere interessante*»

«Hai sentito il mio discorso? Gli ufficiali erano entusiasti ed estatici. Sono rimasti ammirati del mio spirito, della mia allegria, di tutte le cose paradossali che ho detto. Ti ho pensato molto, al punto che quando sono passato sulla via Appia con il treno ho riconosciuto il fossatello dove hai saltato con il cavallo e per poco vai in terra. Ricordi?

Mia moglie mi ha detto che alla Rocca ci sono trenta centimetri di neve. Mi porterò gli sci.

Ho sbrigato tutte le mie carte, e ne avevo parecchie sul tavolo. Ora è sgombero. Adesso devo vedere un vescovo, poi una contessa che ha cinque nomi. Troppi, per essere interessante.»

Entro [*nell'appartamento di palazzo Venezia*] alle otto, è in divisa: «Sono fuori di me, queste cose non mi piacciono. Hai veduto quella signora che è uscita? È venuta per portarmi, diceva, delle lettere di Garibaldi scritte al padre. E poi ha cominciato a raccontarmi tut-

ta una storia del fratello che sembra sia pazzo, o non so
che, e via di seguito. A un certo punto mi sono seccato
e le ho detto: "Sentite, signora, ora basta. Vi prego,
mandatemi un appunto su questa faccenda. È inutile
che ne parliamo qui". Insomma, è sempre così: vengono con la scusa di una cosa, e poi ci mettono insieme il
resto. Queste lettere [di Garibaldi], poi, non sono un
granché».

Mi guarda e dice: «Ora occupiamoci un po' di te, cara. Sai, ti ho pensato fino all'inverosimile questa notte».

«*Sono orgoglioso di avere fondato Carbonia*»

Parla [*del viaggio dei giorni precedenti*] a Carbonia [*Cagliari*], è felice dei risultati: «Fa emozione vedere dal nulla una città. È bella, sai: pulita, fresca, grandi strade con
giardini nel centro... Non ancora tutti in ordine, ma già
quasi pronti. Belle case linde, pulite. C'era anche una tedesca di Bolzano che parlava molto male l'italiano. Le ho
chiesto: "Voi come siete arrivata fin qui?".

Mi ha detto: "Mio marito è minatore".

C'era anche una di Grosseto. Mi ha detto: "Duce, ho
quattro maschi e sono per voi".

Ho risposto: "Eccovi 400 lire per uno".

Erano simpatiche soprattutto le donne a cavallo insieme agli uomini. Stanno sedute dietro e passano la mano
sulle spalle dell'uomo. Sono molto fini e non brutte. Ma
gli mancano tutti i denti davanti. Come razza sono magri,
patiti, denutriti, c'è molto da fare. Adesso sono 12 mila,
ma presto aumenteranno. Il piano regolatore è per 50 mila abitanti, ci arriveranno presto.

La miniera è bellissima, a me quel lavoro piace molto.
Pensa questi uomini là sotto. Alcuni sono costretti a lavorare distesi, quasi con la terra sopra. Proprio con il ventre a terra. Fa emozione vedere tanto carbone. Quando lo
mandai ad esaminare in Inghilterra, sai cosa mi dissero?

Che loro lo avrebbero comprato e rivenduto come il miglior carbone. Questi cretini in Inghilterra non si accorgono del tesoro che hanno. Ci volevano le sanzioni e sì, anch'io, per destarli.

La città è sorta dal nulla, d'incanto. Queste cose mi emozionano, mi rendono orgoglioso. Sono le opere più belle. Pensa che da lì fuggivano tutti. C'era una malaria tremenda, morivano come mosche. Avevano terrore di vivere lì, invece ora ci corrono. Ho fatto dire a Starace quelle cose, perché dirle io era come chiamare gli applausi. Ho avuto molto entusiasmo, erano pieni di gioia, deliranti. Hanno apprezzato molto ciò che ho detto dei sardi. I bambini sono piccoli, patitini. Miglioreranno. Ti piacerebbe andare nelle miniere? Questi operai simpatici, gli ingegneri, i dirigenti... Bella tempra, forte. Vale la pena andare a vedere, manderò gli italiani, merita. Ha superato ogni mia aspettativa».

«*Ho detto "autentico carbone", hanno scritto "autarchico". Sbagliano sempre tutto*»

I suoi occhi brillano di gioia e soddisfazione. Mi bacia sulla guancia. Mi dice ancora che mi ha pensato tanto, che mi ama. Attendo che vada via, e lui dietro le spalle di Navarra è per tirarmi un bacino. È molto bello con il paletot nero e il berretto con l'aquila rossa e oro. Dice che avrà a cena Bruno, Vittorio e le mogli.

[Poi guardo dalla finestra di casa], passa l'auto della moglie dopo che la sua era tornata [a villa Torlonia].

Telefona alle 9: «Sono andati via Vittorio e Ola. Non vengono alla Rocca. Dicono che vogliono festeggiare l'anniversario di Guidino [*loro figlio, nato il 27 dicembre*] qui. C'era Gina, piuttosto mesta. Le ho chiesto perché. Mi ha detto: "Bruno è fuori, così sono sola. È la seconda notte. Ma è fuori per affari, torna domani". Era un po' grigia.

È venuta la Rosina, tutta tonda come un vasetto. Lo farà verso il 15 di gennaio. Proprio tonda... (ride)».

Alle 10: «[Dici che] ero bello? Forse ammiravi gli stivali. Sì, ero per tirarti un bacio, ma poi ho avuto timore che Navarra mi vedesse. Sono lieto che tu l'abbia capito. Sono inquieto, perché sul giornale c'è scritto "l'autarchico carbone", mentre io ho detto "l'autentico carbone". È un significato assolutamente diverso. Ah! Proprio non ci sanno fare. Sbagliano sempre tutto. Pensa che per quelle quattro parole che ho detto al banchetto ho dovuto fare dieci versioni. Domani dirò ad Alfieri che cosa sta a fare. Era così chiaro il mio discorso, così breve».

Alle 10 e 1/2: «Vado a letto, queste due notti non ho dormito bene, il mare era agitato».

20 dicembre 1938: «*Si è incendiata la nave* Stoccolma *a Trieste*»

Alle 9 e 1/2: «Sei ancora a letto? Fai bene, con questo tempo cane».

Entro alle due e mezzo, è al tavolo. Mi guarda: «Ho mangiato un po' di pasta che era colla, carne pessima e brodo freddo». Si poggia indietro sulla poltrona e dice: «Il nostro bambinello [*di Natale*] ci porta sempre cose tristi. Il Natale mi mette un sacro terrore. Oggi, per dire, prima notizia: "Un sommergibile si è incagliato". Per fortuna è stato disincagliato. Poi un incrociatore è rimasto incagliato presso Buenos Aires. E per ultimo la magnifica nave di 21 mila tonnellate, la *Stoccolma*, si è incendiata nei cantieri di Trieste. In meno di venti minuti è andata distrutta. Doveva compiere il suo primo viaggio a marzo. Cosa ne dici? Non è una strana coincidenza? Quando si invecchia generalmente si diventa più religiosi. Invece io divento ateo. Se penso che il primo gennaio la Chiesa fe-

473

steggia la circoncisione del bambinello, provando così
che era ebreo, e non vuol sentirne di saltarlo, quel giorno... Sai cos'è, la circoncisione? Vedi come fanno: così
(dimostra). Adesso lo fanno dei chirurghi ebrei, ma prima lo faceva chiunque, anche con un paio di forbici. Una
crudeltà, immagina il bambino, gridava come un ossesso,
che dolore. Sì, fanno così. Un tempo forse era igienico,
dato che non si lavavano mai. Ma dopo...

Speriamo che le brutte notizie siano finite. Ricordiamo
poi che nel 1908 il più tremendo movimento tellurgico
[*sic, terremoto di Messina*] fu proprio dopo Natale. Prendi un mandarino, andiamo di là nella sala».

«Gli ebrei non hanno dato oro per la patria»

Dice: «Gli ebrei finché erano forti erano strafottenti e
ingrati, ora piangono. Noi non gli abbiamo fatto ciò che
hanno fatto in tutti gli altri stati, in Ungheria, nell'orto-
dossa Romania. Li abbiamo trattati bene. Faremo le di-
stinzioni e le discriminazioni come d'accordo. I merite-
voli li metteremo da parte. Infatti le famiglie dei morti
in guerra continuano a chiamarsi con il loro nome, benché uno di questi sia un autentico mascalzone. Tutti sono mascalzoni. Gli italiani non dovrebbero dimenticare
che nell'epoca delle sanzioni li abbiamo avuti tutti contro. Così per l'Austria, e sempre. Contro. Autentici nemici, canaglie. Nessuno ha fatto questo gesto [*dare l'o-
ro alla patria*]. Uno solo ha rimandato indietro la medaglia d'oro, ma non era mutilato. Li abbiamo trattati
molto bene.

Edda ha smesso di fumare, e anche di bere. Il suo medico era ebreo, ma era Artom. Non Stuckold, il quale è
difeso da ben più in alto che non Edda Mussolini.
Stuckold non è stato mai il medico di Edda. Sono le
chiacchiere di quelle quattro sfaccendate, quelle disgra-
ziate che vivono di tè, di bridge e di... La Fantini, quella

p. che l'ha data via perfino a non so chi. Ancora parla, vecchia baldracca. È vero, ho fatto molti errori. Saresti tu l'eccezione. Ah, bene... Sì, la Dalser impazzì, e morì così. No, [suo figlio] non [è] figlio mio, affatto. Troppi, me ne hanno attribuiti. Ma adesso pensa un poco a me».

Quindi facciamo l'amore, ma mi rendo subito conto che è stato con un'altra prima di me. Forse ieri con la Ruspi. Ciò mi fa male. Dopo mi vuole vicino a lui distesa, e un po' ci sto. Poi mi alzo e vado in poltrona. Mi aspetta, mi chiede che ho. Dico che non sto bene, si sdraia. Poi accende [la luce] e mi guarda: «Che hai, dimmi, ti sono forse dispiaciuto in qualche cosa? Non capisco. Ma questo non è vero». Mi guarda esterrefatto, sorpreso: «Tu controlli queste cose? Non sarebbe possibile, è assurdo, lo sento. Ti giuro che non ho veduto né preso nessuna. Sono un po' stanco, mi avviliscono le notizie ingrate. Tutte cose che mi turbano profondamente, i miei nervi sono scossi. Ma cara, ti guardo come un fenomeno. Ora capisco, mi controlli».

«Vado a Forlì in littorina con i bambini»

Claretta: «Ti ho già risposto che il controllo è ridicolo. Lo sento. E sono veramente addolorata che mi neghi anche la precedenza...».

«No cara, sei molto bellina, anzi bella, e mi piaci molto. Avevo un grande desiderio di te. Non posso confessare una cosa che non ho commesso, una volta tanto non l'ho fatto. Conserva il tuo perdono, mi dovrai perdonare fra qualche giorno forse... Vedi come sono cinico. Mi mantengo calmo perché sono innocente. [...]

Partirò per la Rocca [delle Caminate] in Littorina con i bambini.»

«È assurdo pensare di controllarti. Non esistono ore, con te. Tu non hai orario, hai impulso. Se hai voglia lo fai. Come il 9 dicembre [con la Pallottelli] dalle due alle tre, appena uscito di casa. O come il 3 dicembre [con la Ruspi] dalle cinque alle sei, facendo aspettare i prefetti, per calmare i pruriti della signora. Via caro, non poniamo il discorso su questo.»

Mussolini: «Se la Ruspi mi dirà che ha le voglie, le risponderò che si faccia grattare».

Si mette in ginocchio dinanzi a me: «Puoi guardarmi negli occhi, hai potuto controllare. Sono sincero, non ho veduto nessuno. Lo senti che dico la verità. Telefonerò a quella signora [la Pallottelli] quasi certamente prima di partire, vedi che sono sincero».

Per quanto dica non lo credo, perché le prove sono lampanti. Lui non può essere stanco dopo tre giorni, è impossibile. Però non voglio umiliarlo e non replico. Gli dico solo: «Tu sai che io ho capito, non parliamone più». Insiste che lo devo credere. È confuso, quasi come uno scolaretto sorpreso. Entra Navarra per cambiare il blocco dell'anno, lui gli dice: «Passano gli anni, vero?». Navarra ossequiente risponde: «Eh, sì, purtroppo».

Mi chiede: «Che fa il nostro Marcello [*Petacci, fratello di Claretta*]? Hai ragione, a un certo momento bisogna sistemare un uomo, ormai ha trent'anni. Domani me ne interesserò, ora lo segno».

21 dicembre: *«Mi sento bene in mezzo ai contadini»*

«Ho avuto i contadini, ho dato loro mille lire per uno. Erano contenti. Li ho fatti molto ridere, gli ho detto: "Questa sera trattate vostra moglie in maniera particolarmente gentile. E poi dovete berci un bicchiere di vino sopra...". Ho calcato sul "sopra". Sono furbi, sai. Hanno capito subito il doppio senso. Ridevano ammiccando con gli occhietti. Mi sento molto bene in mezzo ai contadini. Puoi immaginare, erano entusiasti, fanatici e felici. [...]

Secondo un giornale francese tu saresti una certa Giuditta, io ti avrei scritto 800 lettere. E saresti una agente di Dacelsi Venturi.»

25 dicembre: «*Katharine Hepburn, donna interessante*»

Natale, telefona a Roma da Rocca delle Caminate: «Ma come, hai anche la nonna? E quanti anni ha? Questa mattina ho sciato in una pista di duecento metri. A ogni capitombolo che facevo i contadini e i bambini dei contadini ridevano. A che ora sei tornata dalla Chiesa? Non hai incontrato nessuno? Quanti anni ha questo professor Rondini? Scio con Romano, non ho veduto nessuno. Ho lavorato, ho spicciato tutto il tavolo. Bruno e Gina sono già partiti, siamo soli. Telefonare è molto difficile, corro un rischio gravissimo perché i telefoni sono comunicanti. Ho visto un film, *Incantesimo*,[188] credevo fosse italiano. Quindi sono rimasto sorpreso quando ho veduto due donne interessanti. Ho detto: "Oh, finalmente, ci sanno fare, hanno trovato due tipi". Invece mia moglie mi ha detto che è americano. Ci sono rimasto male. No, non m'interessano. Ma c'è una donna che m'interessa, e alla quale telefono. Chi sarà, dimmi? Ti penso sempre, anche quando non dovrei. Sei sempre nello sfondo, anche quando mi occupo di cose gravi. Qui c'è una grande poesia, la campagna è tutta bianca. Ritornerò fra tre giorni, voglio passare la fine e l'inizio dell'anno con te».

26 dicembre 1938: «*Ho giocato alla pulce con Anna e Romano*»

Mussolini telefona da Predappio: «Torno a Roma, non ce la faccio. Sono un uomo che deve trovarsi nel suo ele-

---

[188] Con Katharine Hepburn e Cary Grant, regia di George Cukor, 1938.

477

mento. Devo stare al comando, sulla nave. Lontano dal posto di comando non mi trovo. Sono nato per la lotta. E ho desiderio di stare con te. Ho sciato dalle due alle quattro, poi sono stato due ore con Farinacci, dopo ho lavorato. Adesso loro sono di là, giocano a carte. Sono in molti, fanno al sette e mezzo. Io non gioco, non ho mai giocato, non mi piace. Se non avessi preso impegni di vedere della gente sarei già ripartito. La vita qui è monotona, un'atmosfera non adatta al mio temperamento. Nel pomeriggio per riposarmi ho fatto alla pulce con Anna e Romano. Si fanno saltare quei dischetti. Appunto, è un gioco riposante perché è cretino. Anna me ne ha vinta una, e io due a lei. Poi Romano ne ha vinte due a me».

Oggi al Terminillo ho veduto la Ruspi che stava con i figli, con un grosso signore e altri. Fuma, mi guarda, mi sfotte. È una donna ben attraccata. Va via alle tre e mezzo, io non mi faccio più vedere. La mia gita è guasta. A lui non dico nulla.

27 dicembre 1938: *da Predappio silenzio, vado a Ostia con la mamma*

Nulla tutto il giorno. Vado a Ostia con la mamma. Alle dieci [di sera] chiamo io Forlì. Risponde De Sanctis, dicendomi che ha sentito parlare di teatro, e che sono tutti a Predappio ad una rappresentazione. Rimango molto male, poteva avvertirmi.

28 dicembre 1938: *«Che divertimento, a teatro con gli operai»*

Da Rocca delle Caminate: «Ieri sera sono andato a teatro in un cinema di Predappio. Devo confessarti che mi sono molto divertito in mezzo agli operai. Ascolta Clara, Dio mi è testimone che non sono stato neanche un minuto senza pensarti. E quando ti parlo di Dio quassù bisogna crederci. Quando sono alla Rocca la mia condotta è cristallina, pura, puoi stare tranquilla. È l'unico posto dove puoi dormire fra due guanciali, c'è mia moglie che mi tallona continuamente. In questa terra non lo farei mai, rispetto mia moglie».

29 dicembre 1938: *«Sto a Predappio un giorno in più»*

«Amore, non vengo domani, verrò sabato. Voglio godere ancora un giorno di quest'aria e di questa solitudine. Ho desiderio di vederti. Ho già dovuto sostenere una discussione con mia moglie, voleva che mi trattenessi anche per il primo. Invece partirò in Littorina alle dieci di sabato [31]. Sono stanco, ho sciato cinque ore e ho fatto anche cadute non indifferenti. Oggi c'è stato il tributo [*Mussolini ha fatto l'amore con la moglie*].»

Claretta: «Per questo sei così aspro».

«Forse, ma lo sai che ti amo... Sì, è per questo.»

30 dicembre 1938: *«Torno a Roma in auto domani»*

Venerdì. Mussolini telefona da Predappio: «Allora cara, parto domattina. Vengo in macchina, mi accompagnerà mia moglie fino al [passo del] Furlo, dove faremo colazione assieme. Sarò a Roma verso le quattro. Ti telefonerò subito, poi staremo insieme. Volevo farti lo scherzo di dirti che partivo lunedì, ma poi ho temuto la tua aggressione. Domani sarò fra le tue braccia e potrai sentire il mio amore. Certo, se non ci fossi tu sarei tornato l'otto. Mia moglie mi ha detto che una volta in Romagna ci sono stato diciotto giorni. Comunque ora è finito, vengo a Roma. Porto anche gli sci, così andremo a Terminillo. Con un altro sistema, però, poi ti dirò. A domani amore. Pensa che ogni ora, dalle dieci in poi, mi avvicinerò a te. Cara piccola, vado a letto con il tuo pensiero e con tutta la tenerezza che ho per te. Addio amore, buonanotte».

Appendice

Lettere di Claretta a Mussolini, 1933-1937

22 febbraio 1933: «*Ho sognato di voi*»

Ho sognato di Voi... E nelle membra intorpidite è passato un soffio di vita e di bellezza. In sogno mi parlate, la vostra voce ha la dolcezza di una melodia e il Vostro sorriso la carezza calda del sole. La Vostra superba figura aleggia e fluttua trasformata di tenerezza nella nebbia rosata del sogno.

Non mi rimproverate... Vi penso. Nei momenti di più grande tristezza, la sera, quando il mare ondeggiante è intriso di nero, ho freddo, e il calore della Vostra presenza invoco... Quando le onde fosforescenti di piccole scintille d'oro riflettono in un fremito trasparente un azzurro inverosimile, mi sento più vicina a Voi.

E nel sussulto di gioia che vibra nella primavera sorridente dei fiori, ho desiderio di Voi.

24 febbraio 1933, da Portovenere (La Spezia): *raccomandazione per papà*

Mi scrive oggi papà, di far presente con la massima sollecitudine all'E.V. che i nomi della commissione sono cambiati, che la sentenza definitiva è imminente, e di rendermi interprete del suo ansioso desiderio che l'E.V. con la consueta bontà ed energia voglia intervenire per la giustizia ed il buon esito della causa.

Anche io la prego Eccellenza, Ella vuole bene al mio caro papà e non potrà fare a meno di aiutarlo.

Ho l'animo commosso, infinitamente grato.

È con dolce emozione che penso a quanto Ella, Eccellenza, è buono con me, di tutto la ringrazio e come i fiori al sole schiudo il cuore alla speranza che Ella mi pensi un poco.

Claretta protesta per il trasferimento inflitto al fidanzato Federico, e per la risposta del segretario di Mussolini, che l'ha liquidata senza permetterle di vedere il duce.

La lettera del suo segretario ha sconvolto il mio cuore, perché le ragioni sono ben altre, molto gravi e delicate, e posso dirgliele soltanto a voce.

Ella deve sapere. Ed è per questo che, pur sapendo di commettere una grande indiscrezione, mi permetto di pregarla di ricevermi, perché non si debbano affermare nel suo giudizio equivoci, che mi recherebbero troppo grande dolore e troppo grave offesa alla verità del mio sentimento. Ella deve sapere, non deve credere ciò che non è la causa vera dei fatti.

Quando lei si degnò di ricevermi l'ultima volta, il 23 dicembre, io sapevo della grave mancanza, ma questa era già stata sanzionata da otto giorni di arresto. L'ho considerata una cosa del tutto accidentale e non ho neanche pensato di parlarne all'E.V., perché non grave e soprattutto avvenuta molti giorni dopo che il trasferimento fosse stato deciso.

Se la ragione del trasferimento fosse stata veramente per una punizione disciplinare non mi sarei mai permessa di chiedere il suo appoggio, ben conoscendo la sua giusta opinione in proposito.

Il male del mio cuore nel ricevere la lettera del suo segretario è tutto nell'ansia di chiarire all'E.V. l'ombra che si può essere formata sulla mia lealtà.

1° marzo 1933: *«Finirò per venire da lei con i capelli bianchi»*

Perché mi ha fatto attendere? Proprio non riesce a trovarlo questo benedetto minutino di tempo per me? Ho capito! Lei forse vuole stancarmi. Ma io non mi stancherò! Anzi, sarò io che stancherò lei, perché da oggi ogni giorno le manderò un bigliettino, e così fino a che non mi abbia concesso di venire.

Sono due mesi e otto giorni. Un orrore! Finirò per venire da lei con i capelli bianchi.

8 marzo 1933: «*Ella dirà: ridicolo!*»

Eccellenza

Ella dirà «è ridicolo!» ma io sono di ritorno! Perché domani il sogno continuo di questi giorni si traduca nella realtà meravigliosa della sua Voce... nell'indimenticabile istante in cui potrò rivederla. E prego l'E.V. che non voglia farmi ancora soffrire prolungando l'attesa.

Grazie, sempre grazie.

11 marzo 1933: «*Non resisto più in un'attesa spasmodica vicino al telefono muto*»

Eccellenza

Non ho ricevuto la sua tanto attesa telefonata e sono molto in ansia, perché temo che il biglietto non le sia stato recapitato dato che l'ho portato in un'ora di grande movimento e non l'ho consegnato a Navarra.

Mi auguro di sentire oggi la sua voce dalle 5 alle 6. La prego tanto di questo, perché non posso resistere più in un'attesa spasmodica vicino al telefono muto... e ho tanto bisogno di parlarle.

Non so come chiederle perdono di tanta audacia, ma mi sento così infelice senza le sue parole.

18 aprile 1933: «*Mai una Pasqua così triste*»

Finalmente Ella è tornato. Non ho mai passato una Pasqua così triste come questa... Quanto male non aver potuto porgere a V.E. il mio augurio, quanta delusione correre verso di Lei con l'anima protesa di gioia e non trovarla, trovare che Ella era partita. Ho molto sofferto.

Ed ora desidero annullare in quell'ora meravigliosa che V.E. vorrà concedermi tutta la tristezza e l'ansia di questi giorni così lunghi che mi hanno allontanato per tante ore dalla felicità.

Mi perdona se oso scriverle un secondo biglietto vero?

Io so che Ella ha molto da fare, ma non so come dirle che vorrei venire da lei il 24... lunedì. Non le ricorda nulla questa data? Per me ha segnato il giorno più felice della mia vita, l'istante più bello, in cui Ella mi ha parlato per la prima volta. Provo ancora sempre lo stesso tremito soave e dolce, la stessa violenta emozione. Come tremavo, ricorda, ma non era il freddo! Sia buono la prego, mi permetta di essere vicino a lei lunedì.

7 giugno 1933: *«Il vostro discorso di possente genialità»*

Eccellenza

Sarei tanto felice di potervi consegnare io stessa le carte di mio fratello, così potrei avere la gioia di rivedervi e parlarvi, prima di partire domani.

Attendo con ansia la Vostra risposta e non so come domandarvi perdono, specialmente oggi che il Vostro discorso [*al Senato sul Patto a quattro Italia-Francia-Gran Bretagna-Germania*] ha lancinato il mondo di possente genialità e di trionfo. Siete ancora più grande di ieri... ed io sempre più piccola.

Se Voi non vorrete io partirò con infinita tristezza, ma ditemi almeno qualche cosa Vi prego.

Grazie affettuosamente.

23 giugno 1933: *«Sono qui sotto, fatemi entrare»*

Eccellenza

Sono qui... [*all'ingresso di palazzo Venezia*] Mi fate entrare? Siate buono Vi prego.

17 luglio 1933: *«Vorrei essere questo foglietto, per avere la carezza del vostro sguardo»*

Eccellenza

È necessario che Vi dica perché sono tornata? Non l'avete sentito in tutti questi giorni d'ansioso pensiero?

Vorrei essere questo fogliettino azzurro per avere già la carezza del Vostro sguardo. Ancora una notte... Ma domani, quando il sole d'oro inonderà i cieli mattutini, l'armonia dolce della Vostra voce mi donerà un delizioso risveglio.

31 agosto 1933: *«Finalmente siete tornato»*

Eccellenza

Ho contato tutte le stelle, tutti i granelli di sabbia, ma i giorni non passavano mai e Voi proseguivate la Vostra via luminosa di sorrisi e trionfi, non sentendo forse il mio pensiero che Vi ha seguito sempre ovunque.

Finalmente siete tornato, ed ora oltre al mio animo io sono presso di Voi. Una sola Vostra parola ed io correrò, infinitamente felice di rivedervi ed ascoltarvi di nuovo.

Telefonatemi subito, Vi prego. Compensate con una gioia grande la mia lunga tormentata attesa.

10 ottobre 1933: *«Avete dimenticato anche la mia pratica»*

Eccellenza

Perché mi avete abbandonato? Se questo avvenisse veramente credo che impazzirei. Non vi ricordate più di me? Sì, avete dimenticato anche la mia pratica. Non avete fatto nulla per me?

Dunque per raggiungere il mio sogno dovrò tanto soffrire e attendere ancora? Perché fate male al mio povero cuore, che è già tanto triste?

Aiutatemi, gettatemi la scala di raggi d'oro perché possa salire fino al sole. Non posso vivere senza il suo calore. Non oso chiedervi di venire da Voi perché non voglio dispiacervi in alcun modo, ma se Voi voleste...

Natale 1933

Eccellenza

Pochi ed umili fiori precedano gli infiniti e cari auguri che desidero molto farvi a voce.

Attendo dall'E.V. questo dono natalizio, fiduciosa che sarete così buono da non permettere che io trascorra nella tristezza questi giorni di serena poesia.

24 gennaio 1934

Eccellenza

Avrei tante piccole cose da dirvi. Volete essere così buono da concedermi qualche minuto della Vostra preziosa attenzione?

Ho lasciato passare tanti giorni, nel timore di disturbarvi. Ma ora dite, posso sperare che mi concederete questa felicità per me sempre più grande, di potervi rivedere e parlarvi?

Non mi dite noiosa vero?

Oh credetemi, non so come dirvi tutta la mia gioia e gratitudine per la Vostra paziente bontà. Ho il cuore pieno d'emozione, ogni volta per me è come se si schiudesse un cielo meraviglioso di luminosità incontenibile, e sono tanto tanto felice.

2 febbraio 1934

Eccellenza

Ancora un trionfo di forza e di bellezza, ancora un grido di fede e di entusiasmo dilagante nel mondo e sempre più meraviglioso siete, sempre più grande. Poteste Voi immaginare, sentire, l'emozione estatica del mio cuore palpitante d'affetto.

Voi che dominate il mondo mi avete sorriso, Vi siete accorto di me e avete potuto rendermi infinitamente felice. Grazie.

Sapeste che corsa, che ansia per rivedervi ancora, per udire ancora il plauso frenetico della folla, per rivedere la Vostra sagoma scultorea possente di forza. E che fatica passare, ero senza fiato. Ma poi vi vedevo, come eravate bello, non riuscivo a distogliere gli occhi da Voi, come ieri sera, sì, ma quanta tristezza in confronto del mattino. Ho sofferto ieri sera sapete, tanto. Vorrei potervi dire come l'altra volta, ricordate, che Voi mi chiamaste a dirvi...

14 marzo 1934

Sentito Navarra.

Oggi sono uscita per la prima volta, per venirle a chiedere un favore grandissimo, e volevo approfittare dell'occasione per avere il piacere di salutarla. Ma non l'ho trovato in casa e non ritengo opportuno venirla a disturbare a palazzo, dato il movimento eccezionale di questi giorni. Desidererei da lei che mi procurasse dei biglietti per il ricevimento di venerdì in Campidoglio, può immaginare quanto questa cosa mi possa stare a cuore.

27 giugno 1934. *Claretta si sposa*

16 dicembre 1934: *chiede un altro favore per il marito*

Eccellenza

Perdonatemi se mi permetto d'importunarvi nuovamente. Ma è una preghiera che devo rivolgervi ora, per una cosa che mi sta molto a cuore.

Proprio in questi giorni vi sono gli esami a scelta di mio marito [*per la promozione da*] tenente a capitano. Prima di martedì 18 mattina saranno giudicati i temi scritti che consentono o meno l'ammissione agli orali, ed io oso ricordarlo alla Vostra immensa bontà e generosità chiedendovi umilmente scusa.

Sono mortificata di doverlo scrivere, la lettera è una cosa arida, fredda, non esprime l'immenso timore di dispiacervi, di annoiarvi, di essere troppo audace, e soprattutto non sa dire la gratitudine sempre più forte per tutto ciò che Voi avete fatto e fate per me.

1935

Claretta vive a Orbetello (Grosseto), vicino alla base aeronautica dove lavora il marito militare.

Primavera 1935: «*Morire per voi, sublime concetto di vita*»

Sarà il suo destino ricercato e voluto, dieci anni dopo: morire accanto all'amato Mussolini. Ma nella lettera la Petacci chiede anche una raccomandazione per il fratello Marcello, esibendone improbabili credenziali fasciste (come un asserito pestaggio subìto a undici anni).

Ancora bambina, incosciente dell'amore e del suo significato, io già sentivo l'amore, sognavo di salvarvi la vita e, per sola ricompensa da voi, un bacio sul mio labbro morente. Morire per voi e di voi, sublime concetto di vita, dove si abbinano la luce e il buio, dove si guarda al mistero con il sorriso della felicità raggiunta (che ti accompagna nel viaggio triste con deliziosa carezza). Voi come un Dio possente e bello, la cui luce ti abbaglia ma non ti scalda d'amore, il cui raggio t'irradia ma non è per te. [...]

Vi ammiro come dittatore e come uomo, vi amo come tutto. Amore e ammirazione si fondono in un unico canto.

Ecco i documenti di mio fratello, che Ella con tanta benevolenza mi ha richiesto e di cui vi è copia alla sede del fascio. Le sono infinitamente grata di quest'altra prova di affettuoso interessamento che Ella ha voluto darmi.

Vi sono inoltre dei fatti avvenuti durante l'attività giovanile, che non sono documentati. Ricordo per esempio che nel 1921, per aver gettato nella calce una bandiera rossa, fu percosso tanto che dovette rimanere due settimane in clinica. Nello stesso periodo fu aggredito da un sovversivo armato di coltello, che riuscì fortunatamente soltanto a ferirlo. E di questi fatti ne potrei citare parecchi, specialmente nel periodo trascorso nel Belgio, da cui è tornato vivo per miracolo.

Per quanto concerne la sua attività letteraria e scientifica, so che nell'anno 1925 scrisse un interessante prospetto fisico dell'Africa e un discorso sulla vita e le opere di Dante. Nel '21 tenne una conferenza. Ho trovato ancora un diario di una traversata da lui fatta nell'Atlantico nell'estate del '27, che fu allora pubblicato. Ho trovato anche una ricerca anatomica che credo sia del 1930. Nel maggio del 1930 ha fatto una pubblicazione, e un'altra nel '32, che ha preparato poi come tesi di laurea. Ultimamente insieme a papà ha scritto un lavoro per dimostrare che l'alluminio non è la causa del cancro.

Non vi faccio auguri perché voi non ne volete, ma dei rallegramenti per la vostra meravigliosa giovinezza. Ero venuta a Roma per dirvi... tante cose, ma purtroppo eravate fuori ed io sono tornata via con l'animo tanto triste, come sempre quando non vi posso parlare.

Altro biglietto fatto recapitare di buon'ora a palazzo Venezia, scongiurandolo di riceverla durante una sua visita a Roma:
Perdonatemi se mi permetto di scrivervi di nuovo senza attendere ancora, ma c'è qualcosa di nuovo che vorrei sottoporre al vostro giudizio. Avrei atteso ancora per ubbidienza al vostro tacito ordine impartitomi con il vostro troppo prolungato silenzio, ma non posso perché dovrei parlarvi.

Comprendo... come potete voi, nelle vostre gravi e molteplici preoccupazioni e attività, ricordarvi di me? Ma vi prego, io non so più come dirvi, trovate pochi minuti per me, anche tardi dopo le otto, quando volete. E se proprio questo per oggi non sarà possibile, almeno telefonatemi per tranquillizzarmi del vostro immutato interessamento e della vostra benevola indulgenza.

Perdonatemi se vi ho disturbato, è un po' presto, è vero, ma desideravo avere un vostro sorriso e una vostra parola buona prima di ritornare nella tristezza e la solitudine della Maremma. Mi allontano da voi sempre con profonda amarezza, ma se porto nel mio cuore le vostre parole buone, il vostro viso caro... sono più serena, più forte.

Da Orbetello:
Questo mare è un'ossessione, con il suo rumore variato ma uguale, questi monti mi soffocano con la loro smagliante bianca bellezza. Tutto, tutto intorno mi fa male, dalla viola alla neve, dal sole alla notte. Tutto. Perché?

Ho sognato di voi, e nelle membra intorpidite è passato un soffio di vita e di bellezza. In sogno mi parlate e la vostra voce ha la dolcezza di una melodia, il vostro sorriso la carezza calda del sole...

«*Spero che mio marito vada in Africa. Vi amo*»

Perdonatemi se ho tardato a scriverVi. Ho passato tre giorni di sofferenza. È oramai un triste succedersi di cose spiacevoli, dove l'unica gioia, l'unico raggio di luce, siete voi. Voi il mio grande immenso conforto, il mio solo infinito bene.

A parte le continue sgradite sorprese che mi riserva mio marito, sembra che di buono ci sia la partenza di lui per l'Africa Orientale. Non so ancora se sia vero, se così fosse sarebbe un bene per lui, così avrebbe il modo forse di comprendere e di riabilitarsi, e finalmente un po' di pace per me.

Mi domando alle volte come oso scomodarvi e come Voi, così grande, potete accorgervi di me. Mi sento così piccola, così nulla dinanzi alla vostra grandezza, e solo la vostra paziente bontà mi dà il coraggio di parlarvi, di dirvi che vi amo.

24 aprile 1935: «*Mio padre in causa con le suore*»

Eccellenza

Sono mortificata di dovervi disturbare prima dell'ora in cui avrei tentato di essere ricevuta. Perdonatemi ma oggi è il 24... Ricordate? [*terzo anniversario del loro primo incontro*]

Non avrei voluto, proprio in questo giorno, parlarvi di cose di ufficio, ma ci troviamo in una situazione angosciosa da cui soltanto Voi potete salvarci.

La discussione della causa di mio padre con le suore è stata fissata ad arte per oggi, intempestivamente e di sorpresa, e sembra che precipiti verso una conclusione del tutto sfavorevole per noi.

Se Voi voleste essere così generoso e buono da intervenire con una vostra autorevole parola perché non venga comunicato agli avvocati prima delle cinque il dispositivo ufficioso, ci salvereste da un ingente danno finanziario, e ciò che più conta dalle dolorose conseguenze morali.

Voi comprenderete in quale stato d'animo io mi trovi. Potrete prendere visione dei nomi e di tutto da questo piccolo appunto che Vi accludo, perché non sono capace io stessa di parlarvi di affari.

5 settembre 1935: «*Desiderio irrefrenabile di correre da voi*»

Eccellenza

Quando ritornate dai Vostri viaggi trionfali dove ogni passo è un segno di gloria, e oggi squillo di fede e d'entusiasmo, sento il desiderio irrefrenabile di correre da Voi, di guardarvi negli occhi ancora pieni di visioni meravigliose, e vedere il vostro sorriso sereno e tranquillo del dominatore. Mi sembra quasi impossibile che la mia voce possa giungere al Vostro orecchio intento solo alla voce del mondo.

22 novembre 1935: «*Mio marito va in Africa, bene*»

Eccellenza

Ricevo una lettera di mio marito in cui mi dice che gli è stata comunicata la notizia della sua partenza per l'Africa Orientale. Non so se sia vero. Comunque, se così sarà, sarà un bene per lui, perché potrà finalmente forse comprendere, redimersi e riabilitarsi [*dopo le percosse che ha inflitto a Claretta*].

Permettetemi di dirvi solo ciò che sento, che Vi amo tanto e sempre di più, che siete tutta la mia gioia e che tutto il significato più bello della vita mi viene da Voi.

Non desidero altro che tornare da Voi, sentire la carezza soave della Vostra mano che sa essere dolce, anche mentre con volontà d'acciaio serra le file del destino meraviglioso della Patria.

Dicembre 1935: «*Mi ha colpito con uno schiaffo, mandatelo dove si soffre*»

Perdonatemi se Vi scrivo, ma è necessario che Voi sappiate per salvarmi. Voi solo potete aiutarmi. Posso scrivere poco e male, sono a letto con ... di meningite.

Ieri sera mio marito mi ha colpito violentemente con uno schiaffo, tanto da farmi cadere in terra. Non posso dirvi lo stato dei miei genitori. Questa mattina papà voleva ricorrere al Procuratore, ma non posso permettere ch'egli vada incontro a questa umiliazione e allo scandalo.

Voi capite, è necessaria una soluzione radicale.

Ditemi, Vi prego, che mi comprendete. Fatelo partire nelle 24 ore per l'Africa, e in una destinazione dove si soffra e dove possa pagare del male che ha fatto, e di ciò che hanno sofferto i miei genitori. Vi prego, se mi volete un po' di bene non mi abbandonate. È l'unica possibile salvezza.

6 gennaio 1936: *invia un quadro a Mussolini*

Eccellenza

Il mio cuore è tutto un canto di gioia, un inno di felicità alla vita. Voi mi avete telefonato, quando sento la Vostra voce è come se dinanzi ai miei occhi si aprisse un infinito di luce e bellezza.

È come se i raggi del sole fossero un liuto magico su cui vibrasse la canzone più bella della vita. E Voi siete tutta la vita.

Quando mi pensate sento una carezza deliziosa, e mi sembra di esservi vicino come sempre, come in ogni istante io vi sono vicina.

Siete tanto, tanto infinitamente caro. Mi perdonerete l'ardire di offrirvi questo mio umile e piccolissimo lavoro. Non è abbastanza bello, lo so, ma forse se Voi credete alla vostra piccola vi piacerà, perché è l'espressione del sogno più radioso di tutte le piccole future mammine.

28 gennaio 1936: *«Vi salto al collo come una bimba felice»*

Per Voi il grande, per Voi la sintesi più pura, più completa dell'umanità, meravigliosa espressione della forza, dell'intelligenza, della grandezza, Voi tutto, Voi mi dite delle cose care, mi guardate, mi volete bene un poco. Ma come non impazzire di gioia? Come resistere al desiderio di saltarvi al collo come un bimbo felice?

16 febbraio 1936: *«Un piccolo cuore palpita con il vostro»*

Eccellenza

Vorrei che mai nulla offuscasse il vostro sorriso, che alcuna nube passasse nei vostri occhi, pieni di luce serena, di quiete meravigliosa, la calma della forza e della giustizia.

A Voi forse non importa, ma io soffro con Voi di ogni piccola grande cosa, e gioisco con Voi di ogni piccola grande cosa.

Ed ora sento che il vostro cuore è triste, che questo che è accaduto vi ha riportato con il pensiero più vivamente a tutte le dolcezze della vostra vita, a tutti gli attimi trascorsi. E la pena, fatta più acuta, avrà stretto il vostro cuore e ciò mi fa male, perché non vorrei mai pensarvi triste.

28 febbraio 1936: *Mussolini dimentica il compleanno di Claretta*

Compleanno di Claretta, ma lui non le ha fatto gli auguri. Lei gli regala un proprio quadro. In Etiopia gli italiani vincono la battaglia di Amba Alagi.

Eccellenza

Non ho osato venire senza il vostro permesso, e tanta tristezza c'è nel mio cuore. Ho voglia di piangere per non aver avuto il vostro augurio di bene oggi. Voi avete dimenticato che era la mia festa... non mi pensate dunque!

Ma io sono una piccola sciocca, come potete ricordare queste piccolissime insignificanti cose nel vostro immane, meraviglioso lavoro, di cui ogni attimo prezioso è creazione di potenza e di gloria.

Volevo portarvi anche questo piccolo lavoro, lo gradite? È il vostro mare, un poco del vostro mare e molto del mio animo che da quando Voi gli siete vicino è uscito dall'ombra per andare verso la luce, nel raggio luminoso, nel cerchio radioso della vostra vita.

In questo momento ascolto alla radio la vittoria di Ambalagi e un brivido di immensa emozione mi prende. Un altro Vostro passo gigantesco verso il trionfo, ed io vedo il Vostro sorriso correre in un balenìo di splendore il cielo, e giungere al vessillo trionfante sul terreno conquistato. La vostra gioia è la mia gioia. Voi sorridete, io darei la vita per vedervi sorridere. Vi amo tanto.

17 aprile 1936: «*Conto le ore che ci separano*»

Eccellenza

In questo momento in cui tutto il mondo tiene fissi gli occhi su di Voi, luminoso esempio di forza incrollabile e di volontà granitica, in cui il Vostro passo serrato e rapido segue tappe di trionfo e di gloria, in cui la stessa aria vibra del vostro nome ed è tutta una canzone, un inno di fede, di gioia e di bene, Voi avete rivolto il pensiero a questa cosina da nulla, che si sperde in tutta questa luce, in questa immensità di pensiero e di azione.

Avete pensato, ricordato il mio piccolo cuore, [anelante] e trepido ad ogni trillo di telefono, e che conta le ore e i minuti che lo separano dall'esservi un pochino vicino.

Se voi sapeste... Quando ho sentito la vostra voce così dolce, così sempre affettuosa, ho tremato di gioia e di emozione.

Per questi attimi divini non Vi ringrazierò mai abbastanza. Se Vi donassi questa mia piccola esistenza sarebbe poco, per dimostrarvi quanto vi amo. Perdonatemi se Vi chiedo sempre di accogliermi vicino a Voi, ma non so vivere lontano da Voi per tanto tempo. Siete più che la mia vita, siete tutto per me, e il sapere che forse occupo un infinitesimale spazio nel Vostro cuore mi rende infinitamente felice.

12 maggio 1936

Lettera inviata da Claretta insieme a un mazzo di fiori.

Eccellenza

Il loro profumo Vi porti un respiro del mio amore. Vorrei cogliere le stelle per offrirvele, e raggi del sole come un'invisibile arpa d'oro per cantarvi tutto il mio bene.

Posso domandare al mio dolce selvaggio se mi ama un pochino, e pregarlo di perdonare la sua piccola Servilia se lo ama tanto?

31 maggio 1936: «*Torna mio marito, che angoscia*»

Si lamenta del marito. Scrive per la prima volta «Amore mio» a Mussolini: probabilmente hanno cominciato ad avere rappor-

ti completi sull'onda dell'entusiasmo nei giorni della vittoria in Etiopia e della proclamazione dell'impero.

Perdonatemi se vi scrivo di nuovo. Ho nell'animo un tormento, una pena senza nome. Non posso pensare che lui ritorni. E tornerà certo, e non perché abbiano fatto dei movimenti di ufficiali, ma perché ha trovato con il dottore del campo una causa per ragioni di servizio!

Ed è falso... Se lo visitassero i superiori troverebbero che non è vero... è sciatica.

Dio mio... l'angoscia. Ero così felice, amore mio, perché devo sacrificare la mia esistenza vicino a lui? Sono disperata. Sento un peso sul cuore come se avessi una pietra enorme. Voi sapete la tortura della mia vita con lui, ed egli non è mutato, ha sempre quell'orrenda donna, è sempre lo stesso.

Amore mio, io vi amo. Siete tutta la mia gioia, tutta la mia speranza. Se non foste voi vicino a me, sento che finirei così. Vi amo ogni giorno di più, respiro l'aria della vita, sono nella vostra divina atmosfera di bontà, di sogno, d'amore, non posso più scendere, non posso più essere toccata da lui. Sono paziente, sapete, e tutto ciò che Voi vorrete io farò.

Mia mamma è malata per il male che lui mi ha fatto...

Vorrei essere vicino a Voi, vedervi sorridere. Fatemi venire vicino a Voi un momento.

2 giugno 1936: «*Questa sera eri aggressivo come un leone*»

Comincia a dargli del tu.

Quando ti sono vicino dimentico ogni triste cosa, al tuo sorriso si dilegua ogni nube, ogni pena, e al tuo respiro si asciuga il pianto.

Amor mio, nell'attimo fugace divino che io ti sono accanto, è così delirante la mia felicità che, immemore di ogni cattiva cosa, mi sembra di non poter essere altro che così, tremante di gioia, sempre.

Come ti amo, non so se tu mi ami, non so quanto, forse nulla, poco forse, ma anche questo poco è la suprema felicità.

Amore mio grande, ti adoro. Eri bello questa sera, dal tuo volto maschio sembrava lucessero faville di forza, aggressivo come un leone, violento e maestoso. La tua persona è come una sola contenuta vibrazione di vita possente, di giovinezza meravigliosa, ed è tale l'espressione indomita e fremente, tale la sensazione della formidabile volontà, che fai tremare. È come una raffica, una ventata di superiorità, di grandezza, di giovinezza che investe, colpisce e stordisce fino a lasciare estatici ed ammirati. Io sono emozionata, ti vedo come un gigante di bellezza e di forza. Tu sei il trionfatore degli uomini e della vita. [...]

A tredici anni, ancora ignara di tutto, ti avevo già offerto la mia vita tutta. Ora respiro il tuo respiro, vivo attimi sublimi di sogno vicino a te, e tutta la mia vita è tua. [...]

Ti amo, ti auguro che i tuoi piccoli guariscano subito e che tu sorrida sempre.

7 giugno 1936: «*Vorrei essere un gatto ai tuoi piedi*»

Vorrei esserti vicino, vivere nell'alone luminoso della Tua esistenza, occupare un piccolissimo spazio. Non ti darei noia, e Tu ogni tanto, così come fa il sole fra le foglie, mi porteresti un raggio di luce, di gioia. Cosa chiedere di più alla vita, esserti vicino, è come morire di felicità, annullare ogni altro pensiero, ogni altra sensazione, Tu sei il tutto.

Vorrei baciare le tue mani forti, vorrei essere ai tuoi piedi come un piccolo gatto infelice ed avere la tua carezza ogni tanto.

Gradisci questo mio piccolo lavoro in cui ogni segno è una carezza e un brivido divino.

Accogli il mio saluto pieno d'amore.

19 giugno 1936: «*Questo essere m'impedisce di correre da voi*»

E così, dimmi, dovrò andare avanti? In questo modo terribile, in quest'ansia logorante vicino ad un essere [*suo marito*] che non so se più detesto o più disprezzo, che finge, che mentisce, che mi impedisce con la sua presenza di correre da Voi. Dimmi, non mi vuoi più bene forse? Oh, mio Dio, se questo fosse non mi resterebbe che finire. Se mi mancassi tu non avrei più ragione di vivere.

28 luglio 1936: *Claretta si separa dal marito*

Separazione legale sancita fra Claretta Petacci e il marito Riccardo Federici.

11 agosto 1936: *«Che triste, la tua finestra senza luce»*

Con il tuo ritorno si è di nuovo schiuso il sentiero fiorito dell'amore, e ad un tuo cenno lo percorrerò con la gioia più grande, con il cuore in tumulto.

Quanti giorni tristi, la tua finestra senza luce, tutto silenzio, tutto melanconico... E tu lontano, in un susseguirsi di tappe entusiastiche. Ovunque hai portato il tuo sorriso radioso, per questo Roma era senza sole. Ti ho atteso tanto... e sono corsa da te questa sera nella speranza di vederti, ma quando Navarra mi ha detto che c'erano tante persone non ho voluto che ti disturbasse neanche con il dirti che ero lì. Sapessi amore mio che pena, e poi non ho potuto partire come tu desideravi, perché mammina è stata tanto male, è impossibilitata a muoversi. Ora sta meglio. Attendo con ansia che tu mi accolga vicino a te.

2 settembre 1936: *«Mi pare di essere fatta di raggi d'oro»*

Vorrei poterti dimostrare tutta la mia gratitudine. Come dirti, come provarti? Sai, mi sento come evanescente, trasparente, fatta d'aria, di sogno. Sembra quasi che nella mia anima ci sia il sole, nelle membra il cielo... Mi pare quasi d'essere fatta di raggi d'oro, di luce. Tutto in me e intorno a me è meraviglioso, luminoso.

1° ottobre 1936: *«Calunniano mio padre presso il cardinale Pacelli»*

Perdonami se ti disturbo, se ti parlo di cose estranee al mio amore... ma come fare senza il tuo consiglio? Mi perdoni?

Il nostro proprietario ha tirato un nuovo colpo mancino a papà. Come forse ricorderai si è infischiato dell'accordo di lasciare la casa il 15 novembre, e ha continuato la causa obbligandoci a spese e noie... Ora, sentendosi dalla parte del torto e temendo conseguenze da questa causa che lui stesso ha voluto, ha slealmente ricorso falsando le cose e mettendo in cattiva luce papà, cercando di nuocergli.

Papà ha seguito fedelmente ciò che era stato deciso, e avrebbe lasciato libero l'appartamento per aderire all'accordo, ciò nonostante l'atto resta gravissimo. Ora cosa si deve fare? È giusto che si faccia del male senza ragione? [...] Gabro ha ricorso a Sua Eccellenza Pacelli,[1] mettendo in cattiva luce papà anche presso il governatore e cercando di convincerlo per avvalorare la sua tesi. Continua la sua linea scorretta, oltre che con il fascio, anche con papà.

16 ottobre 1936: *«Mio marito mi ha morso il cuore come una serpe»*

Ho la febbre che mi martella le tempie e la testa che mi duole da impazzire. Un'ombra è scesa su di me, un'ombra più terribile della morte stessa, che io anzi desidero a mia liberatrice da questa insostenibile pena.

Ciò che egli ha fatto è un orrore. Tutta la miseria spirituale e la viltà più ripugnante è in questo atto. Il tradimento velenoso è stata sempre la sua maniera preferita, mi ha morso il cuore come una serpe ed ha preoccupato, addolorato te, che nella tua vita sublime di lavoro e di opera meravigliosa non puoi, non devi essere disturbato.

La pena mi soffoca, tremo nel parlarti, tremo per una colpa che non ho, per un fallo che non è il mio e che vorrei lavare, togliere dalla tua mente con il mio stesso sangue. Ma perché, perché, dimmi, io debbo tanto soffrire? Non ti disobbedisco, no, ma poiché tu mi chiedi la morte dell'amore, il sacrificio della mia stessa vita, che non può dimentica-

---

[1] Eugenio Pacelli (1876-1958), segretario di Stato vaticano, diventerà papa Pio XII nel 1939.

re né sopportare l'onta di un'esistenza infame e l'indegnità di un raggiro vergognoso, io preferisco morire. E per dirti che ti amo, per dirti che non potrei vivere senza di te, per dirti tutta l'angoscia che mi soffoca, tutta la ribellione contro la viltà di un uomo subdolo e malvagio, per dirti che io ti amo, che sei la mia vita, io muoio, sì, muoio. Non ti ho mai mentito, mai ti ho nascosto ogni moto del mio animo, sia angosciato sia felice, e mai lontano e senza di te ho capito il significato della vita.

Ho sopportato una catena d'ombra, di pena, di umiliazioni, ho sopportato la menzogna, la percossa, l'insulto, ho rivolto gli occhi e l'animo alla tua luce divina ed ho sorriso.

Ho troncato prima che per la mia stessa vita fosse troppo tardi questo legame, che era un peso inutile ed una vana attesa in un avvenire migliore, perché egli lo ha voluto con tutte le sue forze, gettandomi sul volto il suo volgare afflato di bassezza e perché nel suo carnale istinto di bestia ha desiderato e voluto la sua completa libertà legale come già ripetutamente aveva fatto, così.

Ora, nel sentire il terreno cadere sotto i suoi piedi malformi, si è goffamente camuffato per meglio riuscire da pentito, e chiede la mia vita, il mio sangue a sgabello della sua ascesa, con il calcolo infame che se questo non gli riuscirà egli distruggerà per sempre la mia esistenza. La sua minaccia è attuata, il suo ricatto è compiuto. Ho talmente un senso di disgusto da soffocare.

E ciò che è più terribile, più atroce ancora, è che l'ombra è gettata su di me, su mia mamma, povera cara mamma, alla quale non ha donato che male, che dolore, che pianto. Mamma che ha dato il suo cuore al mio perché battesse ancora, e che egli non smetterà di torturare finché non me l'avrà tolta. Io piango le mie lagrime più tristi, e dinanzi a te mi inginocchio, amore mio grande. Salvami. Non mi abbandonare, non permettere alla cattiveria di schiacciarmi ancora, non rifiutarmi la mano. Ti prego, ti supplico con tutta la disperazione che mi ha dilaniata in queste ore atroci. Ti chiedo in ginocchio pietà del mio amore.

28 ottobre 1936: peana per il trionfo del duce

Anniversario della marcia su Roma

Questo urlo formidabile di fede, di entusiasmo sempre crescente, sempre più forte, si propaga per il mondo come una eco possente di gloria. La tua voce squillante, impetuosa, la tua persona invocata, voluta con una violenza d'amore impressionante, queste grida dove si odono i timbri argentini dei bambini, giovinezza della tua giovinezza, sono l'espressione della fede nella tua più pura forza meravigliosa, divina. Quando tu li accontenti di un tuo sguardo sorridente, quest'urlo si fa immane e sale verso te, come trasformato in una sola immensa sublime parola d'amore. Le voci salgono al tuo cuore come invisibili corde d'oro musicali, e cantano la più gloriosa canzone di vittoria. Il tuo nome sembra scritto sul cielo dai raggi del sole per come risplende.

29 ottobre 1936

Lettera a Mussolini della mamma di Claretta, che lo ringrazia per l'interessamento in favore del figlio Marcello.

Ancora una volta per Voi c'è nel mio animo un raggio di luce e un soffio di gioia. Per la Vostra grande bontà Vi ringrazio con cuore devoto e riconoscente di mamma. Sono certa che il mio Marcello corrisponderà sempre degnamente a questo Vostro prezioso interessamento.

I discorsi a Bologna, Milano e Pavia: «Sei più meraviglioso»

Alla tua voce ha tremato e sostato immoto il mondo. Hai dominato gli uomini con la potenza sovrumana della tua parola, hai inciso vibrante e imperiale i destini della Patria grande per te. Hai schiantato ogni riserva e ogni ostacolo con la tua volontà lancinante, incrollabile, con la schiettezza irrevocabile del tuo sublime pensiero.

A Bologna sei stato tutto un impeto rapido, folgorante. A Milano impetuoso, possente, formidabile, granitico. A Pavia magnifico nella tua grandezza.

Sei stato più grande di sempre se possibile, più meraviglioso, sovrumano, straordinario. Il rombante entusiasmo che ha travolto in una gigantesca dimostrazione d'amore l'onda sonora della tua voce ha tremato nel cielo come una promessa ed una solenne conferma.

Amore mio, dopo tu mi hai parlato, hai pensato a me, ti sei ricordato di me, mi hai chiamato da lontano. Amore mio, come dirti che mi sento impazzire di gioia, che tremo di una felicità inaudita.

16 febbraio 1937: «*Mi hanno cacciata da palazzo Venezia*»

Sono tanto triste e inquieta. Perché non Ti hanno detto che ero lì [a palazzo Venezia]? Ho atteso per più di un'ora, poi è venuto uno a dirmi che potevo andare via, che non c'era niente da fare. Non ha aggiunto altro, né che mi avresti telefonato, nulla, anzi mi ha detto che uscivi subito.

Allora mi sono messa con la macchina per la via che fai Tu, per vederti almeno di sfuggita. Speravo un sorriso, non credo Tu mi abbia veduto.

A casa mamma mi ha detto, ed ho capito che la seconda volta [che mi hai telefonato] ancora non sapevi che ero stata lì. Ma perché mi hanno mandato via senza dirti nulla? Perché si autorizzano senza domandare?

Oh mio caro, ho il cuore che mi fa male e un'ansia che mi soffoca. Potevo stare con Te... e neanche la Tua voce, neanche un tuo sguardo, e tu mi hai atteso. Amore mio, vorrei che le ore non fossero passate, che di nuovo io potessi correre da Te. Ti amo, ti amo, sei tutto il mio bene.

31 marzo 1937: «*Mi accosto tremante alla tua grande anima*»

Lettera al ritorno del duce dal viaggio trionfale in Africa, dove gli viene consegnata la «spada dell'Islam».

C'è in te un qualcosa di talmente forte e diverso da esserne attoniti, la tua mente è così vasta da avere l'impressione di un orizzonte luminoso senza limiti. Ci si sente piccini, inutili, così come dinanzi a tutte le cose grandi inspiegabili del creato. Potessi anche io lavorare con te, esserti almeno utile un poco.

Mi accosto tremante alla tua grande anima e mi sento povera cosa, ricca solo del mio infinito amore, e lo depongo dinanzi a Te umilmente: è il dono della mia giovinezza, ti do tutta la mia vita. Accoglila benevolmente ed amami un poco se puoi. Puoi perdonarmi di averti disturbato?

16 maggio 1937: «*Quando ti sono vicina non so dire nulla*»

So di annoiarti, ma il timore di questo è vinto dal desiderio di parlarti, di dirti la mia melanconia e l'ansia che ho di te. Non capisco perché a volte sento che mi ami, a volte no. Ora mi pensi, ed ora no. Quando ti chini fino a me è come se il sole si curvasse a scaldare solo me, come se tutte le stelle si riunissero in un manto di splendore, per chiudermi in un cerchio magico di sogno. Ti parlo sempre prima di dormire, ti faccio dei lunghi discorsi ed ho così coraggio, sapessi. Tutto quello che non ho quando ti sono vicina. È tale la gioia e l'emozione da non saper dire nulla.

5 giugno 1937: «*Un'arma femminile, subdola*»

Le tue parole mi hanno fatto tanto male, non capisco perché mi hai detto così. È possibile che pensi questo di me? Io ti amo, nulla devo dire a mia scusa perché nulla ho fatto, non posso dirti che questo. Non so chi voglia allontanarti da me. Credo di capire, anche questa è un'arma tutta femminile, perché è subdola e colpisce bene. Ho tanto sofferto di questa presenza, molte volte non ho dormito: è possibile che riesca a farmi tanto male? Non so come dirti ciò che sento.

Mi pare che il mondo sia crollato. Guardo a te, mio unico solo bene, con disperata speranza e ansia infinita. Mi piego umilmente dinanzi a te.

8 agosto 1937: «*Il tuo amore è violento e sublime*»

Vengo da te, poco prima di partire. Sono tanto triste. Tu sei nervoso. Parto per Napoli. Cominciano le ore meste e ansiose lontano da te. Ore buie, ore di dolore e di lacrime, di ansia atroce, di tormento e di sorriso. Il tuo amore come un frutto divino è scoppiato al sole, come un torrente impetuoso ha spezzato gli argini, ha invaso di giubilo il mondo, ha inondato di gioia il mio cuore che vibra, freme, è felice, seppure ancora trema e piange.

Tu mi ami. Il tuo amore è violento e sublime, come tutto in te è divino. Il mio amore immenso è stato il respiro, l'impulso meraviglioso della mia vita, la pura fiamma vivida che ha illuminato la via della mia piccola vita, dedita a te, a questo sogno prima, a questa sublime realtà dopo. Sempre con la stessa purezza assoluta, con lo stesso entusiasmo.

10 agosto 1937, Capri: «*Nata dal tuo respiro*»

Se tu amore pensassi solo un attimo che potrebbero allontanarmi da te, cercheresti forse di credermi, di sentire che sono sincera e non faresti mai vedere il tuo viso buio. Ah amore, la paura che tu puoi non amarmi più, di perderti, mi fa impazzire, mi sento morire. Ti prego amore, amami con tutto lo slancio del tuo cuore grande e forte, puoi farlo. Avvolgi la mia anima stanca di luce di tenerezza immensa, lascia che io riposi sul tuo petto possente come una bimba, la mia testa dolorante, e alla tua dolce carezza non senta che la gioia di amarti e di essere amata da te. Amore mio, ti supplico di credermi, di aver fede in me. Io sono tutta di te, sono nata dal tuo respiro e la tua impronta divina mi ha modellato, plasmato, perché io un giorno potessi donarmi a te, fatta di te...

Sono tua, ogni atomo è stato creato da te, sono una tua creazione, ho in me un po' di te. Pensa a me come ad una parte della tua vita. Sono aderente a te come la sabbia al mare, come l'edera alla quercia, come il sangue alla vita.

«Nulla è più grande di questo» [mi hai detto]: ricordi amore? Guarda i miei occhi e da essi attingi la fede e la chiarezza per i tuoi pensieri, come io dalla luce meravigliosa dei tuoi raccolgo la vita.

Perdona alla tua piccola di non saper dire meglio il suo amore, perdonale di adorarti, ed amala perché non muoia.

Riproduzioni dal diario originale, 1938

2 gennaio 1938: «*Maria José di Savoia è repellente*»

«[…] e mi ha dato il numero. Io sono rimasto alquanto sorpreso e piuttosto seccato. Cosa sono queste storie queste confidenze io sono il capo di governo e lei la Principessa, perciò non c'è niente da spartire fra noi. Ti ricordi ciò che ti narrai del mare. Si muoveva e si metteva in certe posizioni mezza nuda che veramente, sai, ci voleva tutto il mio sangue freddo. No, non l'avrei mai toccata. Anzitutto è repellente, assolutamente non fa nessuna impressione, ma poi io ero […] politico e capo di governo. Sai, il mio istinto mi difende. Non è tornata più poi. Adesso esce fuori questa storia del tel. Lo ha chiesto a Sebastiani e Sebastiani subito è venuto da me. "La P. ha chiesto se lei ha un numero privato." Io non ho alcun tel. privato né comunico con alcuno… "Va bene. Questo ad ogni modo è il numero di tel. privato della P." Sono rimasto di stucco. Tu che ne dici? No tu sei tranquilla – come per Salvadanaio. Sei certa che non farei mai una cosa simile per molte ragioni, a parte che sia fisicamente repellente. No cara stai tranquilla che proprio non è il caso. Se volevo lo potevo fare allora […]»

(Tutti i fogli dei diari sono qui di seguito riprodotti per concessione dell'Archivio Centrale dello Stato, concessione n. 709/09.)

6 gennaio 1938: «*Facciamo l'amore come pazzi*»

[...] sorride con tenerezza e mi viene vicino, siede accanto a me. «Amore piccola cara, dormivi bene, hai sonno ancora? Cara ti amo. Ti amo tanto che vorrei farti male con le carezze.» Mi accarezza la testa i capelli.

«Amore quanto ti amo. Non ho mai fatto per nessuna ciò che faccio per te. Non ho mai amato nessuna così, mai mai, sai te lo posso giurare. Mai ho amato tanto quanto amo te. Neanche lontanamente. Sono proprio abbrutito in questo amore, anzi hai ragione, sono purificato da questo amore. Cara piccola, tu vuoi vittoria assoluta, completa. Tu sei per la battaglia integrale, il nemico oltre che sconfitto ucciso. Tu la pensi come me, distrutto completamente, vero?»

Ride.

[*Claretta*:] «Già, altrimenti si verifica la pace dopo un po' di tempo come con la Germania.»

Ride. «Già è vero. No, amore, non l'ho più vista né ti tradisco, non ne ho voglia, e tu? Cattiva, amore, bambina. Dimmi che sognavi ecc...»

Parole terribili, frasi d'amore, estasi folle di gioia. <u>Sì</u> come pazzi. Trema di gioia e mormora parole sconnesse.

27 febbraio 1938: «*Facciamo l'amore con tanta furia*»

«[…] e lo stringo a me. Lo bacio e sì con tanta furia d'amore che le sue grida sembrano di belva ferita. Poi sfinito cade sul letto e anche nel riposo è forte. Si assopisce, lo veglio. Mi chiama vicino a sé. Io oggi ho voglia di scherzare e quando mi chiede di aprire la radio, quindi non vuol dormire. Scherzo, gli salto sopra, lo vezzeggio, faccio un mucchio di cose che lo mettono di buon umore. Ride come un ragazzo. Mi dice di ieri a cavallo: «Dimmi com'ero, e la gente che diceva. Avevano tutti gli occhi lucidi e ammirati. Mi hanno detto che dicevano che ero tanto forte, che ero bello. Dimmi, dimmi che sono ancora giovane, dimmi che non sono vecchio, che non ho 55 anni, che sono forte, che non si vede. Io non voglio morire». Una profonda malinconia lo investe. Dice con voce mutata: «Per quanto io voglia ribellarmi a questo pensiero, pure mi devo rassegnare all'ineluttabile. È inutile che io cerchi di ribellarmi o di non volere. Ho piegato tutto, ho vinto tutto, ma a questo devo piegarmi. Non c'è che fare, non posso vincere il tempo inesorabile…». È triste, poi con passione: «Se avessi 15 […]».

8 maggio 1938: «*Hitler e Goebbels, ragazzoni simpaticissimi*»

«Hitler era felicissimo e ha riso molto sì finalmente. Abbiamo fatto un mucchio di risate, con Goebbels specialmente – italiano: italianissimo Goebbels, senso dell'humour vivace e scherziamo. Del resto mi raccontavano tutte le sorprese e le peripezie di quando io ero a Berlino. Quello che con il bastone della musica lo dava in testa al pubblico. La musica che sbagliava il momento di suonare. E infine al Campo di Maggio, che il campanaro voleva suonare senza fermarsi. Aveva ricevuto un ordine sbagliato e quindi, Prussiano duro, non voleva obbedire: "Mi hanno detto di suonare fino alle 20 e io suonerò fino alle 20". Noi dovevamo parlare e questo campanone avrebbe suonato sonoramente senza smettere. Ce n'è voluto del bello e del buono per convincere questo Prussiano che l'ordine era sbagliato e doveva smettere prima. E così di seguito. Sai, questi Tedeschi sono simpaticissimi e Hitler è un ragazzone quando è con me. Lo spettacolo è stato superbo.» Chiude le tende dei vetri, lo annoiano aperte. Entriamo in stanza, mi bacia, mi abbraccia: «E ora di chi mi occupo se non di te? Amore ti amo».

8 ottobre 1938: *contro il papa e gli ebrei*

«Tu non sai il male che fa questo Papa alla Chiesa. Mai tanto papa fu nefasto alla religione come questo. Ci sono dei cattolici profondi che lo ripudiano. Ha perduto tutto il mondo quasi. La Germania completamente. Non ha saputo tenerla, ha sbagliato in tutto. Oggi siamo gli unici, sono l'unico a sostenere questa religione che tende a spegnersi. E lui fa delle cose indegne. Come quella di dire che noi siamo simili ai semiti. Come, li abbiamo combattuti per secoli, li odiamo, e siamo come loro. Abbiamo lo stesso sangue! Ah! Credi che è nefasto. Adesso sta facendo una campagna contraria per questa cosa dei matrimoni. Vorrei vedere che un Italiano si sposasse con un negro. Abbiamo veduto che anche i matrimoni con i bianchi stranieri portano, in caso di guerra, alla disgregazione della famiglia. Perché l'uno e l'altro coniuge si sentono in quell'attimo assolutamente per la propria Patria. Perché l'hanno nel sangue. E di qui naturalmente l'impossibilità d'accordo, e le famiglie a rotoli. Lui dia pure il permesso, io non darò mai il consenso.

Tu non sai le miserie che mi fanno. A parte quello di non nominarmi mai sull'Osservatore e di non aver fatto parola di Monaco ecc. Ha scontentato tutti i cattolici, fa dei discorsi cattivi e sciocchi, in breve, è nefasto. Quello dice compiangere gli ebrei e dice "Io mi sento simile a loro" [...] È il colmo.»

Ringraziamenti

Ringrazio l'Archivio Centrale dello Stato, la cui lunga custodia di questi documenti ne garantisce l'ufficialità (a differenza di tanti altri presunti diari di Mussolini o Hitler), il sovrintendente Aldo G. Ricci e la dottoressa Luisa Montevecchi, curatrice del Fondo Petacci. Grazie anche all'impeccabile lavoro di Veronica Albonico, che mi ha aiutato a decifrare migliaia di fogli quasi illeggibili.

Mauro Suttora

Ringrazio la Rizzoli per la pubblicazione dei diari di mia zia e per l'opportunità offertami di rivelare al pubblico, con la mia prefazione, ciò che per ora solo uno sparuto gruppo di storici non politicizzati ipotizza.

Ringrazio i miei avvocati Gino e Massimo Colabianchi per avermi seguito con affetto e amicizia, e lo storico Luciano Garibaldi che, con il suo libro *La pista inglese*, ha apportato molta luce sugli avvenimenti di Dongo. Non posso omettere di ringraziare il partigiano Urbano Lazzaro, con il quale, prima della sua morte avvenuta nel 2006, ho avuto conversazioni telefoniche che hanno confermato e rivelato importanti dettagli dei fatti di Dongo.

Ferdinando Petacci

Bibliografia

Per approfondire:

Bottai, Giuseppe, *Diario 1935-1944*, a cura di Giordano Bruno Guerri, Bur, Milano 2001.

Ciano, Galeazzo, *Diario 1937-1943*, a cura di Renzo De Felice, Bur, Milano 1948 (2006).

De Felice, Renzo, *Mussolini il duce. Lo Stato totalitario 1936-1940*, Einaudi, Torino 1981.

Garibaldi, Luciano, *La pista inglese. Chi uccise Mussolini e la Petacci*, Ares, Milano 2002.

Gervaso, Roberto, *Claretta*, Bompiani, Milano 1982 (2002).

Lazzaro, Urbano, *Dongo, mezzo secolo di menzogne*, Mondadori, Milano 1993.

Mack Smith, Denis, *Mussolini*, Rizzoli, Milano 1981 (Bur 1990).

Navarra, Quinto, *Memorie del cameriere di Mussolini*, L'ancora, Napoli 2004.

Rossi, Gianni Scipione, *Cesira e Benito*, Rubbettino, Soveria Mannelli 2007.

Indice dei nomi

Franco, Francisco 92, 107-108, 112, 123-124, 197

Garbo, Greta 377n, 420, 442
Garibaldi, Clelia 218-220
Garibaldi, Gemma 287
Garibaldi, Luciano 13
Garibaldi, Menotti 287
Gasparri, Pietro 45
Gatti, Angelo 341
Gazzoni, Arturo 229-231, 237
Gianna (Giuseppina Tuissi) 18
Gibson, Violet 103
Giri, Pierisa 330
Goebbels, Joseph 75, 315, 414
Goering, Hermann 414
Goga, Octavian 132, 136, 152
Gramsci, Antonio 48
Grandi, Dino 295
Grant, Cary 477n
Graziani, Rodolfo 222, 300
Guarneri, Felice 172, 339, 377, 461

Hepburn, Katharine 477n
Hess, Rudolf 76
Hitler, Adolf 6, 8, 9, 55, 75-76, 130, 152, 186, 196, 211-215, 217-218, 228, 241, 243n, 244, 246, 250-251, 290-292, 297, 302, 306, 309-318, 320, 325, 332, 338, 348, 352, 374, 391-393, 403, 406, 410-418, 424, 426, 445
Horthy, Miklos 459n

Ibarruri, Dolores (Pasionaria) 113
Interlandi, Telesio 308n

Lazzaro, Urbano 13
Leoni Fraternali, Elvira Natalia 449n
Lloyd George, David 306
Locatelli, Antonio 219
Lombardo, Ester 127, 446
Lonati, Bruno 14
Longo, Luigi (Valerio) 13-14, 18
Loren, Sophia 49n
Lowe, Hudson 467
Ludwig, Emil 448

Maccarrone, Robert (John) 14
Maddalena, Umberto 69-70
Marinetti, Filippo Tommaso 144
Matteotti, Giacomo 104, 160, 275, 287, 308
Mattoli, Mario 431n
Mussolini, Adria 77n
Mussolini, Alessandra 49n
Mussolini, Anna Maria 57, 137-138, 293, 304, 307, 311, 327, 349, 432, 438, 451, 461, 468, 477-478
Mussolini, Arnaldo 29n, 33n, 71, 96n, 105-106, 139-140, 148n, 162, 178n
Mussolini, Bruno 59, 73, 92, 114, 162, 169, 176, 193, 262, 297, 308-310, 335, 374, 394-395, 408n, 413, 420, 432, 434, 436-439,

Indice

Finito di stampare nel mese di agosto 2010
Grafica Veneta via Malcanton 2 Trebaseleghe PD

Printed in Italy

RCS Libri

ISBN 978-88-17-04392-2